JN057033

生と死と再生の舞台

〜ジョーンズ&シュミットの祝祭ミュージカル〜

勝田安彦

カモミール社

生と死と再生の舞台

―ジョーンズ&シュミットの祝祭ミュージカル―

増補改訂版

カバーイラスト

ハーヴィー・シュミットによる
『ファンタスティックス』の森の
場面の舞台装置のスケッチ

生と死と再生の舞台　ジョーンズ&シュミットの祝祭ミュージカル〔目　次〕

まえがき

一九七六年の秋だったと思う。渋谷の山の手教会の地下にあった小劇場ジャン・ジャンで、一八歳の僕はオフ・ブロードウェイ・ミュージカル『ファンタスティックス』を初めて観た。それまでに帝劇や日生劇場などの大劇場で観ていた『王様と私』や『サウンド・オブ・ミュージック』、『屋根の上のヴァイオリン弾き』といったブロードウェイ・ミュージカルとはまるで違うその作風に、僕は一遍でとりこになってしまった。寓話と言って良いほどシンプルでありながら意表を突く展開。登場人物は誰もかれもが親しげに観客に話しかける。舞台と客席の垣根が取れたその仕組みの面白さ、出演者と観客が一体となったその楽しさに、ナイーヴな演劇少年はすっかりのぼせあがり、翌日もまた当日券売り場の長い列に並んで、二度目の立ち見をした。三度目がなかったのは、この公演がわずか三日か四日の限定公演で、その日が千秋楽だったからである。

大袈裟に言えば、この出会いがその後の僕の人生を決めてしまった。演劇を一生の仕事にしようと決心したのは、この舞台を観たからだと言ってもあながち間違いではないし、少なくともこの出会いがなければ、これほどミュージカルにのめり込むこともなかったろう。東京で一人暮らしを始めてまだ間もない孤独な少年に、『ファンタスティックス』はまさしく憑いたのだ。

一九七八年の二月に初めてニューヨークに行って観た最初のミュージカルも勿論『ファンタスティックス』だった。グリニッチ・ヴィレッジの片隅の、サリヴァン・ストリートという、北を見れば遠くにエンパイア・ステート・ビルが、南を振り向けば彼方にあのワールド・トレード・センターのツイン・タワーが見えたひっそりとした通りの小さな劇場で、その公演は当時ロングランの一八年目に差しかかろうとしていた。日本で観た翻訳上演は、とにかく笑いが絶えない舞台だったが、オリジナルの舞台は、笑いに加えて、清々しくもどこか透明な哀しみのようなものが感じ取れる、抒情あふれる舞台だった。

この哀しみのようなものは一体何だろう。子供時代の無邪気な夢や幻想に囚われたままでは人は大人にはなれない。生きる情熱を失ってはならないけれど、成長するためには子供らしい純真さや天真爛漫さをそのまま引きずって生きる訳にはいかない。狂言回し役のエル・ガヨは言う、「人は成長するために、何故かすかに死ななければならないのか。」大人になるとは、自分の中の何かとても大切なものが少しとはいえ死ぬことなのだ。その痛みがそくそくと伝わって来る舞台だった。劇場を出ると、外は舞台の最終景と同じ粉雪が舞っていた。

道化芝居風の笑いの底にあるこの痛み、苦さに、僕はあらためて『ファンタスティックス』に惹きつけられた。そして、大学の演劇史の授業で出会ったジェーン・エレン・ハリソン著『古代藝術と祭式』によって、その痛みが演劇の原像につながるものだと知った。以後、サリヴァン・ストリートの小劇場は僕にとって世界中のどこよりも懐かしい場所となった。ニューヨークに行く機会があれば、必ず一度は訪れる場所となった。

一九八一年の三月、そのサリヴァン・ストリートの劇場の客席に座っていると、隣の席の人に突然日本語で話しかけられた。相手の顔を見て驚いた。ジャン・ジャンの公演の出演者の一人、山中堂司さんだったからだ。聞けば、近々日本でまた『ファンタスティックス』に出演するのだが、長年持ち役のようにして演じて来たモーティマー役の性根の部分がいまだにうまくつかめず悩んでいる、そこで思い切ってオリジナルの舞台のモーティマーがどんなものか観に来たとのこと。終演後、楽屋にモーティマー役の出演者を訪ねて質問もしてみたいのだが、もし英語が話せたら通訳してもらえないかということだった。僕で良ければと引き受けたのは、今思い返せば呆れるほどの面の皮の厚さで、生来根気に欠ける僕の英会話能力など昔も今もほとんど無きに等しきものなのだが、終演後の楽屋で山中さんを紹介すると、出演者は一人残らず大歓迎してくれた。山中さんの質問を、全て知っている限りの演劇用語に置き換えて要約して訊く僕の通訳（本当に訳が通っていたのだろうか）にも関わらず、モーティマー役のロバート・オリヴァーさんは、どの質問にもとても丁寧に答えてくれた。その丁寧な答の要点だけを僕は山中さんに伝えた。

ニューヨークに行く度に、サリヴァン・ストリートの劇場に足を運ぶと、そこではいつもオリヴァーさんがモーティマーを演じ続けていた。一九八三年の春だったと思うが、終演後の楽屋に彼に挨拶に行くと、ヒロインのルイーサ役の女優さんに紹介された。彼女のアパートと僕のホテルが同じ方角だったので、地下鉄に乗っての帰路、日本で上演するのに適した小ぶりなミュージカルを何か知りませんかと尋ねると、『ファンタスティックス』と同じトム・ジョーンズ&ハーヴィー・シュミットの作で、彼女も数年前の初演のキャストだった『フィレモン』という作品を教えてくれた。帰国後、台本を劇団薔薇座を主宰していた野沢那智さんから、初演キャストによるレコードをミュージカル研究家の風早美樹先生からお借りして、読み聴いてみた。寓話性という共通点を持ってはいるが、『ファンタスティックス』とは異なり、かなり暗くシリアスな作品だと思った。しかし、『ファンタスティックス』が月と太陽に象徴されるように、この作品も闇と光に象徴される。クライマックスに至って、それまで全てを覆っていた闇に光が差し込む。初めはおずおずと、やがては圧倒的な感動をともなって。言葉と音楽が互いを見事に補完し合い、古代ローマのキリスト教徒の殉教の物語が日本人の無神論者の僕の心にさえ沁み渡った。これを日本で上演しない手はない、そう思った。池袋の名画座の旧文芸坐の地下にあった小劇場ル・ピリエの、ざらっとしたコンクリートの壁に囲まれた、天井の高い、ほの暗い闇に沈んだような空間がすぐさま脳裏に浮かんだ。

一九八五年の初夏、僕はル・ピリエで『フィレモン』を演出し、プロの演出家を名乗るようになった。この舞台は幸いにして好評を得、二年後に配役を一新して再演された。

この再演に司令官という重要な役で出演してもらった瑳川哲朗さんから、台本・作詞のトム・ジョーンズが出演し、作曲のハーヴィー・シュミットがピアノ演奏を務める『ファンタスティックス』のツアー・カンパニーが来日公演をすると聞いたのは、そのさらに一年後の一九八八年のことだ。その年の秋、来日したカンパニーの公演会場である池袋のサンシャイン劇場の楽屋に行き、瑳川さんの紹介でジョーンズとシュミットの両氏に初めて会った。開演時間が近く、すでに老優ヘンリーの衣裳に身を包んだジョーンズ氏に『フィレモン』再演の舞台写真をプレゼントすると、オリジナルの舞台とは全く違う演出や装置にかなり興味を持ってくれたようで、「ハーヴィー、ハーヴィー、見てみろ」と言いながら隣の楽屋のシュミット氏に見せに行った。「ところで口髭をつけた三歳くらいの金髪の男の子を見かけなかったか」とジョーンズ氏が訊くので、その子ならさっき向こうの廊下にいましたよと言うと、「私の息子なんだが、もう付け髭を取り返さないと」と言ってジョーンズ氏は廊下の角を曲がって消えた。

その日からすでに二三年の歳月が過ぎた。昔を振り返って人はよくまるで昨日のことのようだと言うが、本当にまるで昨日のことのようである。今、髪にもすっかり白いものが混じり、腹も突き出たかつての演劇少年は、ジョーンズ&シュミットのミュージカル『グローヴァーズ・コーナーズ』のシカゴ公演を収録したテープを聴きながら、この文章を書いている。ちょうど今、流れて来たのは『時は過ぎて行く』というナンバー、歌っているのはジョーンズ氏である。「時は過ぎて行く。滑るように過ぎて行く。そして夏の空も次第に消えて行く。あなたと私も、あの夏の空のように、日々、流れて行く。」ジャン・ジャンもル・ピリエも、サリヴァン・ストリートの小劇場も今はもうない。その時の流れの中で、僕はジョーンズ&シュミットのミュージカルを、『ファンタスティックス』を含め七作演出し、ジョーンズ氏が他の作曲家と組んだミュージカルも二作演出した。

演出という作業を始めるには、とにかく先ず作品を理解するしかない。思い込みだろうと何だろうと、この作品のことなら俺は世界中の誰よりも良く分かっていると嘘でも良いから思えなければ、とてもではないが稽古場にはいられない。主観的に惚れ込んだ作品を客観的に分析し、調べられる限りのことは調べて稽古に臨む。それでも稽古しているうちにあれこれと疑問点にぶつかり、また考える。それでも分からなかったことが、或る日、稽古をしながらあたかも啓示のように分かる。そのためには稽古場では何よりも自分の直観を信じて、ほとんど即興のように俳優たちと作品を立ち上げて行かねばならない。或いは、その直観を信じるためにこそ下調べや分析が必要なのである。少なくとも僕にとっては、演出とはそういう作業が基本になっている。

この本は、ジョーンズ&シュミットのミュージカルについて、そんな風に書斎や稽古場や劇場で、調べたり、考えたり、発見したりしたことを思いつくまま書き連ねたものである。と言っても、台詞や歌詞の一つ一つに渡っての分析や解釈にまではほとんど踏み込んでいない。それをするには後数冊の本を書かねばならないだろう。

『ボーンルーム〜骨格標本室〜』、『グローヴァーズ・コーナーズ』、『ショーは続く』、『ロードサイド』の四作については、まだ演出の機会に恵まれていないので、作品紹介の閾を出ていないこともあらかじめお断りしておく。

という訳で、本書は研究書ではない。あくまでも一演出家のノートのようなものである。しかし、僕が演出の仕事を始めた四半世紀前に比べたら、日本でのミュージカルの公演数ははるかに増え、隔世の感がある。当時もミュージカルを教えている養成所はすでにあったと記憶しているが、最近では大学でもミュージカルの学科やコースを有するところが現れている。そしてどこも学生が上演するのに適した作品探しに苦労しているようである。僕もここ数年はそんな現場に身を置いているので良く分かる。ならば、こんな作品がありますよ、上演するならこんな解釈がありますよ、といったことを書いた本が一冊くらいあっても良いのではないか。そう思って本書をまとめてみた。ジョーンズ&シュミットの作品を日本語で上演する時の参考書のつもりである。

今世紀に入ってからアメリカの劇作家協会基金が行ったインタヴューで、トム・ジョーンズはミュージカルを創作する際の重要なポイントは三つあり、それはその作品は「何について描いているのか」、「筋書き（プロット）」、「上演様式」だと語っている。通常この三つは分かちがたく結びついている。どんなミュージカルであれ、いやどんな芝居であれ、演出家の作業は先ずこの三つを明確に把握することから始まる。本書でも、いつもこの三つのポイントを心に留めて筆を進めた。

急いで付け加えておくと、演劇の場合、絶対に間違っている解釈はあっても唯一無二の絶対に正しい解釈はない。百人いれば百通りの正しい解釈があって良いのである。問題はその解釈が作品全体のコンテクストと矛盾していないか、その上で観客にとって物語が良く分かり、かつ興味深く面白い解釈であるか否かだ。本書で解釈めいたことを論じているときも、あくまでも数多ある解答の内の一つでしかないことを、僕自身が演出する場合でさえ違う解釈を取る可能性もあることを、老婆心ながら書き添えておく。

ミュージカルの演出家や俳優を志す若い人たちが、本書によってジョーンズ&シュミットのミュージカルの魅力のせめて一端にでもふれ、先ずは興味や関心を持ってくれれば嬉しい。

勿論、演劇の魅力を知る最上の方法は実際の上演を観ることである。一八歳の僕が『ファンタスティックス』と出会ったように。そのための努力は、演出家としてこれからもして行くつもりだ。ジョーンズ&シュミットのミュージカルは、僕の演出レパートリーのかなりの部分を占めている。ということは、彼らのミュージカルは、僕のこれまでの人生のかなりの部分を占めているということでもある。この本には、そんな長い付き合いの個人的経過報告という側面もある。

改訂増補版のための付記――以上の旧版のまえがきを書いた翌年の二〇一二年の暮れに、僕は『ボーンルーム～骨格標本室～』を、二〇一九年の秋には『ラ・テンペスタ』を翻訳して東京の小劇場で上演したので、現在ではジョーンズ&シュミットのミュージカルは八作、ジョーンズが他の作曲家と組んだ作品は三作演出している。

本書の「改訂増補版のための付記」とある個所は当然新たに書き下ろしたものだが、それ以外の本文中にも細かく或いは大幅に書き直しや書き足しを施している。

サリヴァン・ストリート・プレイハウスの客席と舞台。

同二階ギャラリー。

サリヴァン・ストリート・プレイハウスの外観。
（撮影／セアラ・クルルウィッチ—ニューヨーク・タイムズ）

第一章　僕には見える

I Can See It

一、テキサスからニューヨークへ

残念ながら今は廃刊となってしまったが、アメリカはコネティカット州にあるミュージカル専門劇場グッドスピード・オペラハウスから発行されていたミュージカル専門の季刊誌「ショー・ミュージック」の一九九六年秋の号に「ジョーンズとシュミットのファンタスティックな経歴」と題した特集記事が掲載されている。事実誤認が散見される文章ではあるが、その中で、筆者のロバート・ヴィアガスは、ミュージカル作家トム・ジョーンズ（台本・作詞／一九二八～）とハーヴィー・シュミット（作曲／一九二九～二〇一八）の経歴は四つの創作時期に分けて考えられると述べ、次のように区分している。

最初は一九五〇年代の初頭に故郷のテキサスからニューヨークへやって来て、ジュリアス・マンクのレヴューを経て、『ファンタスティックス』（一九六〇年初演）で一躍世間の注目を浴びるまで。

次は一九六三年から六九年までのブロードウェイ時代。

さらに一九六九年から一九七五年まで、ニューヨークの西四七丁目に自ら開いたポートフォリオ・スタジオで、これまで試みられて来なかった新しい形式のオリジナル・ミュージカルの創作を目指して実験を重ねた時期。

そして一九七五年からこの記事が書かれた時点での現在（一九九六年）までである。

本書では、このヴィアガスによる区分に従って、彼らの作品を概観してみたい。あらかじめ指摘しておくと、夫々の時代ごとの特色はあるが、それよりも顕著なのはむしろ共通点の方であろう。その共通点こそジョーンズとシュミットのミュージカルをまさしく彼らのミュージカルたらしめているものであり、それはすでに第一作『ファンタスティックス』にもはっきりと認められる。先ずは、彼らのミュージカル作家としての出発点に遡って、その共通点を確認してみたい。

学生時代の二つのショー

ジョーンズとシュミットが出会ったのは、二人がまだテキサス大学の学生だった一九四〇年代の末である。演劇専攻で初めは俳優を、途中からは演出家を目指していたジョーンズが二級下で美術を専攻していたシュミットと知り合ったのは、カーテン・クラブという課外活動のグループを通してだった。そして彼らがミュージカルの魅力に取りつかれてしまったのも又このクラブ活動を通してだった。ジョーンズがその著『ミュージカルを作る』で述べているところによれば、彼は当時、演劇科の授業で何百という数の戯曲を学んだが、ミュージカルはただの一作もなかった。台詞劇に対してミュージカルは一段も二段も低く劣ったもの、浅薄で軽薄なもの、真面目に考慮するに値しないものと看做されていたからである。リチャード・ロジャーズとオスカー・ハマースタイン二世の『オクラホマ！』が一九四三年に初演され、その圧倒的な影響の下に、台本を重視した統合ミュージカルが主流となってまだほんの数年しか経っていないことを思えば、それも無理からぬことであろう。しかもニューヨークから遠く離れたテキサスでは、今日と違ってブロードウェイ・ミュージカルの生の舞台に接する機会など先ずなく、『オクラホマ！』以後やっと登場したオリジナル・キャスト盤のレコードを介して実際の舞台を想像するしかなかった時代である。学生の彼らが目にすることが出来たのは、ＭＧＭに代表されるミュージカル映画だけである。しかし、だからこそミュージカルは彼らにとって抗いがたい魅力を備えたものに感じられた。「手っ取り早く言えば、それは禁断の果実だった」のだ。

ジョーンズとシュミットがその禁断の果実を初めて齧ったのは、一九五〇年の春、学内のホールでカーテン・クラブが上演した『ヒプシー・ブー』と題した学生演劇である。やはり演劇科の学生で、後に『ファンタスティックス』を演出することになるワード・ベイカー（一九二三〜一九九五）の発案になるところの、二十世紀前半のポピュラー音楽の概観を目論んだレヴューだ。ベイカーが演出し、ジョーンズがコミカルな寸劇をいくつか書き、シュミットがピアノ伴奏を受け持った。（シュミットはピアノ教師だった母親からレッスンは受けたが、それ以上の正規の音楽教育は受けていない。作曲家としての彼に大きな影響を与えたのは、子供時代、毎週末ラジオから流れるクラシック音楽と、ハリウッド・ミュージカルの映画音楽だった。後にシュミットは彼のヒーローはバルトークとヴィンセント・ミネリだったと語っている。シュミット自身は、楽譜は書けないし読めなかった。しかし、ピアノの鍵盤にふれた彼の指先からは聴く者を魅了してやまない旋律が次々と紡ぎ出される。それを録音し、専門家が楽譜に起こす形でジョーンズ&シュミットのスコアは作られた。）

三人は数多のポピュラー・ソングの中から選曲してショーを構成した。ところがショー全体の精神を表現したナンバーがないことに気がつき、結局シュミットが自分で作詞・作曲することになる。「ようこそ皆さん／私たちのおもてなしは／歌と笑顔／ずっとダンスも続きます」といった調子の軽快なナンバーを「メッシュのストッキングと色鮮やかなガーターを（そして他のものをちょっぴり）まとった八人のピチピチしたテキサス娘が張り出し舞台に踊り出て歌った」（ジョーンズ）このショーは、二週間の公演が完売、ダフ屋まで出るほどの大盛況だった。四九九席の会場には、通路や窓辺にも観客があふれたという。

その冬、大学院で演出の修士課程にいたジョーンズは、ジャーナリズム専攻の学生クラブから『時代は千鳥足で進む』と題した毎年恒例の学生ミュージカルの演出を頼まれる。大学生活を主題にしたレヴューだが、ジョーンズは学内から寄せられたどの台本にも満足出来ず、自ら台本と詞を書くことにし、作曲者にシュミットを選ぶ。内容はテキサス大学の新入生の入学第一日目を描くことに決め、シュミットは装置と衣裳も担当した。こうして一九五一年の春に、今度は約一五〇〇席の会場で上演された舞台は、『ヒプシー・ブー』をも上回る大成功を収める。半世紀後、ジョーンズが「生涯で最大の成功だった。あんなことはその後二度と再びなかった」と述懐するほど観客に熱狂的に迎えられたこの舞台こそ、以後半世紀に及ぶジョーンズとシュミットの共同作業の本当の始まりであった。

反リアリズム演劇と『わが町』

この二つのミュージカル体験を通して、ジョーンズは「演劇には二種類あることにだんだんと気がついていった。自分の好きな演劇とそれほど好きにはなれない演劇とである。」好きなのは、「シェイクスピアやギリシア劇、ソーントン・ワイルダーやベルトルト・ブレヒトの演劇」、つまり呈示的で詩的な演劇であり、好きになれないのは、写実的で散文的な演劇、つまり二〇世紀前半の演劇に支配的な力を揮っていたリアリズム演劇であった。そして、ジョーンズは自分の好きな反リアリズム演劇の特徴を前掲書で次のように指摘している。

一、時空間を自在に飛び越えられるような形式の流動性。二、日常会話よりも色彩感があり、躍動的でニュアンスと多様性に富んだ言葉。高められた言葉。単に人物の考えや感情を伝えるだけでなく、音楽において響きとリズムと旋律が感情を生み出すのと同じように、言葉そのものが感情を生み出すような言葉の使用。言語の魔術。三、登場人物が直接観客に語りかけたり、解説役を導入したり、音楽と踊りを盛り込んだりと、芝居の様々な約束事の自在な駆使。四、リアリズムの束縛を脱した純然たるシアトリカルな大仰さ。芝居がかり。

このような特徴が一九五〇年当時、自然に受け入れられていたのがミュージカルだったとジョーンズは述べ、彼の望みは民衆演劇（ポピュラー・シアター）、ピーター・ブルックの言う「神聖演劇にも成り得る可能性を秘めた民衆演劇」だったと書いている。ジョーンズのこういう志向（嗜好）には、大学時代の恩師であり、シェイクスピアの専門家としてグローブ座を模したエリザベス朝様式の劇場をアメリカに広めるのにも一役買ったB・アイデン・ペイン（一八八一～一九七六）の影響も見逃せないが、それ以前に彼の子供時代の演劇体験が決定的な役割を果たしていると思われる。

ひとつは、彼がまだ十二歳のとき、アマチュア演劇で大人の中にただ一人混じってソーントン・ワイルダー（一八九七～一九七五）作『わが町』の狂言回しである舞台監督役を演じたことである。『わが町』（一九三八年初演）は、今や言うまでもなくアメリカ演劇の古典だが、初演当時にはその形式において際立って斬新な作品だった。観客が劇場に入ると、そこには舞台と客席を区切る緞帳もなく、舞台上にも装置と言えるほどのものは何もなく、場面はほんのわずかな椅子とテーブルによって暗示される。テーブルと椅子があれば、そこは台所であり、カウンターひとつでドラッグストアが表現される。小道具でさえ、その多くは俳優のマイムによって示される。そこには、表現される場所を特定の一箇所だけに限定してしまう写実的で説明的な装置の桎梏を脱し、観客の想像力に働きかけることで、本物そっくりに見えるだけの見せ掛けとは違う、物事の普遍的な本質に迫ろうという意図があった。アメリカ演劇におけるミニマリズムの嚆矢である。今日ではごく当たり前の技法だが、リアリズム演劇に慣れた当時の観客の目には極めて実験的、前衛的に映った筈である。（実際、ブロードウェイに先立つボストンでのトライアウトは入りが悪く、公演は一週間で打ち切られてしまったし、ブロードウェイでも必ずしも好評ではなく、「その簡素さ（シンプリシティ）は、演劇愛好家たちには芸術ぶって乙に澄ましていると見えた」と劇評家のブルックス・アトキンソンは後年書いている。アトキンソン自身はニューヨーク・タイムズ紙で絶賛したが、新聞雑誌の劇評も賛否相半ばした。『わが町』の評価が大きく変わるのは、ピュリッツァー賞が授与されてからであり、ブロードウェイ初演も最終的には上演回数三三六回のヒットとなる。）しかし、エリザベス朝演劇ひとつ思い出しても分かるように、この技法そのものは新しいどころかおそろしく古いもの、それこそ古代ギリシア演劇にまで遡ることの出来るほど古い技法である。ワイルダーは、むしろ演劇を演劇の原点に立ち返らせたのだと言えるだろう。

新鮮に見えてその実演劇そのものと同じくらい古くからある技法ということでは、作品全体の進行役である舞台監督という役柄もそうである。説明的な装置がない分、舞台上の場所と時間を変化させるのは、彼の語る言葉である。ナレーターとしての役目を背負い、観客に親しげに語りかけながら時間と空間を思いのままに変化させるこの役は、明らかにギリシア演劇のコロスの遠い子孫であり、シェイクスピア劇のコーラス（説明役）の直系である。しかもこの役は、のっけから「この劇は、題名は《わが町》、作者はソーントン・ワイルダー」と語って、これがお芝居以外の何ものでもないことを示すばかりか、必要に応じてドラッグストアの店主を始め、劇中のいくつかの登場人物を演じもする。『ファンタスティックス』を観たことのある方ならもうお気づきだろうが、この舞台監督の役は、『ファンタスティックス』のナレーター役（エル・ガヨ）と実に良く似ているし、二つの作品の形式も、そして隣同士の男の子と女の子のロマンスという主筋になる状況もそっくりである。先に紹介した反リアリズム演劇の特徴としてジョーンズが列挙したものと、『わが町』の特徴とで重なる部分も多い。事実、ジョーンズは『ファンタスティックス』の大部分は『わが町』に捧げられたオマージュだとも述べている。ワイルダーは『わが町』やその他の自作への序文の中で、モリエールを引用して、演劇に必要なものは「二つの演台と一つか二つの情熱」だと言っているが、これはそのまま『ファンタスティックス』の精神でもある。

また、以上の特徴は、『ファンタスティックス』以後のジョーンズとシュミットの全てのミュージカルに共通して見られる特徴でもある。ジョーンズは、僕宛の手紙の中で、「振り返ってみると、私のほとんど全ての作品は、何らかの点で時間について書かれたものだ」と言っている。時間こそ『わが町』の大きな主題のひとつである。少年時代に、しかも出演者として『わが町』にふれたことは、ジョーンズの演劇観を形成する上で多大な影響があったと見て間違いあるまい。（第四章で述べるように、やがてジョーンズとシュミットは『わが町』そのもののミュージカル化に挑むことになる。）

二つの旅回りのショー

もうひとつは、ジョーンズが子供の頃、夢中になって観ていた旅回りの二つのショー、薬売りのショーとトウビー・ショーである。薬売りのショー（medicine show）とは、薬の行商人が顧客の呼び込みのために、手品や歌や寸劇、安手のスペクタクルなどを披露する演芸であり、一九世紀の初めにヨーロッパからアメリカにもたらされたとジェラルド・ボードマンの『オックスフォード版アメリカ演劇の手引き』にはある。初期にはワンマン・ショーだったのが、すぐにもっと大掛かりなものになり、二〇世紀の初め頃までが最盛期だったが、その後も一九四〇年代の末まで活動を続けた生き残り組もいたという。勿論、薬を売っていたのは初期の話で、途中からは完全に見世物としてのショーだった。テキサスでの少年時代にジョーンズが観ることとの出来た生の舞台は、この怪しげな薬売りのショーと、同じように埃っぽい仮設テントの下でランタンの灯りに照らされて繰り広げられるトウビー・ショーだけだったのである。

トウビー・ショーも今では完全に死滅してしまったが、二〇世紀の前半に北米で人気のあった芸能である。赤毛でそばかすだらけのトウビーという田舎の若者が主人公のドタバタ喜劇であり、作品の時代や場所がどう変わろうと主役はいつも同じトウビーだった。ジョーンズが観て強烈な印象を受けたハリー・サドラーの演じるトウビーは、テキサスのカウボーイという設定で、「その大きなそばかすと黒く塗りつぶされた前歯は、一種のコンメディアの仮面を成していた」とローレンス・セニリックは『ケンブリッジ版アメリカ演劇案内』に記している。ドナルド・C・ファーバーとロバート・ヴィアガスの共著『ファンタスティックスの驚くべき物語』の中でジョーンズが回想しているところでは、サドラーは、演じている役から抜け出して観客相手のくじ引きの司会を務め、それから再び役に戻ったりしたそうである。「それはおよそ古典劇ではなかったけれど、その頃私が理解していたよりもずっと古典的だったのかもしれない」とジョーンズは述べている。

これらのショーは、ギリシア・ローマ時代のミモスに端を発するもう一つの演劇の末裔とも言えよう。ジョーンズとシュミットのミュージカルにミュージック・ホール的な要素や題材が多く現れるのも、その要因はジョーンズ少年を虜にした薬売りのショーとトウビー・ショーの陽気で猥雑な雰囲気と舞台と客席との直の交流の楽しさの記憶だったのかもしれない。

何にせよ、肝心なことは、これらのショーが観客に対して開かれた形式の芸能だったことである。観客は第四の壁の向こうから舞台上の出来事をただ観察し、俳優も観客の存在を無視することが原則のリアリズム演劇とは全く異質な、舞台と客席との直接的な交流がそこにはあったのである。ジョーンズが、台詞劇と比べた場合、観客に対してはるかに開かれたミュージカルというジャンルにやがて魅了され、生涯をかけて取り組むことになる下地は、少年時代にすでに充分整えられていたと言える。

ニューヨークへ

大学卒業後、徴兵されて兵役についたジョーンズとシュミットは、遠く離れた夫々の配属先ボルティモアとエル・パソから文通という方法で歌を作り続けた。ただ、この創作活動はあくまでも軍務の合間の息抜き、楽しみのためだったらしい。舞台への熱烈な思いは共有していても、ジョーンズは大学で専攻した演出家への道を目指し、シュミットにはイラストやデザインの技量を活かしたコマーシャル・アートへと進むのが自明のことだったからだ。けれど一連の創作活動はもともと言葉に対して豊かな感性と興味を持っていたジョーンズの中の作家としての才能に火を燈し、演劇人トム・ジョーンズにとってミュージカルの創造は次第に大きな比重を占めて行くようになる。シュミットの作曲活動もやがて趣味の域を越えた深まりを見せて行く。

朝鮮戦争のさなか、幸い二人とも戦地には送られずに済み、やがて除隊した彼らは演出のワード・ベイカーも含め、ニューヨークへ向かう。演劇界への足がかりとして、彼らは『ポートフォリオ（紙ばさみ式の画帳、作品集）』と題したレヴューの制作を試みる。ジョーンズが寸劇と詞を書き、シュミットが音楽、装置、衣裳をこなし、ベイカーが演出するという構想である。

とは言え、作品が完成し、しかるべきプロデューサーを見つけて上演にこぎつけるまでは、夫々他の仕事について生活を支えねばならない。ジョーンズは書店で働きながら地域のアマチュア演劇のクラブで教えと演出を兼ね、シュミットは、NBCテレビの番組のタイトル・ロゴのデザインを振り出しに、コマーシャル・アーティスト、イラストレイターとして「ライフ」「ハーパーズ・バザール」「フォーチュン」といった一流誌にも作品が掲載されるほどの順調な経歴を積み重ねて行く。シュミットは数年の内に全米でも五本の指に入るほどの人気アーティストになって行く。

二人は同窓のロバート・ベントン（後に『クレイマー、クレイマー』でアカデミー監督賞、脚本賞受賞）等とアパートで共同生活を送り、自分たちの作品が舞台に掛かる日を夢見て創作活動に励んだ。

オフ・ブロードウェイ

彼らがニューヨークへやって来た一九五〇年代の前半は、二〇世紀の初頭に始まったオフ・ブロードウェイの小劇場運動が再び活発になって行く、いわゆるオフ・ブロードウェイ・ルネッサンスにあたる。アメリカの俳優組合（アクターズ・エクイティ）の規定によれば、オフ・ブロードウェイとはニューヨークのタイムズ・スクエア周辺の劇場街（俗に言うブロードウェイ）を外れた市内地域に存在する、客席数が百以上五百未満の小劇場群を指す。五〇年代の前半から六〇年代の半ば頃までは、それらの小劇場が集中していたのはシェリダン・スクエアやマクドゥーガル・ストリート、ブリーカー・ストリートの近辺即ちグリニッチ・ヴィレッジであり、オフ・ブロードウェイ即ちグリニッチ・ヴィレッジの小劇場と言ってもあながち間違いではなかった。

その小劇場も初めから劇場として建てられた小屋はほとんどなく、もとはナイトクラブや映画館や図書館、教会やロフト等々を改築したものである。従って、設備的にはお義理にも充分とは言えない劇場が少なくないのだが、そういうマイナス条件をプラスに転化させて来たのもオフ・ブロードウェイなのだ。ある種の制約がかえって豊かな表現を生みだす原動力になることが往々にしてあるのは、誰しも知るところだろう。わずかな照明機材、簡素な舞台装置が観る者の想像力を刺激して止まない魅惑的な演劇空間を現出させ、その結果、見た目の華やかさ（スペクタクル）に惑わされることなく、舞台上の人物＝演技者＝人間のドラマがくっきりと浮かび上がりさえしたのである。

スチュアート・W・リトルは『オフ・ブロードウェイ〜預言者の演劇〜』で、「オフ・ブロードウェイとは或る気構えであり、一連の上演条件であり、演劇をあらゆる点でブロードウェイのパターンとは相反する視点で捉えることだ」と述べている。ラリー・ステンペルも近著『ショータイム〜ブロードウェイ・ミュージカルの歴史〜』で、オフ・ブロードウェイは「見た目の魅力に欠けるところは冒険精神と共同体意識そして使命感で補い、これまでないがしろにされて来た古典や、内容が論議を呼ぶものであったり、形式が実験的であったりしたが故に無視されてしまう新作の上演を活発にした」と言い、そういう活動を生んだのは、「アメリカ演劇の脱中央化と脱商業化という一対の概念」（ノリス・ホートン）に基づいた、ブロードウェイの商業演劇とは違うもう一つのアメリカ演劇が必要だという意識だったと書いている。演劇を大衆のための娯楽としてだけでなく、芸術としても捉え直そうという試みだったとも言えよう。

第二次大戦後のオフ・ブロードウェイの活動を支えていた才能は、その大多数が二〇代から三〇歳前後の、プロ或いはセミプロの若き演劇青年たちだった。彼らの多くは、ブロードウェイの娯楽本位の商業演劇に飽き足りないものを覚えているか、ブロードウェイに活路を見出せず、もっと自由な表現を求めてオフの小劇場で活動を開始した人々だった。プロデューサー・システムが支配するブロードウェイでは、人はひとつの公演ごとに集まってはまた別れて行くのが常だが、オフの演劇青年の中には仕事の継続性や積み重ね、アンサンブルをこそ重視して、有志を募り、劇団を結成する者もいた。リトルやステンペルが言うように、オフ・ブロードウェイとは、少なくとも六〇年代までは、ブロードウェイの保守本流に対するアンチ・テーゼであり、実験的で前衛的な側面を多分に持っていた。

ただ、ステンペルも指摘しているが、戦後のオフ・ブロードウェイの活動は、戦前の芸術演劇運動などに比べると純粋に芸術的、社会的運動という思想的側面よりも、仕事場を小さな空間に求めたという現実的側面が強い。ブロードウェイへの態度にもアンビヴァレントなものがあったのも否めない。ジョーンズたちが『ファンタスティックス』や『セレブレーション』を作る過程にも、それは伺われる。そのことについては、後でまた述べる。

オフの実験性は、劇場空間の造形にも発揮された。すでに述べたように、元来が劇場として建てられたのではない空間の再利用だということもあり、伝統的なイタリア式額縁舞台ではない劇場も多い。ともにナイトクラブを改造したサークル・イン・ザ・スクエアやサリヴァン・ストリート・プレイハウスは、前者は長方形の演技スペースの三方を客席が囲み、後者は楕円形を半分に割った形の平土間舞台を客席が取り巻く半円形の準スラスト・ステージである。一九四〇年代から五〇年代にかけて全米のリージョナル・シアター活動に甚大な影響を与えたマーゴ・ジョーンズの円形劇場の理念が支柱になったことは確かだが、現実問題として限られた狭い空間を出来る限り有効に活用しようと工夫した結果、ブロードウェイの既成舞台とは全く異なる、無尽の創造（想像）力を孕んだ空間が誕生したのである。

そこからはやがてオールビーを筆頭に、ブロードウェイ流のウェルメイド・プレイとは一線を画す（つまりオンの商業劇場では取り上げにくい）前衛的作風の新人劇作家が次々に登場して来る。

しかし、それは主に六〇年代に入って後のことであり、ごく初期のオフ・ブロードウェイで上演されていた作品には、例えば戦後のオフはここから始まると言われるテネシー・ウィリアムズ作『夏と煙』のサークル・イン・ザ・スクエアによる公演（52年）のように、ブロードウェイでの初演（48年）が失敗に終わった戯曲の新演出による再演や古典劇、近代劇の上演が少なからぬ部分を占めている。作品の真価を新鮮な角度から緻密に捉え直して提示し、微妙で細密な、緊迫感みなぎる演技と演出が観客のすぐ目の前で展開されたのである。

もう一つ例を挙げるなら、やはりブロードウェイでの初演（53年）が失敗したアーサー・ミラーの『るつぼ』のオフでの再演（58年）がある。額縁ではない円形の舞台、しかも戯曲中の登場人物以外に説明役が舞台上に現れ、時に応じて人物や事件にまつわるミラーの詳細なト書きを読み上げ、その間、舞台上の他の人物は全員ストップ・モーションでいる演出が話題を呼んだ。演出家はワード・ベイカー。この時の演出は、アーカンサス州の或る演劇祭にゲスト参加したミラーの「『るつぼ』に装置はいらない。全ては戯曲の中にある。装飾とかは何もなくていい」という発言に触発されたものだ、と後年ベイカーは語っている。『ファンタスティックス』の種は意外なところにも埋もれていたようだ。

ジョーンズとシュミットは『ポートフォォリオ』の上演を目指して、資金を提供してくれそうな人や劇場を探し続けるが、実現の兆しはいつまでたっても一向に見えなかった。彼らの青春の夢の前には厳しい現実が立ち塞がっていた。

その間、プロとしての演出の仕事も見つけられないでいたジョーンズはベン・バグリーのナイトクラブに兵役時代に文通で作った歌を提供したり、若手の喜劇人のためにお笑いの寸劇を書いたりもしていた。それが縁で、ジョーンズ&シュミットはジュリアス・マンクのナイトクラブ「地下の二階」（アップステアーズ・アット・ザ・ダウンステアーズ）の小レヴューに歌や寸劇を提供するチャンスをつかみ、プロのソングライターとして本格的に第一歩を踏み出した。五八年の『半ダース』は、全体の約半分がジョーンズ&シュミットの作品で占められている。そのほとんどは、彼らのポートフォリオにしまわれていた作品である。（当時のナイトクラブの小レヴューは、かつて一九一〇年代から二〇年代のジーグフェルド・フォリーズを頂点とするブロードウェイの大型レヴューがガーシュウィンやコール・ポーター、ロジャーズ&ハート等々のソングライターを世に送り出す窓口となったのと同じく、ジョーンズ&シュミットを始めシェルドン・ハーニックやチャールズ・ストラウス、マイケル・ステュアート等六〇年代にブロードウェイで活躍する才能に最初のチャンスを与えたことは記憶しておきたい。）

この言わば下積みの修業時代に、彼らはレヴューではないブック・ミュージカルの創作にも着手していた。やがて小劇場ミュージカルの代名詞ともなる『ファンタスティックス』である。『ファンタスティックス』には『僕には見える』と題したナンバーがある。主人公の少年が「僕には見える！／どこかで輝いている！／明るい光がどこかで僕を招く、ここに来て／学べと！」と希望と期待に満ちた青春の想いを歌えば、その背後では年長者の男が「彼が歌わなければならない歌がある。／それは良く知られた歌。／けれど曲は苦く／覚えるのに手間はかからない！」と光の後ろにある現実を歌い返す。この詞には、ジョーンズの『ポートフォリオ』への期待と挫折が、いや他ならぬ『ファンタスティックス』で世間に認められる前の思いの全てが詠み込まれているのかも知れない。

結局、この時点で『ポートフォリオ』が日の目を見ることはなかったが、数年後にテレビという全く別の媒体で実現することになる。一九六一年一月に全米で放映された『ニューヨーク・スクラップブック』（演出ワード・ベイカー）である。

二、ファンタスティックス

ロスタンの原作

『ファンタスティックス』の原作は、『シラノ・ド・ベルジュラック』で名高いフランスの新浪漫派の代表的劇作家エドモン・ロスタンの処女作で、一八九四年にコメディ・フランセーズで初演された『レ・ロマネスク（夢想家たち）』。マリヴォー喜劇のパスティーシュの趣きのある短い三幕の韻文喜劇である。当時のフランス演劇界を席巻していた写実一辺倒の自然主義演劇に抗してロマンティシズムの復権を唱えた戯曲であり、その主張は現実離れした物語と、そして何よりも韻文で書かれた台詞によって表現されている。

但し、ジョーンズ&シュミットが直接利用したのは、ジョーンズがB・アイデン・ペインの授業で教材として出会った英語版、ジュリア・コンスタンス・フレッチャーという英国女性がジョージ・フレミングという男性名義で一九〇〇年に著わした『レ・ロマネスク』の英語訳『ファンタスティックス』である。（アレクサンドランで書かれた原作を二行連句のフランス風詩形で訳している。）ミュージカルは題名もこの英訳版から拝借している。出版された戯曲の扉に「英語の韻文に自由に翻訳された」とある通り、翻訳と言っても原作をかなり大胆にいじっており、翻案に近い個所も多々ある。（正直に白状すると、この文章を書いている時点で、僕はロスタンのフランス語の原作自体は読んだことがない。あくまでもフレミング以外の別の英訳と比べてみての話である。）

一番大きな変更（翻案）は、三幕の終わりである。物語が全て終わった後、ヒロインの少女が「楽しんで頂こうと努めて参りましたこのお芝居の解説を致しましょう」と言って舞台前方に進み出、以下舞台上に居並ぶ五人の主要人物が歌舞伎の割り台詞のように納めの口上（エピローグ）を観客に向かって直接述べるのだ。古典喜劇に良くある観客への挨拶を復活させた台詞である。その中の「お伽噺の五重唱、夏の夜の如く狂ってた」という一行からも伺われるように、この幕切れは例えば『夏の夜の夢』の妖精パックのそれのようなシェイクスピア喜劇の納め口上をとりわけ意識しているのではなかろうかと思われる。この口上はもとのロスタンの戯曲にはないフレミングの加筆であり、舞台と客席を区切る第四の壁を無視した表現である。後でまたふれるが、フレミングはこの他にも舞台と客席の垣根を取り払うような表現を作品中に若干盛り込んでいる。しかし、時に傍白があったりはしても、大筋においては作品のスタイルも道具立てもあくまでも一九世紀風のリアリズムの枠内に収まっていることは間違いない。そしてこの点にこそ、原作（以下原作と言う時は、特別な断りのない限りフレミング版を指す）とミュージカル『ファンタスティックス』との大きな違いがある。先ずそこから見て行こう。（なお、後述するようにジョーンズとシュミットは自作に常に改訂の手を加え続けている。『ファンタスティックス』も例外ではない。ここでは一九九〇年にアプローズ演劇書出版社から出された三〇周年記念版をテクストとする。）

原作との様式上の違い

大まかな筋書きは原作のままだ。主人公は一枚の壁を挟んで隣り合わせに住む、恋に恋する思春期の少年（マット）と少女（ルイーサ）。両家の父親（ハックルビーとベロミー）が犬猿の仲のため、彼らは裏庭でそっと壁越しに恋を語っている。実は、両家のいさかいは子供同士を結婚させるために父親たちが仕組んだ芝居であり、壁もそのためにわざわざ建てたのだ。そうとは知らない二人は親の策略に乗って、恋の炎を燃え上がらせてしまったのだ。後はどうやって両家の和解へと持って行くかと案じた父親たちは、盗賊（エル・ガヨ）を雇って少女を誘拐させ、それを少年が救い出すという計画を立てる。作戦はまんまと成功し、少年と少女は晴れて公認の仲となり、壁も取り壊される。ところが、真相も知らずに好い気になっている子供たちの態度に我慢が出来なくなった父親たちは、全てが作りごとだったことをばらしてしまう。自分たちが親の操り人形でしかなかったと知った少年は、誘拐劇の代金を取りに来た盗賊に再び剣で挑むが、素手の相手にあっさりといなされてしまう。己の非力を思い知った少年は少女とも喧嘩別れをした挙句、本物の冒険を求めて家出する。父親たちも本当にいさかいを始めてしまい、両家の間には再び壁が建てられる。後に残された少女の前に盗賊が現れ、一緒に冒険の旅に出ようと誘惑する。少女もその気になるが、盗賊は少女が大切にしていた母親の形見のネックレスを盗むと、彼女だけ置き去りにして去ってしまう。そこへ世間の辛酸を舐め、すっかり尾羽打ち枯らした少年が戻る。二人は今度こそお互いへの真の愛情を確かめ合い、父親たちも和解する。改めて壁を壊そうとする父親たちに、壁はあった方が良いと盗賊が忠告して物語は終わる。

父親たちの策略が功を奏し、両家が和解してひとまずハッピー・エンドとなるまでが第一幕。その後『ファンタスティックス』は原作の第二幕と第三幕を一つにまとめて二幕構成になっている。

ロマンティックな茶番劇といった全体的な風合いは同じだが、それでも原作とミュージカルとの総体的な印象はかなり違う。その主な理由は、すでに述べたように作品の様式の違いによるものだ。ミュージカル『ファンタスティックス』は、フレミング版の納め口上に見られたメタシアター的な表現方法を作品全体に渡って用いているのである。今、目の前で行われていることが「お芝居」であることを終始一貫絶えず観客に意識させる手法が採られているのだ。

少年と少女の恋路を邪魔する（実は促す）壁の表現一つ取っても、それははっきりしている。原作の壁は、冒頭の「舞台は伝い上る植物や蔓に覆われた古い苔むした壁で分けられている」というト書きからも明らかなように、細部まで写実的に再現されたリアルな装置によって表現されている。これに対し、ミュージカルではミュートという名前の通りのだんまり役が一本の棒を前に突き出すように持って立つだけで壁の存在が暗示される。ロシア・フォルマリズムの用語を使えば、「仕掛けの露呈」である。冒頭で各登場人物をナレーター（エル・ガヨ）が観客に紹介する時も、ミュートは「そして壁です」と紹介される。このミュートはいつも舞台の片隅にいて、歌舞伎の黒衣よろしく小道具の出し入れをしたり、雨や雪を表す紙吹雪を撒いたりもする。作者たちは上演権を管理しているミュージック・シアター・インターナショナル社の上演台本に付したコメントで、ミュートの本質的な役割は「機能を果たすこと」だとし、「パントマイムの業を駆使したりして、芝居の邪魔をしてはならない」としている。（過去に出版された台本には、第一幕の「始まりは森の中、そこではリスたちが恋を語り」で始まるエル・ガヨの独白の背後で「ミュートが感覚と言葉をマイムで表現する」というト書きがあったが、続演三〇周年を記念して出版された版からは削除されている。）

壁以外の舞台装置についても、原作は石造りのベンチや花壇、パンパスグラスの茂み、蔓の這った格子作りの東屋、模造大理石の彫像、温室等々がト書きで指定され、どこまでも写実的な再現に終始している。一方、ミュージカルの舞台装置は、基本的には「木の演台が一つあれば、それで充分だ」というジャック・コポーの主張を想い起させる木製の演台（プラットフォーム）とそれに付随した四本の鉄製の細い円柱のみ（ハーヴィー・シュミットのスケッチに基づいてエド・ウィットスティーンがデザイン）である。必要に応じてその円柱にボール紙で出来た月や太陽を掛けたり、森を象徴する青と緑のズタズタに裂けた幕を張ったりして情景の変化を示す。花壇の花や草木も、俳優が手にした空の如雨露を舞台の床に向かって傾けたり、剪定鋏を虚空に向かってチョキチョキ動かすだけで表される。写実的な説明を廃し、簡潔にして暗示的な表現手段を援用することで、どこまでも観客の想像力に訴えて行く手法である。ジョーンズは「最大の想像力と最小の規模」と説明している。

前節で述べたように、そこにはナレーター役の存在を筆頭に、『わが町』からの影響が顕著に認められる。しかし、作者たちが意識していたのは『わが町』だけではない。ジョーンズの言によれば、彼らは『ファンタスティックス』を世界中の反リアリズム演劇の様々な技法を祝うものにしようと目論んだのである。序曲の終わりでミュートが派手にばら撒く色とりどりの鮮やかな紙吹雪は、作品のそんな祝祭性と非リアリズム性を何もない空間に一挙に解き放ち、小劇場にふさわしい見事なスペクタクルとなっている。

『二人の主人を一度に持つと』の影響

さて、それらの技法に関して、『ファンタスティックス』の創造に特に大きな影響を与えた主な演劇的源泉は『わが町』の他に二つある。

『ファンタスティックス』のオープニングでは、観客の視線にさらされたままのピアノとハープが奏でる軽快な序曲に乗って、まだ衣裳を完全には着終わっていない役者たちが登場し、椅子や木箱といっ

（下）
ハーヴィー・シュミットによる『ファンタスティックス』の装置デザイン。但し、サリヴァン・ストリート・プレイハウスではピアノは演台の後ろの舞台奥中央にアップライトのものが置かれていた。

（左）
同じくハーヴィー・シュミットによる演台と垂れ幕のスケッチ。

た簡単な置き道具を配置したり、あれやこれやと上演の準備をする。ある種の劇中劇形式であり、これから皆さんがご覧になるのはあくまでもお芝居なんですよと端から観客に告げている訳だ。これによって、以後劇中で次々と示される様々な反リアリズム的な技法が正当化され、観客がそれらを喜んで受け入れ、楽しむ下地が作られる。

この序曲では、役者たちは登場人物でもあれば、これから登場人物を演じる俳優を演じている俳優でもある。こういうシアトリカルな感覚、および出演者が自分の出番でない時でも舞台を去らず、客席に背を向けて演台に腰掛けているのは、作者のジョーンズ自身認めているように、舞台の上にさらに舞台(演台)を組むというアイディアともども、ミラノのピッコロ・テアトロ(ピッコロ座)の公演『二人の主人を一度に持つと』(ジョルジョ・ストレーレル演出)に触発された結果である。(ストレーレルの演出の背後にはさらにブレヒトの影響が伺える。)

『二人の主人を一度に持つと』は、一八世紀の半ばにカルロ・ゴルドーニがコンメディア・デッラルテの改革を期して書いた喜劇である。コンメディア・デッラルテとは一六世紀後半に始まり、一七世紀に最盛期を迎え、一八世紀の後半に歴史の表舞台から消えたイタリアの即興仮面劇の総称である。劇場や宮廷で上演されることもあったが、多くは縁日や市場の大道や旅籠の中庭、公共施設等に即席で建てられた木製の仮設舞台で演じられた。

劇作家の書いた戯曲を演じるのではなく、物語の大まかな流れを記した粗筋(シナリオ)をもとに役者たちが即興演技で上演するのが特徴であり、肝心なのは物語よりも役者の演技であった。本筋とは関係ない「ラッツィ」と呼ばれるギャグやアクロバット等の役者の芸が呼び物であり、身体的表現に比重のかかった演劇だったと思われる。このような特徴からも推測出来るが、コンメディア・デッラルテの人気は主に喜劇にあった。登場人物も類型化されていて、作品によって置かれている環境や設定は違ってもいつも同じ人物、同じ役柄である。手塚治虫の漫画に各作品の枠を超えて縦断的に登場するヒゲ親父やアセチレン・ランプのようなキャラクターがいるが、それと似ている。『ファンタスティックス』の登場人物は、コンメディア・デッラルテのそういうストック・キャラクターに正確にではないが重ね合わされている。但し、その点はすでに原作からしてそうではある。一七、一八世紀のパリに於けるフランス喜劇とデッラルテ流のイタリア喜劇とが相互に影響し合ったことはつとに知られているが、ロスタンはそのような古典喜劇を意識して『レ・ロマネスク』を書いたのだろう。

しかし、類型化され誇張された役柄であればこそ、かえって生身の人間としての実在感（リアリティ）がなければ芝居は成立しない。そもそもゴルドーニの『二人の主人を一度に持つと』は、時代精神の大きな変化の中で、演劇もまた時代に即して変わらねばならないと思ったゴルドーニが本来は即興劇であったコンメディア・デッラルテに「戯曲」を与え、荒唐無稽な筋書きに論理と文学性を賦与した作品である。しかもコンメディア・デッラルテは一八世紀に消滅してしまったために、その実際の上演がどんなものだったのかは本当のところは誰にも分からない。わずかに残ったシナリオや仮面、当時の役者のメモ等の古い文献、若干の研究書、そしてジャック・カロの版画に代表される絵画に刻まれたいにしえの役者たちの舞台姿を手がかりに想像してみるしかないのだ。ゴルドーニの喜劇を復活させるにあたってストレーレルが取った手段も同じである。ほとんどゼロから出発して、二〇世紀のコンメディア・デッラルテを作り上げて行ったのだ。

従ってジョーンズとシュミットが観た舞台は歴史的に正当なデッラルテの姿ではない。そんなものはそもそも存在しない。だが、ニューヨークのシティ・センターで上演されたピッコロ・テアトロの舞台に漲っていた活気あふれる遊戯性と演劇性はジョーンズたちを強く捉えたに違いない。舞台の上を縦横無尽に動き回る道化アルレッキーノの高度な身体性は、『ファンタスティックス』のオープニングでのミュートの胸のすくような機敏で活発な動きに反映されているであろうし、何よりも舞台全体に横溢していた祝祭的感覚と非リアリズム的手法は、『ファンタスティックス』に決定的影響を与えている。細かいことだが、序曲の終わりの方でエル・ガヨがオレンジを三つ使ったジャグリングをして見せる初演以来の演出も、コンメディア・デッラルテへのオマージュかも知れない。

すでに述べたように『ファンタスティックス』のオープニングは、『二人の主人を一度に持つと』の幕開けで舞台上に勢ぞろいした出演者が音楽に乗って陽気に踊りながら観客に挨拶するストレーレルの演出の変奏である。またこれもすでに述べたが、舞台の上にさらに演台を組んだ装置もストレーレル演出の影響だ。ストレーレルは『二人の主人を一度に持つと』の演出を生涯に何度か改訂しており、僕が最初に観た一九七九年の来日公演ではすでにこの舞台上の演台はなくなっていたが、「最初の演出では、俳優たちは可動式の背景幕と袖幕を取り付けた台の上で演技していた。舞台の上にさらに、旅芸人の芝居小屋を設置する形にした」（高田和文訳）とストレーレルは語っている。

オープニングの演出にしても、演台の装置にしても、そこには旅回りの劇団の小屋掛け芝居のにおいが濃厚に立ち込めている。事実、ミュージカルの序曲はスコアからいくつかのナンバーの聞かせどころを寄せ集めたメドレー形式が一般的だが、『ファンタスティックス』の序曲はピッコロ・テアトロの公演を観て感激したジョーンズの、昔のイタリアの町中を想い起させるような、かつそこで役者たちが芝居を上演するために舞台をこしらえているような感じの曲を特別に書いてほしいという要望に応えて

（下）
『ファンタスティックス』のオリジナル・キャスト。左からジョージ・カーリー（モーティマー）、ヒュー・トーマス（ベロミー）、ケネス・ネルソン（マット）、ジェリー・オーバック（エル・ガヨ）、リタ・ガードナー（ルイーサ）、ウィリアム・ラーセン（ハックルビー）、トーマス・ブルース（トム・ジョーンズの変名、ヘンリー）。（撮影／ロバート・ベントン）

（左）同じく。手前に座っているのはリチャード・ストウファーのミュート。（撮影／フリードマン・エイベレス）

シュミットが作曲したものである。シュミットの音楽は、ジョーンズの期待に見事に応え、弾むようなリズムと軽やかにして賑やかなメロディによって、カーニヴァルの一行が市場にやって来たような期待感とお祭り気分を醸し出す。ここでジョーンズが子供時代に親しんだ薬売りのショーやトウビー・ショーのことを思い出してほしい。田之倉稔氏によれば、コンメディア・デッラルテの劇団は「各地の定期市や祭を求めて巡業をしてまわったり、あるいは領主や貴族の館や王宮で上演したりした」のであり、その上演形態は「簡素な装置と小道具によって非劇場的空間を一瞬のうちに演劇化する」ことだったと言う。ジョーンズとシュミットは、ストレーレルの演出を介して、コンメディア・デッラルテのそういう優れて演劇的＝祝祭的な特性に自分たちの演劇的原点を再発見したに違いない。（コンメディア・デッラルテについては、ジャン・ルノワール監督の一九五二年の映画『黄金の馬車』に旅の一座の様子が生き生きと活写されている。これも勿論ルノワールの想像するデッラルテの姿でしかないが。）

なお旅芸人の一座による上演という発想には、イングマール・ベルイマン監督の『第七の封印』（56年）に登場する旅の一座の影響もあるとジョーンズは語っている。

シェイクスピアの影響

『ファンタスティックス』に大きな影響を与えているもう一つの演劇的源泉はシェイクスピアだ。先ず言葉の問題がある。原作からして韻文で書かれてはいたが、『ファンタスティックス』も、歌詞は当然韻を踏んでいるが、台詞も独白を中心にかなりの部分がブランク・ヴァースをはじめとする詩形式で書かれている。これは無論シェイクスピアを意識してのことだ。日常的で散文的な台詞よりもダイナミックで色彩感にあふれた言葉。大胆なまでの力強さと豊かな抒情性に満ちた言葉。台詞に於ける語りの復権。これも『ファンタスティックス』の大きな特色であり、歌詞は言うに及ばず台詞もまた、みずみずしく美しい旋律と共鳴して、独特の透明感を持った詩的イメージをかもし出す。

「台本の語られる部分のほとんどが詩の形である。時に韻を踏んでいることもあるが、踏んでいないことの方が多い。台本にはいかにも詩ですといった響きは滅多になく、それでいて詩的な感じがする」とレーマン・エンゲルは『彼らの言葉は音楽～偉大なミュージカル作詞家と彼らの詞～』で述べている。エンゲルは、このような詩形式の使い方のお陰で台詞と歌の間のはっきりとした境界線がなくなり、演技者が歌から出たり入ったりを自然に行える点を『ファンタスティックス』の「ユニークな特徴の一つ」としている。エンゲルはまた同書で、ジョーンズの詞を「純真で、若々しく、新鮮かつ巧緻」と称え、いくつかのナンバーを取り上げて、頭韻、脚韻、中間韻やイメージの効果的な使い方等々を詩節ごとに分析しているが、ジョーンズ&シュミットの作品をあくまでも日本語で上演することを念頭においている本書の趣旨からはあまりに外れてしまうので、紹介は控えることにする。

さて、こういう様々な詩形式の台詞の実験的使用は、ジョーンズが『ファンタスティックス』執筆当時たまたま読んでいたハーリー・グランヴィル・バーカー著『劇作法について』に記されたシェイクスピアの台詞の技法についての記述から影響を受けたものである。バーカーの著作からは、ジョーンズは他にもシェイクスピアが作品を統一するために使ったイメジャリーの手法を学んだ。『マクベス』における暗闇のイメジャリー、『夏の夜の夢』における月光のイメジャリー等々である。「これ見よがしではなく、さり気なく微妙に、劇作家は作品全体を性格づけて統一している互いに関連した様々なイメジャリーの網の目で観客を取り囲む」（ジョーンズ）、その技法である。その結果、『ファンタスティックス』には「作品全体を結び合わせる記号体系（コード）として、植物の成長と季節の変化のイメジャリー」（ジョーンズ）があちこちで使われている。このことは、作品の主題と密接な関係があるので、後ほどまたふれることにする。

シェイクスピアの影響は単に言葉に関わることだけではない。リアリズムを離れたシアトリカルな作品の創造を目指した作者たちの念頭にあったのは、そもそもシェイクスピアだったのだ。ジョーンズは、シェイクスピアは自分にとってのヒーローだと語っているし、著書『ミュージカルを作る』では、成功したミュージカルの条件として、一、躍動感。ある種の推進力、前進する感覚に支えられていること。二、速度感。普通の台詞劇よりも速く、引き締まった感じ。三、簡潔さと大胆さ。全体を大きくつかんだ大胆な筆使い。四、散文よりも詩へと向かわせるような題材を挙げている。これらの条件は、おそらくシェイクスピアの戯曲にも当てはまる。作者たちが『ファンタスティックス』で実現しようとしたのは、言葉の魔術を駆使し、歌と踊りを交えた生き生きとした躍動感を伴う真の意味での民衆演劇、その理想がシェイクスピアだったのである。現代ではその条件を満たすのは台詞劇ではなく、ミュージカルだったまでの話だ。

『ファンタスティックス』には、シェイクスピア作品への言及や引用もあちこちに見られる。少年は、壁の向こう（と言っても木の棒を前に突き出すように持ったミュートが二人の間に立っているだけだが）にいる少女に呼び掛けるのに、何と呼ぼうか迷ってから、先ず「ジュリエット？」と歌いかける。これに少女が「なあに？」と答えたので、勢いづいた少年はヘレナ、カッサンドラ、クレオパトラ、ベアトリス、グウィネヴィアと名立たる美女の名前で次々に呼び掛ける。このうちジュリエットはともかくベアトリス（『空騒ぎ』のヒロイン）とヘレナ（『夏の夜の夢』のヒロイン）は必ずしも一般的ではなく、作者のシェイクスピアへの傾倒ぶりが伺える。日本では、「ベアトリス」は長らく詩人ダンテの永遠の恋人「ベアトリーチェ」と解され、そう訳されてきた。日本の観客の理解度を考えればそれで正解だと思うが、シェイクスピア・ファンの僕などは少々残念な気もする。クレオパトラは『アントニーとクレオパトラ』でシェイクスピアが劇化していることは言うまでもない。

シェイクスピアの作品からの引用なら、少女の誘拐劇を仕組むための助っ人としてエル・ガヨが雇うさすらいの老優ヘンリーを忘れる訳にはいかない。かつては名優として一世を風靡したのかしなかったのか、いずれにせよ今や老齢のために台詞もろくに思い出せず、自分一人では箱に上がることもままならないほど身体も老いぼれてしまったこの役者の十八番はシェイクスピアである。と言っても彼の劇団にいまだに残っているのはパントマイム役者で死ぬ役専門のモーティマーだけ。ヘンリーは一人でシェイクスピアの名台詞の数々を朗唱するのだ。

しかし「友よ、ローマの民よ、同胞よ」と『ジュリアス・シーザー』のアントニーの演説（第三幕第二場）を朗唱し始めるもたちまち絶句し、苦し紛れに「あらん限りの勇気を振り絞るのです」と『マクベス』の夫人の台詞（第一幕第七場）で正に勇を鼓して後を続けるが、続けて口から出て来たのは『ロミオとジュリエット』第二幕第二場（バルコニーの場）の冒頭のロミオの台詞「悲嘆のあまりすでに病み青ざめている、月に仕える乙女の方が主人よりも美しいからと言って」。但し、かなりいい加減な引用であり、とうとう自分でも収集がつかなくなって尻すぼみに終わってしまう。どういい加減かと言えば、「悲嘆のあまり病み青ざめてはならぬ」と始めてしまうのだ。ここでもヘンリーは、台詞を忘れるという俳優にとって何よりも恐ろしい悪夢から抜け出そうと、自分を励ましているのだ。これでお分かりのように、一見でたらめに聞こえる引用も、この場のヘンリーの心理をきちんと反映しているし、間違いぶりにも当然ながら作者の周到な計算が働いている。（しかし、日本で上演する場合には、「生か死か、それが問題だ」や「尼寺へ行け、尼寺へ」、「弱きもの、お前の名は女」「お前もか、ブルータス」等々のもっと良く知られた台詞に変えるしかあるまい。意味を捨て、観客を笑わせる効果の方を取るしかないと思う。翻訳劇の難しさ、ジレンマである。）

エル・ガヨも悪のりして誘拐劇の手順を『ハムレット』の第二独白の一節を少し変えた台詞で説明する。これにヘンリーもすかさず「少しでもびくりとしようものなら！」と同じ独白の中の少し先の台詞で返すが、これまた如何にもヘンリーらしくうろ覚えであり、正確な引用ではない。（翻訳するなら「少しでもびっくりしようものなら！」とでもなるだろうか。）誘拐劇の最中にも、ヘンリーは少年にドラムスティックで頭を叩かれれば『ハムレット』最終場のレアティーズの台詞（「かすった、かすった。正直なところ」）を言い、「もう一度だ、友よ、突破口目指し突撃だ！」と『ヘンリー五世』の台詞（第三幕第一場）で気勢を上げる。この引用も正確ではない。次には「神の御加護を、ヘンリーのため、イングランドのため、聖ジョー・・・オゥ！」と同じヘンリー王の台詞の最後の部分を叫んで少年に斬りかかる。「聖ジョージのため」と言い切らないのは、少年の手にした剣が刺さって死ぬ（真似をする）からだ。（ついでながら、剣と言ってもただの木の棒である。観客は想像力によってそれを切っ先鋭い剣だとして受け入れる。或いはその剣が物語の中に於いても偽物であることを認識する。ここでも「仕掛けの露呈」が行われている。）

誘拐劇が終って退場する際には、ヘンリーは「照明を浴びた私をお忘れなく！（Remember me -in light!）」と観客に告げるが、これも『ハムレット』の第一幕第五場での亡霊の退場際の台詞「私を忘れるな（Remember me）」にひっかけている。

二幕でもヘンリーは「俺は死ぬのだ、エジプトの女王よ」と『アントニーとクレオパトラ』のアントニーの今わの際の台詞（第四幕第一五場）を思わず口走ってから、観客に向かって「これは何かの台詞でしたな。何だったたか思い出せないが」と言って笑わせる。

少女も二幕のエル・ガヨとの対話で『ロミオとジュリエット』のバルコニーの場のジュリエットの名台詞（「名前を捨てて。薔薇を他の名前で呼んでも――」）や『オセロー』第一幕第二場の「剣を収めろ。夜露でさびる！」を詠って聞かせる。翻訳してしまうと分かりにくいが、ともに少し間違えて引用しているのが面白いし現実味がある。

台詞の引用ではないが、二幕の冒頭で、昨夜の誘拐騒ぎが仕組まれたものだとは露疑っていないマットは自分の活躍を自慢して「僕は剣を抜き、奴らを皆殺しだ。何人だ――二〇人？」と悦に入り、ルイーサの「三〇人よ！」に「そうだ！――いや三二人かな」とさらに調子に乗る。実際には敵はたったの三人、しかもわざと負けてくれたのだ。この件りも『ヘンリー四世・第一部』で、大ほら吹きの騎士フォールスタッフが、本当はたった二人の敵（それもやはり仕組まれた狂言）から逃げて来たにも拘わらず、何十人もの敵を相手に渡り会ったと豪語する第二幕第四場を思い出させる。話の勢いで敵の数が小出しに増えて行くのも似ている。

ともあれ、『ファンタスティックス』には、こういうシェイクスピアがらみのジョークが随所に盛り込まれて、芝居好きの遊び心をくすぐってもくれるのだ。

二人の老優たちとものごとの二面性を同時に認識させる手法

ちなみにヘンリーがモーティマーを戒める「小さな役者などいはしない、ただ小さな役があるだけだ」は、リアリズム演劇の殿堂モスクワ芸術座の座右の銘「小さな役などありはしない、ただ小さな役者がいるだけだ」をひっくり返した台詞である。この座右の銘はジョーンズの恩師B・アイデン・ペインが好んで口にしていた言葉でもある。実はヘンリーのモデルはペインなのである。ワード・ベイカーは、ヘンリーは全くペインそのものだと語っている。初演でヘンリーを演じたトーマス・ブルースは、実はトム・ジョーンズの変名である。この台詞には、恩師へのジョーンズの愛敬たっぷりの敬意と、リアリズム演劇への茶目っけあふれるからかいがたっぷり込められている訳で、思わずにやりとしてしまう台詞だ。

ヘンリーは、ヘンリー・アルバートソンという名前からしてどことなくヴィクトリア朝の英国の座頭俳優（アクター・マニジャー）（例えばヘンリー・アーヴィングやジョンストン・フォーブス・ロバートソン）を連想させるが、エリザベス朝のイメージに結びついたボロボロになったダブレットの衣裳といい、演技スタイルの古めかしさといい、しかも小道具を収納するための大きな木箱から登退場することといい、その存在自体が時代を超越した反リアリズム性に満ち満ちている。彼に相当する登場人物が原作にいないのも当然だろう。

それは相棒のモーティマーも同じで、インディアンの扮装をしているが、ト書きには「ひどいコックニーなまりで喋る」とある。ロンドンの下町言葉で話すインディアンという訳であり、ヘンリーの「あれは本当はインディアンなんかじゃないんですよ」という観客に向けた台詞が笑いを呼ぶのもそのせいだ。つまり、ヘンリーがいにしえの英国の座頭俳優（のなれの果て）を連想させるのに対し、モーティマーはこれまたいにしえの英国のミュージック・ホールの芸人を連想させる。このコンビは演劇史の表と裏（西洋近代の価値観からすれば戯曲中心の台詞劇が表、演技者の「芸」に主体を置いた見世物性の強い芸能が裏となるだろう）の二つの流れを夫々に体現した象徴的存在なのだ。ともに演劇の永遠性、それと表裏一体のはかなさ、舞台芸術の崇高さと卑俗さを一身に背負った存在だとも言える。いずこからともなく現れては、またいずこへともなく去って行く彼らには演劇人の誇りと不安、矜持と卑屈がつきまとう。栄光の日々はおそらく二度と再び戻って来ないことは百も承知で、しかし不屈の精神で「いつだって、どこかにいる観客」を求めてさすらう老優二人。滑稽にして哀愁漂う彼らこそ、作者たちが『ファンタスティックス』にこめた思いを最も良く体現していると僕は思う。「ロマンティシズムを褒め称えつつ、同時にそれをからかうこと。人の心の琴線にふれたまさにそのものを笑うように仕向けること。人を笑わせ、そうしておいてからその笑いを逆転させて、違う側面を発見させること。二つの感情を、音楽における和音のように、出来る限り近くに共存させること。」ジョーンズはそれが作品の狙いであり、観客に与えたい効果だったと書いている。

誘拐劇が終わり、「観客はいつだっているものです、どこかに」と言って舞台を去りかけたヘンリーの孤高とさえ言っても良い後ろ姿に、エル・ガヨは最高の敬意と愛情をこめて「おやすみなさい、殿下(Good night, Sweet Prince)」と声をかける。『ハムレット』第五幕第二場、ハムレットの亡骸に親友ホレイショーが語りかける哀悼の辞である。『ファンタスティックス』の中でも指折りの感動的瞬間、の筈だが途端にヘンリーは振り返り、ポーズを決めて後に続く台詞を朗唱し出す。エル・ガヨが余計なことを言ってしまったと内心後悔しても最早あとの祭りである。一種の異化効果だとも言える。

ものごとの二面性を同時に認識させるこの手法は、一幕の最後でも効果的な使われ方をしている。両家が和解し、少年と少女、父親二人は演台の上でポーズを取ってストップ・モーションとなる。バレエのアティテュードもどきに片手を高々と上に挙げ、もう片方の手を相手の腰に回して片足を上げて見つめ合う少年と少女。その両脇では子供たちを包み込むように父親たちが中腰で抱きつき、片足は宙に浮かしたまま、前に回したお互いの手をしっかりと握り合う。「いつだって分かってたわ、ハッピー・エンドになるって！」という少女の台詞を絵に描いたような楽しく祝祭的で、そして少々馬鹿馬鹿しくもあるポーズであり、そのままじっと維持するのはかなり骨が折れそうな姿勢である。エル・ガヨは「綺麗でしょ?」と観客に話しかけ、笑顔のままじっと動かぬ四人を「タブロー（活人画）」と呼び、しばらく黙って眺めていてから「いつまで持つかな」とつぶやく。観客にはこの台詞は登場人物のみならず（或いは登場人物よりもむしろ）今目の前で難しいポーズを懸命に取り続けている（タブローを演じている）俳優たちへの直接の言及に聞こえるので場内は笑いに包まれる。するとエル・ガヨは続けて「きっと頑張るでしょう。ただ、それでも楽じゃないんです、こんな綺麗なポーズを取り続けるのは」と言う。この思わせぶりな台詞によって、観客は自分たちが今笑ったことの中に何かとても大事なことが隠されているらしいことに気がつく。笑ったことによって、かえってはっきりと自覚するのである。

ヘンリーとモーティマーは役柄的には道化である。冒険の旅に出ようとする少年の怪しげな指南役として二幕で再登場する時のヘンリーは、金髪の鬘を被り、毒々しい化粧をして、「私はロドヴィーゴ。君と同じく冒険を求める若者だ」と自己紹介するし、海賊の扮装のモーティマーはソクラテスというローマ人だと名乗って、ヘンリーが「ロマノフ家の出」だと訂正するでたらめぶり。（ここでもヘンリーは『ジュリアス・シーザー』第五幕第五場でアントニーがブルータスを悼む「これこそが彼らの中で最も高潔なローマ人だった」をもじった台詞でモーティマーを紹介する。）一幕に輪をかけた騒々しさだ。ジョーンズは、二幕の彼らにはディズニー映画『ピノキオ』に登場するキツネと猫のイメージを重ねたと言っている。マザーグースに謡われる「金の卵を産む鵞鳥」を話題にしたり、ここでのヘンリーとモーティマーは英国のクリスマス・パントマイム等の児童劇の道化のようだ。

しかし、彼らがどれほど誇張された大仰な芝居をして見せようとも、生きた存在としての二面性を伝えるには、ただ客を笑わせることだけを狙った表面的な演技では成立しない。どんなに非現実的存在であろうと、観客の眼前の登場人物としてのリアリティは不可欠だ。もう一度ジョーンズの言葉を借りれば、「リアルに見えて、それでいながら同時に明らかに道化である」ことが求められるのだ。彼らだけではない、『ファンタスティックス』の登場人物は皆、「類型であると同時に、他のどこにもいない一個人でなければならない」のであり、「とてもリアルであり、リアルな感情を持っており、それでいて伝統的なコンメディアの人物にも見えなければならない」のだ。日本ではモーティマーなどただのウスノロ、はなはだしい時には白痴同然の役作りで演じられることもあったが、サリヴァン・ストリート・プレイハウスで同役を長年演じ続けたロバート・オリヴァーは、僕の質問に答えて、モーティマーを演じる上でいつも心に留めているのは「年老いたヘンリーをかばい、気遣うこと」と「久しぶりに巡って来た人前で演じられるチャンスに胸ときめかせていること」だと言っていたことを記しておきたい。

二人の父親たち／伝統的なお笑いコンビ

道化という点では父親たちもまたしかり。二幕の初めの方で、少女は少年の父親ハックルビーを「まるでパンタルーンみたい！」と嘲る。ハックルビーは少女の父親ベロミーの制止を振り切って「わしはパンタルーンじゃない！」と憤るが、この父親二人の原型はコンメディア・デッラルテの老人役パンタローネ（英語だとパンタルーン）である。パンタローネは普通は商人であり、若い恋人たちの父親である場合も多い。コンスタン・ミック著『コメディア・デラルテ』によれば、パンタローネの性格は「吝嗇で、疑り深く、慎重だが、時どき馬鹿正直に人を信用してしまう。小言幸兵衛だがお人好しでもある」（梁木靖弘訳）。『ファンタスティックス』のベロミーもボタンを商う商人であり、金には細かい。ハックルビーの方は金銭面ではもっと鷹揚だが、息子にはあれこれやかましく小言を言う。どうやらこの二人にはパンタローネの性格が二分されているようだ。或いはジョーンズの念頭にはパンタローネだけでなく、パンタローネと対になることも多いデッラルテのもう一人の町人役ドットーレのイメージもあったのかも知れない。

いずれにせよ、前にも書いたように、『ファンタスティックス』の登場人物とコンメディア・デッラルテの登場人物とはそっくりそのまま対応している訳ではない。ジョーンズはハックルビーとベロミーの二人を対照的な性格に描いている。二人はともに園芸が趣味だが、ハックルビーはいつも草花を鋏で刈り込み、ベロミーは如雨露でたっぷり水をやる。息子に規律を教え込もうとする父親と、娘に甘い父親。植物（子供）の育て方も好対照である。つまり、彼らはローレル＆ハーディ、アボット＆コステロのような二人組の伝統的なお笑いコンビでもあるのだ。

商人のベロミーは二十日大根やキャベツと実用的な野菜を育てているのに対し、ハックルビーは山サボテン、アオノリュウゼツランや日本の蔦などの観葉植物の名を口にする。

ボタン屋の娘である現実を拒否して自分はお姫様だと空想に耽るルイーサは、悪漢たちに誘拐される

『ファンタスティックス』再演より

ヘンリーを演じるトーマス・ブルース（トム・ジョーンズ）。（撮影／ジョウン・マーカス）

紙吹雪を撒くミュート役のマット・レイジー。（撮影／キャロル・ローゼッグ）

第一幕のハッピー・エンディングを演じる左からスティーヴ・ロートマン（ベロミー）、ニック・スパングラー（マット）、マーガレット・アン・フローレンス（ルイーサ）、ジーン・ジョーンズ（ハックルビー）。（撮影／ジョウン・マーカス）

夢を見る。夢の中で彼女が摘んでいるのはツツジであり、悪漢たちが潜んでいるのはシャクナゲの茂みの陰だ。どちらも主に観賞用の植物だ。植物のイメジャリーが登場人物のキャラクターや内なる願望の表現になっているのだ。

シェイクスピアのさらなる影響

話がすっかり本筋から逸れてしまったようだ。もとに戻そう。シェイクスピアの影響はもう一つある。但し、はたして作者たちが意識していたかどうかは疑問である。それは『ファンタスティックス』の呈示的な上演様式そのものに関わることだ。

原作の幕開きでは、少年が壁の上に腰かけて『ロミオとジュリエット』の後朝(きぬぎぬ)の別れの場（第三幕第五場）の台詞を、下の庭園のベンチの上に佇む少女に読んで聞かせている。『ロミオとジュリエット』で最も有名な場面はバルコニーの場（第二幕第二場）であろう。バルコニーの上のジュリエットにロミオが下の庭園から愛を語る、中世ロマンスの流れを汲む場面である。このロミオとジュリエットの上下の位置関係を逆転させたのが原作幕開きの少年と少女である。開幕と同時にこの芝居が『ロミオとジュリエット』のパロディであることを種明かししている訳だが（ロスタンは『シラノ・ド・ベルジュラック』でも同じ場面のパロディ化を試みている）、このシェイクスピアの恋愛悲劇のパロディとして有名なものをもう一つ挙げるなら、それは他ならぬシェイクスピア自身の『夏の夜の夢』の第五幕で機(はた)屋のボトムたち職人が演じる劇中劇『ピラマスとシズビー』であろう。大場建治氏は、職人たちによる『ピラマスとシズビー』の物語のバーレスク（戯画）化はシェイクスピア自身の『ロミオとジュリエット』のバーレスク化だったと言い、「悲劇の傑作で大当たりを取った後、それをすぐバーレスクの笑いで裏返してみせ」たのだと説いている。「演劇に問題はいくつもありはしない。当たるか当らないかそれだけだ」と言ったのはフランスの名優ルイ・ジューヴェだが、そういう演劇の現場に携わる人間の観点から見ると、大場氏の説は極めて説得力がある。それはともあれ、重要なのはこの劇中劇の表現スタイルである。悲運の恋人たちを隔てている一枚の壁は、この茶番劇では職人の一人が「壁の役を相勤めます」と自ら口上を述べて演じる。月も別の職人が手に掲げたランタンで表されるのだ。『ファンタスティックス』のミュートが演じる壁と、円柱に掛けられたボール紙で表現される月との類似は明らかだろう。

これは勿論偶然の一致かも知れない。だが、バーカーの著書で『夏の夜の夢』のイメジャリーについて考えていたジョーンズが、『ファンタスティックス』の創作にあたって無意識にシェイクスピアの手本に倣(なら)った可能性もまた捨て切れないのではなかろうか。

小道具について／ボール紙の月と二種類の剣

月で思い出したが、『ファンタスティックス』のボール紙で出来た月は、エル・ガヨが誘拐劇のムードを盛り上げるための小道具として用意したものだ。つまり、この月は劇中でも初めから小道具として登場する。しかし、一旦円柱に掛けられると、舞台照明は美しいブルーの月光に変わり、以後、このボール紙の月はマットとルイーサの森での逢い引きを照らす本物の月として機能するようになる。誘拐劇の小道具であり、かつ『ファンタスティックス』という芝居の小道具でもあるという二重性を持つのである。このことによって、『ファンタスティックス』が芝居以外の何ものでもないという仕掛けの露呈は一層強調される結果になる。二幕でエル・ガヨが父親たちに差し出す誘拐劇の請求書の明細の最後には「月一個」とあり、観客を笑わせる。この笑いは、観客が仕掛けの露呈を受け入れていればこそである。さらに、月がただの小道具でしかないという設定は、単に呈示的な仕掛けとしてのみ機能しているのではなく、幻想と幻滅という主題の暗示にもなっている（二幕の冒頭で、父親たちのたくらみを知ってしまった少女は愕然として問いかける、「本物じゃなかったって言うの？ 盗賊も？ 月の光も──？」）。二幕の冒頭で、エル・ガヨが「彼らの月はボール紙でした、壊れやすい。すぐに擦り切れてしまう」と言う通り、月ははかなく脆いロマンティックな幻想の象徴であり、だからこそボール紙で出来ているのだ。小道具が主題を暗示しているのである。もっとも、実際の上演ではそれこそ擦り切れて毎回消え物になってしまうのを避けるために、ボール紙と言いつつ初演の舞台では実はベニヤ板で作った月を使っている。（なお、『ファンタスティックス』の月は満月ではなく、丸をほとんど黒、または紫に塗った残りの白い部分が示す三日月である。）

なお、原作の誘拐劇も月夜だが、初めから小道具として扱われる月は登場しない。月が上るのを見て、原作でエル・ガヨに相当するストラフォレルは「これで成功疑いなしだ」と喜ぶのだ。ところが、ストラフォレルの請求書には「満月一個」とある。これはロスタンの原作にはないフレミングの創作である。言うならば、劇中で本物の月として受け入れられていた小道具の月を、後からあれは作りものの小道具でしたとばらしているのだ。ミュージカルとは逆の手順を踏んでいる訳だが、仕掛けの露呈であることは同様である。フレミングのこの「遊び」にジョーンズは飛びつき、さらに一捻りしたのだろう。

ついでに、主題と密接にからまった小道具の使い方をもう一つ挙げておこう。一幕の誘拐劇の場面では、ただの木の棒が剣として使われる。ところが、二幕で全てが仕組まれたお芝居だったと知った少年が、屈辱感から再びエル・ガヨに挑もうとすると、ミュートが少年に渡すのは一見本物に見える形の剣であり、それを手にした少年は一瞬ひるむ。現実を突きつけられて思わずたじろぐのだ。呈示的な小道具から再現的な小道具への変換。作品の表現様式を逆手に取って、小道具が主題そのものを象徴的に表現する見事な手法である。

シェイクスピアから受けたもう一つの影響は、間接的なものだが、一九五九年にコネティカット州ストラットフォードで上演されたジョン・ハウスマン演出による『冬物語』の舞台である。ハウスマンの演出では第一幕は冷たい月光が、第二幕では燦々たる陽光が舞台を支配していた。この舞台もジョーンズに感銘を与え、『ファンタスティックス』の、様々な要素がシンメトリーに配置されている構成につながった。これは僕が一九八八年に青山円形劇場の入り口でジョーンズと偶然会った際、彼から直に聞いた話である。

コンメディア・デッラルテとシェイクスピア以外の影響で、作者たちが認めているのは、レナード・バーンスタイン作曲、リリアン・ヘルマン台本、リチャード・ウィルバー他作詞による『キャンディード』の初演（56年、タイロン・ガスリー演出）。シュミットによれば、第一幕のフィナーレのオペレッタ調は『キャンディード』の影響であり、ルイーサのオブリガートはバーバラ・クックがソプラノの高音を駆使して歌った同作品中の『きらびやかで陽気に』に基づいている。第二幕の幕開きも、『キャンディード』の『静かに』の影響を蒙っているのは明らかだ。

上演までの道程

現実再現的演劇（リプレゼンテイショナル）ではなく呈示的（プレゼンテイショナル）演劇。演劇でなければ表現できないもの、劇場以外の場所では味わえない体験の追及。『ファンタスティックス』の表現様式は、今日でこそさほど人目を惹くものではないかも知れない。けれど、初演当時に於いては、それはやはり極めて実験的な試みだったのだ。少々乱暴な言い方であることを承知の上で言えば、ワイルダー等若干の例外はあるものの、二〇世紀前半のアメリカの演劇界をほぼ完全に支配していたのはリアリズムである。ミンストレル・ショーに始まり、ヴォードヴィル、バーレスク、レヴューと枝分かれして行くヴァラエティ・ショーと、ヨーロッパ伝来のオペレッタが相俟って形成されて行ったミュージカルでさえ事情は同じだった。一九四〇年代から五〇年代にかけて次々と発表され、ミュージカルの「標準型（スタンダード）」を確立したと評されるリチャード・ロジャーズ&オスカー・ハマースタイン二世の一連の作品（『アレグロ』を唯一の例外として『オクラホマ！』『南太平洋』『王様と私』等々）を見れば一目瞭然だろう。『ファンタスティックス』によって、ジョーンズ&シュミットはそういうリアリズム志向とは全く違う方向性を提示してみせたのだ。

だが、『ファンタスティックス』のこうした非リアリスティックな様式は、ロスタンの芝居をミュージカル化しようと思いついた当初から意図されていた訳ではない。ジョーンズとシュミットは、リチャード・ロジャーズとオスカー・ハマースタインが確立した総合的ミュージカルの方式に則って、これを大掛かりなブロードウェイ・ミュージカルに仕立てようと何年も苦闘していた。『ファンタスティックス』の舞台はどこというはっきりした指定はないが、当初は背景を南西部の片やアングロ・サクソン、片やスペイン系の隣り同士の牧場に設定し、カウボーイやメキシコ人の山賊たちのコーラスが登場する大型ミュージカルを目論でいた。アパッチ族のインディアンまで登場したらしい。（モーティマーがインディアンの扮装をしているのは、その名残りだろう。）題名は『喜びがデッドホースにやって来る』だった。が、どうしても上手くいかない。もともと繊細な疑似ロココ調の小品といった風情の原作を当時の大劇場ミュージカルに改作すること自体に無理があったとも言えるし、時代的にも一九五〇年代は戦後のオフ・ブロードウェイの勃興期であり、小劇場ミュージカルという発想自体がまだ根づいていなかった。オフ・ブロードウェイのミュージカルと言っても、『ボーイ・フレンド』や『ジェーンにおまかせ』のようなブロードウェイ・ミュージカルの再演しかなかったし、それとて一九五八、五九年の上演である。『リトル・メアリー・サンシャイン』や好評につきブロードウェイに移って続演された『昔々マットレスの上で』の初演も一九五九年だ。ジョーンズとシュミットが当時はミュージカルの様式として唯一無二のものと看做されていたロジャーズ＆ハマースタインの方法に従って、大劇場ミュージカルを作ろうとしていたのも時代のしからしむところだったのである。シュミットなど「ウィンター・ガーデン劇場の舞台の上で皆が本物の馬に跨った姿をいつも想像していた」そうだ。

二人が諦めかけたとき、一ケ月以内に一幕劇として完成させてくれるならサマー・ストックで上演出来るという話をワード・ベイカーが持ち込む。サマー・ストックとは、主に避暑客を相手に夏場のみ上演される低予算の舞台であり、一九三〇年代から六〇年代にかけては、アメリカの演劇人の貴重な仕事場でもあった。これに飛びついた二人は、それまで頼ってきたロジャーズ＆ハマースタインの方式を放棄して、ほとんど一からやり直すことにする。「一、二の歌を除いて、台本とスコアは全部投げ捨て」、「あらゆるルールを破ろうと決めた」（ジョーンズ）。ロジャーズ＆ハマースタインの基調であるリアリズムから離れ、彼らの本来の演劇観に基づいた作品創りに大きく方向転換したのだ。ジョーンズの言葉を借りるなら、「演劇ならではの様々なからくりを、隠そうとするよりもむしろ強調して直接観客に示そうとする呈示的な反写実的演劇」を目指し、「演劇に関することで、私たちが好きなことの一切合財を、小さな一幕物のミュージカルに投げ込もうとした」のである。途端に全てが上手く転がり始めた。今日『ファンタスティックス』を魅力的なものにしているその実験性がとうとう動き出したのである。大劇場での成功や名声への憧憬とは取りあえず無縁の状況で創作せざるを得なくなったことが、かえってジョーンズとシュミットの才能に火を燈し、想像力を自由に羽ばたかせたのである。ブレヒトとヴァイルの『三文オペラ』がオフで六年以上のロングランを続けていたことも、ことによったら、この時ジョーンズとシュミットを勇気づけたかも知れない。

かくして一九五九年の真夏の五日間、ニューヨークのバーナード・カレッジの講堂でサマー・ストックの一幕劇三本立ての中の一作として上演された『ファンタスティックス』は、原作とは全く異なる様式の作品となった。登場人物も、原作では主要な五人以外に庭師が登場する他、誘拐劇を演じる盗賊の一味や結婚式の公証人、招待客等々台詞のない端役が大勢出て来る。ミュージカルではこれらを全部カットし、ヘンリーとモーティマーとミュートの三人に凝縮させた。ロジャーズ&ハマースタインの様式で構想していた段階でのリアリスティックな設定は、カウボーイのコーラスとともに消え去った。

この公演の舞台稽古を観たプロデューサーのローリー・ノート（一九二三〜二〇〇二）は『ファンタスティックス』に惚れこみ、二幕物に改作することを条件にオフ・ブロードウェイでの本格的な上演を申し出る。翌年の五月三日に蓋を開けた公演は、以後二〇〇二年一月一三日に最後のスポットライトの灯が消えるまで、実に四二年に渡るロングランを続けた。これはミュージカルとしては世界最長記録、アメリカではあらゆる舞台を含めての最長続演記録である。

「劇場はいつも活気にみち、舞台装置に凝るようなことはなかった。事実、背景などないことが多かったし、あっても、いたって簡単なありきたりのものだった。それにもかかわらず、観客は自分たちが当の事件に参加しているような気になった。」『ファンタスティックス』のことではない。イタリアの演劇学者チェザーレ・モリナーリがコンメディア・デッラルテについて説明した文章（倉橋健訳）である。限られた予算、限られた時間、限られた空間。物質的には制限だらけのサマー・ストックの公演であり、オフの小劇場での公演だったことが、作者たちを民衆演劇の一つの理想形であるコンメディア・デッラルテの精神と形態に引き寄せたとも言えよう。こうして真の意味でのオフ・ブロードウェイ・ミュージカルが初めて誕生したのである。数々のマイナスが全てプラスに転化したのだ。結果的に、その様式は六〇年代を席巻する「持たざる演劇」を先取りしていたことも指摘しておきたい。

サリヴァン・ストリート・プレイハウスという劇場空間

紆余曲折の末に公演場所に決まったのがサリヴァン・ストリート・プレイハウスだったのも、結果的には『ファンタスティックス』の驚異的な成功に寄与するところ大だった。禁酒法時代には闇酒場だったこのグリニッチ・ヴィレッジの小劇場は、客席数一五三。中央奥が半円形の平土間の舞台になっており、その周囲を階段状の客席が三方から緩やかに取り囲む形態だった。古代ギリシアの野外劇場を想起させるオープン・ステージである。オフ・ブロードウェイ演劇の特徴の一つに、額縁舞台ではない開かれた自由な空間がある。多くは理念の結実とは必ずしも言えず、むしろ経済的、物理的な条件がしからしめた結果であり、『ファンタスティックス』の場合も他に良い劇場が見つからず、稽古場として使っていた同劇場を仕方なく公演会場としたのだが、『ファンタスティックス』の反リアリズム的特性にはサリヴァン・ストリート・プレイハウスの開かれた、それでいて親密な空間は、物理的にも心理的にも観客と舞台上の出来事との距離を縮め、まるでこの作品のために設えられたのではないかと思うほどぴったりとはまっていたのである。

或いは、サリヴァン・ストリート・プレイハウスの劇場条件が作品の特色を形作ったと言った方が事実に近いかも知れない。シュミットは次のように回想している。「今『ファンタスティックス』の〝様式〟と看做されているものの多くは、あの劇場の様々な限界と関係があった。私たちはあの劇場ではやりたくなかった。あそこしか借りられなかったんだ。作品はすでに或る傾向を示してはいたが、空間の様々な制約がその傾向に拍車を掛けたんだ。」

近代の額縁舞台は、劇空間を舞台と客席とに截然と区切った。劇場に入った観客が先ず目にするのは舞台を覆い隠す緞帳である。さらに、照明技術の進歩がこれに拍車をかけ、劇場は明るい舞台と闇に沈んだ客席とに完全に二分されたのである。これはリアリズムの発展のためには都合の良いことだったし、劇文学（戯曲）一般を思索の対象ともなり得るものへとより先鋭化させる助けにもなった。しかし、その結果、観客と俳優の関係は見る側と見られる側に制度化され、演劇の生命とも言える両者の交流のあり方にも変化が起きた。観客の反応次第で変化する演技の即興的要素も大きく後退した。

観客と演技者の直の交流を作劇構造に取り込んでいる『ファンタスティックス』には、額縁舞台はふさわしくない。その点、舞台と客席の間に仕切りがなく、俳優から観客全員の表情が見え、両者が互いの息遣いさえ分かるほどこぢんまりとしたサリヴァン・ストリート・プレイハウスは、まさしく『ファンタスティックス』には最適のすみかだったのだ。

観客に歌いかける登場人物たち

シュミットは、台本上の多様性を音楽にも反映させたいと思い、オペレッタやオッフェンバックのオペラ・ブッフ、無声映画の伴奏音楽、ヴォードヴィルや似非オリエンタリズムにジャズまで、これまた様々な音楽をほのめかすナンバーが随所に盛り込まれ、スコアを彩ることとなった。トーマス・S・ヒシャックは『少年は少女を失う～ブロードウェイの台本作家たち～』で『ファンタスティックス』の「歌はフォークからタンゴそしてジャズまで、あらゆるもののとても楽しい寄せ集め（パスティーシュ）である」と書いている。多様な音楽ジャンルのもじり（パスティーシュ）を意識しつつ、しかも類まれな音楽性を備えたスコアからは『トライ・トゥ・リメンバー』『マッチ・モア』等のヒット曲も生まれた。

そのミュージカル・ナンバーの内のいくつかは、観客に向かって直接歌いかけられる。ミュージカルの歌は普通は台詞の延長であり、たとえソロのナンバーであっても、それは舞台上の他の登場人物に向かって歌われるか、或いは舞台上にその歌を歌う人物しかいない場合なら自分自身に向かって歌いかける（いわゆる内心の声、内的独白）という体裁を取っている。しかし、少し考えれば誰にでも分かるように、歌はあくまでも歌であり、それは観客のために歌われている。言い換えれば、ミュージカルにおける歌は、本質的には観客に向かって、観客を楽しませるために歌われているのである。ミュージカルといえども、その確立期にリアリズムに大きく依存しており、この事実は通常はリアリズムの仮面の下に隠されている。ジョーンズとシュミットは、ミュージカル・ナンバーについてもまた、その仕組みを「隠そうとするよりもむしろ強調して直接観客に示そうと」したのである。これは一九六〇年当時に於いては極めて前衛的なあり方である。この手法には、ブレヒトのアメリカのミュージカルへのごく最初期の影響も伺われる。

具体的に例を挙げるなら、序曲の後、狂言回し役のエル・ガヨが歌う『トライ・トゥ・リメンバー』からして早速客席に向かって歌いかけられる。フォーク・ソングのようにシンプルにして美しいメロディに乗って、「思い出してみよう、九月の優しさを／人生がゆっくりと流れ、そしてあんなにも豊かだったあの頃を。／思い出してみよう、九月の優しさを／草は緑に、穀物は黄金に実っていたあの頃を」と歌い出され、「一二月も深まる今、思い出すのはいいことだ／もうすぐ雪が降るのは分かっていても。／一二月も深まる今、思い出すのはいいことだ／傷つくことがなければ心は虚ろなままだと」と歌われるこのバラードは、これから始まる物語のテーマをのっけから観客に明らかにするとともに、俳優たちがひとつの寓話を観客に語って聞かせるという作品の在り方そのものを、開幕早々確立する働きをしている。序曲が、目の前で行われているのがお芝居であることをあえて明らかにすることによって生じる一種のお祭り気分によって、かえって「演劇行為」に観客を巻き込んで心理的距離感を縮めたのに続いて、『トライ・トゥ・リメンバー』はこれから展開される「物語」に対して観客が客観的に一定の距離を保って臨むように仕向けているのである。お芝居の大きな枠の中に観客を引き込みつつ、物語は「寓話」として距離を置いて眺めるようにする。この一見相反するような操作を、見た目にはいとも易々とこなしているのが『ファンタスティックス』なのである。

少女が「泳ぎたい、澄んだ青いせせらぎで／水が氷のように冷たいところで。／それから黄金色のガウンを着て町へ行き／運命を占ってもらうの。／一度でいいから／一度だけでも／年老いてしまう前に一度だけでも」と思春期の、不安でとまどいがちな夢と憧れを歌う『マッチ・モア』も観客相手だ。父親たちも子供を操る秘策を観客に教えてくれる。子供は駄目だと言えばかえって反発するものだから、子供同士を結婚させるにはわざとノーと言って反対すればいいと歌う『ノーは禁物』だ。ハックルビーが「わしの息子は昔は泳ぐのを怖がった／水を前にたじろいだ。／ところが泳いじゃいかんと言ったら／それからずっと泳いでる！」と観客に打ち明ければ、ベロミーも「あんたの娘さんが若い男を連れて来て／「彼どうかしら、パパ？」と訊かれて／こいつは馬鹿者だとうっかり言おうものなら／義理の息子が出来ちまう！」と観客に忠告する。タンゴのリズムに乗って、息の合ったヴォードヴィリアンのように歌い踊るこのナンバーは、父親たちのお笑いコンビとしての役柄をくっきりと描き出している。

それは一幕のこのナンバーと対になっている二幕の『二十日大根(ラディッシュ)を植えよう』でも同様である。ここではハックルビーとベロミーは、一幕以上にヴォードヴィリアンぶりを発揮してくれる。しかし、このナンバーはただ面白おかしいだけではない。ともに子供の信頼を失い、本当に仲たがいしてしまった父親たちが友情を回復して行く描写にもなっているからだ。どんなに策を弄しても子供は結局親の思うようにはならないことを自覚し、その事実を受け入れていく父親たち。「二十日大根を植えよう／二十日大根が取れる。／疑いようがない／だから野菜が好きなのさ。／どうなるか分かっているからね。」「ところが子供たちときたら」「何が何やら」「種がほとんど育つまで分からない」「何の種を撒いたのか。」親の嘆きが明るくきびきびしたヴォードヴィル風の掛け合いで、ソフト・シューのタップ・ダンスまで軽く踏んで歌い踊られ、観客に「披露」される時、観客は彼らの芸を大いに楽しみつつ、その嘆きに共感し、父親たちもまた人間として成長したことをしみじみと実感するのである。「二つの感情を、音楽における和音のように、出来る限り近くに共存させること。」このナンバーでは、その狙いがミュージカルならではの手法で見事に達成されている。

観客に語りかける登場人物たち

歌だけではない。すでにいくつか例を引いたが、台詞の部分でも登場人物はことあるごとに目の前の観客に向かって語りかける。

少女は『マッチ・モア』を歌い出す前に、子供から大人への移行期にある彼女の中で日々起こりつつある変化を、歓びととまどいを交えて観客に語る。「私は一六歳、毎日何かが私に起きる。どうしてかは分からない。朝起きて服を着ると、分かるの、何かが違ってる。」父親は無論、マットにも言えないような身体と心のこの変化を彼女は誰かに語らずにはいられないのだ。誰かに分かってもらわずにはいられないのだ。大人になる喜びと恐れ、その圧倒的なセンセーションが最高に昂まったところで、期待に満ちた一拍の間（ハープによる和音がその間を埋める）の後、「泳ぎたい」という歌詞の通り、まさに水が流れ出すようにして『マッチ・モア』が歌い出される。

ここでまたあえて脱線させてもらう。ミュージカルのソロ・ナンバーは、オペラのアリアから派生している。一八世紀のオペラは、基本的には物語の筋を先に進めるレチタティーヴォと、人物が思いのたけを吐露するアリアとから成っていた。ミュージカルのソロも、抒情的なものであれ喜劇的なものであれ、それを歌う人物の心情吐露である場合が一般的である。しかし、オペラのアリアに於いても、心情告白であると同時に、物語を進行させている場合もあり、ミュージカルでも同じことが言える。舞台上の他の人物に歌いかけている場合は勿論、一見自分自身に向かって歌いかけている独り言のようなソロ・ナンバーでもそうである。人物がある思いを歌い上げても、その間の舞台上の時間がストップしているのではなく、心情を吐露しつつ、そのことによって何かをなそうと行動している場合である。例え

『ファンタスティックス』初演より。箱から現れるトーマス・ブルース（ヘンリー）。

同初演より。「マッチ・モア」を歌うリタ・ガードナー（ルイーサ）。

同再演より。左からロバート・オリヴァー（モーティマー）、サンティノ・フォンタナ（マット）、トーマス・ブルース（ヘンリー）。（撮影／ジョウン・マーカス）

ば、ロジャーズ&ハマースタインの『王様と私』の『パズルメント』は、国王がどうして良いのか分からないとただ嘆いているのではなく、この困った状態からどうしたら抜け出せるのか、その答えを懸命に探し求めているのである。ただ思いのたけを述べているだけにしか見えないナンバーの多くが、実は何かしらの目的を持った行動である場合が多い。（その点では、ミュージカルのソロ・ナンバーはオペラのアリアよりもむしろシェイクスピアをはじめとする古典劇の独白に近い。）ソロ・ナンバーに限らない。ミュージカルで歌う俳優は、先ずそのナンバーで歌う人物が何をしようとしているのかを特定しなければならない。（なお、オペラでは一九世紀以降、レチタティーヴォとアリアに截然と別れた状態を脱してもっと音楽の上でも作劇の上でも連続性を重視しようという試みが、作曲家の手で次々となされて行く。同じようなことが、ミュージカルでも、台詞と歌との間で起こるが、それにふれていては流石に脱線が過ぎよう。）

さて、本題に戻ろう。『マッチ・モア』に続いて少年も観客に向かって自己紹介と少女への想いを語り、父親たちが二人を遠ざけようと「大昔の先月に」壁を建てたことを説明する。少年が少女に「君のことを話してたんだ」と言うと、少女は「誰に？」と訊く。すると少年は「この人たちにさ」と言って、「観客を指さし、少女はにっこり微笑む」（台本ト書き）のである。

父親たちも登場すると、夫々観客に自己紹介や子育ての悩みを打ち明ける。それだけではない、彼らがどうしたら偽の仲たがいを不自然でなく終わりに出来るか相談する場面で、ハックルビーが「いい解決法がある。見事なものさ。とっても芝居がかってる」と言うと、ベロミーが「話してくれ（Tell me.）」と言う。初演の演出では、ハックルビーは自分の台詞を隣りにいるベロミーではなく、眼前の客席に向かって言う。そこでベロミーは観客ではなく「私に話してくれ」と注文をつけるのだ。

ヘンリーは、少年と少女が美しい愛のバラードの二重唱『もうすぐ雨が降る』を歌い終わって観客からの拍手を受けているところに登場し、拍手を自分の登場に向けられたものと勘違いして、「かたじけない。かたじけない」と観客にお礼を言う。

観客は彼らにとって信頼のおける相談相手でもあるかのようだ。（ヘンリーには観客は観客以外の何者でもない。）こういった手法によって観客と舞台上の出来事との距離はぐっと縮まり、観客は登場人物に親しみを覚え、自分たちも舞台に参加しているのだという思いを強く抱くようになる。あたかも小さなお祭りに参加しているような気がして来るのだ。これこそ『ファンタスティックス』の魅力の源泉である。福田恆存は、「劇は映画や小説と異なって、孤独な芸術ではない」と言い、劇場は人々が孤独であればこそ孤独を「捨てて連帯感を求めにくるところ」だと言う。そうなら、『ファンタスティックス』こそ最も演劇らしい演劇の一つであろう。その連帯感がたとえ一時の錯覚であったとしても。

登場人物が観客に向かって話しかける台詞のいくつかには、背後に音楽の伴奏が施され、言葉も詩形式になっているものがある。『マッチ・モア』の前の少女の語りもそうだし、一幕で少年が少女への慕る想いを語る台詞の一部もそうである。誘拐劇の前に、エル・ガヨが「始まりは森の中、そこではリスたちが恋を語り、木々の葉は緑に輝く」と恋人たちの逢い引きの場である九月の森を言葉で紡ぎ出す『谷間のスピーチ』などは、ほとんどミュージカル・ナンバーと言っても良い。言葉で紡ぎ出すと言ったが、ここでは背後の音楽の繊細な美しさもまた月夜の密やかな森を創り出しているからだ。事実、これらの台詞と音楽は見事に調和を取って語られ、奏でられなければならず、その意味でも演じる側はミュージカル・ナンバーに対するのと同じ意識で取り組まねばならない。シュミットはこれらの個所では「言葉と音楽の効果がともに等しく同時に体験されねばならず、どちらかを犠牲にするようなことは決してあってはならない」と書いている。

　第一幕の前半で「今朝、買い物に行ったついでにお前の結婚相手も選んでやった」と言う父親に反抗して少年が自分の結婚観を主張する『僕は結婚したい時に結婚する』も、その直前に恋人たちによって歌われた『メタファー』の音楽に乗って語られる詩形式の台詞だ。この手法をジョーンズは「語られるアリア、つまり現実よりも高められたイメージを音楽に乗せて語る抒情的な一節（パッセージ）」と呼んでいるが、それは台詞とミュージカル・ナンバーの橋渡しにもなって、作品に統一感を与え、全体の流れを滑らかなものにもしている。だが、『ファンタスティックス』が一筋縄では行かないのは、少年のスピーチが終わった途端に、ハックルビーが「なあ倅・・・お前にも刈り取りが必要だ」と言って、年長者に対する若者らしい血気盛んな自己主張をたちどころに相対化してしまうところだ。この一種の異化効果によって、少年の語るロマンティシズムに大きな疑問符が付く。「ロマンティシズムを褒め称えつつ、同時にそれをからかうこと」が、ここでも鮮やかな手際で実践されているのだ。

エル・ガヨの多面性

　劇中で観客に話しかけることが一番多いのは、エル・ガヨである。エル・ガヨは、原作で父親たちが少女の誘拐劇を仕組むために雇う「名高き刺客、傭兵、騎士」のストラフォレルに相当する役だが、ジョーンズとシュミットはこの役を大幅に膨らませ、物語全体の進行を司る狂言回し、ナレーターに仕立てた。彼は観客に向かって直接語りかけ、状況を解説し、彼の語る言葉によって時間と空間は自在に変化する。これは明らかに『わが町』の舞台監督役からの影響だが、その先にはシェイクスピア劇のコーラス、とりわけ『ヘンリー五世』と『ペリクリーズ』の説明役（コーラス）の遠い木霊を聴き取る人もいるかも知れない。そして、そのさらに先には、はるか古代ギリシア悲劇喜劇のコロスの姿が見えて来る。物語を統括するナレーターとして舞台にいる時と、物語の中で父親たちに雇われた「プロの誘拐屋」エル・ガヨとしている時とでは、彼はかなり違った顔を見せる。但し、この二つの顔は必ずしもはっきりと線引きされている訳でもなく、ユーモラスだが基本的にはシリアスな顔と、ほとんど道化と言っても過言ではないコミカルな顔とが混然一体となっている場合も多い。或いは劇中人物でありつつ、同時に劇外人物でもあると言った方が良いだろうか。そこがこの役の魅力でもあり、総体的には原作のストラフォレルとは相当に異なる人物像となっているのだ。

　ともあれこの役は第四の壁（サリヴァン・ストリート・プレイハウスには初めからそんなものはなかったが）の内と外とを自在に行き来する。或いは第四の壁の内側にいるような顔をしながら、実は外側に立っている。

　この役のそんな性質を象徴しているような台詞がある。第二幕の前半で、「お前が――エル・ガヨか？」と少年に訊かれたエル・ガヨは、「時には」と答える。このいかにも胡散臭い人物は、エル・ガヨという名前以外にもいくつもの変名を使って仕事をしているらしい。それとも気障に気取ってみせただけなのか。いずれにせよ第四の壁の内側の論理ではそれだけのことである。しかし、エル・ガヨが芝居全体のナレーターでもあることを考えれば、この「時には」という台詞には、「私は実はナレーターなんですが、劇中では今のように時々このエル・ガヨという役も演じているんですよ」といったニュアンスも含まれているのではないか。第四の壁を越えたシアトリカルな意味合いが込められているのではないか。そう思えて仕方がない。

とは言え、誘拐屋として雇われて登場する時のエル・ガヨは基本的には原作のストラフォレルに極めて近く、そこにはコンメディア・デッラルテのカピターノ（隊長）とアルレッキーノ（英語ではハーレクィン）の二つのキャラクターが重ねられているように思う。

カピターノは、英国の演劇学者アラダイス・ニコルの『ハーレクィンの世界』によると「大ぼら吹きのくせに臆病な軍人にすぎない。疑いもなく、当時の観客が隊長に感じた歓びの多くはかれの長広舌のまさしく途方もなさにあるのであった」（浜名恵美訳）そうだ。原作のストラフォレルは、剣士という設定からしても、その大袈裟なほら話や大言壮語からしても、カピターノの末裔であろう。とりわけ、少女を誘拐するにも色々と種類があると父親たちに説明する長台詞は、その面目躍如である。学生向きのレイプ、馬車を使ったレイプ、昼間のレイプ、夜のレイプ、ご婦人好みのお笑いレイプ、ボートを使ったロマンティックなレイプには池が要る、ヴェニス風のレイプには青い入り江が欲しい、いつでも人気があるのは月明かりの下でのレイプ、仮面のレイプは古典的等々矢継ぎ早に奇想天外な誘拐の数々をまくしたてる。『ファンタスティックス』では、この台詞は『お値段次第』のナンバーになり、歌詞は原作の表現をほぼそのまま流用している個所もある。（このナンバーは一幕劇として上演された時にはまだなく、サリヴァン・ストリートの公演で最初にエル・ガヨを演じたジェリー・オーバックの喜劇的才能に驚いた作者たちが、それをもっと生かそうとして追加した曲である。ナンバー中の「レイプ」という言葉は、六〇年代後半以後のレイプ犯罪の増加と、それに伴う言葉のイメージの悪化を考慮し、現在は全て「誘拐」等の他の表現に変更されている。）

デッラルテの研究書や演劇史の記述の多くで、カピターノの実態は腰ぬけの臆病者だと書かれているが、エル・ガヨもストラフォレルも喜劇的な側面はあっても臆病からは程遠い。しかし、この点についてはニコルが前掲書で、デッラルテの舞台におけるカピターノも必ずしもただの臆病者ではなく、「美男子で、体格もりっぱなら、軍人らしくりりしい身なりをした、使い方に熟達していることを思わせるやり方で剣を帯びたり握っている隊長」でもあった可能性を示唆している。少女ルイーサが、未熟な少年マットに比べて世慣れた大人の男として胸をときめかせる対象にもなり得るのだ。

実際、カピターノは恋人たちの間に割り込む第三の恋人を演じる場合もある。ストラフォレルとエル・ガヨが後半で嘘とは言え少女を誘惑するのも、カピターノの末裔なればこそかも知れない。ストラフォレルは少女を口説くと見せて、その実わざと怖がらせ、ロマンティックな夢から目を覚まさせようとする。彼は少女の名前を聞いて激しい恋に落ち、花嫁にすべく参上したとのたまい、邪魔する者は斬り殺し、撃ち殺し、人里離れたテントの中で二人きり、乞食のようなボロを纏い、日がな一日少女への賛歌を歌って暮らし、嫉妬に駆られればオセローさながら狼やジャッカルや熊のように吠え、神聖なる愛の鎖で縛り上げて涙で溺れさせてやると、誘拐リストの口上に引けを取らない大ぼらを吹きまくる。効果はてき面で、少女はすっかり肝をつぶして震え上がる。

この件（くだり）は、『ファンタスティックス』ではミュージカル・ナンバーになっている。エル・ガヨは少女の冒険に満ちた世界への憧れにつけ込み、「パーティへ！世界へ！」連れて行ってくれという彼女の願いに応えて、「踊り続けるの、いつまでも、いつまでも！」と夢見る彼女に催眠術をかける。「回れ、回れ／夜明けまで。／蝋燭は燃え、／ヴァイオリンは奏でる、／気分が乗って来たなら羽目を外そう。／向こう見ずで恐ろしいほど陽気に！」と歌い出される『回れ、回れ』だ。このナンバーでエル・ガヨは少女と踊りながら、ヴェニスやアテネやボンベイ等のエキゾティックな街へと少女を誘う。行く先々で、彼女は操り人形のようにぎこちなく動くヘンリーとモーティマーに拷問されているマットの姿を見るが、エル・ガヨに渡された仮面（ト書きには、「口では言い表せないほどの喜びの表情に永遠に凍りついた、虚ろに笑った顔のプラスチック製の仮面」）を被ると、それは残酷どころか楽しく美しい光景に見えて来る。幻想と現実、虚構と真実の関係を端的に表す工夫であり、その度にエル・ガヨは「とにかく／踊ろう！／音楽に合わせて楽しく／踊ろう！」と歌い、少女はオブリガートの部分を高音のヴォーカリーズで「アア！ハア！アア！ハア！」と歌う。しかし、彼女の楽しげな歌声は回を重ねるごとに次第に苦しげなものになって行き、最後には悲鳴のような叫びに変わる。それでいて笑顔の仮面が彼女の顔に現れる「同情や恐怖の如何なる痕跡も外に漏らさず封じ込めてしまう」（ト書き）のだ。彼女がいくら「疲れちゃった」と言っても、「少し座らない？」と休もうとしてもエル・ガヨは「そんな筈はない」「馬鹿馬鹿しい！」といなして取り合わない。つまりここで拷問を受けているのはマット一人ではない。少女こそ拷問を受けている当事者なのである。ナンバーの最後には、オブリガートを歌いながら「小道具箱の上に立ち、仮面を被って、機械仕掛けの人形のようにゆっくりとくるくる回る」（ト書き）彼女の身体をあぶるように、ヘンリーとモーティマー、ミュートの三人が炎に見立てた赤い布を上下に動かす。一見甘くロマンティックな仮装の正体は、正真正銘の悪夢だったのだ。（ついでに言うと、人形のように動きながら歌う少女の姿には、オッフェンバックの『ホフマン物語』の自動人形オランピアがだぶる。）

少女は一幕前半の『メタファー』と、同じ音楽を使った一幕終わりの『ハッピー・エンディング』でも高音のヴォーカリーズを歌う。この極めて技巧的で装飾的な表現は、彼女のロマンティックで非現実的な夢想の音楽的表現と見て差し支えあるまい。ヴォーカリーズはモーツァルトの『魔笛』の夜の女王の二つのアリアでのスタッカートの超絶技巧が有名だが、『魔笛』の場合は最早言葉では表せないほど激昂した感情の表現として使われていた。『ファンタスティックス』でも直接的には少女の譬えようもないほどの喜びを表しているのだが、その誇張された技巧によって、どこか嘘臭さをかもし出していることも間違いない。つまり、今日の観客の感性にとっては、役の人物の感情の表現であると同時に、その役を演じる歌い手の技能の開陳といった意味合いもどこかに持った表現方法なのである。シュミットは、ヴォーカリーズのそういう特徴を巧妙に利用しているのだ。『メタファー』では、少女は愛されている喜びを、言葉では言い表せないほどの喜びを歌うのだが、そこにはその喜びを観客に誇示しているニュアンスが紛れ込んでいるし、『ハッピー・エンディング』では、この第一幕のハッピー・エンドが本当の意味でのハッピー・エンドではないことを示唆しているのである。

ミックの前掲書には、「カピターノは仮面をつけた人物群に属していないが、時々仮面をつけて演じた」とある。これに対してアルレッキーノは代表的な仮面役の道化である。この従僕道化は、そのいたずら者の性質から事態を紛糾させもするが、持ち前のずる賢さで厄介な状況をまんまと切り抜け、危機的な瞬間にあっても子供のような遊び心を失わない。

エル・ガヨもそのハチャメチャな道化ぶりと人に雇われ、命じられた仕事をやりおおすためにあれこれ画策して奮闘するところはアルレッキーノを思わせる。少女を誘拐する場面はミュージック・ホールの黙劇（パントマイム）のパロディであり、ヘンリーの「準備は良いか？騎兵隊！」の合図の掛け声でエル・ガヨが登場する。台本のト書きには「派手にさっそうと現れる」とあるが、オリジナルの演出ではあたかも（子供がごっこ遊びでするように）馬に跨っているようなポーズでスキップして登場し、ご丁寧に馬から降りるマイムまでする。これにミュートが木の棒で舞台の床を叩いて、ギャロップの効果音を付け加える。

シュミットが想像していた本物の馬とは大違いだが、小劇場における効果は抜群である。この後、少年に剣で腹を刺されたエル・ガヨは「大仰なやり方で死ぬ。オペラのディーヴァのように、何度も何度も床から立ち上がり、ドラマティックで苦痛に満ちた痙攣を最後に息絶える」（ト書き）。初演以来の演出では大の字になって死ぬ間際に、エル・ガヨは真っ赤な紙吹雪を盛大に撒き散らす。文字通りの大出血サーヴィス。エル・ガヨ役の見せ場であり、背後には『レイプ・バレエ』と題された（現在は『誘拐バレエ』と改題）無声映画の伴奏音楽をイメージした曲がずっと流れて、その抱腹絶倒の馬鹿馬鹿しさを一層盛り上げてくれる。ここでのエル・ガヨはほとんどナンセンスな笑いを振りまく道化そのものである。その一方で、『回れ、回れ』で少女に現実と夢想の落差を仮面を使って見せつける時のエル・ガヨには、一種の悪魔性さえ備わっている。

アルレッキーノにも、その黒い半仮面に象徴される悪魔的印象がつきまとっていることは多くの識者が指摘している。中世宗教劇の悪魔、さらに遡って神話世界の悪魔にまで出自をたどれるとも言い、名前の語源をヘレッキーノ（小悪魔）とする説もある。アルレッキーノは、破壊と創造、聖と俗の両義性を兼ね備えたいたずら者、既成の秩序を攪乱する社会のはみ出し者にしてカーニヴァル的祝祭空間の支配者でもあるトリックスターなのである。アルレッキーノを介して、エル・ガヨにもトリックスターの顔が垣間見える。映画化された『ファンタスティックス』では、エル・ガヨは水晶玉を使ったインチキ占いまでして父親たちを手玉にとり、その胡散臭さとトリックスターぶりにいっそう磨きをかけている。（この水晶玉の件は、二〇〇六年の再演から舞台にも取り入れられている。）

エル・ガヨのトリックスター的要素は、『セレブレーション』に登場するポチョムキンでさらに際立つことになるが、それについては第三章でまた述べる。

ついでながら、コンメディア・デッラルテではカピターノはスペイン人の設定になっている。エル・ガヨという名前がスペイン系であるのも、『お値段次第』がフラメンコのリズムを使っているのも、『喜びがデッドホースにやって来る』の名残りでもあろうが、そもそもは原作のストラフォレルの原型がカピターノ、即ちスペイン人であることに由来しているとも考えられる。

さて、このようにエル・ガヨにもコンメディアのキャラクターが投影されている訳だが、無論、彼もまた他の登場人物同様に現実感をともなったリアルな人間として演じられねばならない。

少年と少女の心を深く傷つけた彼は、そのことを語る台詞の終わりで彼自身も少し傷ついたと告白する。何故だろう。『回れ、回れ』の後で、エル・ガヨは少女をだまして置き去りにするために、荷物をまとめて来いと促す。少女は、「先ずキスして」とせがむ。これに応えてエル・ガヨがまぶたの上にキスすると、少女は感動し、「何があろうと、今のキスは絶対に忘れない」と言って去りかける。するとエル・ガヨが「ひと言だけ、ルイーサ」と彼女を引きとめ、「これだけは言っておきたい――約束する、私も決して忘れない、今の特別なキスは」と言う。この時のエル・ガヨの心理状態を説明して、ジョーンズは『演出家の手引き』（上演権を管理しているミュージック・シアター・インターナショナル社が演出家の参考になるように貸与している書籍。装置、衣裳、小道具に至るまでの図解入りの具体的な説明や音楽、照明などについての作者の意図を記した文章とともに、出版されている台本よりも詳しいト書きの入った上演台本を収録している）でこう書いている。「エル・ガヨは心を動かされているのだと思う。楽しみつつも心を動かされ、欲望をそそられてもいるのだ。恐らく、彼はかつてマットだったのだ。けれど彼の物語の結末は違った。思うに、彼は世界を見に出かけ、そして二度と再び帰らなかったのだ。遠い昔、少女は、彼自身のルイーサは彼から永遠に失われてしまった——家も家族も。（中略）その全てが今この瞬間、彼に甦って来る。今の特別なキスを忘れないと言う時、彼は本気でそう言っているのだと思う。」

そうならば、一幕の中盤で『谷間のスピーチ』を語る時、観客に向かって「思い出して下さい、あの秘密の場所を。あなたも行ったことがある筈だ、あの特別な場所に、一度—— 一度だけ——日の光に照らされた慌ただしい人生の中で、時という暴君から逃れて物陰に身を潜めたあの場所。傍らにはクローヴァーが咲き、誰かの手があなたの手を握り締めていた、そして愛は苺よりも、蜜よりも、舌を刺すミントの香りよりも甘かった。それは九月、雨はまだ降り出さない——恋をするには最高の季節」と言うエル・ガヨは、ここでも自分自身の経験を、失われて二度と帰ってはこない、喜びに打ち震えるような感動を思い出しているのだろう。そしてその後に降り注いだ冷たい雨を。

或いは、『回れ、回れ』の前に少女が「今これから僕のすることは、これまでに僕がしたどんなことよりも遥かに立派なことなのだ」と『二都物語』の末尾の一節を自己陶酔気味に語り、「美しいでしょう？この男は首を刎ねられたのよ」と「とても感動して」（ト書き）言うのに対し、エル・ガヨは「そりゃそうだろう」と「あまり感動せずに」（ト書き）答える。このやり取りで、作者が喜劇的効果を狙っていることは明白だが、これから少女自身のためにあえて彼女の心を傷つけようとしているエル・ガヨが、少女の引用する『二都物語』の主人公の行為に己れの行為を重ね見てしまう演出も可能ではなかろうか。少女の心を傷つける行為は、彼女のための気高い行いだとは言え、それは同時に極刑にも値する極めて罪深いことでもあるという自覚である。そういう深読みも許されるのではなかろうか。

こんな風に考えて行くと、エル・ガヨもそのダンディかつコミカルな表層の下に豊かな人間性を隠し

『ファンタスティックス』サリヴァン・ストリート・プレイハウス公演のキース・チャールズ（エル・ガヨ）。

同再演のエドワード・ワッツ（エル・ガヨ）。

ているのが良く分かるだろう。

衣裳について

『ファンタスティックス』が舞台装置等で再現的表現を採らずに呈示的手法に訴えているのも、その台詞や歌詞に特定の時代や場所がことさら現れないのも、作品に寓話としての普遍性を与えるための工夫でもあったと思われる。では衣裳についてはどうか。

ロスタンの原作には、「綺麗な衣裳を着せられる所ならどこでも良い」と但し書きがあり、コメディ・フランセーズの初演の舞台写真を見ると、ルイ王朝風の一七世紀の衣裳を使っているが、『ファンタスティックス』の方は、バーナード・カレッジで上演された一幕劇版の舞台写真を見る限り、衣裳はかなり様式化されている。比較的現代風のものもあれば、タイツ姿もいるし、中世の宮廷道化師風のものもある。ジョーンズは「演劇史上の様々な時代の様々な演劇スタイルを混ぜ合わせたもの」と述懐しているが、その通りである。

これに対し、サリヴァン・ストリート・プレイハウス公演の衣裳（デザインはウィットスティーン）にはもっと統一感がある。基本的なスタイルは現代服である。但し、夫々の衣裳にいく分か誇張されたタッチを加え、この作品がお芝居であり、寓話であることを明らかにしている。衣裳に於いても、やはり「仕掛けの露呈」がなされているのだ。観客に普段着の親しみ易さと、演劇としての華やかさをともに呈示しているとも言える。

例えば、エル・ガヨは黒シャツに黒ズボンだが、首には真紅のスカーフを巻き、ソンブレロを被っている。ハックルビーはシャツにネクタイ、縞柄のズボンにズボン吊りをしてダービー・ハットを被り、ベロミーは格子模様のチョッキに蝶ネクタイ、頭にはカンカン帽。父親たちには衣裳の面からも類似性と対照性、そして芸人的要素がさり気なく混入されている。また、父親たちがその衣裳の上に毛糸のマフラーを首に巻き、手袋をすれば、それだけで舞台上の季節は秋から冬に変化する。

ジョーンズは『演出家の手引き』で、「衣裳はシアトリカルであるべきだ——垢抜けているべきだし——どこかしらコンメディア・デッラルテをほのめかしさえするべきである。とは言え、基本的には現代的でなければならない。タイツは御免蒙る！だがジーパンならオーケーだ」と書いている。衣裳に於いても、基調は現代としつつもそこに様式化を加えて、特定の時代や場所に限定されないように工夫が施されているのである。

生と死と再生の儀式としてのミュージカル

ここまでは主に作品の様式と技法、成立過程、並びに登場人物を概観してきたが、次に内容、主題についても改めて確認しておきたい。

先述したように、幕開きにエル・ガヨが観客に向けて直接歌う『トライ・トゥ・リメンバー』の歌詞が、先ず作品の主題を明確に述べている。抒情性に満ちたスロー・バラードのワルツであり、AAA形式の素朴さがかえって聴く者のノスタルジアを喚起してやまない、一度聴いたら忘れられない名曲だ。まだ自分のピアノを持っていなかったシュミットが創作のために借りた音楽スタジオで、彼の指先から霊感に導かれるまま流れ出て来た美しい旋律（あまりに自然に弾けたので、シュミット本人は忘れていた誰か他人の曲が無意識のうちに出て来たのかと思ったそうだ）に、あとからジョーンズが歌詞をつけた。原詞は音楽にふさわしくシンプルに、美しく韻を踏んでいるが、意味だけを訳せば次のようになる。

「思い出してみよう、九月の優しさを、／人生がゆったりと流れ、そしてあんなにも豊かだったあの頃を。／思い出してみよう、九月の優しさを、／草は緑に、穀物は黄金に実っていたあの頃を。／思い出してみよう、九月の優しさを、／あなたが未熟な若者だったあの頃を。／思い出してみよう、そしてもし思い出すなら、／さあ、あなたも一緒に。

思い出してみよう、人生があんなにも穏やかで／柳の木の他には誰も泣いていなかったあの頃を。／思い出してみよう、人生があんなにも穏やかで／夢があなたの枕の傍らに留まっていたあの頃を。／思い出してみよう、人生があんなにも穏やかで／愛の余燼が燃え上がろうとしていたあの頃を。／思い出してみよう、そしてもし思い出すなら／さあ、あなたも一緒に。

一二月も深まる今、思い出すのは良いことだ、／もうすぐ雪が降るのは分かっていても。／一二月も深まる今、思い出すのは良いことだ、／傷つくことがなければ心は虚ろなままだと。／一二月も深まる今、思い出すのは良いことだ、／私たちを豊かに実らせてくれた九月の炎を。／一二月も深まる今、私たちの心は思い出す、／さあ、あなたも一緒に。」

あえて一行だけ取り出すなら、「傷つくことがなければ心は虚ろなままだ（Without a hurt the heart is hollow）」に主題は集約されている。季節の移ろいに人の成長と愛の成熟を重ねて描くこと。そのミュージカルが何について描いているのかを幕開けのナンバーではっきりと観客に伝えている。六〇年代以降の多くのミュージカルで必須の条件となって行く手法がすでに見事に先取りされている。

台詞でも、二幕の大詰めで、ともに傷つき頭を垂れた少年と少女を前に、やはりエル・ガヨが観客に語る言葉が主題を説明している。「これは奇妙なパラドクス。誰にも説明はつかない。誰に分かろう。

麦は何故刈り取られなければならないのか？誰に分かろう。辛い冬の苦しみの中から何故春が生まれるのか？人は成長するために、何故かすかに死ななければならないのか？私にも分からない。ただそれが真実だということだけは分かる。」

未熟な恋人たちは、試練の果てに相手に対して、自分自身に対して勝手に抱いていた幻想を捨て、ありのままの相手を、自分を発見し受け入れる。苦しみを経て成長し、大人になる。人は傷ついて初めて成長出来る。『ファンタスティックス』は成長についての寓話であり、演劇による通過儀礼（イニシエーション）なのである。

この通過儀礼という視点はロスタンの原作にもすでに認められるが、フレミングは物語の終わりで、戻って来た少年が外の世界でどれほど悲惨な目に遭ったかを語ると、少女が「それが人生よ。私も学んだわ」と答える台詞を加筆して、その点をいっそう明瞭にしている。ただ、ジョーンズとシュミットの二人はその儀式性に初めから狙いを絞って主題に据え、作品に意図的に儀式的性格を持たせようとしたのである。第一幕の月光の下でロマンティックに繰り広げられた恋愛の幻想が、第二幕の太陽の光にじりじりと焼かれて色褪せ幻滅へと変わり、最後に降りしきる雪の中で成熟した愛を再発見して確かめ合うという構成からしてもそれは明らかだろう。

第一幕の『もうすぐ雨が降る』で、少年は少女に「もうすぐ雨が降る／僕には分かる。（中略）木の枝を四本見つけよう。／四つの壁と床を作ろう。／木の葉でつなぎ合わせて、／駆け込もう」と誘いかけ、二人は「雨よ降れ／僕（私）たちは感じない。／雨よ降れ／土砂降りに。／不平は言わない／もしもいつまでも降り止まなくても」と彼らの愛の強さをロマンティックに歌い上げる。けれど、本当の意味での雨は、二幕の酷薄な日差しという形で二人を襲う。惰性と倦怠による幻滅という形で。

原作のストラフォレルは、少年と少女が仲たがいしたままでは父親たちから誘拐劇の代金を支払ってもらえないので二人のよりを戻そうと画策し、その目的で少女のロマンスへの幻想を打ち砕く。ところがエル・ガヨは代金の未払いにはほとんど頓着せず、盗賊なんだから何かを盗む筈だと少女に言われると「私が盗むのは幻想さ。人が何よりも大切にしているものを盗むんだ」と言い、少女が屋根裏で見つけた母親の形見だというまがい物のネックレスをだまし取る。少女が本物だと思い込んでいるこのネックレスは、彼女の幼い幻想の象徴であり、それを奪うことの象徴的意味はあえて言うまでもあるまい。おまけにエル・ガヨは、先に引用した二幕ラストの独白の続きで、彼が少年と少女を傷つけたのは二人を成長させるためだったといった趣旨のことを言う。もはや作者たちの意図は疑いようがない。

さらに、これまでに引用した台詞や歌詞の断片からも察せられると思うが、すでに述べたように『ファンタスティックス』には季節の回帰性と植物の生育にまつわるイメジャリーが随所にちりばめられている。それらのイメジャリーが作品全体を一つにまとめる接着剤の役目を果たすとともに、作品の主題を浮き彫りにしてもいる。『ファンタスティックス』は単に通過儀礼にとどまらず、季節儀礼にまで拡大されているのであり、季節のサイクルと人間の成長のサイクルが重なり、農神祭的儀礼の演劇化、生と死と再生（受苦と死と復活）の儀式と化している。つまり西洋演劇の源流と直接的なつながりを持つように仕組まれているのだ。

ケンブリッジ学派の古典人類学者ジェーン・エレン・ハリソンは、『古代藝術と祭式』（一九一三）で、ギリシア語で祭儀を表す「ドロメノン」と、劇を表す「ドラマ」がともに「なされたこと」という意味であることに着目し、芸術と祭式には極めて緊密な関係があり、演劇は祭式から発生したと主張した。冬を追い出し、夏を招き入れる春祭りの儀式の根底にあるのは、冬の間は枯れたり姿を消したりしてしまう作物や獲物としての動物が再び戻って来ることの祈願である。古代のアテナイでは、春になると聖なる牛を一頭選んで屠殺し、その後に死んだ牛の皮にわらを詰めて、あたかも生きているかの如く鋤につないだという。殺すことによって牛の特別な生命力を自らのものとし、しかる後に牛の復活、すなわち生命に満ち溢れた夏の季節が再び巡って来ることを祈ったのである。古代ギリシア劇のコロスは、この春祭りの牛追いの歌を歌い踊る人々が踊る側と眺める側に分化することで、つまり見世物化することで誕生したとハリソンは言う。信仰心の衰退とアテナイへの英雄伝説の流入がこの見世物化と合体し、祭式（ドロメノン）は演劇（ドラマ）へと発展的に変化したと言うのである。しかし、「祭儀の精神ないし祭儀の効用に対する確信は消えてしまっても、祭儀そのもの、祭儀の実際の型そのものは残る」（喜志哲雄訳）。以下、少し長くなるが引用すると、「ギリシア劇にはコロス――つまり一群の踊り手――が現れるに違いない。劇は祭式の踊りから発生したからである。アゴン――つまり競争ないし闘争――も、おそらくあるだろう。なぜなら、夏は冬と、生は死と、新しい年は古い年と、争うからである。悲劇は悲劇的でなければ――つまり、パトスを含んでいなければ――ならない。なぜなら、冬ないし古い年は死なねばならないからである。急速な推移、悲しみから喜びへの急変、ギリシア人がペリペテイア――つまり急転――と呼んだものが、どうしてもなければならない。というのは、冬を追い出すと同時に夏を招じ入れねばならないからである。最後には神の出現ないし顕現がなければならない。なぜなら古代の祭式の主眼点は要するに生命の霊を呼びよせることにあったからである。プロットがどんなものであっても、劇には必ずこういう祭式の形式が一つ残らず、まるで昔からの亡霊のようにまつわりついている。」

ハリソンの後輩にあたるギルバート・マリーは、『ギリシア悲劇における祭式形態』（一九二七）で、ハリソンの主張を踏まえ、ギリシア悲劇にはエニアウトス・ダイモーン（年の霊）の死と復活という祭式の型が明らかに保存されていると指摘し、その構図をアゴン（闘争）、パトス（受苦ないし犠牲の死）、トレーノス（哀悼）、アナグノーリシス（発見ないし認知）、そしてエピファニー（顕現ないし復活）にまとめた。

門外漢の僕には、ハリソンたちの演劇祭祀起源説の当否を云々する資格はない。しかし、この説が二〇世紀の演劇に与えた影響には多大なものがあるし、『ファンタスティックス』に於いて、秋から冬への季節の移ろいという大自然のリズムに重ね合わせて描かれる少年と少女の禁じられた愛と別れと再会が、マリーが示した図式にほぼそのまま当てはまることも間違いない。先に引用した台詞にあった通り、春は辛い冬の苦しみの中から生まれるのであり、人は成長するためには、つまり生まれ変わるためには、その前に先ず「かすかに死ななければならない」のだ。ハリソンやマリーの説に則るなら、『ファンタスティックス』の根底には、古代ギリシア劇と同じ受苦と死と復活の儀式が存在していると言って良いだろう。定めしエル・ガヨは儀式の司祭、観客は会衆、少年と少女は贖罪の山羊（スケープゴート）であろうか。そしてこの生と死と再生の物語（儀式）は、若者の成長の物語（儀式）と不可分なまでに絡み合っていることは、これまで述べたことからも、また世界各地の祭りに残る現実の儀式を見ても分かる。この点については第三章で『セレブレーション』を取り上げる際に、もう少し詳しく説明しよう。（なお、オープニングでミュートがばら撒く色取り取りの紙吹雪は、謝肉祭（カーニヴァル）をはじめ様々な祭りを彩る風物の引用であり、『ファンタスティックス』にこめられた儀式性、祝祭性を冒頭から明示している。）

一つだけ先に指摘しておきたいことがある。ミュージカルの物語の原型として最も一般的なものにボーイ・ミーツ・ガールがある。アメリカのミュージカルの形成に大きな影響を与えたギルバート&サリヴァンの『軍艦ピナフォア号』（アメリカ初演は一八七八年）以来、ほとんどのミュージカルが従って来た公式の一つだ。少年と少女が出会って恋に落ちる。何らかの障害によって一旦は仲を引き裂かれたり失恋したりするが、紆余曲折の末、最後には再び結ばれてめでたしめでたしとなる。この一見たわいのない単純なパターンには、しかし通過儀礼としての生と死と再生の物語が構造化されている。ジョーンズとシュミットがそれまでのミュージカル作家と違うのは、彼らがその儀式的構造を『ファンタスティックス』や『セレブレーション』に意識的に取り入れたことである。ジョーンズは、作品に込められたメッセージを「春が再び生まれ出るためには冬が必要だということ」と定義し、それが観客を励ますのだと語っている。

ともあれ、こういう儀式的性格はジョーンズとシュミットの以後の作品にも程度の差こそあれいつも見え隠れしている。また、その儀式性を介して語られる愛の成熟＝人間の成長という主題も以後の全ての作品について指摘出来る。求める愛から与える愛へと言っても良いだろう。

愛の成熟の主題とその表現手法

言うまでもなく、作品の内容は形式や表現手法から切り離しては考えられない。『ファンタスティックス』では、この人間の成長、愛の成熟の主題をミュージカルならではの手法で実に印象的に表現している。

すでに少しふれたが、一幕の前半に少年と少女が壁越しに愛を歌う『メタファー（隠喩）』というナンバーがある。少年は少女に向かって、君は「喉の渇きを癒す一杯の水」「その熱で氷山も溶かす炎」「君は北極星、／導きの星！」「君は九月」「君は日の光！月の光！／山！谷！／顕微鏡で見た葉っぱの裏側！」と次々とメタファーで呼びかけ、少女は「そうよ、私は！」と応え、少年が「僕の喜び！」

「僕の星！」と歌えば「そうよ、私は彼の喜び！」「そうよ、私は彼の星！」と応える。しかも初演の演出では、少女はこれらの返事を少年ではなく、観客に向かって嬉しそうに歌う。歌のクライマックスである「君は愛！」にも少女は「私は愛！」と応える。レチタティーヴォを多用した軽快なナンバーであり、「君は愛！」「私は愛！」の個所は躍動感のあるメッゾ・フォルテの伸びやかなモデラートで歌われる。これに対して、同じ歌が、試練を経てともに傷ついた二人によって二幕の終わりでもう一度歌われる時には、しっとりとレガートのかかったピアニッシモで「ゆっくりと静かに」歌われる。しかも少女の歌詞も「私は愛！」から「あなたは愛」に変わっている。そして二人はこのリプリーズを、観客の存在は全く意識しないで、ただお互いだけを見つめ合って歌うのだ。

一幕では、少女の心の視線は愛されている自分にしか向いていなかった。彼女の喜びは愛されていることの喜びであり、愛することの喜びではなかった。「君は愛」と歌う少年も、その視線は実は恋している自分自身にしか向いていなかった。二幕になって障害がなくなってみると、少女は少年のことを「お日様の下だと、彼、違って見えるわ」、「もっと背が高いと思ってた」と思い、少年は少女を「良く考えたら、ただの隣の女の子だ」と思う。二幕冒頭のエル・ガヨの台詞と、その直後のナンバー『このプラムは熟れ過ぎだ』の歌詞が語る通り、「昨夜(ゆうべ)はお芝居のようにキラキラ輝いていたものが／今日は白々色褪せて見える」のだ。しかし、この時点でも彼らの視線はいまだ自分自身にしか向いていない。彼らが本当に相手を見つめることが出来るようになるには（ということはつまり表面的にではなく本当に自分自身を深く見つめることが出来るようになるには）さらに厳しい試練を経なければならない。

その結果、愛の幻想を象徴していた歌が、愛の真実を表現する歌へと変容する。純真だが未熟で自己中心的な愛の表現として使われていた歌が、成熟した愛の表現に変化する。同じ音楽の意味が変化することによって、それを歌う人物の内面の変化が言葉だけで表現されるよりもすんなりと腑に落ちる。これもミュージカルの機能のひとつである。一幕と二幕の『メタファー』の変化は、詞(ことば)の仕掛けと音楽の美しさが素晴らしい相乗効果を発揮して、愛の成熟をミュージカルだからこそ可能な、感動的な方法でシンプルかつ明瞭に伝えて余すところがない。

『メタファー』のリプリーズの直前には、『それは君だった（They Were You）』というＡＡＢＡ形式の二重唱のバラードがある。一幕の『メタファー』は、少年がテノールの美声を朗々と響かせ、少女がソプラノで誇張気味のヴォーカリーズをたっぷり聞かせる、美しいけれどどこか人工的な感じのする華やかな曲だったのに対し、『それは君だった』は、音楽も歌詞もはるかにシンプルで飾り気のない、静かな、しかし圧倒的に美しいナンバーである。『メタファー』では、「君は愛！」と歌いかけられた少女は、歓びのあまりその度に気を失う。あらゆる点で、メロドラマティックなオペラや甘美なオペレッタのパロディを意識して作られているナンバーである。これに対し、『それは君だった』は劇中最も抒情性が際立ったナンバーである。一幕と二幕における二つのデュエット・ナンバーのこの違いは、主題を浮き彫りにするための工夫であることは言うまでもない。

ちなみに、シュミットによれば、月光の下での恋の幻想を描いた第一幕はロマンティックで昔風の曲調を、日光の下での幻滅を描いた第二幕は冒頭のジャズの不協和音が象徴するように、もっとひりひりするような現代風の曲調を基本的には心がけたと言う。その分、『それは君だった』の抒情性が、つまり少年と少女の愛の成熟が音楽面からも引き立って来るのだ。

『それは君だった』は、先ず再会した二人の台詞による短いやり取りがある。少年が少女に語る外の世界での体験は辛くかつ滑稽なものだが、そこにはエル・ガヨに裏切られて傷つき、静かに涙を流している少女を慰めよう、彼女に笑顔を取り戻させようとする気遣いが感じられる。辛酸をなめて、彼は成長したのである。少女の「ご免なさい、マット」に少年が「いや。いいんだ。自分のせいだ」と答えると、背後で音楽が静かに始まり、少年の「僕は馬鹿だった」とそれに対する少女の「私もよ。ほんとよ。あなたよりももっと」によって、少女の成長も明らかになる。原作の「それが人生よ。私も学んだわ」よりもずっと繊細で素直な表現によって、二人の心の交流が観る者の心にも沁み入るように伝わる。

この台詞の間がナンバーの序奏で、続いて「素朴に(シンプリー)――あくまでも素朴に――二人は前を向いて(演台に)腰かけたまま、歌う」(ト書き)のである。先ず少年が静かに歌い出す。「月は若く、／時は五月、／舞台は僕の祝日のためにかかっていたあの時、／僕は見た、輝く光を、でも知らなかった――／それが君だったとは。」続いて少女が同じメロディで、「ダンスが終わり、／自分の道を進んで行った時、／彼方に虹を探そうとした時、／美しい光は全て目の前から消えて行くようだった――／それはあなただった。」直前の台詞でのやり取りとここまでの歌詞は、ト書きにもある通り、二人とも演台の左右の端に腰かけて、客席の方に顔を向けたまま会話し歌う。それ故、観客には彼らの内面が、相手と向き合ったリアルな表現よりも一層ありありと手に取るように分かる。言わば二人の人間を同時にクローズアップで捉えているような効果がある。そして、次の「あなた(君)が傍にいなければ、／僕(私)には見えない」という展開部の歌詞を二人でともに歌いながらゆっくりと相手の方に顔を向け、初めて互いの顔を見つめ合って歌う瞬間の効果が高められ、真の再会のイメージが鮮烈に印象づけられるのである。

リズムは直前の『回れ、回れ』と同じ三拍子のワルツであるが、『回れ、回れ』がゆっくりとしたテンポで始まって次第に速くなって行き、最後はプレスト（極めて速く）で盛大に終わるのに対し、こちらは安定したテンポで淡々と歌われる。テンポの違いは、リズムが同じワルツであることによって、かえって二人の変化を印象づける効果がある。ナンバーが終わると、背後の音楽はそのままリプリーズの『メタファー』の序奏になり、ミュートが白い紙吹雪を二人の背後でそっと降らせ始める。この『メタファー』の変化によって、二人の成長ぶりが決定的になることはすでに述べた通りだ。

『それは君だった』は原作の少女と少年の台詞、「でも少なくともあなたは見つけたのね、本物の詩を！」「ずい分遠くまで探したよ。（優しい声で）でもここにあったんだ、君のもとに」を一曲のナンバーにまで膨らませたものである。短い台詞に込められた感情を増幅して、比類なく美しい抒情的な歌にした。音楽が観客の情感に直接訴えかけることにより、台詞だけで表現されるよりもずっと強く説得力を持って迫って来る。それだけではない。原作ではこの台詞の後、二人は長々と会話を続け、相手に対する本当の愛情に気がついて行く。『ファンタスティックス』では、『それは君だった』を歌い終わった時点で、二人はお互いに対する気持をしっかり自覚している。そのことが音楽の力で豊かに伝わる。歌はある瞬間の感情の拡大であり、歌う人物の心理を一曲の長さにまで引き伸ばしたものであると同時に、時間的にもそれなりの長さに渡る状況を凝縮した表現にもなり得る。ミュージカルは「経済的」でもある。

人の成長の主題を呈示的な表現スタイルで描く『ファンタスティックス』の特徴を良く示している場面をもう一つだけ指摘しておこう。二幕の後半、マットに去られ一人寂しく佇むルイーサの前にエル・

ガヨが現れ、以下の台詞のやり取りがある。

ルイーサ　私の盗賊さん！
エル・ガヨ　君の盗賊だ、ああ。
ルイーサ　そんな木の上で何をしているの？
エル・ガヨ　熟しているのさ。
ルイーサ　熟し過ぎないでね、落っこちちゃうわ。
エル・ガヨ　賢いね。
ルイーサ　そこから何が見える？
エル・ガヨ　何もかも。
ルイーサ　ほんと？
エル・ガヨ　まあね。
ルイーサ　マットは見える？
エル・ガヨ　気になる？
ルイーサ　いいえ、訊いただけ。
　登って隣に行っていい？
エル・ガヨ　いいとも、登れるなら。
　（彼の隣に登る。今や舞台は暗く、ただ「木」だけが照らされている。）
ルイーサ　良しと！何もかもなんて見えないわ。

エル・ガヨ　　少し時間がかかるのさ。

エル・ガヨが自らを果実にたとえてみせるのは、表面上は一種のジョークである。しかし、木の上で熟すのを待っている姿は、勿論、成長の主題と直結している。何もかも見えると言った後で「まあね」と言葉を濁すのは、エル・ガヨもまだ熟している途中であり、本当に何もかも見えてはいないからだ。いや、そもそも神ならぬ人間に何もかも見えることなどあり得ないと思うからかも知れない。大事なのはその後だ。マットのことが気になりつつ、外の広い世界への憧れにも促されて、ルイーサは木の上に登ろうとする。登ってもいいかと訊く彼女に、エル・ガヨは「いいとも、登れるなら（You can if you can.）」と答える。うっかりすると見過ごしかねない表現だが、ここでルイーサが意識しているのは現実の木の上に登ることなのに対し、エル・ガヨの答えは明らかに二重の意味を秘めている。君が本当に私と同じ物の見方が出来るなら、私と同じ程度に成熟しているなら、ここに来て何もかも見ることが出来るだろう、けれど今の君にはまだそれが出来るとは思えないという裏の意味が含まれているのは間違いない。ここでも、第一幕の終わりでエル・ガヨが綺麗なポーズを取り続けるのは楽ではないと観客に言ったのと同種のほのめかしがなされているのだ。そして、そのことは舞台上のエル・ガヨが勿論本当に木の上に登っているわけではないからこそ観客にも伝わるのである。ト書きに記されている通り、彼がいるのは「木」の上だ。『演出家の手引き』に収められた上演台本ではト書きが補足され、「ルイーサは椅子の背もたれの上に腰掛け、脚はシートの上に置く。こうして彼女の顔は、小さな箱の上に立っているエル・ガヨの顔のすぐ下に来る」となっている。サリヴァン・ストリート・プレイハウスの公演では、エル・ガヨは片足を箱の上に、もう片方の足を背後のアップライト・ピアノの上に掛けていた。

今、手元にプログラムが見つからないので正確な年代は思い出せないが、一九九〇年代の初め頃、ロンドンの夏の風物詩になっているリージェンツ・パークの野外劇場で『ファンタスティックス』が上演されたことがある。この公演では、野外劇の特性を活かして、この「木」の上の場面を舞台横に立つ本物の木の上で演じた。「いいとも、登れるなら」と言われても、なるほど登るのは確かに骨が折れそうで、観客は笑いこそしても、言外の重要な意味は伝わりようもなかった。

時代を超えたミュージカル

演劇史家のイーサン・モーデンは、その著『新しい窓を開けろ～一九六〇年代のブロードウェイ・ミュージカル～』の中で、ジョーンズとシュミットは作品を「その本質にまで煎じつめた——わずかな登場人物、ほんの少しの小道具、小さな空間にまで」と書いている。さらに『ファンタスティックス』の「スコアはミュージカルというジャンルを一種浄化するような働きをしており、ミュージカルという形式に新鮮さを取り戻している。率直に言えば、『ファンタスティックス』はあたかも世界最初(ザ・ファースト)のミュージカルのように作用する」とも述べている。余分なものを全て削ぎ落とした結果、現れたのは永遠の輝きを発する宝の原石だったのだ。

モーデンは具体例として少女ルイーサの歌う『マッチ・モア』を挙げて、そこに現れるのは「時代を超えたロマンティックなイメジャリー」ばかりであり、特定の場所や時代を示す表現がないと指摘し、「彼女はあらゆるヒロイン、少女期を半ば過ぎたあらゆる若い女性である」と書いている。他のナンバーについても『お値段次第』を唯一の例外として、どのナンバーもあらゆる時代のあらゆるロマンスに当てはめることが出来ると述べている。

『マッチ・モア』に限らず、歌でも台詞でも『ファンタスティックス』には特定の時代や場所を示すものがない。どころかモーデンの指摘通り、歌詞は同様の状況に置かれた恋人たちや親たちなら、他のミュージカルにも流用可能だろう。これは決して欠点ではない。優れたミュージカルの歌詞は、その場の状況や人物から導き出された個別的なものでありつつ、それを越えて普遍的な広がりを持っている。『ファンタスティックス』ではそれが極限まで推し進められて魅力の源泉となっている。ジョーンズの詞は、全てのミュージカルの原型(アーキタイプ)にまで純化されているからだ。芸術は徹底して特殊であることによって普遍性を獲得する場合があるが、『ファンタスティックス』は徹底して普遍的であることによってかえって他の何ものも比肩し得ない個性を獲得した、まさに奇跡のようなミュージカルなのである。

それを支えているのは、やはり作品の根底にある儀式的構造だろう。生と死と再生の儀式を通して、『ファンタスティックス』からはミュージカルにとどまらない演劇の原像が浮かび上がって来るのだ。

ジョーンズ本人は、『ファンタスティックス』の創作から学んだこととして以下の三つを挙げている。

一つは、「切り詰めればそれだけ豊かなものになる」という芸術上のミニマリズムの立場である。表現上の圧縮であり、制限である。「矛盾していると思われるかもしれないが、それこそ解放と自由への鍵」であり、「演劇は、ダンスと同様、最もむき出しの状態でこそ一番上手く行く」とジョーンズは言う。想像の翼を羽ばたかせるためには、多くのものを詰め込んで何もかも説明してはならない。「私はシンプルであればあるほど良いものになると確信している。ミュージカルでは実にしばしば、真の感動を生み出しもしないその場限りの効果を上げるために多大な努力が払われている。適切な台詞と音楽さえあれば、練達の舞台装置家が考案するものより遥かに満足の行くスペクタクルを人々の心の中に呼び起こすことが出来るのだ。」今から三十年以上前のジョーンズの言葉だが、昨今のミュージカルを観るにつけ、この言葉の重さと価値はかえって増している気がしてならない。

二つ目は、「規則(きまり)はない」、或いは「規則はその都度違う。」『ファンタスティックス』の創作にあたって、当時唯一無二のものだったロジャーズ＆ハマースタインの方式を無視して成功したジョーンズとシュミットだからこそ言えることだが、この言葉にこめられた永遠のチャレンジ精神をこそ見習うべきだろう。

そして最後に、これが一番肝心なことだが、「恋をしていなければならない。誰かにでなければ、何かに。情熱的に夢中になっていなければ、この世の如何なる技術も、知識も、大胆さもあなたの作品にとって何の意味もない。」これこそ『ファンタスティックス』の、彼らのミュージカルの魅力の源泉であろう。

以上の三点は、まさしくかつてのオフ・ブロードウェイの精神を体現したものであり、彼らが本質的にオフの作家だと看做されているのも故なしとしない。だが、『ファンタスティックス』の成功で弾みをつけたジョーンズとシュミットは、さらにブロードウェイへとその活躍の場を広げて行く。

初演の評価

しかし、開幕直後の『ファンタスティックス』は決して成功を約束されたようには見えなかった。日本と違って、欧米では劇評は初日の翌朝の新聞に一斉に載る。そこで高い評価を得ればロングランに持ち込める可能性も高まるが、酷評されれば一晩で打ち切りとなることも珍しくない。今日では、演劇の興行は半世紀前に比べてはるかに「ビジネス」化し、専門家の評価の他にも大規模な広告宣伝等様々な要素が興業の成否を左右するようになり、劇評もかつてほど公演の命運を握っている訳ではない。劇評でどれほど高く評価されようとも、客足が伸びず早々と打ち切られてしまう舞台も決して少なくない。製作費（上演経費）の高騰もこの傾向に拍車を掛け、いわゆる通好みの地味な作品が興業的に生き延びる余地は昔に比べてぐっと狭まっている。けれど一九六〇年代初めには、劇評の良し悪しは作品にとって決定的な意味を持っていた。

今では劇評家の多くは初日以前のプレヴュー公演の最後の方で舞台を観ておき、事前に或る程度劇評を書いておくことがあるようだが、当時は劇評家は全員初日に観劇し、幕が降りるや劇場を飛び出して、翌日の朝刊に間に合うように大急ぎで劇評を書くのが普通だった。ということは、一九六〇年五月三日の夜、サリヴァン・ストリート・プレイハウスのような小劇場では、客席を埋めていたのはほとんどが劇評家や演劇関係者だったと思われる。これは演じる側にとっては実にいやなことである。楽しむことを目的に劇場に足を運ぶ一般客に対して、劇評家は当然批評するためにやって来る。演劇は演じる側と観る側とが一種の共同体となって一緒に作り上げて行く芸術である。初めから一歩引いた立場で舞台を眺める観客がほとんどでは、舞台と客席の関係はぎこちないものとなり、当然舞台成果に大きく影響して来る。無論そんな劇評家をも夢中にさせて、創造行為に積極的に参加させるほどの舞台を目指さなければならないのだが、一般客の比率が高くなる大劇場ならともかく、小劇場では難しい。これは僕の経験に基づく本音だ。

『ファンタスティックス』の初日も、「それ以前の一週間のプレヴューと比べておよそ活気がなかった。（中略）ほんの一晩前には爆笑を呼んだ台詞も沈黙か、せいぜい押し殺したような含み笑いしか生まなかった。ギヴ・アンド・テイクはなかった。陰陽はなかった。舞台と客席とのキャッチボールはなかった。それこそ生の舞台の本質だと言うのに」（ジョーンズ）。

当時（も今も）最も影響力のあったニューヨーク・タイムズ紙のブルックス・アトキンソンは『ファンタスティックス』の形式は「現代演劇に於いて独創的」と認め、「最初の幕の間は作風も洗練されており、さわやかで斬新だ」と評価したが、「こう言っては申し訳ないが、最初の幕の心地良い調子を維持するには二幕構成はひと幕分多過ぎる。休憩の後は、もう二度とあんなにも明るく陽気になることはない」と書き、「おそらく『ファンタスティックス』は、生来、長くなればなるほど、その魔法の効き目が薄らいでしまう類の作品なのだろう」と結論づけた。

同じく影響力の強かったヘラルド・トリビューン紙のウォルター・カーの評は、出演者を褒め上げてから（各紙とも出演者については好意的な評が多く、中でもジェリー・オーバックについては早くもスター誕生の気配がある）、『ファンタスティックス』は「人を惹きつけ、いささかだらりと寛がせ、もう一度活気づかせる。平均すると、満足が行くというにはほんの少し足りない。」

ニューヨーク・ポスト紙のリチャード・ワッツ・ジュニアやモーニング・テレグラフ紙のホイットニー・ボルトンの評も全体的には悪くないが、概して生ぬるい。

勿論、もっと好意的な劇評もあった。ニューヨーク・ジャーナル・アメリカン紙のジョン・マックレインは「小さなやり方でかなりの大きさを持っているし、才能がぎっしりと詰まっている。試みの全てが必ずしもいつも実現されてはいないが、パーセンテージは高い」と言い、「サリヴァン・ストリート・プレイハウスの小さな空間に素晴らしいほどうまくはまっている。末長く、生き生きと上演され続けるべきだ」と予言めいたエールを送った。ほとんどの劇評が作品をコンメディア・デッラルテ風、ハーレキネイド風と評しているが、マックレインはその上でエル・ガヨを「悪魔的な人物」と呼び、この役の本質の一端を見抜いているのが注目に値する。デイリー・ニューズ紙のチャールズ・マッハリーは「無条件でお勧めする」と言い、「この舞台の何もかもが趣味の良さと想像力を湛えている」と絶賛した。

後から現れた雑誌と週刊誌の劇評でも、キュー・マガジンのエモリー・ルーイスは「ブラヴォー！今、ニューヨークで最も独創的な音楽！最もきらめいている若き才能が今姿を現した」と手放しで褒め、サタデイ・レヴューのヘンリー・ヒューズも「トム・ジョーンズとハーヴィー・シュミットの仕事ぶりはブロードウェイの最高の舞台に匹敵するプロの熟練した手腕と、ブロードウェイではもはや滅多に達成出来ない高度な芸術的センスを有している」と激賞した。

だが、今読んで最も作品の本質を捉えていると思えるのはヴィレッジ・ヴォイス紙のマイケル・スミスの評だ。スミスは初日に招待で観た後、自分でチケットを買ってもう一度観たと書き、「最も精巧で洗練された芸術は、その分かり易さによって観客の心を捉えるものだ。そこには世俗的な知恵と、無邪気さに身をゆだねることとの間の絶妙なバランスがある」と喝破している。これまでさんざんふれて来たものごとの二面性を同時に表現しようという作品の意図を明晰に捉えた批評である。さらに、『ファンタスティックス』は「バッカーズ・オーディションの残り滓でもなければ、予算不足のブロードウェイ・ミュージカルでもない。ふつうならオフ・ブロードウェイの限界と言うべきものが、ここでは利点となっている。もしかすると、私はもう一度観に行くかも知れない」と記して筆を擱いている。

こういった感動的でさえある絶賛の評はあったものの、肝心のタイムズとトリビューンの二紙の評がそこそこだったので、赤字を最小限に抑えるためにただちに公演を打ち切るべきだとノートに進言する関係者もいた。だが、作品の価値を固く信じて疑わなかったノートは頑としてそれを拒否し、背水の陣を敷いて続演を選んだ。やがて『ファンタスティックス』に惚れ込んだアン・バンクロフト等の著名人の口を介して、作品の評判が先ずは演劇界で徐々に広まり、続いて一般の間にも浸透して行った。一年後、サリヴァン・ストリート・プレイハウスの切符売り場の前には「本日の公演完売」の掲示が吊り下げられていた。ジョーンズの「奇跡だった。私たちは生き延びたのだ」という述懐は、スタッフや出演者の偽らざる心境を伝えている。

ジョーンズとシュミットには『ファンタスティックス』により、オフ・ブロードウェイでの優れた成果に対して与えられるヴァーノン・ライス賞も授与された。

ブロードウェイの大劇場に移らないかという誘いも何度かあったが、作者たちは賢明にもそういった話には乗らず、以来、『ファンタスティックス』はサリヴァン・ストリート・プレイハウスで四二年に渡って続演され、アメリカの全ての州の三千以上の都市や町で一万一千以上のプロダクションが公演を行い、世界中の六七カ国で上演されている。ノートは一九六〇年に一万六千五百ドルの製作費を大勢の小口出資者（バッカー）を募って集めたが、半世紀後に於けるその利益還元率は二万四千パーセントになると、二〇一〇年五月三日付のニューヨーク・タイムズ紙は伝えている。

ラリー・ステンペルは、『ファンタスティックス』が小劇場ミュージカルに、そしてオフ・ブロードウェイに対して果たした歴史的役割を、『ショータイム』で以下のように述べている。「『ファンタスティックス』の途方もない成功は、小さなミュージカルも実現可能だという考えを確立し、その上演場所としてのオフ・ブロードウェイを特権的な場所として確立する助けにもなった。オフ・ブロードウェイはすぐに小さなミュージカルの、室内ミュージカルの、あらゆる種類のミニ・ミュージカルの創造のための楽園となった。」

『ファンタスティックス』
初演のプログラム。

同初演より。「レイプ・バレエ」を演じる左からジェリー・オーバク（エル・ガヨ）、リタ・ガードナー（ルイーサ）、ケネス・ネルソン（マット）。（撮影／フリードマン・エイベレス）

世界最長ロングラン・ミュージカルの閉幕

サリヴァン・ストリート・プレイハウスでの公演が終わったのは、前述した通り、二〇〇二年一月一三日である。閉幕の理由は観客動員数の減少と、劇場のオーナーが変わり、建物の建替え話が浮上したこと。前年九月一九日のあの痛ましいテロの影響も否定できない。

実は一九八六年と九四年にも閉幕が伝えられたことがある。この時はどちらもファンの間で抗議の声が高まり、遠のいていた客足も戻ったため告知は撤回されたが、残念ながら三度目の告知が取り下げられることはついになかった。

そして一七一六二回目の最終公演の最後に、作曲者ハーヴィー・シュミットの手書きでTHE FANTASTICKSと記されたあのなじみ深い垂れ幕、演台に吊るされたあの幕を自らの手で降ろしたプロデューサーのローリー・ノートが、長年患っていた病魔のために、あたかも公演の後を追うようにして七月十日に世を去った。ノートは劇場の新オーナーから多額の立ち退き料を手にしたと言われ、それに目がくらんで公演を打ち切ったのだという陰口も一部では聞かれた。故人の真意はもはや知る由もないが、ジョーンズが僕宛の手紙で「ショーはダウンタウンで続演するか、日延べすることも出来た。（中略）けれどローリーは自分にはもう時間がないことを知っていたし、『ファンタスティックス』を他人の手に委ねたくはなかったのだと思う」と述べている辺りが真実に近いのではなかろうか。いずれにせよ、ノートが『ファンタスティックス』に半生を捧げたこと（彼は経費削減のために一九七〇年から八六年まで自らハックルビー役を演じ続け、同じ役を一番長く演じ続けた俳優としてギネス・ブックにも載った）、彼なくしてはこの小さな大傑作も今の形では存在していなかったか、演劇史の片隅に置き忘れられていたであろうことは間違いない。

閉幕決定直後の二〇〇一年一一月にニューヨークでジョーンズとシュミットに会った際、シュミットもいつものちょっとはにかんだような表情で、「自分の目の黒いうちに終わることはむしろ望ましい。ローリー・ノートと初めて会ったとき、私は二九歳だった。それが今は七二歳だ。自分が死んだ後、このオリジナルの公演が私たちの意図とは違う方向に変わってしまうことだってあり得る。それは辛いから」と語っていた。

演出のワード・ベイカーも一九九五年一一月に生まれ故郷のテキサス州ハニー・グローヴで世を去った。サリヴァン・ストリート・プレイハウスで行われた追悼式では、シュミットが『トライ・トゥ・リメンバー』をピアノ演奏し、ジョーンズが「君のために、ワード」と言って一握りの紙吹雪を撒いたという。

明るい話題に目を転じると、一九九二年に『ファンタスティックス』はトニー賞特別賞を授与されている。ブロードウェイの公演を対象にしたトニー賞だが、特別賞は過去にも一九五六年度の『三文オペラ』公演やニューヨーク・シェイクスピア・フェスティヴァル、サークル・イン・ザ・スクエア等のオフ主体の演劇製作組織にも与えられている。また、一九九九年にはジョーンズ&シュミットがガーシュウィン劇場のブロードウェイの殿堂入りした他、同年五月三日にはグリニッチ・ヴィレッジにあるルーシル・ローテル劇場の外のオフ・ブロードウェイの名声の歩道に、やはりジョーンズ、シュミット二人の名前を刻した星型のプレートが加えられた。

二つの映像化作品

何度か浮上しては立ち消えになっていた映画化の企画がマイケル・リッチー監督で実現したのは一九九五年。製作会社MGMの経営危機に映画ミュージカルというジャンル自体が興業的に不安視されたことも重なって長い間お蔵入りしていた末、二〇〇〇年の九月に大幅にカットされた再編集版がごく一部でやっと限定公開された。

作者たちが自ら書いた脚本は、あまりに演劇的、非リアリズム的な舞台版を映画という基本的にはリアリスティックな表現手段に移し変え、なおかつ非リアリスティックで非日常的な要素を盛り込むために色々な工夫を凝らしている。ミュートの役をカットし、その代わりにエル・ガヨが率いるカーニヴァルの一座を登場させているのもその一つ。異形の芸人たちがたむろする（その中にヘンリーとモーティマーもいる）この華やかさといかがわしさが共存するカーニヴァルは、明らかに一九三〇年代のテキサス（作者たちの少年時代）をイメージしていると思われる背景（実際のロケ地はアリゾナ州）とともに、『ファンタスティックス』の原風景がどの辺りにあるのかを窺わせて興味深い。しかしその分、舞台と違って時代と場所が限定されてしまうことも確かである。

マットとルイーサの『もうすぐ雨が降る』の場面では、木陰に隠れたカーニヴァルの面々がエル・ガヨの指揮で歌の伴奏をする。これは、原作の同じ場面で雰囲気を盛り上げるためにストラフォレルが楽師たちを物陰に潜ませて演奏させるのを流用したのだろう。舞台版の特徴である仕掛けの露呈を上手く映像に反映させている。しかし、公開に合わせて再編集された際に、冒頭の『トライ・トゥ・リメンバー』等多くの「演劇的」な要素をカットしてしまったために、狂言回しとしてのエル・ガヨの役割も薄まり、主題の提示もやや弱まった。

とは言え、トーマス・S・ヒシャックが『スクリーンの扉を通って～ハリウッドに行ったブロードウェイ・ミュージカルに何が起こったか～』で酷評するほど悪い出来ではない。

出演者では、名優バーナード・ヒューズのヘンリーが一見の価値あり。ジョエル・グレイのベロミーも娘への微妙な親心を的確に見せて印象的だ。マット役のジョーイ・マッキンタイアは元アイドルだが、如何にも気の効かないどこにでもいそうな若者を自然に演じている。

降りしきる雪の中を、『トライ・トゥ・リメンバー』が流れ、カーニヴァルの一座がトラックを連ねて去って行くラスト・シーン等々、名手フレッド・マーフィーの撮影による映像の美しさもなかなかのもの。日本では『ファンタスティック・ムーン』なる摩訶不思議なタイトルでレンタル・ビデオのみ出ていた。残念ながらビデオ版はワイド・スクリーンの画面の両サイドが切られており、もとの映像の美しさは相当程度損なわれている。最近アメリカでこの映画のブルーレイが発売され、それにはノーカット版が収録されている。

ところで『ファンタスティックス』が映像化されるのは、実はこの映画が初めてではない。一九六四年の一〇月にNBCで五〇分に短縮されたテレビ版が放送されている。リッカルド・モンタルバンのエル・ガヨ、バート・ラーとスタンリー・ホロウェイの父親たち、スーザン・ワトソンのルイーサ、ジョン・デイヴィッドソンのマットと出演者も揃っているが、ミュートとヘンリーとモーティマーの役はカットされ、その代わりに誘拐劇を手伝うコーラスが登場する。僕も近年、「出演者は皆素晴らしいが、演出は児童劇のようだから」と言って嫌がる作者のジョーンズを無理矢理言いくるめてビデオを観させてもらったが、確かに装置はお伽噺の絵本のようだし、作品本来の主題は見えにくい。けれど放送当時は批評家にも視聴者にも好評で、『ファンタスティックス』の名前を全米に知らしめ、以後多くの観客の足をサリヴァン・ストリート・プレイハウスに運ばせる助けになった。

『ファンタスティックス』がニューヨークから消えてしまったことを残念に思う人々は意外に多かったのかも知れない。あのささやかでも充実した演劇体験をもう一度思い出そうとする試みが始まるまでに、そう時間はかからなかった。サリヴァン・ストリート・プレイハウス公演の閉幕からわずか四年後の二〇〇六年、『ファンタスティックス』は再びニューヨークの舞台に登場する。が、この再演については第五章に譲って、ここは話をもう一度一九六〇年代初頭に戻すことにしよう。

第二章　夜には美しいことが起きる

Everything Beautiful Happens At Night

一、日陰でも一一〇度

『ファンタスティックス』の成功で一躍注目されたジョーンズ&シュミットをブロードウェイの大劇場が放っておく筈はなかった。オフから現れた新しい才能をブロードウェイは貪欲に飲み込み、自らのものとして行く。ブロードウェイの新陳代謝が始まる。

『ファンタスティックス』の三年後にブロードウェイで上演されたジョーンズ&シュミットの第二作『日陰でも一一〇度』は、一転ロジャーズ&ハマースタインの様式を活用した見事なブロードウェイ・ミュージカルに仕上がっている。「規則はその都度違う」のだ。ジョーンズは作詞のみ担当して台本は書いていないが、彼は僕宛の手紙で、多くの点でジョーンズ&シュミットの作品中最高のスコアだと言っている。また後述するように、原作をミュージカル化するための前提や構成を決定するに当たっては、二人のアイディアが大幅に取り入れられている。

なお、『ファンタスティックス』と『日陰でも一一〇度』の間に、ジョーンズ&シュミットは前章で述べたテレビ用のショー『ニューヨーク・スクラップブック』の他に、『ラットフィンク』と題したオリジナル・ミュージカルに取り掛かっている。「金持ちの老人が若い頃に愛して失った娘を再び作り上げようとする風変わりな筋書き」(ジョーンズ)の作品だったらしいが、「あまりに奇抜だったのと、正直に言って自分にはまだオリジナルの作品を書く技量がなかった」(同)ために途中で放棄された。但し、このモティーフは後にかなり形を変えた上で『セレブレーション』に活かされているし、曲の中で出来が良いと思われたものは『セレブレーション』と『ボーンルーム』に流用された。

テレビ・ドラマから舞台劇、映画そしてミュージカルへ

『日陰でも一一〇度』が誕生するまでには、原作として三つの異なる媒体の劇作品が存在している。そもそもの始まりは、一九五二年に放映されたN・リチャード・ナッシュ脚本によるテレビ・ドラマ『ザ・レインメイカー』である。

時は一九三〇年代半ば、旱魃に見舞われたアメリカ南西部の田舎町の牧場主の一家の前にスターバックと名乗るさすらいの雨乞い師が現れ、百ドル出せば二十四時間以内に雨を降らせてみせると豪語する。牧場主の娘リジーは彼の言葉を信じないが、父親はこの申し出に乗る。婚期を逸しかけ、自分は不器量で異性から愛されることなどないと頑なになっているリジーだったが、スターバックはリジーに彼女の女としての美しさを自覚させ、二人は抱き合う。女として初めて男性から求められたことがリジーの心を解放する。スターバックも自分は夢ばかり追いかけているいかさま師で、雨を降らせたことなど一度もないとリジーに告白する。そこに保安官代理のファイルがスターバックを逮捕しに来る。しかしリジーたちに説得され、最後には見逃してやる。スターバックは一緒に行こうとリジーを誘う。リジーに好意を抱いているものの、一度結婚に失敗しているために臆病になっていたファイルも、思わずリジーに「行くな」と叫ぶ。二人の男から求められたリジーはファイルを選び、スターバックは一人町を去って行く。その時、奇跡のように雨が降り出す。

どこからともなく現れた謎の男が町の人々の人生を変えてまた去って行く。アメリカの神話といった趣きのあるこのドラマは好評だったようで、ナッシュ自身の手で舞台劇化され、テレビ・ドラマの放映から一年半後の一九五四年十月にブロードウェイのコート劇場で上演された。リジーを演じたのはテネ

シー・ウィリアムズの『夏と煙』のオフ・ブロードウェイでの再演（52年）で一躍注目されたジェラルディン・ペイジ。演出はジョーゼフ・アンソニー。劇評も悪くなく、上演回数一二五回のまずまずの興業成績を残した。

続いてパラマウントが映画化権を取得し、舞台版と同じジョーゼフ・アンソニーの監督、ナッシュのシナリオ、キャサリン・ヘプバーンとバート・ランカスターという豪華スターの顔合わせで映画化され、一九五六年に封切られた。（我が国でも『雨を降らす男』の邦題で公開されているので、以後、原作『ザ・レインメイカー』については全てこの映画邦題を使わせて頂く。）

この映画はアメリカでビデオ化されているので、僕たちも観ることが出来る。戯曲のト書きで二七歳と指定されているリジーを当時すでに五〇歳近かったヘプバーンが演じるのは、舞台ならまだしも映像では流石に無理があるが、ロマンティックな憧れを胸に抱きつつも、男性と対等に向き合いたいという当時としては時代を先取りした願いを持つリジーは、ヘプバーンが過去に演じて来た役にも通じるものがあり、演技的には申し分がない。対するランカスターは「大きな男で、しなやかで機敏――声高に大言壮語する、心優しい夢想家」（戯曲版ト書き）のトリックスターを、セクシーで魅力的、そしてかなり胡散臭く演じ切り、これ以上は望めないと思えるほどの適役。そのキャラクターもそうだが、黒シャツに黒ズボン、赤いスカーフという出で立ちは、『ファンタスティックス』のエル・ガヨ役に多大な影響を及ぼしていると見て間違いあるまい。

『雨を降らす男』のミュージカル化権を手に入れたのは、ブロードウェイの大物プロデューサー、デイヴィッド・メリックである。台本はナッシュが自ら脚色することになったが、難航したのは誰にスコアを書かせるかの人選だ。ロジャーズ＆ハマースタイン等ブロードウェイのヴェテランから新人まで数々のソングライターに当たったもののこれぞという相手を見つけられなかったナッシュは、メリックに勧められて、その頃オフ・ブロードウェイで評判になっていた『ファンタスティックス』を観に行く。この小劇場ミュージカルがすっかり気に入ったナッシュは、『雨を降らす男』のミュージカル版（当初は『虹』と題されていた）の作詞・作曲にジョーンズとシュミットの二人を選んだ。

二人ともテキサスの出身で、物語の背景はなじみの深いものだった。それどころか、大恐慌の後、追い打ちをかけるかの如く襲いかかった旱魃に苦しむ一九三〇年代の西部は彼らが生まれ育った、熟知した世界だった。しかもジョーンズはテレビ・ドラマ、舞台、映画と原作の全てを、シュミットも映画を観ており、大いに気に入っていた。ジョーンズとシュミットは二つ返事でこの依頼を引き受けるが、三人が「作品を同じように見ているか確かめたかった」（ジョーンズ）二人は、ミュージカル化するに際しての基本的な視点、解釈、さらには具体的に戯曲のどの個所を歌にするか等を書き出してナッシュに示した。ナッシュも「作品全体の形式、構造についてのアイディアや提案があったら遠慮なく言ってくれと」二人を励まし、コマーシャル・アーティストとしても一流だったシュミットは、話を進めるのに想像しやすいようにと各場面のイメージを順を追って水彩画に描いた。（後にジョーンズは「ハーヴィーにとって、絵を描くことと音楽は本質的に同じこと――どちらも彼が感じたことのまさしく表現なのだ」と語っている。）

以上のエピソードはジョーンズ&シュミットの創作姿勢を良く物語っている。ジョーンズは『ミュージカルを作る』で、「ミュージカルを創り出す上で最も大事なことは全体を見渡す視点」だと書いている。それは台本作家が一人で決めるのではない。台本作家と作詞家と作曲家が（そして場合によっては演出家やプロデューサーも含めて）平等の立場で話し合い、意見を出し合って創り上げて行くのだ。

ミュージカルはまさにアメリカ的な共同作業に基づいて創られる舞台芸術なのである。台本とは「ただ台詞だけではない。台本は構成であり、構造であり、大きく小さく、ソロからコーラスまでの「呼吸」を定めるものだ。台本はまた演劇的なスタイルである。視覚的な要素と演出について形を定め、特徴づける」のが台本なのだ。作詞家、作曲家、台本作家を初めとする「様々な共作者の異なる見解が一番対立しやすい」のもこの台本であり、しかし最終的には全員の意見が一つにまとまることが作品を成功させる鍵であり、「絶対に必要なこと」なのだ。

歌詞と音楽についても、ジョーンズとシュミットはお互いの意見やアイディアを遠慮なく出し合い、ときには激論を交わしつつ、その上で歌詞についてはジョーンズが、音楽についてはシュミットが最終決定権を持ってずっと作品創りをして来たとも述べている。彼らのミュージカルはまさに「ジョーンズ&シュミット」作なのである。相互の理解と敬意と、演劇に対する共通の理想と嗜好を抱いていなければ、半世紀を超える創作活動はあり得なかっただろう。

ロジャーズ&ハマースタイン様式のミュージカル

先にも書いたが『日陰でも一一〇度』の「作品全体の形式」は、いわゆるロジャーズ&ハマースタインの様式に基づいている。ジョーンズとシュミットの名を一躍高めた『ファンタスティックス』は、初め同じ様式を使ったブロードウェイ・ミュージカルとして構想されていたものの、何年かけてもどうしても書けずにいた。結局その様式を投げ捨て、発想を根本的に切り替えることで、サマー・ストック用の小劇場ミュージカルとして一ケ月足らずで完成し、その後改訂を加えてオフ・ブロードウェイで成功した。しかし、今回はブロードウェイの大劇場用の作品であり、そうなるとロジャーズ&ハマースタイ

ハーヴィー・シュミットによる『日陰でも110度』のイメージ・イラスト

ン以外の様式は考えられなかった。作曲家リチャード・ロジャーズと台本・作詞家オスカー・ハマースタイン二世が一九四三年の『オクラホマ！』以降、『回転木馬』（45年）『王様と私』（51年）その他の一連のミュージカルで確立したこの様式は、以後一九六〇年代の半ばまで、ミュージカルと言えばそれ以外の方法論はない唯一無二のものと看做されていたのである。

では、ロジャーズ&ハマースタインの様式とは具体的にはどんなものか、先ずその説明をしなければならないが、他ならぬトム・ジョーンズがその著『ミュージカルを作る』でその特徴を分かりやすく八つにまとめているので、僕なりに若干の説明を補足しつつ紹介してみよう。

「一、ミュージカルは物語と登場人物たちの欲求を満たさなければならなかった。台本こそ何よりも重要なものであり、土台だった。」

ロジャーズ&ハマースタイン型のミュージカルでは、物語と登場人物は観客が納得出来るものでなければならないし、荒唐無稽なものであってはならない。物語の展開は、登場人物が目的を遂行するために、夫々の欲求を満たすために起こす行動によって導かれていなければならない。肝心なのは人物間の葛藤が生むドラマである。それを支えるのは、論理的なつながり（因果律）を重視した台本であり、その根底にはリアリズムがある。

「二、全ての要素は一つにまとまった全体、つまり一個の芸術作品へと統合されていなければならなかった。」

台詞、音楽、歌詞、振付、装置、衣裳、照明、音響その他諸々の要素は、相互に有機的に関連して夫々の効果を発揮し、統一感のある全体像を形作らねばならない。ミュージカルは、その意味で全体演劇である。第一の特徴との関連で言えば、『オクラホマ！』以前の多くのミュージカル・コメディのように歌やダンスが物語と緊密につながっておらず、ただ単にそれらを聴かせ、観せるためだけに存在していてはならないということでもある。全体とのつながりが良く分からないダンスを、作品を華やかにしたいというだけの目的で挿入したりすれば、ドラマを観たいと思っている心ある観客を戸惑わせるだけだろう。

「三、動いている感じ、変化している感じ、多くの場面と沢山の装置がなければならなかった。（とは言え、装置は必ずしも大掛かりなものである必要はなかった。鍵はスペクタクルよりも変化に富んでいることだった。）」

舞台は絶えず躍動感に満ちて展開して行かなければならず、そのためには多くの場面転換とたくさんの装置が必要とされる。先へ先へと絶えず進んで行って、観客の興味を持続させなければならない。

「四、沢山の歌とダンスが、そして歌って踊る大勢の人々がいなければならなかった。」

『オクラホマ!』のカウボーイと農夫と彼らのガールフレンドが、『キス・ミー・ケイト』（48年）の役者たちが、『野郎どもと女たち』（50年）の賭博師たちが合唱と群舞で舞台を飾る必要があった。それらの合唱や群舞が物語の状況にしっくり収まったものであること、言い換えれば、物語の展開から無理なく自然に導き出されたものでなければならなかったことは言うまでもない。

「五、概して、歌ははっきりした旋律を持ち、一度聴いたら「耳に残る」ほどシンプルなものでなければならなかった。そして観客が劇場を出るときに、せめて一曲は口笛で吹けるように劇中で何度か繰り返されるのが通例だった。」

印象的で親しみやすいナンバーは興行的にも芸術的にも、そのミュージカルが成功するための必要条件である。

「六、作品の基本的なメッセージは前向きなものでなければならなかった。悪いことが起きても最後には万事解決されなければならなかった。」

『オクラホマ！』では主人公は殺人を犯して窮地に追い込まれるが、最後には正当防衛が認められ、対立していた農夫たちと牧童たちも、主人公の結婚を介して一つにまとまり、新しい共同体の誕生を予感させる。『回転木馬』や『王様と私』では、主人公の一人が途中（や幕切れ）で死んでしまうが、次の世代が彼らの死を乗り越えてより良い未来を切り開いて行くであろうという希望を暗示して終わる。『ウェスト・サイド・ストーリー』（57年）のような悲劇であってもその点は変わらない。ロジャーズ＆ハマースタイン型のミュージカルが観客に示すメッセージは、あくまでも前向きな、未来志向のものでなければならなかった。言い換えれば、結末は観客が安心して納得する、満足の行くものでなければならなかったのだ。

「七、登場人物は興味深く面白い人物になれるし、またそうでなければならなかったが、あまりに「複雑」になってはならなかった。時間が足りなかったのだ。」

複雑な性格や人物像を掘り下げたり、展開させたりするには物理的な限界があった。ブック・ミュージカル（台本重視のミュージカル）では、物語の山場は当然の如く歌やダンスのミュージカル・ナンバーで表現されるのが基本であり、また観客にとってミュージカルを観る楽しみの多くはそれらのナンバーを観て聴くことにある。そのためミュージカル・ナンバーに多くの時間が割かれることになるからだ。

音楽は感情を表現することには適していても論理は描けない。その上、舞台は小説と違って絶えず先へ先へと進み、観客には立ち止まって考えたり反芻したりすることが許されない。人物像（キャラクター）は分析的な心理描写ではなく行動自体によって表現される。古典劇やミュージカルのように「独白」という形で人物の心理や真意を観客に直接開示出来るジャンルであっても、そのことは基本的には変わらない。人間の行動は如何なるものであろうと分析可能、理解可能であるとする「リアリズム」を基礎にしたロジャーズ&ハマースタイン型のミュージカルでは、人物は登場した途端にその人物像が理解出来るほど分かり易いことが望ましい。

「八、最後に、作品がどれほどシリアスになろうと、主題がどれほど高尚なものになろうと——お楽しみ（エンターテインメント）がなければならなかった。場面でも歌でも多様性に富んでいなければならなかったし、ユーモアもなければ駄目だ。」

場面も様々に変化しなければならないが、ミュージカル・ナンバーも様々な種類の歌やダンスで変化に富んでいなければならない。抒情的なバラードの後には軽快なコメディ・ソングを、合唱と大人数のダンスの後にはデュエットやソロをという風に構成に配慮して、観客を飽きさせないようにしなければならない。そして人物や状況から自然に生まれる笑いも欠かせない。観客の緊張をほぐす効果もあれば、人生を多面的に描き出す意味もあっただろう。

原作戯曲とミュージカルに共通した主題

以上のような特色が『日陰でも一一〇度』ではどのように発揮されているのか。それを知るには、作者たちが原作をどのように脚色したのかを見るのが手っ取り早い。戯曲『雨を降らす男』とミュージカル『日陰でも一一〇度』を比較してみよう。

台本は脚色者がナッシュ自身ということもあり、筋書きは原作にごく忠実である。華氏一一〇度（摂氏四三度）に達しようという或る夏の一昼夜の出来事。登場人物たちはこの焼けつくような暑さに乾き、苦しんでいる。しかし、彼らを本当に苦しめているのは心の渇き、精神の飢えだ。人は誰も、意識的であれ無意識的であれ、心の奥底にこうありたい、こうなりたいという理想の自分の姿を抱いている。けれど、その理想と現実の自分の有り様との落差に圧倒され、打ちのめされ、その結果生まれた自信のなさやつまらぬ自己卑下、自分に対する過小評価のために、かえって理想から遠ざかってしまうこともある。その自信のなさを隠そうとして虚勢を張ったり、冷静沈着を気取ってみたり、他人に過度に攻撃的になってしまったりすることもある。そこにプライドだの面子だのがからむと話はさらに面倒だ。おまけにそんな単なる強がりを自分の理想のあり方だと勘違いしてしまう場合は厄介なことこの上もない。やせ我慢の美学を全て否定は出来ないが、何事も行き過ぎは禁物だ。実際は他人の既成の価値観にがんじがらめに縛りつけられているだけだったりするのだから。そして、そうやって心に鎧を着せてしまえば、他人と本当に関わり交わることも難しくなってしまうのは言うまでもない。『日陰でも一一〇度』の主人公たちも皆そんなコンプレックスを抱え、そしてそこから目を逸らそうとしている人々だ。ヒロインのリジーはロマンスに憧れながらも異性に愛されることはないという思い込みにとらわれて、女としてのセクシュアリティを抑えつけ、婚期を逃しかけている。彼女がひそかに想いを寄せているファイルは、「男らしさ」に拘るあまり妻に逃げられた過去を持ち、そのために他人と深く係わることに臆病になっている。スターバックも自分はこの世界に必要な特別な存在だと証明しようとしながら果たせず、その失望感と自己嫌悪を大言壮語でごまかしている男だ。三人とも心の奥底で夢の実現を激しく求め、もがきながら、自分の姿を見失い、ある者は夢を諦め、ある者は夢から逃げ、またある者は夢に沈潜する。矛盾と葛藤で己の心を責め苛みながら、傷ついた臆病な自分を誰にも見せまいと、夫々のやり方でガードし、自分自身と向かい合うことから逃げている。僕たちは皆、彼らの誰かに自分を重ね合わせることが出来るのではなかろうか。

つまり『日陰でも一一〇度』の登場人物は、観客と等身大の、現実味のある人間ばかりであり、観客は彼らの内面を台詞やミュージカル・ナンバーから容易に理解し得る。勿論、劇中の人物の感情や彼らが置かれている状況は演劇的に凝縮、昇華されたものであり、よりいっそう普遍化されている。だからこそ彼らは観客の共感を呼ぶとともに興味も惹く訳だ。そして物語の結末では主要登場人物の誰もがこれまで逃げて来た自分自身と向き合う。今の自分をしっかりと見つめ、けれどその上で、その自分を否定するのではなく、認め、愛しむことを学ぶ。本当の理想に近づくための出発点はそこにしかないのだから。劇中でリジーは言う、「夢の中で生きるのはいいことじゃない。」しかしスターバックが言うように、「夢の外で生きるのもいいことじゃない。」夢に逃げるのも、夢を拒むのも間違いだ。人生はリジーが気がつく通り「その間のどこかに」ある。ジョーンズとシュミットの前作『ファンタスティックス』の主人公である若い恋人たちは、恋に恋する幻想が、夢が厳しい現実の前でもろくも崩れ、その試練を経て真実の愛を手に入れた。『日陰でも一一〇度』のリジーは心の奥に夢想、憧れを秘めながらも、現実の前に傷つき、それを押し隠している。その彼女の頑なな心をスターバックの語る夢が解き放つ。「人生を充実したものにするには夢とロマンティシズムが必要だ」（ジョーンズ）。そして彼女は最後に夢と現実の狭間を選択する。紆余曲折はあっても、そして一見正反対の視点を提示しているようであっても『日陰でも一一〇度』は結局『ファンタスティックス』と同じメッセージを観客に届けているのだ。今を生きるための「前向きな」メッセージを。

ともあれ、登場人物像と観客へのメッセージは『雨を降らす男』でも『日陰でも一一〇度』でも変わらない。真面目な主題を持ったロマンティック・コメディは、ロジャーズ&ハマースタイン型のミュージカルの土台としては理想的なものだったのである。

ミュージカルへの変換／閉じられた形式から開かれた形式へ

では、違いは何か。レーマン・エンゲルはその著『音楽を伴った言葉〜ブロードウェイ・ミュージカルの台本〜』で、成功したミュージカルの多くが何らかの原作を脚色したものであるのには理由があり、それは音楽（歌と踊り）なしでも成立するだけの面白さ、つまり物語の良さだと言っている。ロジャーズ&ハマースタインの様式とは、その物語を音楽なしでは語れないものに変えるための方式だとも言える。物語の良さをしっかり伝えつつ、音楽という新たな要素によって原作以上の付加価値をもたらすべく構成と形式を転換するのである。

『日陰でも一一〇度』の場合はどうなっているのか。すでに述べたようにミュージカルのプロットは原作に極めて忠実である。但し、そのプロットを展開させるための枠組みは大きく異なっている。

先ず、戯曲に登場するのはカリー家の面々、スターバック、ファイル、保安官トーマスの計七人のみである。（最後のトーマスは『日陰でも一一〇度』には登場せず、戯曲では保安官代理だったファイルがミュージカルでは保安官になっている。）アメリカ演劇のひとつの特色でもある家族劇の色彩が濃い。それに対し、ミュージカルでは、ロジャーズ&ハマースタインの様式に従って、歌って踊る町の人間が大勢登場する。戯曲は初演当時の多くの芝居がそうであったように三幕構成だが、場面の設定は全て室内であり、しかもカリー家の居間兼食堂、物置小屋、そしてファイルの事務所とどれも狭いスペースばかりである。歌って踊るアンサンブルを登場させるにはおよそ不向きだ。ミュージカルの作者たちは、この問題を解決するために、『オクラホマ！』でロジャーズとハマースタインが原作である戯曲『ライラックは緑に繁る』をミュージカル化するのに用いたのと同じ手法を使った。即ち、場面の多くを室内から室外へと移し、主要人物以外の人々が多く登場してもおかしくない状況を作ったのである。しかも戯曲ではただ「或る夏の一日」としか指定されていない（劇中の台詞から途中で八月二七日だと分かる）のをアメリカの独立記念日である七月四日にすることで、ピクニック会場という背景を生み出し、大勢の人間が無理なく集えるようにするとともにお祭り気分をも醸し出した。静的な環境から動的な環境への切り替えを行ったのである。

室内から戸外への空間の変換は、基本的には第四の壁の内側で展開される閉ざされた形式であるリアリズム劇『雨を降らす男』を、客席に向かって開かれた形式であるミュージカル『日陰でも一一〇度』へと変換し、ブロードウェイ・ミュージカルへとスケール・アップしたのである。こじんまりした家族の物語に共同体という大きな背景を与えたとも言えよう。

リジーの弟ジムのガールフレンド、スヌーキーも、戯曲では会話の話題に上ったり、電話をかけて来たりするだけで実際には登場しない（映画には出て来る）。ミュージカルでは彼女を登場させてジムとコンビを組ませている。彼らはリジーとスターバック（及びファイル）という惹かれ合いながらも反発しあう主筋のカップルに対し、コミカルな脇筋のカップルを成してもいる。これもロジャーズ＆ハマースタインの様式（もとを糺せばオペレッタだが）に適っている。また二人が歌い踊る『小さな赤い帽子』によって、リジーとスターバック、リジーとファイル以外の男女のデュエット、それも他の二組とは毛色の全く違う明るく軽快なナンバーが導入され、作品に変化と多様性を与える一助ともなっている。

『日陰でも一一〇度』の音楽は、実際、多彩である。シュミットは一九三〇年代の西部の写真を集めたスクラップ・ブックを作り、原作戯曲とともにいつもピアノの傍らに置いて作曲したそうだが、子供時代の思い出はやがて音楽として形を成して一つのコラージュとなり、作曲中は「それら遠い木霊を利用することが出来た」とシュミットは述べている。『小さな赤い帽子』は、当時のミュージカル映画(例えばジュディ・ガーランドとミッキー・ルーニー主演の一連のMGM作品)を髣髴とさせるナンバーだが、シュミットの意図は「スヌーキーとジミーが観たばかりの映画で流れていた最新の曲という風に」聞こえさせたいということだった。

他のナンバーについても、シュミットによれば、『リジーが帰る』は、子供時代にお昼になるとラジオから流れて来たバンドのにぎやかな曲調を意識して書いたそうだし、『雨の歌』は町の空き地に立った急ごしらえの怪しげなテントの見世物小屋で見た占い師や手品師、魔法使いを名乗るいかさま師たちの思い出がもとになっている。父親がメソディスト派の牧師だった関係でシュミット家は引っ越しが多かったが、どの町に行ってもそこには木造のダンス・ホールがあり、慈善バザー等の催しの折には騒々しいホンキー・トンクの曲が次々と演奏されていた。それを利用したのが『色気たっぷり』だし、『だませはしない』と『メリサンド』にラテン音楽の香りを取り入れたのは、「その頃の南西部では、神秘的でエキゾティックで奇妙なもの、それどころか恐ろしげなものは南の国境の辺りのどこかからやって来たものと思われがちだった」(シュミット)からである。

開幕と同時にハーモニカが演奏する最初の三つの音(D、F#、A)は広大な大地とある種ののどかさを感じさせ、初っ端から西部のイメージを確立する。(この音はそのまま『今日もまた暑い日だ』の歌い出しのメロディとなり、さらに要所要所でも繰り返されて、大詰めの『素敵な音楽』ではスターバックとファイルがリジーを奪い合う「行こう」「行くな」の歌詞のメロディにも使われている。強い欲求や渇望を表す、言わば作品のテーマである。）さらに、リジーの苦悩をドラマティックに描いた『オールドミス』、繊細で美しい旋律が印象的な『素朴でささやかなもの』等々ミュージカル・ナンバーの曲想は多彩で変化に富み、ロジャーズ＆ハマースタインの様式の要件を見事に満たしているが、その基盤になっているのは以上見た通り、時代色と地方色に忠実であろうとするこだわりである。そしてこういうこだわりもまたロジャーズ＆ハマースタインの様式の特徴の一つなのである。ロジャーズ＆ハマースタイン型のミュージカルは、成立発展するためにリアリズムへと接近したが、それはこういうところにも表れている。（念のために申し添えておくと、ここで言う忠実とは、例えば『王様と私』ならオリエンタリズムを意識し、『シャル・ウイ・ダンス？』にはチャールストンではなくポルカを持って来るといった類のことであって、物語の背景となる時代と場所の音楽を考古学的に再現するという意味では決してない。『王様と私』のスコアは、全体としては優れてアメリカ的な、優れてロジャーズ＆ハマースタイン的な劇場音楽であり、そのことは『日陰でも一一〇度』のスコアについても同様である。）

ミュージカルとしての構成

次にこれらミュージカル・ナンバーが劇中でどう配置されているかを、引き続き戯曲と比べながら見てみたい。先述したように、『雨を降らす男』は三幕構成だが、それぞれの幕が一ヶ所に限定されている訳ではなく、各幕とも比較的短いいくつかの場面に分かれている。これは元々がテレビ・ドラマだったからということもあるだろう。（出版された戯曲の前書きでナッシュは、舞台装置は一杯飾りでなければならず、舞台中央にカリー家、下手前にファイルの事務所、上手前に物置小屋を配し、舞台は照明の変化のみで途切れることなく進行すべきだと書いている。各幕で場面が変わっても所謂場割りも指定されていない。一体感と流動感を重視している。）いずれにせよ原作からして多場面で構成されていたことは、ミュージカル化には都合が良かったとジョーンズも述べている。歌とダンスが見せ場、聴かせどころであるミュージカルは、一般的に台詞劇よりも動きにあふれている。作品全体のテンポも速く、場面数も多く、それによってこの「動いている」という感覚を強調しているのが普通だ。『雨を降らす男』の多場面構成は初めからミュージカル化を待っていたと言っても良さそうだ。

構成上の大きな違いは、原作の三幕構成をミュージカルの慣例である二幕構成に変えた点である。原作では二幕の三番目の場面、兄のノアから「お前はオールドミスになる」と言われたリジーが将来を悲観して外へ飛び出すところまでがミュージカルの一幕である。ヒロインの心情に感情移入した観客の不安が頂点に達した個所、観客にしたら物語のこの先の展開が一番気にかかる個所であり、休憩後の二幕に期待を抱かせるには最も上手い分け方である。が、ただそれだけではない。原作ではこの場面はすでに夕食も済んだ夜である。それをミュージカルでは夕暮れ時に変え、一幕を太陽が昇ってから沈むまでの日中、二幕を夜とした。苦悩と乾きの昼、癒しの夜である。作品の構成そのものに、主題を投影させたスタイルを与えたのである。これもまた、基本的にはリアリズムの手法で書かれた原作をミュージカルという呈示的な非リアリズム演劇に変換するための仕掛けである。ジョーンズとシュミットが提案し、ナッシュが受け入れたという。（ちなみに、すでにお気づきの方もいると思うが、これは『ファンタスティックス』の一幕は月光の下で、二幕は日光の下でという構成の裏返しである。）

作品のスタイルに関連して、ここで一つ断っておかねばならないことがある。『日陰でも一一〇度』の一幕の幕開きでは、ファイルをはじめ町の人々が舞台上に居並んで日の出を眺めながら『今日もまた

『日陰でも110度』初演より

「素朴でささやかなもの」を歌うインガ・スウェンソン（リジー）とロバート・ホートン（スターバック）。

（左）
「小さな赤い帽子」を歌い踊るレスリー・ウォレン（スヌーキー）スクーター・ティーグ（ジミー）。

（右）
「これが本当に私なの？」を歌うインガ・スウェンソンとロバート・ホートン。

暑い日だ』を歌い出す。ファイルのソロに町の人々の歌声が加わり、最後はまたファイルのソロで終わる。人々が本当に同じ場所に集まっているのか、それとも実際には別々の場所にいる人々をあえて一ヶ所で同時に描いているのか、どちらとも取れる極めて演劇的で象徴性の高い、スタイリッシュな幕開きである。

二幕の幕開きは、一幕同様舞台上に居並んだ町の人々を見せてから、スターバックが『宵の明星』を一人で歌う。このナンバーの旋律は『今日もまた暑い日だ』と同じものであり、ここでも夜明けと黄昏が、ファイルとスターバックが言わば表裏一体の存在としてスタイリッシュに表現されている。しかし、初演時の幕開きは、一幕二幕ともこうではなかった。

一九六三年の初演以後、『日陰でも一一〇度』の重要な再演としては一九九二年のニューヨーク・シティ・オペラによるリンカーン・センター（ニューヨーク州立劇場）公演、二〇〇二年のワシントンのシグネチャー・シアターによる公演、そして二〇〇七年のブロードウェイ再演があるが、その都度、作者たちは作品に改訂を加えて来た。（僕が本書で考察の対象に取り上げている台本は、最新のブロードウェイ再演版にジョーンズがさらに若干手を入れたものである。便宜上この台本を現行版と呼んでおく。）

初演版では一幕が始まる前に、ロジャーズ&ハマースタイン型ミュージカルの公式通り、オーケストラによる序曲（劇中のナンバーを何曲か使ったメドレー）がある。幕が開くと、そこは現行版のようなどことも知れぬ場所ではなく、夜明けの鉄道の駅。ト書きには「スリー・ポイント」の標識とテキサス&レッドロック鉄道の給水タンクも指定されている。『今日もまた暑い日だ』の前奏が流れる中、駅長のトビーとファイルが夫々反対方向から登場して次のような短いやり取りを交わす。

トビー　　おはよう、ファイル。
ファイル　おはよう、トビー。
トビー　　給水タンクを開けるのかい?
ファイル　ああ。みんなじきに集まって来るしな。ピクニックには行くのかい?
トビー　　うむ。公園の方がちっとは涼しいだろうし。
ファイル　だといいな。

そして二人で「今日もまた暑い日だ。／そうとも、今日もまた暑い日だ」と歌う。そこへ町の人々が手に手にバケツや水を入れるための容器を持ち、噂話をしながら集まって来る。

最初の男　ラジオで言ってたんだよ、一一〇度だって!
二番目の男　まさか!
最初の男　ラジオで言ってたんだって。

ここでファイルは「頭の上を／太陽が昇って行く／空には／雲ひとつ見えない／地平線には／何の兆しもない、／今日もまた暑い日になるぞ」と歌い出し、その背後では人々が「おはよう、ジェンセンの奥さん。」「おはよう。」「暑いねえ。」と挨拶を交わす。二コーラス目からは現行版と同じにファイルの歌に町の人々が「足許では／大地が燃えている／作物は不作で／土地は乾く。／それでも太陽は／今日も昇って来る。／今日もまた暑い日になるぞ。／そうとも、今日もまた暑い日になるぞ」と和し、合唱になる。

つまり、初演版の幕開きには現行版のような様式性はなく、ずっとリアリスティックなのである。給水タンクの設定により、何故大勢の人々が集まって来るのかの理由づけもなされている。ロジャーズ＆ハマースタインの様式により忠実だったのだ。だが、これらの会話がもたらす情報は『今日もまた暑い日だ』の歌詞からもほぼ得られる。初演から半世紀近い歳月が経過する中で、ロジャーズ＆ハマースタイン型の一見リアルな、しかし今や古臭く見えなくもない導入部をリニューアルした訳だ。

何にせよ、ここは原作にはない場面であり、空間を広げ、アンサンブルを導入してブロードウェイの大型ミュージカルにふさわしいスケールに拡大すると同時に、『今日もまた暑い日だ』によって作品を貫く状況（日照りに苦しみ、雨を待ちわびる共同体）を明確に打ち出してもいる。

ミュージカルの次の場面は朝食後のカリー家のダイニング・キッチン。戯曲の第一幕の冒頭に相当する。戯曲ではリジーはすでに昨夜遅く旅から戻っており、まだ起きて来ない彼女を男たちが気遣っている。やがて二階から降りて来たリジーから旅先での結婚相手探しが不首尾に終わった顛末を聞いた父親のH・Cは、夕食（ミュージカルではピクニック）にファイルを呼ぼうと提案する。父親の意図を察したリジーは反対するが、最後には折れる。男たちはさっそくファイルの事務所に向かう。

ミュージカルでは、リジーはまだ帰宅しておらず、男たちが大慌てで部屋の掃除をしながら歌うアップテンポのナンバー『リジーが帰る』が挿入され、陽気で明るい雰囲気を舞台にもたらすと同時に、リジーの人柄と、親兄弟にとってリジーの存在が夫々どんな意味を持っているのかを観客に伝える。これから登場するヒロインへの観客の関心を高める働きもしている。

リジーの帰宅をこれからの出来事に変えたのは、しかし、ただこのナンバーを用意するためだけではない。ジョーンズは『ミュージカルを作る』で、近現代劇のほとんどは人物間の対立葛藤の瀬戸際で幕が開き、そこに至った経緯を台詞で説明しながら対立を積み重ねて、徐々にクライマックスへと高めて行き、大団円へと導く（イプセンの『人形の家』や『ヨーン・ガブリエル・ボルクマン』等を思い出して頂くと分かり易いだろう）が、多くのミュージカルはシェイクスピアのように物語を最初から最後まで全て舞台上で展開させると言い、『ロミオとジュリエット』を例にとって、近現代劇ならロミオによるティボルト殺害の後から始まると述べている。つまりミュージカルでは、物語の起爆剤となるような事件は幕が開く前にはまだ起こっておらず、事件は全て観客の眼前で現在進行中の出来事として提示される。過去の出来事に縛られているのではなく、レーマン・エンゲルが前掲書で主張している如く、ミュージカルの台本では時間は常に先へ先へと押し進められて行くのである。ここにも「ミュージカルは動く」という感覚の現れが見られる。リジーの帰宅を舞台上で見せることにした理由はここにもあると思うのだ。（ついでながら、イプセン流の回想手法は近現代劇に固有のものではなく、源流をたどれば古代ギリシア劇にたどり着く古典的手法であり、アリストテレースの作劇法を敷衍した一七世紀フランス古典主義悲劇に於ける三単一の法則の影響の下に、以後広く流布したものである。）

男たちが去ると、リジーはピクニック用の食事の支度を始めながら、夢想に耽り、『愛よ、逃げないで』を歌う。戯曲で「ほんのしばし、リジーは自分のしてしまったこと（ファイルを呼ぶのに同意してしまったこと）に戸惑い、うろたえている。それから突然、期待に胸を高鳴らせて、朝食の皿の後片づけを始める。リジーは幸せな時には仕事をしながら踊るのだ。リジーは踊っている」とあるト書きをミュージカル・ナンバーにした。このト書きからしてすでにミュージカル的だが、人物の感情が高まると歌や踊りになるというロジャーズ＆ハマースタインの様式通りのナンバーであり、形式も典型的なA

ＡＢＡ形式である。「私にはあなたのためにしてあげたいことが沢山あるの。／あなたのために言おうと胸に秘めていることが沢山。／あなたに関わる憧れが沢山。／だから、愛よ、逃げないで」とヒロインの不安と期待が、それこそロジャーズを思わせる曲想に乗って表現される。（このナンバーが典型的だが、『日陰でも一一〇度』には、他のジョーンズ＆シュミットの作品に比べて、音楽面でロジャーズ＆ハマースタインを想起させる曲がいくつかある。ケン・ブルームとフランク・ヴラスティニクの共著『ブロードウェイ・ミュージカルス』では、『日陰でも一一〇度』のスコアをロジャーズ＆ハマースタインの「最高のものと同等」としているのも故なきことではない。）

さて、ここでもう一つ断っておかねばならないことがある。この場面も初演時とは違っているのだ。初演版ではここは第一幕第一場に組み込まれており（現行版と違って、初演版の台本には場割りがある）、場所は駅のままである。『今日もまた暑い日だ』が終わると、ジムが登場して次の汽車でリジーが帰って来ることをファイルに告げ、遅れて登場した父親と兄のノアとともに近づく汽笛を合図に『リジーが帰る』を歌うのである。現行版のように改訂されたのは二〇〇七年の再演からだ。ナッシュはすでに他界していたので、これはジョーンズの意思であろう。

この改変には異論もあるかも知れない。『リジーが帰る』についてのみ言えば、始まりの汽笛も効果的だし、何よりも室外で歌われることが解放感を高め、男たちの期待感をさらに大きく盛り上げる働きもしている。問題はおそらくリジーの登場後にある。現行版では、登場したリジーは男所帯の散らかった部屋を帰宅早々片づけ、男たちが出かけるとピクニックの準備を始める。ここで描かれているのは「主婦」としてのリジーの日常である。ジョーンズは、リジーのそういう姿を一度しっかりと観客に見せておくことが大事だと考えたのではなかろうか。『日陰でも一一〇度』の完全録音版ＣＤに付された小冊子の解説で、ジョーンズは「彼女について肝心な点は、完璧な妻にして母になれる特質を備えていることだ。彼女はただ正直であろうとする自分自身を上手くコントロール出来ないだけだ。当時は絶対に必要なことととされていた駆け引きをしようとしないのだ。お世辞を言わないし、馬鹿の振りもしない」とリジーを評している。家事をテキパキとこなす姿は、リジーが潜在的に「完璧な妻にして母」であることを観客にはっきりと印象づけるだろう。それだけではない。娘であり、姉であり、妹であるリジーが一家の「主婦」として働く姿は、この場面のやり取りからすでに観客は感じているであろうリジーのオールドミスとしての将来の姿さえ想像させ、『愛よ、逃げないで』にこめられた恐れとときめきがさらにリアリティを持つことにもなる。

戯曲では、この後すぐにファイルの事務所になるが、ミュージカルではピクニック会場へ向かう人々でにぎわう大通りになり、独立記念日の華やぎが描かれる。人々は『今日もまた暑い日だ』の最初の短いフレーズを少しだけ変えた歌詞で歌い、時間の推移も表現される。ここでスヌーキーも登場する。舞台はそのままファイルの事務所となり、ファイルが繕い物をしているところにカリー家の男たちがやって来て、『ポーカー・ポルカ』というナンバーになる。戯曲にはこの前に、保安官のトーマスが独り者のファイルに犬を飼わないかと持ちかける件(くだり)がある。ファイルは昔飼っていたアライグマは逃げてしまい、子供の頃飼っていた犬は馬車に轢かれて死んだからと言って断る。これは、言うまでもなく、妻に駆け落ちされたファイルの心情の説明になっているのだが、トーマスともどもミュージカルではカットされている。

すでに述べたように、ミュージカルでは歌とダンスに時間を割かれるので、台詞の部分は出来るだけ切り詰めた方が良い。いや、台詞に限らず、「ミュージカル・ショーには実に多くの要素が含まれているので、何であれ削れるものは削り、省けるものは省くべき」（エンゲル、前掲書）なのだ。切り詰めることにより、引き締まった感じになり、前に突き進んで行く勢いも生じ、ミュージカルに必要な速度感も生まれる。もっとも、これはミュージカルに限らず、劇作全般について言えることでもあろう。自身卓越した劇作家でもあったサマセット・モームは『サミング・アップ』の中で、劇作の秘訣の一つは、出来るだけカットすることだとしている。『日陰でも一一〇度』では、台詞の部分は原作を必要最小限にまで丹念に刈り込み、ミュージカルにふさわしいテンポを生み出している。（これについても、僕の手元にある三種類の台本を比較してみると、台詞のカットは現行版が一番多い。）

『ポーカー・ポルカ』は、戯曲のH・C、ジム、ファイルによる十行ほどの短い台詞を歌に膨らませたものだ。元はポーカーに誘って「カードは大昔にやめたんだ」と断られるだけだが、粘り強くダンスや食事にも誘うことでダンス（もどきの動き）を盛り込み、コミカルな楽しさが横溢したコメディ・ソングになった。実はこの曲はフィラデルフィアでのトライアウト（ニューヨークで上演する前の地方都市での試演。観客の生の反応を見ながら作品を日々手直しする）中に新たに書き加えられたナンバーである。一幕の後半がシリアスな展開になって行く分、前半で観客の気持ちをなるべく明るく軽くしておく必要があったのだろう。物語を先に進めつつ、お楽しみにもなっている。事実このナンバーを挿入してから、観客の食いつきが格段に良くなったそうだ。

次はピクニック会場での男たちと女たちに分かれての合唱。この歌詞は初演版と現行版では違っている。初演版では、女たちの歌詞は同じだが、男たちは俺たち農夫は日の出前から真夜中まで休みもなくあくせく働くと歌う。現行版は旱魃の惨状を憂いながら、それでも今日は楽しもうという風に変わって来ている。初演版は「のらくらしている」（初演台本ト書き）男どもが今日だけは休める喜びが伝わってるのと、男女が交互に歌うことで一九三〇年代の男と女の労働の区分、違いが表現されている。現行版ではむしろ男の身勝手さが感じられ、女たちの歌詞（「腹を空かせた男たちのために急いで料理をこしらえて／男たちが満腹するまで待って、それから／お皿を全部洗い、それが終われば／またその繰り返し」）がアイロニカルに引き立ってくる。当時と現代との、或いは初演当時と現代との価値観の違いが反映されているのである。物語の展開にも新しい歌詞の方がより適っている。雨を降らせ給えと神に祈る牧師の台詞が途中で入り、その後にリジーが『愛よ、逃げないで』の一節を歌い、その背後で人々が「雨よ降れ」と祈りを歌う。雨イコール心の渇きを癒すものという図式がはっきりと示されている。

歌が終わると、リジーはピクニックのテーブルの支度を始める。H・Cたちはうきうきしたその姿を見て、ファイルが来ないとは言いづらくなる。戯曲の場面はここから始まる。場所はカリー家の居間兼食堂。ミュージカルの場面は、これ以後全て室外である。ファイルが来ないことを知ったリジーが心の痛みと憤りから男社会の考え方をののしったまさにその時、一陣の風か雷鳴のような音楽とともにスターバックが現れる。初演版のト書きでは「空中から忽然と現れたように」登場するとある。戯曲では玄関のドアが風もないのにいきなり開くとスターバックが立っている。どのヴァージョンでも彼の登場はかなり神秘的であり、この人物の神話性を印象づけている。ブロードウェイ再演以後、客席の通路から登場するのは、ロジャーズ&ハマースタインの様式があくまでも第四の壁の内側で進展するような「ふり」をしているのに対し、客席に向かって開かれているミュージカルの本質をはっきりと開示するためだろう。

『雨の歌』の歌い出しの「塩化ナトリウム、高くばら撒け！」から「雲よ！積乱雲よ！アアアア！」までの歌詞は、戯曲のスターバックの台詞を、詩形を整えるための若干の修正の他はほとんどそのまま流用している。ジョーンズは『ミュージカルを作る』で、『雨を降らす男』はミュージカルの原作には打ってつけだと言い、その理由の一つに「とりわけビル・スターバックのいくつかのスピーチに見られる美しく華やかな言葉」を挙げている。『雨の歌』では、そのメリットを最大限に活用した訳だ。スターバックは「降り続ける、朝も。／降り続ける、夜も。／降り続ける、明日も。／こいつはすごい、素敵な眺め！／あそこの綿の花も伸びる！／川もあふれる！／死にかけた牛もしっかり立って生き返る！」と歌って、集まって来た町の人々を巻き込み、ここから先、迫力満点の合唱と群舞になる。ロジャーズ&ハマースタインの公式通りの派手なハレルヤ・ナンバーである。マーク・N・グラントは、その著『ブロードウェイ・ミュージカルの盛衰』で、『日陰でも一一〇度』のシュミットの音楽はドラマとムードと人物の変化に応じて一つの歌の中でもリズムが様々に変化すると指摘し、特にこのナンバーを例に挙げて称賛している。

初演版では、ナンバーが終わると同時にH・Cが「スターバック！百ドルだな！話に乗った！」と叫ぶ。『ファンタスティックス』の『お値段次第』を思わせる流れだ。ミュージカルはそのまま途切れることなく先へと続くが、戯曲の第一幕はここでスターバックがファイルのために余分に用意してあった食卓に図々しく座って幕となる。

戯曲の第二幕は同じく居間兼食堂。夕食後、男たちはスターバックの指示に従って雨乞いの手伝いに出て行く。スターバックは自分と二人きりになったリジーがドレスのボタンをそわそわといじっているのを見とがめて、何を怖がっているのかと訊く。無意識のうちにスターバックに性的に強く惹かれながら、だからこそひどく警戒しているリジーをからかう台詞を『日陰でも一一〇度』では歌にして強調している。上まできっちり留まったボタンは、性的欲望を押さえつけ、「女であること」を押し隠すリ

『日陰でも110度』初演より。ロバート・ホーン（スターバック）。

ブロードウェイ再演より。「雨の歌」を歌い踊るスティーヴ・カズィー（スターバック）とアンサンブル。

同ブロードウェイ再演より。「今日もまた暑い日だ」を歌うクリストファー・インヴァー（ファイル）とアンサンブル。

ジーを象徴している。音楽的にも細かい譜割りの短く畳みかけるようなリズムがリジー本人のいらだち、落ち着きのなさを表しつつ、いっそうリジーの神経にもさわる仕掛けになっている。この部分がヴァースであり、コーラスの部分ではスターバックとリジーがお互いを見かけとは違う人間だと攻撃し合う。同じ行動を同じ旋律で歌うことにより、見かけは正反対のリジーとスターバックが実は同じ問題を抱えていることが暗示される。さらには互いの悪口を歌で言い合う男女のナンバーは過去のミュージカルにも数多くあり、観客はそれらの記憶からこの二人が口や態度とは裏腹に惹かれ合っていることをも理解する筈だ。

このナンバーの途中には、雨乞い師になった経緯(いきさつ)を語るスターバックの長台詞が原作からそっくりそのまま挿入されている。兄たちには夫々医者や音楽家の才能があったが、スターバックだけは名前にふさわしい特別な才能に恵まれていなかった。それが或る年の夏に日照りになり、スターバックが空に向かって「雨よ降れ」と祈ると雨が降り、彼は自分も家族の一員だと分かったと言うのだ。極めてパセティックで印象的な台詞であり、感情の昂ぶりから言っても、歌にしたら良さそうな個所だが、そうはなっていない。「雨よ降れ」という祈りの言葉が『雨の歌』から引用されて歌われるだけだ。何故だろう。この台詞でスターバックが語る内容はおそらく事実であり、それを語りながら彼が再体験している感情にも嘘はない。ただ最後の一言、「すると雨が降った」を除けば。作者たちは、この複雑に屈折した心理は歌による表現にはなじまないと判断したのだろう。ことによると、この個所を『だませはしない』のナンバーの途中に入れたのは、物語の展開上からも、スターバックの人物像を伝える上からも重要なこの台詞にミュージカルにふさわしい音楽的な処理を施すためだったのかも知れない。また実際、「雨よ降れ」と三回繰り返される歌の部分は、たとえどんなに短かろうと、人物の感情が高まるとそれに合わせて台詞から歌へと移行するというロジャーズ&ハマースタインのもう一つの公式の模範的な実例ともなっている。（台詞から歌へ、さらには踊りへと表現手段が変化して行くのは、その人物の感情の高まりの反映であるとする考え方――ロジャーズ&ハマースタイン様式のミュージカルの在り方を支えている方法論――は、歌い踊る理由を人物に与えている点に於いて、因果律に依拠したリアリズムの発想を非リアリズム演劇であるミュージカルに導入している。しかし、この方法論はリアリズムが支配的であった二〇世紀のアメリカ演劇にミュージカルを適応発展させるためには極めて有効であったが、一見どれほどもっともらしく思えようと、少し考えれば誰でも分かるように、一種の詐術、トリックである。このことについては、拙著『幕の開く前に―僕の演劇雑記帳―』に収めた『ミュージカルとは何か』で詳述しているので、興味のある方は是非そちらをお読み頂きたい。）

戯曲はスターバックに「女じゃない」と言われ動揺したリジーが、外でジミーが打ち鳴らす太鼓の音に耐えられなくなり、「お願い――やめて！」と言って二階に駆け上がるところで照明が変化し、ファイルの事務所になる。保安官に忠告されたファイルがリジーに会いに行こうと決心するごく短い場面である。ミュージカルはこの場面を丸ごとカットして、戯曲では次の場面にあたる居間兼食堂での出来事にそのまま続く。但しその前に、子供たちが舞台を駆け抜けながら遊び歌を歌う。王子様につかまえてもらえないシンデレラを歌ったこのナンバーは、戯曲でのリジーの動揺を音楽的に表現したものであることは言うまでもない。（歌詞に「白い服」とあるが、リジーのピクニック・ドレスも白だ。シュミットが描いたイメージ画でも、リジーはすでに白いドレスを着ている。）

この後、戯曲もミュージカルも、雨乞いの手伝いをしていてペンキを被ってしまったH・Cや騾馬に蹴られたノアたちのコミカルなやり取りがあるが、現実的なノアがジムとスヌーキーの交際に反対したことから親兄弟の間に不協和音が流れる。H・Cとのいさかいから、ノアもまた自分の努力を家族から評価してもらいたいのにしてもらえない不満を抱えているのが観客には分かる。スターバックもリジーもノアもジムも、この作品の登場人物たちは誰もが他人から認めてもらいたい、他人から必要とされたいと願いながらそれを叶えられずにいる。

ファイルに招待を断られ、スターバックには女じゃないと決めつけられたリジーは、「自分から抜け出して――他の誰かになりたい」と願い、H・Cを相手に町一番の尻軽女の真似をする。「なまめかしくお尻を振って」（戯曲版ト書き）歩き、「おつむの弱い、クックッと笑うような声で」喋る。彼女は傷つき内攻した屈辱感と怒りを、自分でもしかとは自覚しないまま、愚かしい「女らしさ」に向けてぶつける。自分にはない、そして少なくとも意識の上では欲しいとも思っていない「女らしさ」、しかし男を惹きつける「女らしさ」と張り合い、からかうのだ。それが歌と踊りのナンバーになることで、それ以上の意味を持つ。ここまでの場面では基本的には自分を抑制していた彼女が、他人を演じることによって文字通り人が変わったようにバーレスクまがいのアップテンポのブルースを歌いまくり、踊りまくる。抑圧されていた欲求が一挙に解き放たれる。押さえつけられていたエネルギーがエンターテインメントとして昇華されるのである。リジー役の女優にとっては、この『色気たっぷり』は、歌とダンスの実力をフルに発揮出来る正真正銘のショーストッパーである。

ナンバーの終わりにファイルが現れる。妻とは死に分かれたのではなく離婚したことを告白したファイルとリジーの間に或る種の親密感が生まれる。男と女の愛は永久には続かないと歌うファイルに、リジーは愛は努力して育むものだと訴える。戯曲では言外のポド・テクストとして隠されている部分をはっきりと詞（ことば）にし、美しいバラードで表現した『男と女』で、二人の仲は急速に接近するが、ファイルの離婚の原因が彼の「男らしさ」へのこだわりであり、しかも未だにその「男らしさ」にしがみついていることを知ったリジーは、思わず強い言葉でなじってしまう。自分の失敗に気づいた彼女は、何とか取り繕おうと絶望的な思いで「女らしさ」を演じるが、かえってファイルを怒らせてしまう。

ファイルは去り、リジーはノアから「現実」を見ろ、「お前は不細工」だし、「オールドミスになる」と言われる。そんなことはないと説得しようとする父親を残して走り去るリジー。オーケストラがドラマティックに奏でるのは、『今日もまた暑い日だ』の冒頭の旋律。大地の渇きと心の渇きがこの音で一つになる。（初演のオーケストレーションはハーシー・ケイ。）空っぽの舞台に、真っ赤な夕日を背にリジーが一人で立ち、『オールドミス』を歌う。燃えるような夕日はリジーの身も心も焼き尽くしてしまうかのようだ。このナンバーの前半部分は、原作戯曲でリジーが未婚のまま年老いた自分がノアやジムの家庭を訪ねて迷惑がられる姿を想像する数行の台詞を膨らましたものであり、後半は台詞の背後の彼女の心の叫びをストレートに表現したものだ。父親に訴えかける台詞を内的独白に仕立て直し、極めて劇的なソロ・ナンバーにしている。（なおジョーンズによれば、この場面の視覚的イメージには、映画『風と共に去りぬ』の第一部のラスト・シーンで夕日を背景に丘の上に立つスカーレット・オハラの姿があったそうだ。）

『日陰でも一一〇度』はここで一幕が終わるが、『雨を降らす男』ではこれに続いて、スターバックが一夜の宿に借りたカリー家の裏の物置小屋になる。（ちなみにページ数だけで言えば、ここまでで戯曲のおよそ七割である。）リジーとスターバック二人きりの場面はこの物置小屋に設定されている。二人のラヴ・シーンは母屋ではない、言わば周縁部で繰り広げられる。リジーの決定的な変身（象徴的な意味での死と復活）は周縁部で起きる。或いは、その変身によって周縁は中心に転換される。そこは

「この上もなく明るい月光が——ただ月光だけが——室内を照らし出している」（ト書き）ロマンティックな空間である。ミュージカルではピクニック会場である広大な公園の片隅に設定され、ロマンティックな雰囲気はさらに高まっている。

ミュージカルはこの場面の前に、二幕の幕開きとして、町の人々が黄昏の宵闇の中、舞台上に居並ぶ姿を見せる。今回もやはり一幕の幕開き同様、公園の中の或る一ヶ所に集まっている人々だとも取れれば、公園の処々方々にいる人々を同時に描いているとも取れる。続いてスターバックのソロ『宵の明星』がある。さすらい人の孤独と自由を歌ったこのナンバーは、すでに述べたように、『今日もまた暑い日だ』と同じ旋律である。一幕の幕開きと相似形で二幕を開けるというスタイリッシュな構成であるが、これまたすでに述べたように、初演の幕開きとは違う。『宵の明星』は初演にはなく、このナンバーが挿入されるのは一九九二年のニューヨーク・シティ・オペラ公演からである。初演版の台本では、幕が開くと公園の大きなあずまや（パヴィリオン）で今しもギターの演奏が終わるところ。人々が「控え目な拍手を送る」と、ギタリストがワルツを踊りましょうと誘いかけ、人々は現行版の二幕の二番目のナンバー『夜には美しいことが起きる』を歌い出す。一幕同様、二幕の幕開きも初演版はずっとリアリスティックだったのである。ロジャーズ＆ハマースタインの様式により忠実だったと言っても良い。

『夜には美しいことが起きる』は、町の人々による題名通りの美しいワルツ。二幕では大勢の合唱はこの先大詰めの『雨の歌』のリプリーズまでなく、群舞もこれ以後ないので、作品に変化をつける上でも大事なナンバーである。焼けつくような昼間が終わり、「美しいことは全て夜に起きる／夜に起きる、夜に／美しいことは全て日が沈むと起きる」と間もなく訪れる夜への期待が歌われるが、二幕全体のトーンをこのナンバーが設定している。初演版は現行版よりダンスの比重がずっと高く、その分もっと長いナンバーになっている。歌が一旦終わったところで長いダンス・セクションになり、トビーのタップ・ダンス、それに夢中になるスヌーキーを見て嫉妬したジミーがその場を去り、それをスヌーキーが追い駆けるといった出来事が動きで示される。さらに男たちに女たちが言い寄り、最後は全員がカップルになってランタンを手に歌いながら舞台を去る。これまたロジャーズ&ハマースタインの様式通りに、見た目はもっとリアリスティックな展開をしていたのだ。現行版の『日陰でも一一〇度』は、ロジャーズ&ハマースタインの様式に忠実に作られた初演を、その後のミュージカル演劇自体の変化の中で、その様式から部分的に抜け出す改訂を施して現在の形になっているということを改めて確認しておきたい。

次のミュージカル・ナンバー『メリサンド』は、戯曲でスターバックがリジーをメリサンドと呼び、夢見ることの素晴らしさを彼女に教えようとして語る即興のお伽噺を歌にしている。戯曲でリジーが「色んな話をごたまぜにしているわ」と呆れる通り、スターバックをにわか吟遊詩人に仕立てて全体を中世ロマンスのパロディにした上で、『ペレアスとメリザンド』と『ハムレット』の登場人物を一緒にし、ギリシア神話のアルゴノートに放り込んだでたらめな物語だが、ミュージカルはさらに『千夜一夜物語』から船乗りシンドバッドの冒険譚（巨人退治）を借りて、如何にして金の羊毛を手に入れたかの説明を加えている。しかも先に引用したシュミットの言葉にあったように、ハムレットの居城の場所をデンマークならぬ「南の国境の辺りのどこか」つまりメキシコにしてラテン音楽まで導入し、でたらめぶりに拍車をかけている。一幕のシリアスで劇的な幕切れ、二幕のメランコリックな幕開き、そして優美で繊細な合唱と続いた後の、この勇壮華美で馬鹿馬鹿しいアップテンポのナンバーは、観客にとっては純粋なお楽しみであるが、スターバックの人物像をいっそう際立たせる働きもしている。一種の仕方話でもあり、スターバックを演じる俳優には二幕に於ける見せ場である。

スターバックの大袈裟で芝居がかった夢物語に対して、リジーが夢にはもっと違うものもあると歌うのが次のナンバー『素朴でささやかなもの』である。「私に必要なのは傍にいてくれる誰か／私を分かって抱きしめてくれる人／私を愛してくれる誰か／一緒に年を重ねる人」、そんな「素朴でささやかな望み」「素朴でささやかな夢」を歌ったバラードだ。五分近くある『メリサンド』の後、リジーの短い台詞をはさむだけですぐに歌い出される素朴で繊細なこのバラードは、それ故スターバックの途方もない夢とリジーのささやかな夢との対比を戯曲以上に鮮やかに描き出す。この二曲は、対になって一層その効果を発揮する仕組みになっている。『素朴でささやかなもの』は、平凡な家庭生活の喜びを語った戯曲の台詞を見事に詞にしているが、この歌の本当の美しさは、これを歌っているリジーにとって、このささやかで現実的な夢が、スターバックの途轍もない夢想と同じくらい遠く実現の見込みのないものに感じられているということだ。歌詞も旋律も実に美しいナンバーだが、劇中のこの状況に置かれてその美しさは真に輝くのである。ジェラルド・ボードマンが『アメリカのミュージカル演劇～年代記～』で書いているように、『日陰でも一一〇度』の歌は「作品の中で効果を発揮」している。物語と緊密につながり、状況と人物像から歌が生まれ、さらにその歌が状況と人物を変化させる。ロジャーズ&ハマースタインの様式は遵守されている。

『素朴でささやかなもの』に描かれている家庭生活への憧れ、結婚願望がヒロインを動かしていることを挙げて、『日陰でも一一〇度』は時代遅れの作品だと評する人がいる。だが、本当にそうなら先に挙げた再演がどれも好評だったことの説明がつかない。リジーは時代に先んじた女性だが、確かに時代の制約に囚われてもいる。しかし、この作品の主題は結婚という一制度よりも普遍的なものだ。一九九二年のニューヨーク・シティ・オペラの公演でリジーを演じたカレン・ジエンバは、当時ニューヨーク・タイムズのインタヴューに答えて、誰かに「必要とされることを必要としない人はこの世にいない」と述べている。これこそこのミュージカルの主題であろう。

このナンバーの後の二人の会話は戯曲、ミュージカルともに全く同じである。自分は不細工だ、鏡を見れば分かると頑なに己の内に閉じこもろうとするリジーに、スターバックは「ノアを鏡にするな！鏡は君の中にあるんだ！そしてある日、君を愛する男が鏡になる！きっとそいつの目が！その鏡を覗くと、君は綺麗どころじゃない！――君は美しい！」と訴えて、その殻を打ち破ろうとする。彼女の髪を下ろさせ、「私は綺麗！」と叫ばせる。その彼女にスターバックは衝動的にキスする。この瞬間、象徴的な言い方をするなら、リジーは一度死に、そして甦るのだ。たとえそれが一晩限りのものだとしても、メリサンドでもある女として。『日陰でも一一〇度』もまた『ファンタスティックス』と同じ生と死と再生の物語なのである。

戯曲とミュージカルの違いは、ミュージカルではスターバックがリジーにキスすると台詞の背後で音楽が流れ始め、「さあ、何が見える？」「これが私なの？」の間だけ途切れ、この場の最後の台詞「本当に私なの？」で再び高まることである。リジーの感情のうねりを音楽で増幅しているのだ。音楽は台詞に合わせて『これが本当に私なの？』の旋律をナンバーに先駆けて使っている。

戯曲はここまでが二幕。第三幕の幕が開くと、カリー家の居間兼食堂。ノアとぶつかって家を飛び出したジムの行方をH・Cとノアが心配していると、当のジムが何やら自信に満ちた様子で現れる。ミュージカルではここはすっかり夜も更けたピクニック会場。ノアたちが登場する前に、懐中電灯をかざして誰かを探すファイルがトビーと言葉を交わす短いやり取りが挿入されている。ファイルが探して

『日陰でも110度』（勝田安彦演出／2014年公演）より

宮内理恵（リジー、右）に語りかける柳瀬大輔（スターバック、左）

「ポーカー・ポルカ」を歌う左から竹内大樹（ジミー）、岡田基哉（ノア）、宮内良（ファイル）、村國守平（H.C）。

「雨の歌」を歌う柳瀬大輔とカンパニー。

「メリサンド」を歌う柳瀬大輔（奥）と宮内理恵（手前）。

「男と女」を歌う宮内理恵（右）と宮内良（左）。

いるのは勿論お尋ね者のスターバックであり、緊張感を高めている。初演版にはトビー以外の人々もこの場に登場し、眠たげに家路をたどる姿が描かれている。

『小さな赤い帽子』は、ジムがどこに行っていたのか、そしてスヌーキーとの間に何があったのかをH・Cとノアに語る戯曲の台詞をもとにしている。ミュージカルではスヌーキーもジムと一緒に登場させることで、二人が結ばれた経緯をただ説明するのでなく、その時の不安や喜びを歌とダンスで二人が再現する。舞台外の出来事を舞台上に持ち込んで実際に観客に見せる訳だが、ミュージカルの歌詞の叙事的な性質を活用したまさにミュージカルならではの上手いやり方だ。抑圧的で口やかましいノアのいない場所で愛を誓った様子を、今度はノアの目の前で演じて見せることによってジムの成長ぶりも伺える。

ジムの変化にはスターバックの影響も大きい。翻訳では分かりにくいが、「空の星々も／すぐそこでまたたくよ」の歌詞もそのことを暗示している。（戯曲では、木陰に腰を下ろした二人が枝越しに見上げると、「空が見えた、星(スター)でいっぱいの――そうとも、星(スター)でいっぱいだった！俺は振り返って彼女にキスした！」となる。）

ファイルがやって来て、三人にスターバックの行方を尋ねるが、H・Cは答をはぐらかす。そのことを咎めるノアをH・Cがいさめてこの場は終わる。

場面は再びスターバックとリジーに戻り、『これが本当に私なの？』が歌われる。戯曲では、このナンバーの直前の二人の台詞「君は不細工か、リジー？」「いいえ・・・私は美しい」からそのままナンバー直後の台詞「君は美しい――俺がいなくなってもそれを決して忘れるな」につながる。つまりここでも台詞の背後に流れる思いを音楽（歌詞と旋律）によって浮き彫りにしているのである。スタンリー・グリーンは、その著『ミュージカル・コメディの世界』で、この歌と『愛よ、逃げないで』の二曲を「アメリカの歌曲の高みに達している」と称えている。ナンバーの後でリジーが語る、日々の生活の中の何気ない父親の姿にこの世のかけがえのない美しさを見出す台詞は、過ぎ行く刹那の中の永遠を垣間見せて感動的である。ワイルダーの『わが町』の第三幕を思い起こさせると言っても過言ではない。ナッシュの台詞はリアリズムの枠の中に収まりながら、同時に極めて詩的である。

次の場面はピクニック会場（戯曲では居間兼食堂）のH・Cたちに戻る。「無言のまま、憂鬱そうにしており、少し緊張している」男たち。そこに「夢見心地のリジーが漂うようにして現れる」（ト書き）。ファイルがスターバックを逮捕しようとしていることを知ったリジーは、スターバックを見逃してくれるようファイルを説得する。初めは拒んでいたファイルも、H・Cやジム、果てはノアまでがリジーの側に回るに及んで、見逃す決心をする。（初演版では、この場には騒ぎを聞きつけた町の人々も集まり、スターバックを逃がしてやれとリジーたちの肩を持つ。）ファイルに「早く行け、俺の気が変らんうちに！」と急き立てられたスターバックは、突然「一緒に行こう」とリジーを誘う。リジーが一歩踏み出した時、出し抜けに今度はファイルが「リジー―行くな！」と叫ぶ。「何て言ったの？」というリジーの問いに、彼は「俺には君が必要だ」と答える。この台詞は戯曲にはない。男の面子から妻にはついに言えなかった一言を口にすることで、ファイルが己の殻を打ち破ったことをナッシュは戯曲以上に明瞭に描いている。ここから歌（『素敵な音楽』）になり、「旅するワゴンは音楽！／夜明けの太陽は音楽！／夜空の下で二人で眠ろう！／死ぬまでは本当に生きるのさ！」とスターバックが誘えば、「家族であふれる家は音楽！／二人寄り添うのは音楽！／家の中を走り回る子供たちの姿、／腕を大きく広げて走り回る」とファイルが正反対の未来像を描いて引き止めようとする。このナンバーが挿入されることにより、リジーが置かれている状況が戯曲よりも鮮明になるのみならず、リジーがどちらを選ぶかをも含めて、観客にはこの状況そのものが楽しめるものになる。

台詞から歌へと表現手段が移行することによって、観客は（それがある程度無意識のレベルのものであれ）舞台上の出来事を台詞だけで（或いは歌だけで）進行していた時よりも客観視せざるを得ない。ブレヒトは『三文オペラ』の注で、「たかめられた会話がふつうの会話のたかまりであったり、歌がたかめられた会話のたかまりであったりしては決していけない」（千田是也訳）と言い、「俳優がふつうの会話から無意識のうちに歌に移っていったような振りをしてみせるほどいやらしいことはない」と断じたが、そんなふりをしているミュージカルの場合であっても、台詞から歌への移行にはやはり何がしかの「異化効果」は起きてしまう。ミュージカルという演劇ジャンルの魅力の多くはそのことに由来しているとも言えるのだ。

スターバックが思わず「俺と来れば君はもう決してリジーなんかじゃない――メリサンドだ！」と口走ったために、迷っていたリジーは「駄目よ――私はリジーでいなくちゃ！メリサンドの名前は一晩限り――でもリジーは死ぬまで続く名前よ！」と言ってファイルを選ぶ。（初演版ではこの台詞の後に『素朴でささやかなもの』の最初のコーラス部がもう一度歌われる。）夢と現実の狭間で、彼女は現実を選んだように見えるが、スターバックとの出会い、一晩限りのメリサンド体験は、彼女を大きく変えている。リジーがどこか違っていると感じていたファイルが彼女をまじまじと見て「そうか！髪を下ろしたんだ！」と気づくと、ジムが横から「そうとも！変わったろ！」と口をはさむ。この台詞が全てを象徴している。リジーは自分でも気がつかぬうちに、夢の中と外の間のどこかを見つけたのだ。彼女は試練を経て新しい女として甦ったのである。

スターバックは百ドルを返すと、集まって来た町の人々に「またいつか、多分——日照りの季節に！みんな、達者でな！」と最後まで格好つけて走り去る。その直後、遠雷の音が聞こえ、風車がゆっくりと回り出す。町の人々は「降り注ぐ雨！」と『雨の歌』の一節を期待と興奮を秘めた低い声で歌い出す。カリー家の男たちやファイルの「あの音は——」「雷だ！」「稲妻だ！」「見ろ、雨が降るぞ！」「(スターバックが) 言ってたよ、二四時間！二四時間て!!」という台詞の背後で、人々の歌とオーケストラの伴奏はピアノからメゾ・ピアノへと高まって行き、「雨が降る！」でメゾ・フォルテに。風車はクルクルと速く回り、そして感極まったリジーの「雨が降る！雨が！」とともに歌声もフォルテに達して一瞬音楽が途切れ、それと同時に舞台上に本水の雨が降り注ぐ。スターバックが喜びに顔を輝かせて駆け戻り、「リジー、生まれて初めて——雨が降った!!」と叫ぶと、ジムの手から百ドルを取り戻し、「達者でな——ビューティフル！」と一声リジーに叫んで消える。人々は「降り続ける、朝も！」と『雨の歌』のリプリーズを歌い、やがて音楽は『これが本当に私なの？』の旋律に変わり、雨の中に人々の「心からの喜びに満ちた叫び声がいくつも響き渡る」(ト書き) うちに幕が下りる。

『雨を降らす男』でも台詞は全く同じだが、窓の外の照明と音響だけで表現された雨と、実際に舞台上に本水の雨が降り注ぐのとでは迫力も感動も違う。だが、ラスト・シーンに於ける観客の感動を高めている本当の理由は、やはり町の人々の存在だろう。一家族の喜びが共同体全体の喜びへと拡大されていることだ。つまり、個人の運命と共同体の運命を深くつなげて描くという演劇の始原的あり方がここで見事に実現されているからだろう。音楽がそれをさらに増強している。第一幕の幕開きの『今日もまた暑い日だ』との照応もこれでこそ取れる。甦ったのはリジーだけではない。ファイルを初めとする他の登場人物を含め、町そのものが旱魃という試練をくぐり抜けて再生するのだ。

台詞劇であれ何であれ、すでにある原作をミュージカル化する場合、音楽が加わることによって、原作にない新たな魅力や価値を作りだすことが出来なければ意味がない。『日陰でも一一〇度』は、『雨を降らす男』をミュージカル化するに当たって、ロジャーズ&ハマースタインの様式を援用することで作品の世界を広げ、さらなる魅力を付加することに成功したのである。

初演の顛末とその後の公演

『日陰でも一一〇度』は一九六三年一〇月二四日にブロードハースト劇場で初日の幕を開けた。演出は三度(みたび)ジョーゼフ・アンソニーが担当し、振付はアグネス・デミルが受け持った。各紙の劇評は押し並べて好評だった。ただ一紙、一番影響力の強いニューヨーク・タイムズを除けば。

同紙のハワード・トーブマンの劇評は、「日陰でも一一〇度でも寒い」という評言が他の全てを物語っている酷評だった。トーブマンは、『雨を降らす男』にあった「温かさやユーモアや魅惑」は失せ、ミュージカル特有の「表面的な効果」が取って代わってしまったと非難し、「乾いた骨のような物語は、夏の西部の風景よりも無味乾燥」だと断罪し、リジーを演じたインガ・スウェンソンは魅力的で才能にあふれ、彼女が不細工なリジーを演じても実感が湧かないとあげつらっている。

これと正反対なのがヴァラエティの劇評で、もとの戯曲に欠けていたのは歌とダンスと新しい女性ミュージカル・スターの存在だったと言って絶賛している。デイリー・ニューズのジョン・チャプマンは、「長い間待たねばならなかった最高級の新作ミュージカルが昨夜ブロードハースト劇場に現れた」と書き出し、「ブロードウェイのミュージカル・コメディの日照りは終わった。雨乞い師はデイヴィッド・メリックだ」と結ぶこれまた絶賛。ヘラルド・トリビューンのウォルター・カーは、ミュージカル・ナンバーのために原作の良い部分をかなり犠牲にしていると指摘しつつも、スウェンソンの演技だけでも観る価値があると褒めた。

それまではどちらかと言えば古典劇の女優と思われていたスウェンソンは、バーバラ・クック、バーブラ・ストライサンド、キャロル・バーネットといった並みいるライヴァルたちを制してリジー役を勝ち取っただけあって、なかなかの名演だったらしい。イーサン・モーデンも『新しい窓を開けろ』で「スウェンソンのリジーは六〇年代における注目すべき歌と踊りの才能の一つであり、他の誰とも比肩出来ない唯一無二の演技だった」と述べている。モーデンはスコアについても「六〇年代の最高のものの一つ」と賛辞を呈している。

マーティン・ゴットフリード（掲載紙不明）は「『日陰でも一一〇度』はブロードウェイがこれこそアメリカの田舎の生活だと言っていつもつかませようとするまがい物のでたらめを遠ざけている。この作品には真実味がある――どこもかしこも」と書き、続けてデミルの振付を称賛している。ニューズデイのジョージ・オッペンハイマーやヴィレッジ・ヴォイスのマイケル・スミスは、作品そのものは高く評価しながらも、ダンスが少ないことに不満を漏らしている。だが、ジョーンズたちによれば、稽古の段階ではダンスはもっと多かったらしい。

振付のデミルは言うまでもなく『オクラホマ！』の振付、とりわけ第一幕終わりのドリーム・バレエでブロードウェイ・ミュージカルの振付を刷新した人物である。メリックが彼女を起用した主な理由は、『日陰でも一一〇度』が『オクラホマ！』と同じく西部を舞台にして農民たちを描いた作品だったからだろう。しかし、『オクラホマ！』の初演からはすでに二〇年の歳月が流れている。作者たちは『オクラホマ！』の二番煎じにはしたくなかった。（中略）もっと土臭い作品にしたかった。描かれているのは私たちが生まれ育った世界だし、登場人物にも一体感を覚える。オペレッタではなく、もっとリアルなものにしたかった」(ジョーンズ)。ゴットフリードの劇評は、その意図が実現されたことを証しているが、稽古段階ではダンス・ナンバーがどんどん増えて行き、中には一〇分を超えるナンバーもいくつかあったらしい。華やかなダンス・ナンバーであふれかえったショーではないリアルな物語を語ろうとしていた作者たちは、たとえそれらのナンバーがどれほど素晴らしい出来であってもカットしようと骨を折ったようだ。その結果、ニューズデイの劇評のような不満も出て来る訳だ。

そもそも大劇場では観客は大規模なダンス・ナンバーを期待する。その期待に或る程度応えつつ、しかし、物語の展開上過剰なナンバーをカットしたのは、作品のためにはやはり適切な処置だったと言える。七〇年代の半ばにオフの小劇場で再演された際の劇評を読むと、ダンス・ナンバーの不足を指摘したものは一つもなく、むしろ小さな空間に良く合っていると称賛しているものばかりである。現行版では、先にも述べたようにダンス・ナンバーはさらに刈り込まれ、観客の関心が物語の展開にいっそう集中するように仕組まれている。(初演時の『夜には素晴らしいことが起きる』の振付は、暗くなった舞台の上をランタンを手にした人々が行き交う美しく印象的なものだったらしいが、ニューアーク・イヴニング・ニューズの劇評は、このダンスが「何か物語を語っているなら、私は見逃してしまった」と皮肉っている。)

膨らみ過ぎたダンス・ナンバーを抑えるのも大変だったが、作者たちにとって本当に大変だったのはプロデューサーであるデイヴィッド・メリック(一九一一～二〇〇〇)の干渉だった。ナッシュとジョーンズ&シュミットの共同作業はこれ以上ないというくらい上手く行き、作品は稽古に入れる状態にまで仕上がった。この作品のためにジョーンズとシュミットは歌を一一〇曲書いたという伝説があるが、実際には稽古入りの前に全部で一一四曲を作っていた。ここはミュージカル・ナンバーになると目星をつけた個所一つにつき四、五曲作っておき、そこからナッシュを含めた三人で一番良いものを選ぶというやり方をしていたからである。いずれにせよ、こうしておけば稽古やトライアウトでどんな変更があっても即座に対応出来るという腹積もりだった。が、そうは問屋が卸さなかった。

メリックは、『ファニー』『ジプシー』『カーニヴァル』『プロミセス、プロミセス』『シュガー』等々のミュージカル、『結婚仲介人』『ニューヨークの休日』『カッコーの巣の上を』等々の台詞劇、さらには『寄席芸人』『蜜の味』『地球を止めろ―俺は降りたい』『舞台稽古』『ルター』『オリヴァー!』『マラー／サド』『ローゼンクランツとギルデンスターンは死んだ』等々海外（主にロンドン）で評判になった舞台の輸入まで、生涯に八〇作以上の舞台を製作し、ブロードウェイの王様とまで呼ばれた大物であるが、ディズニーに代表される企業や銀行家たちがブロードウェイを牛耳る以前の、金も出すが口も出す言わば最後のワンマン製作者であり、相当にエキセントリックな面も持った人物だった。

「長年に渡ってブロードウェイで最も愛され、憎まれ、恐れられ、称賛され、しかし何よりも最も新聞種になったプロデューサー」（カート・ガンツル）と評されるメリックは、当たりを取るには話題作りが必須と心得、そのためには手段を選ばなかった。『怒りをこめて振り返れ』の上演中に一人の女性客が突然舞台に上がり、出演者に平手打ちを喰わせるという「事件」があった。早速、翌日の新聞紙上をにぎわす結果となったが、勿論この女性客はメリックに金で雇われた「仕込み」である。劇評が芳しくなかった或る作品では、著名な劇評家たちと同姓同名の赤の他人を電話帳で探し出し、彼らを件の公演に招待して好意的な感想を引き出し、それを彼らの名前とともに新聞広告に使うというほとんど詐欺まがいの手段に訴えたこともある。

最後の、そして最大のヒット作となった『四十二番街』（80年）の初日には、カーテンコールの最後に自ら舞台に現れ、演出・振付のガワー・チャンピオンがその朝逝去したことを発表した。恰好の新聞種になったことは言うまでもない。初日を先延ばしにしていたので、チャンピオンが死ぬまで待っていたのだという噂がまことしやかに囁かれたほどである。

ジョーンズの「デイヴィッド・メリック。怪物か？狂人か？それともおそらくは天才」という言葉が、作者たちのメリックへの複雑な思いを如実に表している。ジョーンズとシュミットは、メリックに初めて会ったとき、これが本当にあの数々の恐るべき伝説の主かといぶかった。「温和で礼儀正しく、ひょっとすると内気にさえ見えた。彼は喜ばせてあげたくなる人物だった。何故かは分からない。それは「力」であり、才能であり——或いは災いだった。後になって、人はひどい騒ぎや激しい非難を避けるために彼を喜ばせたがった」（ジョーンズ）。あるナンバーをメリックに聴かせたところ、メリックは「いきなり椅子から飛び上がり、目は怒りに燃え」、こんな屑を書くとはサボってやがったのかとでも言わんばかりに悪口雑言の限りを尽くして罵り出した。それまでの上品な紳士からのあまりの豹変ぶりにジョーンズとシュミットは震え上がり、ただ黙っているしかなかったそうだ。作品について建設的な意見を述べることは滅多になく、あったとしても翌日には正反対の意見を述べる。およそ一貫性がなく、ジョーンズたちは精神に異常をきたした相手と仕事しているような気がして来たと言う。但し、メリックはその「精神異常を自らの楽しみと目的達成のために使うことの出来る人間」（ジョーンズ）だった。

ジョーンズによれば、一流のスタッフと出演者に恵まれ皆幸せだったが、メリックには誰もが互いに親切で協力的で理解がある稽古場は、ニューヨークの辛辣な劇評家と自腹を切って観に来る観客の前で実際に上演された時には全て裏目に出るという考えがあり、あえて波風を立てようと、稽古開始の二週間前にスターバック役のハル・ホルブルックを解雇してしまう。代わりに起用されたのは舞台経験も乏しく、歌唱力も劣るテレビ・スターのロバート・ホートンだった。ホートンはリチャード・ロジャーズ作曲、アラン・ジェイ・ラーナー台本・作詞のミュージカル『私が摘んだデイジー』の主役に決まっていたのだが、この作品が上演中止になったため急に身体が空いた。それを知ったメリックがホルブルックを降ろして、ホートンと契約したのである。テレビの人気者を担ぎ出すことで集客力を強化しようという胸算用もあったろうが、メリックはプロデューサーとしてのロジャーズをライヴァル視しており、言わば敵の鼻を明かすために主演男優のランクを下げたのだ。

ジョーンズは、メリックは激怒することを楽しんでいるようにも感じたと言っている。但しその怒りをコントロール出来なかった、と。「最初は本当に不満を感じているんだ。それからその不満を大袈裟なものに仕立てる。それで遊ぶんだ。それからその罠にはまり込んでしまう」（ジョーンズ）、と。怒り以外の感情、例えば敵愾心についても同じことが言えたのではあるまいか。この主役交代の一件もメリックにとっては一種の罠となり、各紙の劇評でもスウェンソンやファイル役のスティーブン・ダグラスに比べてホートンの評価は総じて低く、舞台の足を引っ張った。（なお『私が摘んだデイジー』は作曲家をバートン・レーンに変え、『晴れた日に永遠が見える』となった。主人公を演じたのは後の二〇〇七年の再演でH・Cを演じたジョン・カラムである。）

ダンサーの選択についてもメリックはうるさく、デミル振付の常連である「ブスの年増ども」は使わないと断固主張した。デミルは、『オクラホマ！』の女性ダンサーを選ぶ際に、従来のすらりとした均整の取れた身体の美女揃いのダンサーを廃し、田舎町の女たちという役柄にふさわしい、様々な見てくれの女性たちを選んで、ミュージカルのアンサンブルのあり方にも変革を起こした振付師だ。しかしメリックは、すでに採用が決まっていた女性ダンサーが契約書にサインしようとしているのを見て、「自動車事故に遭ったような顔の女は俺のショーには要らない」と言って本人の面前で契約書を破り捨てたこともある。今なら大問題になるところだ。

最初のトライアウト地ボストンでの評判がそこそこでしかなかったため、メリックの「怒鳴り、叫び、脅しはいよいよもって活発になった」（ジョーンズ）。ウィリアム・L・シャイラーの『第三帝国の興亡』をホテルの部屋で読んでいたジョーンズは「自分はチェコスロヴァキアで、メリックは言わずと知れたあの男に違いないという確信が日増しに募るのを抑えられなかった」と書いている。

ボストンでは改変に次ぐ改変となった。ファイルのソロのコメディ・ソングをカットし、代わりに『男と女』が一晩で書き上げられ、翌日には出演者が歌詞カードを盗み見しながら舞台で歌ったのもボストンでの出来事である。ともあれボストンでの終盤には、もう少しで上手く行きそうだと誰もが手応えを感じ始めていた。ところが、メリックは次のトライアウト地フィラデルフィアまでに二幕構成を三幕に変えろと言い出す。ジョーンズにはミュージカルとしての形式を投げ捨てて台詞劇に戻すにも等しい破壊的な行為と思えたが、いくら止めようとしても聞く耳を持つ相手ではない。演出のジョーゼフ・アンソニーは、失敗することは恐らく百も承知の上で三幕構成に変えてフィラデルフィア公演の幕を開ける。結果は案の定大失敗だった。するとメリックは、今度は公演中止を言い出した。ナッシュ、ジョーンズ、シュミットの三人はそれを聞いてむしろ喜んだ。内心もうくさくさしていたし、作品は悪くないのだから別の公演に持ち込めば良いと踏んだのだ。公演中止の脅しはメリックが良く使う手だったらしい。三人の予想外の反応に驚いたメリックは、ただちに前言を撤回し、もう一度二幕構成に直すならという条件付き（！）でニューヨークでの上演を約束した。

更なる改変を施してニューヨークで幕を開けた『日陰でも一一〇度』は、ニューヨーク・タイムズの酷評にもかかわらず、他紙の絶賛やスウェンソンの評判にも助けられ、一年近く（三三〇回）続演され、その後の旅公演の好調もあって、まずまずの収益も出た。もし『ファニー・ガール』やリチャード・バートン主演の『ハムレット』、そして何と言っても『ハロー、ドリー！』（一九六四年一月開幕）等の強力な対抗馬がいなければ続演記録はさらに伸びたかも知れない。ソーントン・ワイルダーの『結婚仲介人』をジェリー・ハーマンの作詞・作曲でミュージカル化した『ハロー、ドリー！』の製作は他ならぬメリックで、こちらの大成功（二八四四回）が『日陰でも一一〇度』へのメリックの関心を文字通り日陰に追いやってしまったと見られる。

一九六四年度のトニー賞には、最優秀作曲家・作詞家賞、ミュージカル部門最優秀女優賞、同最優秀助演男優賞、同最優秀演出家賞の四部門にノミネートされたが、これまた『ハロー、ドリー！』に席巻され、受賞は叶わなかった。

『日陰でも一一〇度』はその後、ニューヨークの舞台からは長い間消えていたが、前記の一九九二年のニューヨーク・シティ・オペラ公演（演出スコット・エリス、振付スーザン・ストローマン）の成功、そして二〇〇七年のブロードウェイ再演（演出ロニー・プライス、振付ダン・ネクトゲス）が再評価につながった。スティーヴン・サスキンはその著『ショー・チューン』で、「驚くほど感動的で上手く作られているのに、ほどほどの成功しか収めなかった」作品だが、二〇〇七年の再演は「不当にも見過ごされ、半ば忘れ去られていたミュージカルの評判を高めた」と記している。この再演の呼び物はリジーを演じたオードラ・マクドナルドの存在だった。三〇代半ばにしてすでに台詞劇とミュージカルの両部門に渡ってトニー賞を四回受賞している（その後さらに二回受賞）この実力派の黒人スターの起用は、一九三〇年代の西部という時代背景を考えれば意表を突いたものだったが、その圧倒的な歌唱力と演技力で絶賛を集めた。父親役は白人のヴェテラン俳優ジョン・カラムだが、マクドナルドに合わせてノア役はやはり黒人のクリス・バトラーが配役された。

余談になるが、この舞台を観た夜、僕は近くの劇場で『ファンタスティックス』再演に出演していたトム・ジョーンズに会って舞台の感想を述べた。ジョーンズはマクドナルドを激賞し、いつの日かもう一つのジョーンズ&シュミット作品『コレット・コラージュ』のヒロインを是非とも演じてもらいたいと言った。（ついでに書き添えておくと、このときジョーンズはスターバックの理想的な配役はヒュー・ジャックマンだと言っていた。）

最近のアメリカでは、ポリティカル・コレクトネスへの配慮からか、常識的には白人の役としか思えないキャラクターであってもあえて黒人俳優に振る例が見られる。しかし、実在したフランスの白人の大作家の役を黒人俳優に演じてもらいたいというジョーンズの発言には、その種の政治的配慮とは無縁のものを感じた。僕はそこに「リアリズム」に囚われないジョーンズの真骨頂を見る思いがすると同時に、そう遠くない将来、ミュージカルでもオペラのように人種の壁を越えた配役が組まれる時代が来るかも知れない、そうなればミュージカルというジャンルは甚大な変化を蒙ることになるだろうと感じたのである。しかし、多民族国家アメリカで人種の壁を越えるのはそうたやすくはないかも知れないとも思ったが、その後リン＝マニュエル・ミランダの『ハミルトン』（二〇一五年）の登場によって、カラー・ブラインドの配役には拍車が掛かった感もある。ドラマの展開上で人種の違いが決定的な意味を持たない限り、肌の色を越えた配役はミュージカルでも増えて行く気配だ。

『日陰でも110度』
ニューヨーク・シティ・オペラ公演
のプログラム。

同ブロードウェイ再演のチラシ。

ジョーンズ&シュミットの次なるミュージカルは、『日陰でも一一〇度』の開幕からほぼ三年後の『I DO! I DO!』である。製作はまたもやデイヴィッド・メリック。ジョーンズもシュミットもメリックとの仕事にはほとほと懲りていた筈だが、ガワー・チャンピオン演出・振付、メアリー・マーティン、ロバート・プレストン主演の誘惑には抗し切れなかったようだ。

ジョーゼフ・アンソニーもメリックとの仕事は二度と御免だと思ったようだ。数年後に暗礁に乗り上げたミュージカル版『ティファニーで朝食を』の演出をメリックから依頼されたアンソニーは、メリックとはもう二度と仕事をしないと皆に誓ったので無理だと断った。するとメリックはこう言ったそうだ、「金のために引き受けたと言え」。

後にジョーンズはメリックとの仕事を回想して書いている。「デイヴィッドは(昔も今も)我が儘で、次に何を言い出すか予測不可能で、時に信じられないくらい粗野で残酷だった。けれど彼は演劇を愛しているし、彼には勇気がある。」メリック存命中の文章であり、多少の社交辞令もあるかも知れないが、メリックに対する一種アンビヴァレントな心情が伝わって来る。

二、I DO! I DO!

一九六六年一二月五日に四六丁目劇場(現リチャード・ロジャーズ劇場)で初日の幕を開けた『I DO! I DO!』(副題に「結婚についてのミュージカル」とある)は、ジョーンズ&シュミットのブロードウェイ・ミュージカルの第二作である。が、この作品はブロードウェイ・ミュージカルとしてはかなり風変わりなものとなった。

原作はオランダ出身の作家ヤン・デ・ハルトックが一九四六年に発表した戯曲『四柱式寝台』。ブロードウェイでは一九五一年にホセ・ファーラー演出、ジェシカ・タンディ、ヒューム・クローニン主演で上演され、第六回トニー賞の最優秀戯曲賞を受賞した喜劇である。ある一組の夫婦の家の寝室を舞台に、新婚初夜から二人がその家を去るまでの三五年間を描いた二人芝居だ。これをミュージカル化しようと思いついたのは、製作のメリックらしい。演出と振り付けを兼ねたガワー・チャンピオンからこの企画を持ちかけられたジョーンズとシュミットは、ひどいアイディアだと思った。登場人物が二人きりのブロードウェイ・ミュージカルなど聞いたこともないし、不可能だと。だが、夫婦を演じるのが大スターのメアリー・マーティンとロバート・プレストンだと聞いて心を動かされる。

問題は、ミュージカル化のための切り口を見つけられるかどうかである。以下、『ミュージカルを作る』のジョーンズの記述とジョン・アンソニー・ギルヴィー著『パレードが通り過ぎる前に～ガワー・チャンピオンと栄光のアメリカン・ミュージカル～』を主な足がかりに、創作の道筋を辿ってみよう。

ミュージカルへの変換／写実からシアトリカルへ

ジョーンズとシュミットは、先ず原作を精読して、題材を良く吟味することから始めた。『四柱式寝台』は、初演当時の通例である三幕構成を採っている。各幕は夫々二場から成り、場ごとに一年から最高一二年の歳月が経過する。そのために幕間のみならず場と場の間でも一旦幕を降ろして、その間に置き道具を入れ替えたり、俳優は衣裳やメイキャップを変えたりしなければならない。舞台はすでに述べたように最初から最後まで夫婦の寝室であり、戯曲のト書きには装置や小道具の指定が詳細に書き込まれている。初演の舞台写真を見ても分かるが、しっかりと飾りこんだ写実的な舞台である。要するに全くのリアリズムで書かれた芝居だ。ミュージカル化するには、この閉じられ区切られた舞台をミュージカルに相応しい開かれた流動的な構成へと変換する必要がある。原作のように芝居の流れを中断したり、リズミカルな躍動感を断ち切ったりしてはならないのだ。

原作の六つの場面にただ歌や踊りを挿入しても、音楽入りの芝居が出来るだけでミュージカルにはならない。そんなことをしても「歌は奇妙で場違いな感じがするだけでなく、行動を速めたり凝縮したりするよりむしろ遅らせているように見えてしまうだろう」（ジョーンズ）。肝心なのは、舞台を客席に向かって開かれたものにすることである。

ジョーンズが最初にひらめいたアイディアは、装置、衣裳、メイキャップの変化を全て観客の目の前で行い、俳優は舞台上の出来事から抜け出して、観客に向かって直接語りかけるというものだった。『ファンタスティックス』で用いた手法をさらに推し進めてみようということである。

さらに、原作の六つの場面の他に、それらの場面をつなぐ短いナンバーや場面を新たに創作し、ほとんどヴォードヴィル的と言っても良いようなタッチのものにすることに決める。つまり、原作にある場面では二人の登場人物はお互いに向かって会話を重ね歌を歌うが、これら新しく付け加えられた場面では、客席に向かって語りかけたり歌いかけたりするのである。

具体的に説明すると、原作は新婚初夜の寝室に新郎のマイケルが新婦のアグネスを両腕に抱きかかえて入って来るところから始まる。ジョーンズとシュミットは、その前の結婚式で幕を開けることにし、『結婚式』と題したナンバーを書いた。これは、『皆集うよ、晴れの日に』『ともにとわに』『アイ・ドゥー！アイ・ドゥー！』の三曲から成り、その間、台詞は一行もない約一〇分の長い場面である。このみならず、『I DO! I DO!』では、『日陰でも一一〇度』の解説で述べたミュージカルの作劇法、つ

（上）『I Do! I Do!』初演のプログラム。

（右）同初演より。メアリー・マーティン（アグネス）とロバート・プレストン（マイケル）。

まり対立葛藤の瀬戸際ではなく、そこに至るまでの事件を全て舞台上で展開する方法が採られている。

幕が開くと、マイケルとアグネスは式を前にしての夫々の不安な気持ちを歌にして客席に向かって語り出す。続いて、式が執り行われ、夫婦となった二人は結婚生活への期待と喜びをこれまた客席に向かって直接歌いかける。アグネスは花嫁のブーケを客席に放り投げさえする。装置も「ほとんど何もない裸舞台」（ト書き）に、適宜その場を象徴するもの（教会のステンドグラス等）が追加されるだけ。以後の主な舞台となる寝室に変わると、作品そのものを象徴する四柱式寝台が「ほとんど踊るようにして」舞台上に現れる。（演出のチャンピオンと装置のオリヴァー・スミスは、当初は原作に近い天井まである写実的な装置を考えていたらしい。それがジョーンズたちと話し合う内にチャンピオンの考えが変わったという。）この冒頭のミュージカル・シーンによって、「結婚という制度を寿ぐ」という作品のコンセプトと、登場人物は第四の壁を越えて観客に直接語りかけ、観客の想像力に多くのことが委ねられるという様式がはっきりと示されることになった。

原作では、第一幕第一場はベッドに入った二人が抱き合ったところで終わり、第二場はベッドに横になったマイケルがハンドベルを鳴らしてアグネスを呼ぶところから始まる。ジョーンズとシュミットは、その間にマイケルが新妻への抑えきれない愛情を観客に向かって歌い、二人して寝間着のまま裸足でソフト・シューを踏むジャジーなバラード『僕は妻を愛してる』と、アグネスが妊娠を観客にユーモアと情愛たっぷりに告げる『何かが起きた』のナンバーを入れ込んだ。後者の音楽と歌詞からは、単に懐妊した喜びだけでなく、新しい生命が自分の身体の中に宿されるという神秘、言わば奇跡への畏敬の念さえ感じられる。

原作の第二幕は、前場から十年後、二人が険悪な様子でパーティから帰宅するところから始まるが、ミュージカルでは、その前にそこに至るまでの出来事が繰り広げられる。病院の廊下で我が子の誕生を不安な思いで待つマイケルの姿に始まり、彼が息子の誕生の喜びを告げるナンバー、そして子育ての楽しさと大変さを歌ったデュエット『愛が全てじゃない（愛だけでは生きて行けない）』にそのまま続く。このナンバーには、途中で娘の誕生を告げるアグネスの歌（マイケルが歌った歌のリプリーズ）を差し挟みながら、子育てに費やされる数年間が凝縮して描かれている。（どんどん大きくなって行く子供服のサイズと舞台上に次々と持ち込まれる玩具の種類の変化によって子供の成長＝時の経過が示される。ガワー・チャンピオンの卓越した演出である。）以上の場面で歌われるナンバーは、どれも観客に向かって直接歌われる。続いては、マイケルが自分の仕事について客席に向かって語る場面となる。ここまでは一回も途切れることなく流れるように続く。

次は、原作の第二幕第一場の直前、パーティに出席するための支度をしているマイケルとアグネスが口喧嘩になり、お互いの悪い癖をあげつらうナンバー『完璧な人はいない』となる。このナンバーは、観客ではなくお互いに向かって歌われる通常のロジャーズ&ハマースタイン型の歌である。歌詞は、新婚のジョーンズ夫妻が実際にやったお互いの悪癖を指摘し合うゲームが元になっている。なお、この場面ではマイケルはすでに有名作家となっており、夫婦の暮らしぶりも大分豊かになっている。そのことを表現するために、原作では寝台以外の全ての家具を休憩の間にずっと高価なものに変える指定になっているが、ミュージカルでは天井から降りて来る豪華なシャンデリアひとつで象徴している。この後、原作と同じ夫婦のいさかい（『周知の事実』『炎のアグネス』）、離婚の危機と和解（『ハネムーンはおしまい』『第一幕フィナーレ』）があって第一幕が終わる。

原作の第二幕第二場は、前場から七年後の午前四時、息子の帰りを待つマイケルが息子の部屋で見つけたバーボンの瓶を持って寝室に入って来るところから始まり、帰宅した息子を叱りに行ったマイケルが何も言えずに戻って来て、その訳を息子が「トップハットを被ってた」からだと説明するところで幕となる。（ミュージカルでは、一九九六年の改訂版からは、何も言えなかった理由は「僕のタキシードを着てた。――似合ってた」からだ、とより分かり易くなっている。）

『I DO! I DO!』では、この場面の前後が書き加えられて第二幕が始まる。場面の設定を大晦日に変え、二人が越し方を振り返って「去年の雪今いずこ？／いつ二重顎になったのか？／倅も今年で一六歳。／時は滑るように過ぎて行く」とユーモラスな自嘲を交えて歌い踊るバラード『去年の雪今いずこ？』がある。これもロジャーズ＆ハマースタイン型のナンバーだが、途中でマイケルが「楽士さん、真ん中の所をもう一度お願い出来ますか？」とオーケストラに話しかけると「オーケストラは彼の言葉に従う」（ト書き）のは、明らかにリアリズムの枠を破っている。

この場面の最後の『子供たちが結婚したら』も、子供たちが巣立って責任から解放された親の生活を夢想してマイケルとアグネスがお互いに向かって歌うナンバーだが、これは明らかにショーストッパー（観客の拍手がなかなか鳴り止まないために芝居の流れが一旦止まってしまうほど受ける歌や踊り）を狙って書かれた歌である。初演でアグネスを演じたメアリー・マーティンの回想録によると、このナンバーはもともとあった『数千本の花』というナンバーが叙情的過ぎると言う理由でボストンでのトライアウト中にカットされ、その埋め合わせに書かれたものだそうだが、これはマーティンの記憶違いのようだ。思わず膝を叩いて踊り出したくなるような陽気な曲で、この場にぴったりだったが、チャンピオンは演出の上で何か特別な工夫が必要だと考えた。「二人とも歌って踊って少しばかり芝居をする以外に何か出来るかな？」という彼の問いかけに、マーティンは「ヴァイオリンが弾ける」と答え、マイケ

『I Do! I Do!』初演より。「おやすみ」を歌うメアリー・マーティン（アグネス）とロバート・プレストン（マイケル）。

同初演より。「愛が全てじゃない」のナンバー。

ル役のロバート・プレストンは「サキソフォンが吹ける」と答えた。こうして『子供たちが結婚したら』は二人が歌の途中で実際に楽器を演奏して見せる今ある形になった。このナンバーは観客に大受けして、文字通りのショーストッパーとなった。重要なことは、ここでは下手なヴァイオリンとサキソフォンを演奏するアグネスとマイケルという役の人物を通して、観客はマーティンとプレストンという二大スターその人にふれているということである。つまり、このナンバーは表面上は役の人物がお互いに向かって歌いかけているが、実際にはそれを演じる俳優たちは観客に向かって直の交流を図っているのである。遠い昔にジョーンズ少年を喜ばせたあのトウビー・ショーの喜劇役者のように。しかも「あまり上手くはないが、心から楽しんで演奏することで、技術の足りない分を補っている」（ト書き）合奏は、「あまり上手くない」からこそ、観客にはこの場面のために懸命に練習に励んだ俳優本人の姿を想像させつつ、それと同時に劇中の俄か素人音楽家マイケルとアグネスのリアリティをも保っている。劇中のリアリティを確保しながら、同時に第四の壁を打ち破る離れ業を披露しているのがこのナンバーなのである。

さて、原作の第三幕は前場から五年後、娘の結婚式から戻って来たアグネスがマイケルに別れ話を切り出すところから始まり、熟年離婚が危ういところで回避されて終わる。ここでも、ミュージカル化に際して作者たちは、その前後の出来事を付け加えている。娘の結婚式に出かける支度をしながらマイケルが最愛の娘を「馬鹿」で「間抜けな」男にさらわれて行く父親の憤懣を歌う『花嫁の父』に続いて、結婚式に参列するマイケルとアグネスの姿を実際に観客に見せ、帰宅したアグネスが「女って何？／何で出来ているの？／何故女は怖がるの／愛する気持を失うことを？（中略）若い娘は四月だわ、／虹と変化にあふれてる。／或る日大人になると、／四月は永遠に終わってしまう」と歌うバラード『女って

（左）
『I Do! I Do!』初演より。
「子供たちが結婚したら」を演じるメアリー・マーティン（アグネス）とロバート・プレストン（マイケル）。

（下）

同オフ・ブロードウェイ再演より。

「子供たちが結婚したら」を演じるカレン・ジエンバ（アグネス）とデイヴィット・ギャリソン（マイケル）。

何？』でただ妻として母としてのみ生きて来た彼女の孤独で空ろな、満たされない心情を伝える。離婚の危機が去った後は、二人が互いの愛情を改めて確認し合って歌い踊るアップテンポのワルツ『誰かが私を求めてる』、そしてこれまでの人生の整理をしながら、これからの人生への期待をしみじみと歌う『リボンを巻こう』と続くが、注目すべきはその後である。

二人は舞台上の化粧台に向かい、観客の眼前で中年から老年へとメイキャップを変えて見せるのだ。この作品が現実のリアルな再現ではなく、あくまでもお芝居であることを示す仕掛けの露呈は作中の至るところで駆使されてはいても、これほど明確に示している個所は他にないであろう。実は、作者たちはこの手法を全編に渡って採用したかったのだが、チャンピオンはそれでは当時の観客には「あまりに前衛的、あまりにオフ・ブロードウェイ的、あまりに呈示的だと思い」（ジョーンズ）、この最後のメイクのみを見せることにした。また、主演二人の年齢——マーティン五三歳、プレストン四八歳——を考えると、メイキャップや着替えを全て観客の目の前で行なうのは体力的にも難しいと判断したとシュミットは述べている。（この手法の発想の源は『ファンタスティックス』を説明する際に度々ふれたピッコロ・テアトロ公演『二人の主人を一度に持つと』である。ストレーレルの演出では、舞台の両側に観客から見える形で役者たちの楽屋が設えられていた。）

この観客の目の前でのメイキャップは、しかし、単に仕掛けの露呈であるに留まらない。『リボンを巻こう』の旋律が背後に静かに流れる中、無言でメイキャップを施して七〇代の老人へと変貌して行く二人を目の当りにする観客は、そこに約二〇年の歳月が淡々と過ぎ去って行く様を見て、時の流れの無常をも感じるだろう。『I DO! I DO!』は、ジョーンズ&シュミットのミュージカルの特徴の一つである「時間」の主題が具体的な表現で現れた最初の作品でもある。

最後の場面は、二人が長年住みなれた家を立ち去る当日の朝である。相変わらずささいな、そして今や微笑ましくさえある口喧嘩をしながら、最後には「結婚はとてもいいものだ・・・／楽では全くないけれど。／でも、この家には満ちていた／生命（いのち）と愛が」とバラード（『この家』）を歌って、半世紀に渡る二人の人生を回想し、肯定し、祝福する。ここは原作の第三幕第二場とそのまま照応している。

このようにミュージカルとしての開かれた構造を獲得するために、作者たちは大胆な脚色を施す一方、骨子となる六つの場面については、原作に極めて忠実な脚色をしている。要になっている面白いやり取りはほぼそのまま残し、それ以外の部分は手際よくカットしている。ジョーンズは『ミュージカルを作る』で、ミュージカルの台本は音楽が入る余地を残すために短くなくてはならないと書いているが、そのお手本のような脚色ぶりである。

ジョーンズは、物語の展開される場所が一ヶ所に限定されることの多いリアリズム演劇と違って、ミュージカルでは場面が次々と変化する、つまり「ミュージカルは動く」と言い、「この動きの感覚、場面と場所が様々に変化する感覚はアメリカのミュージカルの構造の一部」であり、歌や踊りの連続性と同様にミュージカルにとっての「呼吸」だと言って、そこにシェイクスピアや映画との類似性を見ている。

『日陰でも一一〇度』では、ロジャーズ&ハマースタインの『オクラホマ！』にならって、室内に限定されていた原作の背景を屋外へと引っ張り出すことでこの変化を可能にした。『I DO! I DO!』の場合も、原作の場面は全て屋内の寝室である。作者たちは、これに前述のような場面を追加することで多様化し、作品にミュージカルとしての「動き」を与えた。しかも、前にも述べた通り、作品の世界を象徴する寝台が絶えず舞台中央に置かれたままになっていることで、寝台がまだ登場しない一幕冒頭以外の場所は、例えば病院の廊下でありつつ寝室でもあるという風に優れて演劇的な空間が現出した。或いは、『愛が全てじゃない』のナンバーのようにどこと限定出来ない「家庭」そのものを表現した場所や、それに続くマイケルが聴衆（観客）に向かって得々と講演する背後でアグネスが子供たちの玩具を苦労して片づける場面のように二つの異なる空間を融合させて二人の関係の変化と時の変化を描いたり、子供の誕生を観客に告げる場面の如きどこでもない場所もある。いや敢えて言えば、これらの場面の場所は、今その瞬間に観客と俳優が共有している劇場の舞台に他ならない。こういった場面を配すことで、作者たちは閉じられた写実的な舞台を開かれた空間へと見事に変換したのである。それを可能にしたのは、勿論、「ほとんど何もない裸舞台」だ。

結婚についてのミュージカル

ガワー・チャンピオンは、『I DO! I DO!』の装置についてある特定の場所を表現するものにすべきではないと考え、その理由として「この作品はある特定の家族を描いたものではない」からであり、「家族というもの」一般を描いた作品だからだと発言している。すでに述べたように、彼はジョーンズとシュミットの考えに影響されて装置へのアプローチを大きく修正したのだが、その作者たちも勿論、『I DO! I DO!』を「普遍的なやり方で、あらゆる結婚を反映した作品にしたい」（シュミット）と望んでいた。

原作の時代背景は一八九〇年から一九二五年までだが、ジョーンズとシュミットはこれを世紀の変わり目から一九五〇年頃までのおよそ五〇年間にずらし、拡大した。こうすることでミュージカルは夫婦としてのマイケルとアグネスをほぼ全生涯に渡って描くことになり、彼らは原作に比べて、ある特定の夫婦である以上に夫婦というものの典型にさらに近づいている。そもそも原作においても、彼らはマイケルとアグネスという名前は与えられているものの苗字の方は与えられておらず、台詞の前に記された役名は「彼」と「彼女」となっている。ミュージカルもこれを踏襲しているが、写実的な装置を廃した結果、彼らはあらゆる夫婦の象徴として、いっそうの普遍性を獲得したとも言える。

デイヴィッド・ペイン＝カーターは、その遺著『ガワー・チャンピオン～ダンスとアメリカのミュージカル演劇～』で、この点を「『I DO! I DO!』は、次第次第にマイケルとアグネスについての作品と言うより結婚という概念（コンセプト）についての作品になって行った。まだそんな用語は生み出されてはいなかったが、〝コンセプト〟ミュージカルとなって行ったのである」と指摘し、ジョン・アンソニー・ギルヴィーも「チャンピオンとジョーンズとシュミットは、結婚と時代を超えたその浮き沈みについてのコンセプト・ミュージカルを創っていたのである」と書いている。コンセプト・ミュージカルとは、物語やプロットよりも或るイメージやメタファー、中心的なメッセージや上演スタイルそのものが優先されている、少なくとも同等の重みを持った作品であり、原因と結果の連鎖でプロットが展開する物語ではなく、言わば個々に独立したエピソードの集積によって主題が浮かび上がって来る構成の作品が多い。スティーヴン・ソンドハイム作詞作曲、ジョージ・ファース台本、ハロルド・プリンス演出による『カンパニー』（70年）以降、従来の物語重視のミュージカルとは一線を画す形態として注目されるようになった。代表的なものを挙げれば『コーラス・ライン』（75年）がそうである。構成の面では本質的にはレヴューに近い作品が多い。しかし、演劇史家イーサン・モーデンが『ソンドハイムについて～独断的手引き～』で指摘しているように、コンセプト・ミュージカルと総称されてはいても、そのスタイルも特徴も個々の作品ごとに流動的で、絶えず変化している。それでもあえて共通する特徴を言うなら、「単に物語を語るだけでなく、物語を批評解剖すること」だとモーデンは述べている。確かに『I DO! I DO!』は作品全体を貫くような大事件が起きる訳でもなく、夫々結婚生活の或る断面を描いた、夫々に独立した場面の集積によって構成されており、また「結婚」という制度を様々な局面から批評解剖しているとも言える。シュミットもこれは「結婚の研究」だとも述べている。それ故、『I DO! I DO!』をコンセプト・ミュージカルの先駆けと看做すことも出来る。だが、もう少し俯瞰的に眺めてみれば、個々の場面（エピソード）の結果が、数年後を描いた次の場面の前提になっていることが見えて来るし、そこにはやはり或る夫婦の愛が様々な困難の末に成熟するまでの大きな物語が立ち上がって来る筈である。この広い世界の中でたまたま出会い結ばれた男女の、世界中の誰よりもお互いに認めてもらいたいと願っている男女の愛の物語が。

スターの芸を祝うミュージカル

作者たちが意図したもうひとつの目論見は、この作品を「結婚というものを祝うことの他に、演技というものを祝う——二人の偉大なスターの芸を祝うもの」（ジョーンズ）にしようということだった。ミュージカル版のために新たに創作された場面やナンバーは、その意図を充分満たしているし、チャンピオンの演出と振付はそれをさらに増幅している。『子供たちが結婚したら』のようなショーストッパーはその典型である。

マイケルが先ずアグネスに、次いで観客に、女は若いうちが花だが、男は中年から魅力が増すと、得々と自説を展開する『周知の事実』も典型的なショーストッパーである。優雅なドレッシング・ガウンを身にまとい、杖を持ち、トップハットを被って歌い踊る。但し、ト書きに「彼は気取って歩く。杖をクルクル回し、精一杯フレッド・アステア張りに」とある通り、これはスターがダンス力を観客に見せつけて拍手喝采をもらうナンバーではない。様式は明らかに第四の壁を破りながら、第四の壁の中ではダンサーならぬ作家のマイケルがアステア気取りでステップを踏み、ポーズを決めようとしても、それが今一つ様にならないことが面白く見えなければならないナンバーであり、だからこそ自己満足に浸るマイケルを観客が楽しみつつ笑える仕組みなのだ。初演でマイケルを演じたロバート・プレストンは『ミュージック・マン』（57年）でミュージカル俳優としての実力を満天下に知らしめたスターであり、身体能力も高い。だが、ダンサーではない。その彼の条件を活かした仕掛けなのである。

この『周知の事実』に続いて、それへの言わば反論、反駁としてアグネスが歌い踊る『炎のアグネス』もまさにショーストッパーとして作られている。夫婦喧嘩の果てに夫に侮辱されたアグネスが鏡に映った自分の顔を見つめ、「この女は誰、鏡の中でじっと見つめてる?これが私?くすんださえない主婦・・・?哀れな犠牲者・・・?こんなものになりたかったの・・・?違う!」と言って、極楽鳥と鳩の羽毛でけばけばしく飾られた大きな帽子を被り、セクシーで大胆な女を演じて歌い踊るナンバーだ。少々下卑たバーレスク風の音楽と振付は、それまでのアグネス像とはやや齟齬を来たしているような気がしないでもないが、それは勿論、意図的なものである。ト書きには「バンプとグラインドの音楽に合わせて、彼女は知っている限りの野卑で下品なダンスを踊る」とある。一介の主婦が派手な帽子で武装し、精々努力してストリッパーの真似ごとをして見せることこそ、このナンバーの眼目なのである。またその底に彼女の性的欲求不満を捉えることも可能だ。対になっている『周知の事実』と同様、スター女優がダンスの腕を観客に見せつけるのではなく、下手なダンスを、その様にならなさを面白く見せる、一つ上の狙いで作られたショーストッパーなのだ。これはダンサーでは決してないメアリー・マーティンを考慮した結果でもあるだろう。この点も『周知の事実』と同じである。

メアリー・マーティンは、『南太平洋』（49年）や『ピーター・パン』（54年）『サウンド・オブ・ミュージック』（59年）によって健康的なイメージが強かったが、『私にまかせて！』（38年）でコール・ポーター作詞作曲の『私の心はパパのもの』の相当きわどい歌詞を歌って一躍注目を浴びた女優でもあり、『炎のアグネス』はそんな彼女本来の魅力を全開させたナンバーとなったのである。ただ、トム・ジョーンズは僕宛の手紙で『炎のアグネス』について「私の趣味としては（あるいは作品の他の部分と比べて）、この歌は少々ショー・ビズに過ぎるのではないかという疑念を昔から抱いている」とも書いている。とは言え、このナンバーを通してアグネスの積年の不満が発散され半ば解消される印象を観客に与えることは、この先の展開のためには絶対に必要だ。観客がこのナンバーを大いに楽しんで満足することによって、言い換えれば、無意識に観客自身の満足をアグネスの満足と錯覚する或いは同一視することによって、この後のアグネスの態度の軟化が観客には受け入れられるようになるのだ。

一幕の新婚初夜の場面で、マイケルがタキシードから寝間着に着替える一連の動きも夜毎客席を沸かせに沸かせた。原作にもほぼ同様の所作が指定されているが、ミュージカルでは音楽に合わせた動きと間が面白さを倍増させている。ここは勿論細部に至るまできっちりと振付されており、メアリー・マーティンの回想によれば、ロバート・プレストンは稽古が終わった後も遅くまで付き人とともにこの場面を練習していたそうだ。

プレストンに関しては、『完璧な人はいない』の途中でマイケルがアグネスの浪費癖を咎める個所は今日のラップに近い。同様の手法は『ミュージック・マン』でも使われていることを思うと、これまたプレストンの技量（芸）を示すための工夫とも取れる。

チャンピオンは、舞台裏の早変わりの手順まで細かく振付けていたという。舞台を一瞬の淀みもなく流れるように展開させるためである。また、稽古場で問題になりそうなことは事前に徹底的に解決しておくのがチャンピオンの流儀で、早変わりの手順ひとつとっても、ハーヴィー・シュミットの弾くピアノに合わせて自らマイムでシュミレーションし、「ここにはもう四小節要るな、メアリーのドレスのボタンは十八個だから」といった具合に音楽を手直ししたそうである。その反面、『子供たちが結婚したら』のエピソードからも分かるように、稽古場のハプニングを当意即妙に取り入れることにも長けており、例えば一幕中盤でマイケルが自分の仕事について語る背後で、アグネスが子供用の三輪車を乗り回すのは、マーティンが稽古場で気晴らしに小道具の三輪車に乗って遊んでいたのをたまたま見かけたチャンピオンの「すごい。そいつを毎晩やろう」のひと言で決まった演出だそうだ。

二五人編成のオーケストラをピットではなく、舞台奥の紗幕の背後に置いたのも当時としては目新しい演出だった。舞台と客席の関係をもっと親しいものにするための配慮であり、文字通り両者の間の溝を埋める作業である。序曲もなく幕が上がると、音楽はどこからともなく聞こえて来る。初め観客は驚き、後からオーケストラの姿が紗幕越しに見えるや、拍手が沸き起こったという。

前述の観客の目の前でのメイキャップも、一種の芸だとも言えるだろう。

初演の評価とその後の改訂

『I DO! I DO!』は、好評を持って迎えられ、五六〇回の続演を重ねた。トニー賞にも主要七部門で候補に上ったが、残念ながら受賞したのはプレストンのミュージカル部門主演男優賞のみだった。ちなみにこの年のほとんどの賞を独占したのは『キャバレー』である。

完璧な人はいないように、どんな作品にも欠点はある。『I DO! I DO!』の欠点は、結婚という陰影に富んだ題材の半面しか描けていないことだとジョーンズは言う。これは、すでに原作が結婚を寿ぐことを眼目とし、「複雑な素材を愛情を込めて、ユーモラスに、軽やかに扱っている」限り致し方ないことではある。そして、ロジャーズ&ハマースタインの様式に拘泥せず、当時のブロードウェイ・ミュージカルの常識を越える実験性を有していたとはいえ、そこにはやはりブロードウェイのショー・ビジネスの香りが濃厚に立ちこめてもいる。ジョーンズは、「説明するのは難しいのだが」と断った上で、登場人物八人の『ファンタスティックス』よりも二人しか出ない『I DO! I DO!』の方がはるかに大きな書かれ方をしていると言っている。その主たる原因が先に述べた「二人の偉大なスターの芸を祝う」コンセプトそのものにあったことは疑う余地がないだろう。ジョン・サイモンのように「最も心を奪い、夢中にさせるミュージカルのひとつ」であり、「最初はやや感傷的だが、観る者を次第に巻き込んで行き、最後は圧倒してしまう作品」と高く評価する劇評家がいる一方、トーマス・S・ヒシャックのように『ファンタスティックス』を「台本と詞は繊細にして胸に迫り、魅力的だ。言葉は実に詩的だが、ほとんど鼻につかない。人をいらつかせるよりもうっとりさせる素朴さがあるのだ」と賞賛しても、『I DO! I DO!』については「家庭生活の日々の哀歓をミュージカル化しようとして、ジョーンズとシュミットは感傷性をスーパースターに相応しいサイズにまで拡大してしまった」と手厳しい評論家がいるのもその辺の事情によるのであろう。ジョーンズ自身、もっと小さな、もっと実験的な演劇、言い換えるならオンよりもオフ・ブロードウェイの演劇の方に心を惹かれると告白している。しかし、『I DO! I DO!』の魅力の一端がこのショー・ビジネスの香りにあることもまた事実である。

一九九六年にオフのラムズ劇場で再演された折に、作者たちはよりバランスの取れた作品にするべくかなりの改訂を加えた。初演では一幕の前半にあった『愛があふれる』（夫婦がお互いに対する情愛をしみじみと歌う抒情的なバラードで、ヒット曲となった）を二幕に持って来たのもこの時だし、病院の待合室で妻の出産を待つマイケルが不安な気持ちで歌うソロ（『待合室』）が追加され、一幕の終わりにも手が加えられた。『女って何?』の最後の歌詞「女であることは／孤独だと言うこと、／だから女が生きているのは／愛に包まれているときだけなの。」が「女であれば／孤独になることもある。／だからと言って女が生きているのは／愛に包まれているときだけではないわ。」と正反対の結論に変更され、アグネスの自立志向もほのめかされた。（ちなみに初演版とこの改訂版の僕の訳詞は夫々「女は誰も／孤独なもの。／だから女は求めるの、／愛を。」「女は誰も／孤独なもの。／だけど生きよう、失くしても／愛を。」）

それともう一つ、この再演では、初演時には一箇所しか採用されなかった観客の目の前でメイクや衣裳を変えるというアイディアがいくつかの場面で実行に移された。演奏はオーケストラからピアノ二台に編曲された。（ハーヴィー・シュミットは僕宛の手紙で、ピアノ二台はオーケストラを除けば一番好きな演奏形式だと述べている。）

その後も『I DO! I DO!』は、全米各地のリージョナル・シアターで上演され続けている。ジョーンズは機会がある度に作品にさらに改訂を加えており、他のジョーンズ&シュミットのミュージカル同様、この作品にも未だ決定稿は存在しないのである。

なお、『I DO! I DO!』は、我が国では『結婚物語』の邦題で一九六九年に日生劇場に於いて浅利慶太演出、越路吹雪、平幹二郎出演により初演されて以来、数々のカンパニーによって上演されている。近年は原題がそのまま邦題となっていることが多いようだ。

改訂増補版のための付記――この本の旧版が出版されてから数年後の二〇一七年に、作者は作品にこれまで以上の大幅な改稿を施した。細かい改変では、台詞を削ったりつけ足したり、同じ台詞でも位置を入れ替えたりして、マイケルとアグネスの関係の変化を分かり易くしている。具体的に例を挙げると、第一幕の初夜の場面にほんの数行だが二人が言い争いになりかける台詞のやり取りを挿入し、男女の意識のずれを早めに示して現実感を増したり（厳密には、この補綴は二〇〇〇年以降の改訂ですでになされている）、『完璧な人はいない』の直前の台詞にマイケルの新作の原稿についての話題をつけ足し、マイケルがアグネスに求め続けているのが（そして彼の浮気の原因が）作家として彼女に認めてもらうことであるのを具体的に描き、それによって前後の様々な場面でのマイケルの自作評価へのこだわりをもはっきりさせた。『完璧な人はいない』に続く場面での二人の言い争いも台詞を一部書き直し、以前よりもシリアスな色合いが濃くなり、作品にいっそうの奥行きを与えている。『炎のアグネス』に入る前の台詞もいじり、アグネスの浪費癖が欲求不満のはけ口であることを明確にした。そのお陰で、これまた他の場面におけるアグネスの買い物の意味も、それに対するマイケルの反応も分かり易くなった。

台詞の変更はそれに伴う歌詞の変更も促し、歌詞もあちこち書き直されている。一番大きな改変は一幕の前半でマイケルとアグネスが夫々、息子と娘の誕生を観客に告げる歌（スコアでは『愛が全てじゃない』に組み込まれている）である。夫々たった二行ずつの変更とは言え、従来は子供たちの出産は病院でだったのを自宅出産に、舞台中央に置かれた寝台の上で産まれたことに変えたのだ。病院出産だと

『I Do! I Do!』再演より。
「僕は妻を愛してる」を歌い踊るカレン・ジエンバ（アグネス）とデイヴィット・ギャリソン（マイケル）。

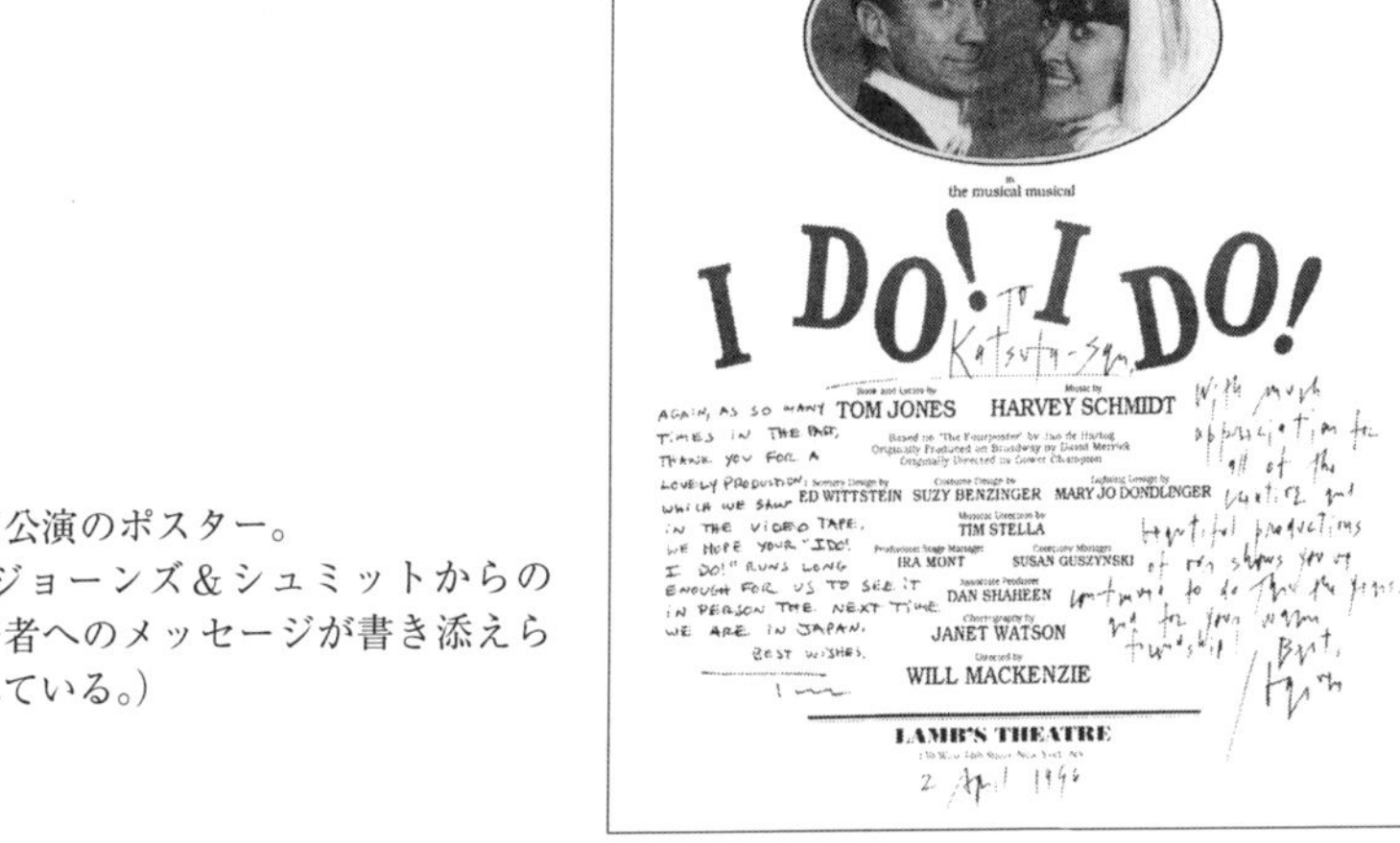

同公演のポスター。
（ジョーンズ&シュミットからの著者へのメッセージが書き添えられている。）

直前の場面の展開と矛盾することに気がついたジョーンズが書き直したのである。僕が二〇一七年の十二月に改訂についてジョーンズと話した際、彼は「これまで演出家も俳優もスタッフも誰一人、何故この矛盾を私に指摘してくれなかったのか」と嘆いていた。僕もその誰一人の中の一人なので返答に窮した。それはともかく、この改変によって寝台はいっそうこのミュージカルの象徴となったと僕は思う。

ナンバーに関する改変では、二幕に移行させた『愛があふれる』をもとの一幕の場所に戻し、旧改訂版で『愛があふれる』が置かれた場所には、『アイ・ドゥー！アイ・ドゥー！（中年になって）』が挿入された。これは『愛があふれる』と対になったようなしみじみとした、しかし如何にも年を重ねた夫婦らしいユーモアも忍ばせた歌詞によるバラードであり、もともとはジュリー・アンドルーズとディック・ヴァン・ダイクの共演で企画されながら実現しないまま終わった幻の映画版のために作られた曲である。『愛があふれる』は夫婦のいかにも初々しい愛情を率直に語った歌だ。それに対して『アイ・ドゥー！アイ・ドゥー！（中年になって）』は、同じ夫婦の愛情をもう少し距離を置いて、つまりお互いの欠点も良く承知した上で、それでもお互いをこの世の誰よりも愛しい存在として語っている。一見相似形のようでありながら、違う視点から愛を歌うナンバーを一幕と二幕に並置することで、「愛の成熟」がよりいっそう観客の心にしみる構成になった。

さらに大きな改変は二幕の終盤、熟年離婚の危機が去った後に歌われる『誰かが私を求めてる』を『数千本の花』と差し替えたことである。これは、その前の『女って何？』で喪失感と孤独を内的独白として歌ったアグネスが、マイケルに離婚を切り出し、その理由を彼に理解してもらおうとする台詞でのやり取りを大幅に手直しした結果でもある。アグネスが抱えている問題は二つある。一つは子供たちが二人とも巣立った後、自分がこの先どうやって生きて行けば良いのか分からなくなってしまった中年期の危機であり、その背景には更年期障害がある。この場面でのアグネスの具体的な目的は「マイケルに自分の気持ちを理解してもらい、この家を出て行くこと」であり、マイケルの目的は「何が起きているのか理解し、アグネスを思い止まらせること」だ。しかし、一方的に家を出て行こうとしているアグネスは「マイケルを不当に傷つけたくない」と思っているし、マイケルはマイケルで「自分にも非がある」という自覚があり、しかもアグネスの話を聞くうちに、自分はアグネスのことを思いやっているつもりでいただけで、実際には彼女の気持ちに寄り添っていなかったのではないかと自覚する。それが彼ら夫々にとって自分の行動を阻む障害になっている。それは勿論そうなのだが、アグネスのその目的の底にあるのは「今のこの塗炭の苦しみから救ってもらいたい」という思いであり、その苦しみを生んでいる原因こそ更年期障害である。

もう一つは、勿論それと密接な関係があるが、夫のマイケルがもう自分を愛しておらず、自分もまた彼を愛していないという自覚だ。初演版では、更年期障害に関してはアグネスに「今日、私は母親であることをやめた。二、三年もしたら、きっと来年かしら・・・女でさえなくなる」と言わせたり、マイケルに「(アグネスは)自分の努めは終わったと思い込んで、空ろな気持ちでいる」と語らせることで表現していた。これらの台詞は表現に若干の違いはあるものの原作から採られている。しかし、アグネスの台詞は現在ではさすがに性差別に当たると思われたからか、旧改訂版でもすでに削除されていた。その結果、更年期障害についてはいささか分かりにくくなった憾みなしとしない。今回の改訂ではそれを解消するために以下のようなアグネスの台詞を書き足している。

アグネス　(今にも泣き出しそうになりながら)分からないのよ、自分がどうなっちゃったのか。どうしてこんな風に感じるのか。目の前が真っ暗で。私なんて——何の役にも立たないって！

それまで努めて感情的になるまいとしていたアグネスの自制心が崩れる瞬間である。そのきっかけになるのは、「下宿でも探す」と言って「分かってくれる、何故出て行かなきゃならないのか？」と訊くアグネスへの、マイケルの以下の返答だ。

マイケル　まあ確かに、もし僕が愛の詩[うた]に胸ふくらませて、バスルームにいる君を訪ねたとしてだ、君がコールドクリームをベタベタ塗ったり、腋毛を剃ったりしているところを目撃したとしたら、そりゃあ愛しさで胸が一杯になるって訳にゃ行かないだろうが、でもだからって下宿屋暮らしをしようとは思わないね、僕だったら。

この台詞は原作から一部変更して持って来たもので、ミュージカルには初演版からある。

しかし、原作ではアグネスから「話がずれてる。肝心なのはあなたが言ったことよ」と言われてしまうし、ミュージカルでもアグネスが答えないので「前から好きだったんだろ、あの若い男の詩が？」と話題が移る。つまり、これまでは皮肉なユーモアにくるんでアグネスの家出を思い止まらせようとするだけの台詞だったのだ。それが前記のアグネスの反応を引き出し、この場面の流れを大きく変える台詞になったことで、そのちょっと斜に構えてからかうような表現とは裏腹に、これはマイケルのアグネスへの真摯な愛の告白の台詞に変わったと僕には思える。（時にかなり無神経で子供っぽいマイケルだが、この時はまさに熟年の大人の顔を見せてくれる。矛盾した性質の共存が役のリアリティを深めてもいる。多くの男性は彼の中に己れの似姿を見出すだろう。）

また従来は「あの若い男」——アグネスを崇拝する若い詩人——についての話題が原作からそのまま長々と導入されていたが、この件りにはアグネスが求めているのが単に新しい恋愛だと観客に誤解されかねない危うさがあり、そうなると直前に歌われた『女って何？』の意味さえ誤解されかねない。新改訂版ではごっそり削除された。

アグネスが家出を思い止まり、離婚の意思を翻すのは、これまでの版ではマイケルの「僕には君が必要なんだ！」という説得が功を奏するからだ。さらにマイケルが「でも、これは——これは君だけのために」と言って差し出す、家族の名前を彫ったブレスレットの贈り物が決め手になる。確かに、中年期の危機は自分が誰にも必要とされていないと思ってしまうことが、自分の存在の意義を見失ってしまうことが心理面での要因であり、そうではないと自覚することは解決への大きな一歩になる。それに相手が自分を求めていると知ることは、『日陰でも一一〇度』の解説でも少しふれた通り、愛が生まれるための重要な下地でもあるだろう。しかし、旧改訂版までの展開では、マイケルから今でも求められているという自覚だけではアグネスが翻意するには何かが足りないという思いを、実は僕も心のどこかで抱いていた。この場面だけを取り出して考えれば、このままでも良いのかも知れない。が、「愛の成熟」という作品全体の流れの中では、芝居として何か物足りない、もっと情動的なものが必要なのではないか。アグネスが実は自分は今でもやはりマイケルを愛しているし、マイケルも自分を愛しているのだと心の底から悟るための何かが。物理的にも舞台上でブレスレットよりももっと映える、観客の目につくものに象徴される何かが。

それに『誰かが私を求めてる』は美しいナンバーだが、アグネスの決断は歌に入る前にすでになされており、このナンバーは言わば起きたことの確認である。確認でしかないと言っても良い。このミュージカル全体のクライマックスとしては、やはり歌の中で真の決断がなされるべきではないのか。『数千本の花』に差し替えることで、この問題は解決されたと僕は思う。歌の前の、アグネスを説得するマイケルの台詞をジョーンズは大幅に書き直した。原作にあってもこれまでは使われなかった個所も取り入れ、さらに従来の台詞に書き足して以下のようになっている。

マイケル　役に立たない?!とんでもない！アグネス、聴いてくれ。この六ヶ月、君はずっとイライラしてた。僕は心配で、屑みたいな原稿さえ書けなかった、一ページも。鉛筆を削り、紙に向かって書こうとはしてみた、でも・・・アグネス、僕には君が必要なんだ！話をしたり・・・僕を喜ばせたり、笑わせたり、時にはけなしてくれる君が。君がいなかったら僕は一行だって書けない。君がいなかったら何も感じない。君は僕の歌なんだ！僕の喜び、僕の苦しみ――君は僕の「僕」なんだ。君がいなかったら、僕は糞以下だ。汚い表現は許してくれ。

このマイケルの言葉に、それまで頑なに心を閉ざそうとしていたアグネスも大きく動揺する。しかし、それでもまだ説得され切れてはいない。そのアグネスにマイケルが贈るのはブレスレットではなく、一輪の薔薇の花である。そして、マイケルは「覚えているかい／僕たちが初めて会ったときを？／辺りが次第に暗くなって行く頃／花の市場の近くだった。／君は髪に一輪の薔薇を挿していた」と『数千本の花』を歌い出す。アグネスも「あなたが微笑んでいるのを見たわ／私の傍らで。／私は内気だったけれど／あなたが微笑んでいるのを見たとき／不意に世界が広々と開いたの」と返す。この歌詞の間に、アグネスは遠い昔の出会いの情景を思い出すとともに、彼がその時と変わらず今も自分を愛していることを、そして彼への自分の愛もまだ消えてはいないことを悟る。さらに二人で「数千本の花が／空から降って来た！／薔薇が伸びて行った／私の目の前で！」と和し、「今は僕たちも年を取った。／外には雪が」と歌うマイケルに「でも私の心の中では／春が始まったばかり／そして花はいつでも伸びて行く！」と続けるアグネスは、この先の人生もマイケルとともに生きて行くことを選び取っている。

実は、『数千本の花』は初演時のボストンでのトライアウト中に『誰かが私を求めてる』と差し替えられたナンバーである。関係者の多くがこの美しく抒情的なナンバーが作品から消えてしまうことを残念がったそうだ。それから半世紀、作者たちは熟慮の末改めて差し替えを行い、『数千本の花』は再び見事に花開いた。

僕が二〇一八年に客席数百に満たない小劇場でこの新改訂版を演出した際には、『数千本の花』をより活かすために、第一幕の冒頭に台本にはないマイケルとアグネスの出会いを黙劇風に挿入してみた。客席下手側の入り口からアグネスがロングコート姿で登場し、そのまま舞台に上がり、下手前方で花市場にいる風情で花の香りを嗅ぐ。その時、上手奥からマイケルがやはりコート姿で花を見ながら登場し、ふと振り返ってアグネスに目を留める。この時、舞台後方の紗幕の奥に設えられたピアノが『数千本の花』の旋律をそっと奏で始める。アグネスが振り返り、二人の視線が合う。二人は吸い寄せられるように舞台前中央に近づき、そこで無言のまま初対面の挨拶をする。マイケルはうっかり帽子を被ったままお辞儀しかけて気がつき、慌てて帽子を脱いで会釈する。（この帽子の所作は、結婚式の祭壇の前で新郎新婦がキスするときと、新婚初夜でマイケルがアグネスにキスしかける際にも繰り返すことにした。）思わず微笑むアグネスに、マイケルは脱いだ帽子の中から魔法のように（手品のようにではなく）一輪の赤い薔薇の花を取り出し、そっと彼女に渡す。アグネスは薔薇を受け取ると髪に挿すしぐさをして見せ、下手前に去る。マイケルもしばしその姿を見送ってから上手前に去る。『数千本の花』の旋律が消え、本来の一曲目である『皆集うよ、晴れの日に』の時計が時を刻む音とも、二人の期待と不安にはやる心臓の鼓動とも取れる前奏が始まって照明が変わり、礼服姿のマイケルが上手前から、ウェディング・ドレスに身を包んだアグネスが下手前から緊張した面持ちで再び登場し、結婚式の参列者に見立てた客席の人々に気がつき歌い出す。第二幕の後半で再び薔薇の花がマイケルからアグネスに手渡されるとき、観客にもアグネスと同じ思いを抱いてもらいたい、約三〇年の時の流れと、それでも変わらないものを観客にも感じてもらいたかったのだ。感傷的と言われればその通りだが、効果はあったと思う。『数千本の花』の前にマイケルがアグネスに贈るのは大輪の薔薇だが、冒頭の黙劇ではシルクハットの中に仕込む都合上ずっと小ぶりのものになった。怪我の功名とは言え、その薔薇の変化も三〇年の時を経ての「愛の成熟」を表現する一助になった。少なくとも無意識のレベルでは、観客にもそれは充分伝わった筈だ。

なお、小劇場のため、ブロードウェイ初演のように寝台が床の切り込みを使って「ほとんど踊るようにして」途中から出て来る訳には行かず、寝台は初めから舞台中央に鎮座ましましているしかなかった。観客が作品の呈示的スタイルにまだ馴染んでいない冒頭の教会の場面で、すでに寝台があるのは如何にもまずい。解決策として寝台が回転する仕掛けにし、最初は客席に寝台の背凭れの背後が見えるように後ろ向きに配置して、その背凭れの背面に教会風の装飾を施すとともに大きな十字架と燭台を設置して祭壇とし、教会から寝室に変わる時にはマイケルとアグネスが二人で寝台をぐるりと半回転させて舞台転換をすることにした。結果、祭壇でありつつ寝台でもある装置となり、作品の中心であり、舞台上のエネルギーの根源としての寝台の意味はいっそう明瞭になったのではないかと思う。(寝台はもともとブロードウェイの初演時から回転する設定になってはいた。一幕前半の『僕は妻を愛してる』の途中で、浮かれたマイケルがアグネスが寝たままの寝台をぐるぐる回し、「何してるの?」と訊かれると「ベッドに乗った君を押して回ってるのさ」と答える。リアリズムを逸脱したシアトリカルな面白さに満ちた仕掛けと台詞である。しかし、『I DO! I DO!』はアメリカではアマチュアを含め地方の小さなコミュニティ・シアターで上演される機会も多く、恐らく装置の制作費などを配慮した結果であろう、新改訂版では寝台は回らず、マイケルの返事は「ベッドの周りで踊ってるのさ」に変わっている。)

この時の公演では舞台が狭かったこともあり、「舞台の両端に据えられた夫々の化粧台」(ト書き)は割愛せざるを得なかった。それ故、化粧台から持ち出される小道具は全て寝台の両側面の抽斗から出すことにした。『ファンタスティックス』に登場する、「その他に必要なものは何でもこの箱から取り出します」とエル・ガヨが説明する箱へのオマージュでもある。これもまた怪我の功名のようなものだが、寝台の存在を際立たせる演出になった。冒頭の黙劇の間は照明を抑えて、祭壇(寝台)が極力目立たないようにした。

ブロードウェイ・ミュージカルをオフ・オフ・ブロードウェイの規模で上演するには演出家もあれこれ工夫をするしかない。

出演者がたった二名という『I DO! I DO!』の特色は、製作費の節約に貢献することは間違いない。が、その一方、地方劇場ではもう少し多くの役者に出演の機会を与えたいと思うのもまた事実である。

『I Do! I Do!』（勝田安彦演出／2021年公演）より
宮内良（マイケル）、宮内理恵（アグネス）

「結婚式」

「僕は妻を愛してる」

「子供たちが結婚したら」

「炎のアグネス」

「この家」

それに応えるかの如く、作者たちは数年前に、作品の内容はそのままに形式と題名だけ変えた新ヴァージョンを作った。『I DO! I DO! I DO! I DO!』である。物語が進み、マイケルとアグネスが齢を重ねて行くのに連れて、二人を演じる役者も二〇代から七〇代までの四組計八人のマイケルとアグネスがバトンタッチよろしく順繰りに演じて行く形式である。

さらに、二〇一九年四月八日に、ジョーンズ&シュミットとは縁の深いオフ・ブロードウェイのヨーク・シアター・カンパニーの創立五〇周年を祝って、『I DO! I DO!』の特別ガラ・コンサートが催された時には、時代の趨勢に合わせ、人種的にも多様な五組計一〇人のマイケルとアグネスで上演され、二幕前半のカップルはマイケルとアンドルーと改名されて男優二人で演じられた。ゲイのカップルで演じることも可能だと示されたのだ。アンドルーを演じたのは『プロデューサーズ』と『サムシング・ロットゥン！（何かが腐っている！）』で二回トニー賞の候補となっているブラッド・オスカーだった。なお、このとき最後の七〇代のマイケルとアグネスに扮したのは九一歳のトム・ジョーンズその人と、八三歳のナンシー・フォード（一九三五〜）。フォードは『旅立て女たち』『シェルター』『ゲーム・オブ・ラヴ』等々の作曲家で、ジョーンズとは六〇年代の前半に『ファンタスティックス』のピアニストを務めて以来の旧知の仲。二人が登場すると、客席からは夫々拍手が沸き起こった。

第三章　この何もない空間で

Within This Empty Space

一、ポートフォリオ・スタジオ

デイヴィッド・メリックがジョーンズ&シュミットに興味を抱いたのは『ファンタスティックス』を観たからだが、著名なプロデューサーがもう一人、この実験的な小劇場ミュージカルを観て二人のファンになった。チェリル・クローフォード（一九〇二～一九八六）である。グループ・シアター設立メンバーの一人で、前衛志向が強く、しかも『ヴィーナスの接吻』（43年）『ブリガドゥーン』（47年）『ラヴ・ライフ』（48年）等々のミュージカルの製作も手掛けたクローフォードがジョーンズ&シュミットに関心を持ったのは頷ける。彼女はジョーンズとシュミットに新作を依頼する。『日陰でも一一〇度』と『I DO! I DO!』に時間を取られ、この依頼はなかなか実現しなかったが、やがて『セレブレーション』として結実する。シュミットの言によると、創作活動の間クローフォードは実に協力的で、余計な口出しは一切しなかったそうだ。出版された『セレブレーション』の台本はクローフォードに捧げられている。

では、この『セレブレーション』はどうやって生まれたのだろうか。

演劇実験室

ジョーンズとシュミットの二人が学生時代からの夢だった彼ら自身の劇場を手に入れ、仲間のスタッフや俳優たちと語らって、実験的で独創的なオリジナル・ミュージカルの創作に取り組み出したのは一九六六年のことだった。自分たちが本当にやりたいことを今やらなければ、やがて体制に取り込まれ、肥え太り、冒険を恐れるようになってしまうと感じたのである。二人は『ファンタスティックス』や『I DO! I DO!』からの収入を注ぎ込んで、ブロードウェイの劇場街にもほど近い八番街と九番街の間の西四十七丁目の古い六階建てのブラウンストーン（十九世紀末には移民が結婚式を執り行うための礼拝堂だった）を借り受け、内部をスタジオ兼客席数九十九の小劇場、楽屋、仮面や小道具を製作する工房、事務所に改装してポートフォリオ・スタジオと命名した。ロジャーズ&ハマースタインの様式を離れ、ミュージカルでは従来試みられたことのない手法や題材を積極的に取り入れて、ワークショップを通してミュージカルの新たな形式を作り出そうという演劇の実験室である。写真で見る限り天井も高く、想像力を刺激し、人をわくわくさせるような可能性を秘めた独特の雰囲気を漂わせている。

スタジオの基本舞台はシュミットがデザインした。デザイン画や写真を見ると、平土間も含めれば三層になる木造の演台であり、上舞台と内舞台を備えていた。一見禁欲的な印象さえ受ける空間であるが、ヒントになっているのは明らかにエリザベス朝様式の舞台である。これにはジョーンズがテキサス大学演劇科の学生だった時の恩師B・アイデン・ペインの影響が見られる。ペインはグローブ座を模した形態の劇場をアメリカの各地に建設することにも一役買った演劇人であり、微に入り細をうがった写実的な装置ややたらと飾り立てた豪華な装置は演劇には不要だと主張した。何もかもを観客に説明するのではなく、観客の想像力に訴えて彼らを創造行為に参加させることにこそ演劇の醍醐味がある。演劇のあるべき姿は再現ではなく呈示である。多感な若者だったジョーンズは、自身の演劇観を左右する決定的な感化をペインから受けている。

この基本舞台の形から分かることは、従来試みられたことのない手法や題材、新たな形式と言っても、ジョーンズとシュミットは目新しい新奇な演劇を作ろうとしていたのではないということだ。その新しさとは、あくまでもミュージカルということであり、現代の演劇が忘れてしまった演劇本来のあり方をむしろ過去の演劇に探り、それをミュージカルという形式で復活させようとしたのである。シェイクスピアにあるべき理想の演劇の形を見、近代以降の写実的演劇に飽きたりないものを感じていた彼らは、ミュージカルにこそ現代の民衆演劇の可能性を見出していたのだ。音楽と演劇はそもそもの始まりから切っても切れない関係にあった筈だ。音楽劇の歴史は演劇そのものの歴史と言っても良い。しかし、ことさらミュージカルと呼ばれているアメリカの音楽劇は、その存在が意識されてからまだ日が浅い。その形態も極めて流動的であり、第四の壁に象徴されるリアリズムの桎梏からも自由だ。疲弊し、やせ衰えた演劇に本来の活力を取り戻すにはミュージカルしかあり得ない。ジョーンズとシュミットはそう思ったのであろう。商業主義や糞リアリズムによって失われてしまった演劇の本来の活力、近代以前の演劇が持っていた生命力をもう一度取り戻そうという試みである。これはミュージカルというジャンルを超えた、六〇年代における世界的な規模での演劇観の変化と通底した「意識」だったと言うべきだろう。

ここには勿論ピーター・ブルックの影響が見て取れる。一九七〇年代に、あのあまりにも有名な書き出し、「どこでもいい、なにもない空間——それを指して、わたしは裸の舞台と呼ぼう。ひとりの人間がこのなにもない空間を歩いて横切る、もうひとりの人間がそれを見つめる——演劇行為が成り立つためには、これだけで足りるはずだ」（高橋康也・喜志哲雄訳）で始まる『なにもない空間』（一九六八）に何の影響も受けなかった演劇人を見つけるのは難しいだろう。日常の生活では決して目に見えないものを目に見えるようにする祭儀的な神聖演劇と、もっと猥雑なエネルギーに満ちた民衆的な野生演劇との衝突に、その対立的共存に、「秘教的であると同時に大衆的であること」に演劇のあるべき姿を見

ハーヴィー・シュミットによるポートフォリオ・スタジオの基本舞台のデザイン画。

ポートフォリオ・スタジオの外観。

ポートフォリオ・スタジオでのワークショップ風景。

て、その鑑としてシェイクスピアを挙げるブルックに、ジョーンズたちも強い共感を抱いた筈だ。ジョーンズ自身、当時したためた文章の中で、「神聖演劇と野生演劇が結び合わさって調和した一個の作品となることを信じている」と述べている。神聖にして卑俗な演劇。司祭にして道化でもあるエル・ガヨが導く儀式であり道化芝居でもある『ファンタスティックス』が、それをすでに予言のように証明していたと言えるだろう。

理想の演劇の創造、そのためには十九世紀以降のリアリズム演劇以前の様々な演劇、それも欧米にとどまらず世界中の演劇の形式にヒントを求め、ミュージカルを疲れたビジネスマンのための息抜き以上のものにしなければならない。当時ブロードウェイで大勢を占めていた能天気なだけのミュージカル以上のものを目指さなければならない。ジョーンズとシュミットは古さの中にこそ新しさを求めた。温故知新の精神である。ロジャーズ&ハマースタインの方式を捨て、コンメディア・デッラルテにシェイクスピアや歌舞伎まで過去の世界中の演劇の技法を借りて作った『ファンタスティックス』での試みをより徹底して意識的、探求的に行おうとしたのがポートフォリオ・スタジオの活動だったのである。劇場という空間に限定された所謂「演劇」だけではない、そこから見れば周縁部にある大道芸や物真似芸、サーカス等大衆芸能の技芸を研究し、そして世界各地の民族楽器や仮面を集めて実験を繰り返し、俳優の即興演技が生んだ成果を積極的に取り入れ、新しいオリジナル・ミュージカルへの活用を探った。その点で、ポートフォリオの活動はピーター・ブルックやジョルジョ・ストレーレルの著作や演出を介して、二〇年代のメイエルホリドやタイーロフ等のロシア・アヴァンギャルド、さらにはワフターンゴフの仕事にも繋がる試みだった。

演劇が本来持っていた生命力を取り戻すには、先ずその生命力の由って来る源を突き止めなければならない。ジョーンズとシュミットは、それを演劇行為の祭祀性、儀式性に求めた。

演劇の起源に古代の祭祀が深く関わっていることは良く知られている。穀物の豊穣や狩猟の成功を祈る祭祀、儀式は、それを行う古代の人々にとっては文字通り自分たちの生存に関わる切実な行為だった筈だ。そして、そういう祭祀や儀式の背景には言うまでもなく季節の変化があり、太陽の運行がある。『ファンタスティックス』が季節の移ろいを通して若者が大人へと成長して行く姿を描き、『日陰でも一一〇度』が灼熱の太陽がもたらす痛みと清澄な月の光が与える癒しという大自然のサイクルを背景に、雨乞い師という古代の呪術師（シャーマン）の末裔を軸に展開する物語だったことを思い起こせば、ジョーンズ&シュミットの作品には、古えの祭祀性、儀式性が初めから潜んでいたことに気がつく。いや、『ファンタスティックス』のエル・ガヨや『セレブレーション』のポチョムキン等の狂言回し（ナレーター）たちが芝居の冒頭で観客に向かって語りかけ歌いかける時、そこには儀式以前の物語の始原の状態が、太古の洞窟の中で焚き火を囲んでその日の狩猟の様子を仲間たちに語って聞かせる我々の遠い祖先の姿さえ重ね合わされて来る。そういう物語の力、共同体にとっての演劇の始原の生命力を現代に甦らせ、真の民衆演劇を作り出すためにジョーンズとシュミットは、せせこましい写実主義と金銭的な成功ばかりを目的とする商業主義に「ノー」と言い、ポートフォリオで「儀式としての演劇（リチュアル・シアター）」の創作に取り組んだのである。ここにも六〇年代という時代の大きなうねりが確実に反映している。

とは言っても、彼らの目指した儀式的演劇はグロトフスキー流の笑いを廃した厳しい秘儀的な舞台ではなく、すでに『ファンタスティックス』が示した如く、あくまでも笑いと涙の共存が啓示となるような民衆演劇だったことは強調しておきたい。人間の生命感の躍動があってこその演劇、それが彼らの根本的な姿勢だ。当時、前衛演劇の旗手と目されていたピーター・シューマンの「パンと人形の劇場」の公演を観たジョーンズが、魅了されつつ当惑と落胆を感じて記した覚え書きの次の一節を引用しておこう。「笑いのない涙は／涙のない笑いのようなもの。／どちらも本質的には浅薄だ。／半分だけの経験。／半分だけのヴィジョンだ。」

ポートフォリオ・スタジオでのジョーンズ&シュミットの作品には、本質的には当時の日本のアンダーグラウンド演劇との共通点が、共時性が多々あると言ってもあながち間違いではないと僕には思える。そして、そのことを如実に示しているのが『セレブレーション』である。

二、セレブレーション

ドラムスがリズムを刻み始め、舞台上の太陽が沈んで見えなくなると、ナレーター役の男が語り出す。「太古の昔、冬になり、太陽がどこまでも低く沈んで行くと、人々は心配し出した、太陽が死んでしまうと。「見ろ！」彼らは言った、「昼が夜に食われて行く！」「見ろ！」彼らは言った、「闇が光を貪り食う！」そして彼らは恐れ戦いた。」

ナレーター役は歌い出す。「人は言う／今日がその日／風が巻き起こり／世界を吹き飛ばすと。／そうかも知れない——／私には分からない。／分かるのはただ死ぬ時までは元気でいようということ、／祝いたい！／祝祭をしたい！／祝いたい！／感覚を全て味わい尽くしたい！／昇る日の光を見よう／空をさわって感じよう／生きていたい／死ぬ日までは！／祝いたい／毎日！」

そこにお祭り騒ぎを演じる人々（レヴェラー）と呼ばれる十二人の男女からなる仮面姿の異形のアン

サンブルが手に手に松明や幟や仮面を持って列を成して登場し、ナレーターは再び観客に向かって語りかける。「そうして人々は火の回りに集い、飲んで歌って芝居を作った。顔を塗り、炎に照り映え、彼らは待った――待ち望んだ、太陽の復活を。」

ナレーターはアンサンブルとともに歌う。「人は言う／今夜がその夜／鳥は飛び立ち／光を食いつくすと。／（中略）／燃え盛る炎を感じよう！／葡萄酒の杯を飲み干そう！／松明に火を燈し／太陽に輝くことを教えたい！／祝いたい／毎日！」

レヴェラーたちは踊り出し、ナレーターは語り続ける。「私たちもあの古代の人々と似たようなものだ。火の周りに集って芝居を演じる。私たちの夜も暗い。世界は冷たい。希望は凍てついてしまったかのようだ、雪の下で――それでも、もし皆さんが助けてくれれば、その想像力で、私たちはこのみすぼらしい舞台を変えて見せよう、祝いと祭りの場、セレブレーションに！」

ナレーターとアンサンブルは再び声を合わせて歌う。「人は言う／今日がその日／寒さがやって来て／決して去らないと。／鳥は飛び立ち／風は吹く、／でも身体の奥深くで何かが言う、そんな筈はないと。／（中略）／身体の奥深くで何かが／言う、「雪の下には」／「小さな種がある。」／「それがもうすぐ育つ筈！」／祝いたい／毎日！」

こうして彼らの祝祭が、儀式が、劇中劇が、ミュージカル『セレブレーション』が始まる。

祭式としての演劇

スタジオでの第一作『セレブレーション』は、題名（祝祭）からして彼らの意図と意気込みを雄弁に物語っているが、ジョーンズ自身は作品の意図について初演当時に次のように語っている。「私は演劇が好きだ。演劇が「今風（ナウ）」だから好きなのではない、「古風（ゼン）」だから好きなのだ。演劇は古代的だ。原始的だ。私が演劇が好きなのは、それが私の中の何か基本的なものにふれるからだ。演劇は祭式だ。儀式だ。そして私の中の何かがその儀式を渇望している、求めている。人々が集い、円陣を組む。祈祷が唱えられる。寓話が演じられる。そしてどういう訳か、動作と音楽と詩から成るこれら古代の「秘儀」を通して、私には自分が見えて来る。自分がはっきりとして来る。（中略）それは火のようなものだ。火の傍に座っているようなものだ。それもまた原始的なことだ。今の時代では能率的でもないし、馬鹿馬鹿しいほど古めかしい。けれど奇妙でそして古代的な方法で、演劇はセントラル・ヒーティングのスイッチをひねるよりもずっと私たちを癒し慰めてくれる。演劇は私たちに「根づいて」いる。私たちを過去と結び付けてくれる。そして私たちを解き放ち、未来を夢見させてくれるのだ。『セレブレーション』は、そういう原始的な演劇を書こうと試みたものだ。ミュージカル・コメディではない（繰り返す、断じてない）。『セレブレーション』は儀式的体験の試みだ。笑いと、そして二、三人の裸の女の子付きの。」

　最後の一文からも分かるが、儀式的ミュージカルと言ってもジョーンズたちの狙いは厳粛で堅苦しい芝居ではない。あくまでも生き生きとした、時には猥雑でさえある祝祭的な民衆演劇の創造が目的だったのである。後年、著書『ミュージカルを作る』でも、『セレブレーション』は「ギャグと数人の裸の女の子付きの儀式的ミュージカルを作ろうという試みだった。つまり、ピーター・ブルックの言う〝神聖演劇〟、神話と儀式の演劇を〝大道芝居（ストリート・シアター）〟、道化と娯楽の演劇と混ぜ合わせようという試みだった」と述べている。

創作のそもそものきっかけは、冬至の意味について書かれたニューヨーク・タイムズの論説記事をジョーンズが読んだことである。冬至は太陽の黄経が二七〇度のとき（新暦の一二月二二日頃）を言う。つまり北半球では太陽の南中高度が最も低く、昼間が最も短い。冬至まで太陽は日々低くなって行き、昼間は短くなって行く。古代の人々は、これを太陽の死ととらえた。冬になり、植物は枯れ、動物は姿を消す。農耕と狩猟が命の支えである人間にとって、太陽の死は自らの死に直結している。光（火）は繁栄と生命であり、闇は恐怖と死である。従って、太陽が再び高度を上げ、昼間の時間が延びて行く最初の日である冬至は、古代のエジプトやシリアでは「太陽の誕生日」と呼ばれて祝いの日と定められていた。但し古代の人々は冬至を一二月二五日ととらえており、旧暦ではこの日が「太陽の誕生日」となった。現在のクリスマスだが、これはキリスト教が異教徒を改宗させるための手段として、古代の祭事をキリスト教の祝祭日として取り入れ、そうやって布教の促進を図った結果である。太陽の誕生日が神の子の誕生日へとすり替わったのである。

ともあれ、厳しい冬の寒さに耐え、陽光輝く春の到来を待ちわびて冬至、大晦日の前後に行われる祭りは、北極圏から北欧を経て極東まで北半球の広い範囲で見られる現象である。ハリソンは『古代藝術と祭式』で、太陽が「エスキモーの居住地のように、六か月の長さにわたって姿を隠したりさえするところでは、当然祭式が発生する。人びとは、太陽が沈んで永遠に消えたりしないように、太陽という球をつかまえるための綾取り遊びをするのである」（喜志哲雄訳）と述べている。この冬を追い払い春を呼び入れる儀式、太陽の復活を祈る儀式、穀物の豊穣と人間を含めた動物の多産を祈る儀式を「冬と夏の戦い」の物語のミュージカルとして寓話的に描こうとしたのが『セレブレーション』なのである。騒々しいお祭り騒ぎにこめられた今を生き抜くための切実な祈りと生命の賛歌。ジョーンズとシュミットは、そこに共同体としての演劇行為の原点を見たのであろう。

実際、すでに述べたように、これらの祭りや儀式には演劇行為への萌芽が明らかに見て取れる。太陽信仰から派生する祭事が芸能の始まりであることは、我が国の天の岩屋戸の神話からも伺えるが、儀式に参加する人々が冬と夏をデーモン、即ち悪霊や神の姿に擬人化し、夫々の姿に仮装して行列して見せたり、さらにはその戦いの様を演じて見せたりするようになれば、そこに潜む演劇性は明白である。祭りではこの仮装に仮面を使うのが普通だ。仮面にはデーモンの力が宿り、それを被る人間にはその超人的な力が乗り移ると思われていた。仮面を被ることによって一介の人間が神や悪霊に成り変わる。日本の生はげしかり、スイスのクロイセしかり。仮面劇の原点がここにあることは言を俟たない。

この原初的にして豊かな演劇性がジョーンズたちを捉えた。『セレブレーション』の物語は祝祭の寓話にふさわしくごくシンプルである。いつとも知れない或る年の大晦日、どことも知れない大都会に孤児の少年がやって来る。自分を育ててくれた人々の土地が買収され、美しい庭はゴミ捨て場に変えられようとしている。少年は土地を奪った大金持ちの老人に会って、土地を返してもらうよう言いつけられてきたのだ。途中で出会った怪しげな浮浪者の男に導かれ、少年が老人の屋敷にたどり着くと、そこでは年越しの仮装舞踏会が今にも始まろうとしていた。少年は天使の扮装をした少女に出会い、たちまち恋に落ちる。あらゆる享楽に飽き、四半世紀の間、何も感じられなくなっていた老人は少年の若さを妬み、自分の中にもう一度生き生きとした感情を甦らせてくれたら土地を返してやると言う。老人が少年に若き日の自分の面影を見ていることを知った浮浪者は、少年と少女にラヴ・シーンを演じさせ、それを老人が見るように仕向ける。計略通り、老人は二人の行為に発情し、若さと命が身体の奥からみなぎって来るのを感じる。少年は土地を取り返すが、それと引き換えに今度は少女を奪われてしまう。老人は医者や美容師を雇って見かけも若返ろうとし、屋敷の屋上を造花や人工の木で飾ってエデンの園を作る。そこで年越しパーティのハイライトとして少女のイヴを相手にアダムを演じ、彼女と肉体的にも本当に結ばれることで自分が若返ったことを証明しようとするのだ。少年は老人を倒して少女を奪い返し、自らが老人が支配する世界の支配者になろうとする。パーティの最中、ともにアダムの衣裳をまとった少年と老人は激しく戦う。鏡に映る老いさらばえた本当の姿を突きつけられた老人は倒れ、新年を告げる時の音とともに息絶える。勝者となった少年は、しかし、老人の後を襲ってこの虚構の世界の支配者となるのをやめ、少女と手に手を取って舞台を降り、劇場の外の現実の世界へと旅立って行く。

三人の主人公たちに託された寓話的意味

少年と少女にアダムとイヴの姿が重ねられていることから連想されるのは、教会の典礼から発展した中世演劇の代表的演目の一つである『アダム劇』である。『セレブレーション』の劇中劇にエデンの園の物語を選んだ時、作者たちの念頭には教会の儀式から生まれたこの民衆のための宗教劇があったのではないかと思われる。

中世演劇とのつながりはまだある。台本の登場人物表では少年はオーファン（孤児）、少女はエンジェル（天使）と呼ばれ、大金持ちの老人に至っては本名までリッチ（金持ち）である。この命名はいやでもヨーロッパ中世の道徳劇を連想させる。作者たちがこのミュージカルを寓話だと想定していることはこれらの人物名からも明らかだ。少女の本名はついに最後まで分からない。彼らは個々の人格を持った生身の人間であることは勿論だが、それと同時に、或いはそれ以上に夫々ある種の人間の典型であり、概念の擬人化であり、象徴なのである。

リッチはその名の通りの大金持ち。飽食と過剰な刺激に浸り切った挙句、生きている喜びも充実感も見失ってしまった権力者であり、ブラジャーのパッドやプラスチック製の造花等々自然の対極にある人工物で巨万の富を築いた老人。現代社会そのもののような存在だ。彼のフル・ネーム、エドガー・アレン・リッチはアメリカ文学史上最大の幻想作家エドガー・アラン・ポーを連想させる。まがい物の「ゴシック」趣味に彩られた「城か、それとも洞窟のような不気味な場所」（ト書き）に住み、特権階級の人々を招いて仮面舞踏会を開く孤独な老人の姿には、ポーの『アッシャー家の崩壊』の当主や『赤き死の仮面』の城主のイメージがパロディとして隠し味の如く盛り込まれている気がする。

ところで、第二章で主にジョーンズの視点から長々とデイヴィッド・メリックについて書いたのには訳がある。『セレブレーション』のリッチ登場の場面のト書きにはこうある。「彼は並みの人間を超えた規格外の存在だ。その両の目は悲しげで——澄んでいる——が、たちどころに鋼鉄のように冷たくも、或いは信じられないほど暴力的なまでに荒々しくも変わり得る。人が彼に感じるのは狂人の——或いは独裁者の——愛と憎しみが並存した力である。口髭を生やしているせいで似ている——誰に？いや。ヒトラーではない。他の誰かだ。どこかの有名な興行主だ。」誰に似ているのか、皆さんにはもうお分かりだろうか。リッチを描いている時、作者たちの念頭にあったのはデイヴィッド・メリックその人である。

エンジェルはリッチのパーティの余興に駆り出された売れない歌手であり、天使の衣裳の下には「わずかばかりの悪魔の衣裳を身に着けた裸の身体」（ト書き）が隠されている。彼女はオーファンとリッチには清純無垢な天使に見えても、実は貧しく暗い生い立ちを背負い、芸能界の片隅で、自分でも心底

（左）
『セレブレーション』ブロードウェイ公演のプログラム。

（下）
『セレブレーション』より。前で座っているのはスーザン・ワトソン（エンジェル）。奥は左からマイケル・グレン - スミス（オーファン）、キース・チャールズ（ポチョムキン）、テッド・サーストン（リッチ）。

信じている訳ではないスターになるという夢にしがみついている野心家。余興で振られた役のままの堕天使である。この「冷たく暗い世界では、見かけ通りのものなど何一つない」（トーマス・S・ヒシャック）のだ。仲間とはぐれてしまった状態で登場する最初の場面が暗示している如く、彼女もまた道に迷った現代人の一つの典型である。

リッチとエンジェルが言わば現実にどっぷりはまった人物であるのに対し、オーファンは愛と平和の理想を謳う花園で純粋培養された世間知らずの若者である。純真無垢であり、世の中を知る前の僕たち平凡な人間全てを象徴している。「奇妙な古めかしい服を着ている」（ト書き）のは、リアルに考えれば、育ったコミューンにあった古着を着ているということなのだろうが、作者たちは彼と他の二人（ナレーター兼浮浪者のポチョムキンを入れれば三人）との違い（理想と現実、成熟と未熟）を外見のアナクロニズムによっても暗示したかったのかも知れない。また彼のもう一つのキロス（男の子）というギリシア語の名前は、神話的なイメージを賦与してもいる。しかし、他の二人が現代社会の風刺であったように、リッチから「ミスター・フラワー・チャイルド」とからかわれるオーファンもまた、そのナイーヴさにおいて風刺の対象とされている点を見逃してはならないだろう。そして物語が展開するにつれ、理想ばかり見ていたオーファンは、現実しか見えないリッチの反応を不思議に思ったことをきっかけに、理想に対して知らず知らずのうちに疑問を抱き始める。それどころか、自分自身の欲望を自覚したオーファンはリッチを否定すること自体によって、皮肉にもリッチに近づいて行く。

反対にリッチはエンジェルを理想視することで現実から幻想へ、錯覚へと向かう。彼ら二人をともに待ち構えているのは幻滅である。

儀式という側面から見れば、彼らは夫々もっと抽象的なものの象徴でもあることは言うまでもあるまい。リッチは冬であり、老いであり、闇と死である。対するオーファンは夏であり、若さであり、光と生命である。彼らが奪い合うエンジェルは、「冬と夏。／死対生誕。／見よ、大地を所有しようと／彼らが闘う様を！」とレヴェラーが歌う『冬と夏』の歌詞が明示する如く大地そのものだろう。古代人は、季節を大きく夏と冬の二つ分けて捉えていたことも書き添えておく。（リッチが登場の直前まで「傘の陰になって半ば隠れて」いるのは、ワイルダーの『わが町』第三幕の墓地の場面で、死んだエミリーが会葬者たちの傘の群れの中から現れるのを想起させる。『わが町』はジョーンズ＆シュミットにとって演劇的原点である。彼らがどこまで意識していたかは知らないが、ここにもリッチ＝死のイメージが感じられる。）

　春の大地に蒔かれた種は夏の日差しを浴びて豊かに実り、やがて収穫の秋を迎え、そして冬に枯死する。永遠に繰り返される大自然のサイクルであり、同様に人間も男女の性交によって孕まれ、生まれ、成長し、やがて年老いて死を迎える。J・G・フレイザーは『金枝篇』で、「食べることと子を産むこと」が人間にとって未来永劫変わらない二大欲求だと書いている。食欲と性欲。根源的な生存本能である。（主題歌でポチョムキンも歌っている、「生きていたい／死ぬ日までは！」と。）そして大昔の人々は、一つの儀式によってこの二つの願い、つまり植物（果実）の豊かな実りと動物や人間の多産を同時にかなえようとしたという。今日でもキリスト教の結婚式で列席者が新郎新婦にライス・シャワーを浴びせるのはその名残りだろう。「儀式的（リチュアル）ミュージカル」と銘打たれた『セレブレーション』で描かれているのもそれである。オーファンとリッチは、エンジェルという大地に種を宿そうと死闘を繰り広げるのだ。そこには春から冬への大自然のサイクルと、青春から老年への人間の一生のサイクルが重ね合わされている。

『セレブレーション』の根底には冬を追い出し夏を迎え入れる古代の（そして未開の）人々の祈りがある訳だが、そこから派生した様々な祭りや儀式、さらにはそれらが発展した中世の世俗劇の要素をも作中に取り込んでいる。主題歌の中の「松明に火を灯し／太陽に輝くことを教えたい！」という歌詞からして、共感呪術とか模倣呪術とか呼ばれる儀式（望み通りの結果を得るためにその結果と似たことを真似してみる）を意識して書かれている。この歌詞の場合は、太陽の復活を祈願する火祭りが反映されている。

古代において、恵みの雨を降らせたり、日蝕から太陽を救い出す力を持っていると看做されていた呪術師は、その絶大な力ゆえに権力者となり、一族の王となることも多かったという。超自然的な力を備えた人間神としての王である。しかし所詮人間である王はいつかは年老い、死んでしまう。王の肉体とともにその中に宿った神の聖なる力（霊魂）までもが弱体化し、死んでしまうことを恐れた古代の人々は、そうなる前に王を殺害し、王の肉体から離れた霊魂をより強健な肉体の若者に移し、新しい王とした。新しい王となるべき若者と現在の王とが実際に一騎打ちの戦いをする場合もあったようだ。王が生き残れば、彼の治世はまだ続き、挑戦者が勝てば新王の誕生となる。王殺しは古代社会や未開人の間で定着したが、時代の推移とともに、王は自分の身代りを用意し、その者を殺すことで延命を図るようになった。さらに時代が下ると、人身御供に代わって人形を殺す（壊す）行為に変化して行った。

『セレブレーション』のリッチは、現代の絶対的な力（金）を持った支配者、王である。年老いた王は死ななければならない。新しい若い王へと代替わりしなければ共同体の存続が脅かされる。

大晦日の余興として演じられるサターネイリア（サトゥルナリア）の祭りとは、農耕神サトゥルヌスを祀る古代ローマのカーニヴァルである。「饗宴とばか騒ぎ、そしてあらゆる快楽を狂ったように求めた」（フレイザー）この祭りでは、祭りの期間だけ奴隷たちに無礼講が許され、主人と奴隷の立場の逆転さえ起こった。また或る伝説によると、ローマ兵の中からくじで選ばれた美しい若者が模擬の王様となり、ありとあらゆる快楽に耽った末、祭りの当日に祭壇で自ら喉を掻き切って死ぬ決まりだったという。劇中ではリッチを模した巨大な人形の首が刎ねられる。面白いのは、それまでリッチを恐れ、媚びへつらっていたレヴェラーやポチョムキンたち目下の者が、このサトゥルヌスの祭りから次第にリッチを軽んじ出し、ついには死に追い込んで行くことだ。死神の仮面を被った冬の踊り子、人形の処刑、そしてリッチ自身の死と、上下関係、価値体系の逆転というカーニヴァル的空間が夢魔の如く現出する。そういう逆転現象を描く上でも、劇中の祭りはサトゥルヌスの祭り、カーニヴァルでなければならなかったし、その逆転現象の中でスケープゴートとしてのリッチと儀式の真の司祭としてのポチョムキンの姿が鮮明に浮かび上がって来る。

美顔術や顎バンド、鬘で人工的に若返ったリッチのガードルが外れ、鬘が落ち、衣裳の袖が破れ、ズボンがずり落ちて「文字通りバラバラになって行く」（ト書き）様は、シュレジエン（現ポーランド領）の冬を追い出し夏を迎え入れる儀式の中で、死（冬）に擬せられた人形の衣裳を剥ぎ取った後、ずたずたに引きちぎる風習を思い起こさせる。

古き年の王リッチ（冬）は新しき年の王たらんと王位簒奪を図るオーファン（夏）の前に敗れ去る。しかし、オーファンは最後にはリッチの代わりにこの世界の王になることを拒否する。ポチョムキンが驚くように、すでに第二幕中盤でオーファンは初めて登場した時とは大きく変わっていたが、彼が本当の意味で変化するのはこの結末に於いてである。ここに至って、『セレブレーション』は少年の成長の物語、子供が大人の仲間入りをするための通過儀礼（イニシエーション）でもあったことがはっきりする。（実際の祭りでも、冬の追放と参加者の通過儀礼が同時に行われるものがあるそうだ。）オーファンは禁断の果実を食べてしまった。現実を知り、そしてエンジェルを抱くことで女を知った。彼はもはや少年ではいられない。少年の無邪気な夢以上の現実を、彼は見てしまったのだ。

『セレブレーション』の基本的構造は、『ファンタスティックス』と同じくボーイ・ミーツ・ガールの物語である。つまりボーイ・ミーツ・ガールの構造に仮託された受苦と死と復活の物語である。両者は姉妹編と呼んでも間違いではない。初演のプログラムにジョーンズが記した「幻滅と飽食の冷たい冬の季節が過ぎれば、再生と復活と愛の春が必ず巡って来るという時間と生命についての寓話」という解説は、そのまま『ファンタスティックス』のプログラムに載せても良いくらいだ。トーマス・S・ヒシャックは著書『少年は少女を失う〜ブロードウェイの台本作家たち〜』で「ジョーンズの台本は真に独創的にして完全な寓話であり、『ファンタスティックス』の簡素さが木霊している」と書いている。但し、『ファンタスティックス』と比べて『セレブレーション』の台本は「はるかに暗く、もっと荒々しくセクシー」でもある。

『ファンタスティックス』のラストと比べて、『セレブレーション』の結末の恋人たちはより厳しい状況に置かれている。前者にあった父親たちの温かく見守る視線はここにはない。『ファンタスティックス』の少年マットは、放浪の旅の果てに、父親が野菜や花を育てている庭付きの我が家に帰って来た。しかし、オーファンの「庭は消えた」のであり、「もう二度と見ることはない」。同じ幻想と幻滅という主題を扱っていても、『セレブレーション』の結末は『ファンタスティックス』よりも苦く厳しい。オーファンとエンジェルはアダムとイヴの衣裳のままで、つまり建前としては全裸のままで、怯え

『セレブレーション』より

マイケル・グレン - スミス（オーファン、左）とキース・チャールズ（ポチョムキン、右）。

リッチの人形とレヴェラーたち。

仮面を被ったレヴェラーたち。

ながら二人きりで現実の暗い灰色の世界に立ち向かって行かねばならない。ここには楽園を追われた旧約聖書のアダムとイヴの姿が重ね合わされていることは言うまでもない。(その意味で、オーファンとエンジェル、そしてオーファンの未来の姿とも言い得るリッチは人間そのものの象徴でもあろう。)しかし、このアダムとイヴは失楽園を自ら選び取ったのである。オーファンは自分が育ったコミューン「ガーデン(庭園)」には戻らないことをすでに選んでいる。そこが彼にとってどれほど大事なところであれ、そこは保護者が見守る(或いは支配する)安全地帯であり、幼年期の象徴である。外の現実を見、エンジェルという彼自身の本当の欲望の対象を見つけたオーファンが帰るべき場所ではもはやない。

そしてリッチが作ったもう一つのガーデンも、そこに飾られる奇妙な「芸術作品」の知恵の木が象徴するように、所詮人工のまがい物でしかない。リッチの世界はエンジェルが言う通り「仮面舞踏会」であり「ごっこ」でしかない。大人になったオーファンたちがいつまでも留まれる場所でもなければ、留まるべき場所でもない。そもそもこのエデンの園も、エデンの園であること自体によってすでに留まるべき場所ではないことをオーファンは知る。「何もかも完璧な」世界などない、ユートピアなどないことを知るのである。「庭は消えた」のだ。彼は堕天使と一緒にこの虚構の楽園を後にして、厳しい現実へと旅立つ。リッチのようにならないためにはどうすべきか、所詮完璧になどなり得ない世界、しかしこのまま目を瞑って済ます訳にはいかない現実の世界とどう向き合えば良いのか、その難問を抱えたまま。

そして舞台を降りて客席の通路を歩き、案内係の開けた扉から外の世界へ去って行くとは、つまりは『セレブレーション』という劇の世界から僕たち観客の住む現実の世界へと出て行くことに他ならない。劇場で『セレブレーション』を観ている観客も、芝居が終わればオーファンたちと同じように劇場の外の現実にまた立ち向かって生きて行かねばならない。祭りは参加者に日常生活の軛から脱した「ハレ」の意識と興奮をもたらす。けれど祭りはいつかは終わる。僕たちはまた夫々の日々の生活へと戻って行かねばならない。ポチョムキンたちは劇場の外へと消えて行くオーファンとエンジェルを、そして自分たち自身を励ますように作品冒頭で歌われた主題歌をもう一度歌うが、それは観客への励ましのメッセージでもあるのだ。

ポチョムキンの多面性

とは言っても、オーファンとエンジェルが舞台を降りて劇場の外へ去る時、虚構を捨てて現実に立ち向かう時、観客はその行為もまた演劇という虚構の一部でしかないことを認識している筈だ。演劇はあくまでも虚構である。作者たちはそのことを随所で示している。

いくつもの役を次から次へと演じ分ける仮面のレヴェラーたち、非写実的な装置、口笛で表現される風音や吹雪を表す長い白の紙テープ等々、そして舞台上から観客に直接語りかける狂言回しポチョムキンの存在。

この正体不明の浮浪者にして詐欺師は、キャラクターとしても機能としても『ファンタスティックス』のエル・ガヨの双子の兄弟とでも呼ぶべき役だ。『日陰でも一一〇度』のスターバックも含めて、精力的で陽気で芝居がかった、それでいてシニカルないかさま師の系譜に属する役だとも言える。（初演でこの役を演じたキース・チャールズは、ロングランを続けた『ファンタスティックス』公演の中でも最も印象的なエル・ガヨの一人だったそうだ。）ポチョムキンというのも本当の名前ではなさそうだ。フランス語をロシア語だと説明する彼がまさかロシア人だとは思えない。名刺を何種類も持って使い分けている男だ、ポチョムキンという名前もかの戦艦ポチョムキンから拝借して来たのかも知れない。だが、ロジャーズ&ハマースタインの様式の範囲内で書かれていたスターバックとは違い、この役には（エル・ガヨと同じく）作品全体を統括するナレーターというもう一つの顔がある。『セレブレーション』という儀式を司る司祭だと言っても良かろう。

いかさま師と狂言回しのナレーター。この二つの役柄は二つの全く別の役として、俳優がその時々に応じて演じ分けている訳ではない。勿論そう演じることも可能だし、ナレーターの時にはローブを纏い、そうでない時は脱いでいるというト書きの指定（それほど厳密ではない）に素直に従うなら、二つの異なる人格と割り切って演じた方が話は早いし楽でもある。しかしやはりこの役の二つの顔は、『ファンタスティックス』のエル・ガヨ同様、いつも分かち難く共存していると見た方が適切だろう。この男は芝居のプロデューサーから牧師まで、過去にありとあらゆる職業を経験して来たのではないかと思わせるような口をきく。いかさま師のいかさま師たる所以だし、彼が昔の職業を披歴する度に観客は笑うだろう。しかし、彼の職歴を嘘のひと言で片づけてしまっては、この役の本質を見誤る。生き延びることを身上に平気で二枚舌を使う男、儀式の中心的存在にして調子のいい詐欺師、泥棒、そしてリッチの下僕にしてメフィストフェレスを思わせる悪魔的誘惑者。ポチョムキンのこういう一貫性のなさ、矛盾だらけの変幻自在さ、両義的或いは多面的なアイデンティティは、この役をトリックスター＝道化と捉えて初めて納得が行く。オーファンが中世道徳劇の「万人《エヴリ》（人間《マン》）」であるならば、ポチョムキンは彼に仕える誘惑者としての「悪徳《ヴァイス》」の末裔なのである。

さらにリッチの執事に雇われた彼にアルレッキーノやブリゲッラ等のコンメディア・デッラルテの従

（左）
主題歌を歌うキース・チャールズ（ポチョムキン）とレヴェラーたち。

（下）
「関係ないさ」を歌うキース・チャールズ（中央）とレヴェラーたち。

僕道化の末裔を、そのナンセンスなギャグや辛辣なユーモアにグルーチョ・マルクスの精神を見るといった視点から考察することも可能だろう。涙を保存するためのアイスボックスを寄こせとリッチに言われたポチョムキンが「アイスボックス！アイスボックスだ！」と叫んで「バタバタと走り回る」（ト書き）姿に、二重写しのようにグルーチョのあの人をおちょくった「大股潜行歩き」を見てしまうのは僕一人だろうか。

また、ジョーンズは好きな劇作家にブレヒトを挙げているが、ポチョムキンには『コーカサスの白墨の輪』に登場するアツダクのような、過酷な世の中をしたたかに生き延びるブレヒト劇のキャラクターの影響も伺える。

ポチョムキンのアイデンティティについては、イーサン・モーデンが『新しい窓を開けろ』で面白いことを書いている。モーデンは、筋立て（プロット）よりも「冬と夏の戦い」というアイディアを描くことに重点が置かれていることから『セレブレーション』をコンセプト・ミュージカルと看做し、『アレグロ』（47年）や『ラヴ・ライフ』（48年）等の第一世代のコンセプト・ミュージカルと六〇年代の『キャバレー』（66年）、そして七〇年代に入ってからの『カンパニー』（70年）『フォリーズ』（71年）以降のコンセプト・ミュージカルとを結びつける要だと言う。第一世代は『アレグロ』のコーラスが舞台上の出来事を批評したり、主人公たちに物語の外から忠告したりと「批評的なナンバーと、現実の時間軸にとらわれないドラマツルギーを発明した」が、コーラスはあくまでも物語の外側に位置する役でしかなく、主人公たちとじかに会話を交わすことはなかったし、物語に直接介入することもなかった。『キャバレー』はリアルな物語の展開する場所と批評的なナンバーの展開する場所をキャバレーという一つのエリアに統一したが、『キャバレー』を司る司会者役（エムシー）もどこにでも神出鬼没に登場が許されている訳ではなかった。それに対して『セレブレーション』のポチョムキンは、作品全体の解説役（司会者）でありつつ一登場人物として他の人物にもからみ、批評的ナンバーのみならず『生き延びろ』等のキャラクター・ソングまで持っている。この人物の登場によってコンセプト・ミュージカルはあらゆる桎梏から最終的に開放され、「制限のないショー」になったというのがモーデンの主張である。基本的にはその通りだと思うが、『セレブレーション』の八年前に初演された『ファンタスティックス』のエル・ガヨがすでに全く同じ機能を果たしていることに一切言及していないのは腑に落ちない。『ファンタスティックス』をコンセプト・ミュージカルと呼べるかどうかには議論の余地があるかも知れないが、簡素で呈示的な上演スタイルが内容と同等の意味を持ち、愛の成熟＝人の成長という主題を批評し解剖していることは確かである。スコット・ミラーは、ミュージカル史『バンドを打ち鳴らせ』で、『ファンタスティックス』を「ロジャーズとハマースタインの革命の終わりの始まり」と捉え、「やがて来るべきコンセプト・ミュージカルを予期している」と書いている。

演劇についての演劇

『セレブレーション』が「演劇」であることは、楽屋落ち的な台詞によっても示される。『嵐の中の身なし子』を歌い終わった直後に、ポチョムキンと出会ったオーファンが「僕、身なし子なんだ」と言うと、ポチョムキンは「知ってるよ。歌を聞いた」と応じる。ミュージカルでは歌は普通は台詞の延長であり、その場合は歌っている当の人物は自分が歌っていることを知らないし、それを聞く相手役も歌だとは気がついていないというのが暗黙の了解事項になっている。そのお約束をあっさり破り、歌は歌でしかないことを、つまり芝居は芝居でしかないことを開幕早々暴露してしまうのがこのポチョムキンの台詞なのである。ロジャーズ＆ハマースタインの様式に則って書かれた『日陰でも一一〇度』では絶対にあり得ない台詞である。アメリカではさぞかし笑いを誘ったのではなかろうか。（こういう一種のくすぐりは、アリストパネースのギリシア古喜劇にも見られるまさしく古代的な技法である。）

リッチの「わしは英雄さ」の台詞にも、やはりメタシアター的な仕掛けがある。英語のヒーローには、英雄の他に「男の主人公」の意味もある。間もなく消え去る運命の冬であるリッチは、しかし退場を拒否し、夏に返り咲こうとする。この物語の主人公になろうとする。そのことをわざと観客に呈示している。この台詞にはそういう含みも感じられる。リッチは他にも、二幕の年越しの余興が始まる前に本当の観客に親しげに話しかけたりして、バーレスクやヴォードヴィルの芸人のような側面を垣間見せる。

だが、演劇的な仕掛けの露呈ということなら、これ以上ないほど明白なのはやはり仮面の使用だろう。仮面は観客に対して絶えず「異化」の働きをなすからだ。初演の舞台写真を見ると、レヴェラーたちの仮面はユーモラスなものからグロテスクなものまで実にヴァラエティ豊かであり、ヨーロッパの祭りの仮面の素朴な卑俗さとヴェネツィアのカーニヴァルの仮面の洗練とを兼ね備えた面白さがある。また、良く見るとどれもがありふれた日用品を工夫して作られているのに気がつく。皮革製や木製もありそうだが、土台に安物のセルロイド製のパーティ用品を使っているらしきものも多い。実は初演で使われた仮面は、ハーヴィー・シュミットが手ずから仕上げたものなのである。ジョーンズによると、シュミットは安物の仮面に彩色したり、金メッキを施したり、安ピカものや「あらゆる色と形の何百というボタン」を張り付けたりして「正にユニークな芸術作品である数多の仮面」を作ったそうだ。耳はブラシであり、目は切り取られたカップやプラスチックの管である。初演で実際に使われた仮面が二個、

退廃的な金持ちの仮面を被ったレヴェラーたちに囲まれたリッチのテッド・サーストン。

天使の扮装をしたエンジェルのスーザン・ワトソン。

ニューヨークはブロードウェイのガーシュウィン劇場（二〇一一年一一月現在『ウィキッド』をロングラン中）のロビーに展示されている。ニューヨークに行く機会のある方は是非見てほしい。

初演の評価

ワークショップを重ねながら作られて行った『セレブレーション』は、一九六八年のハロウィンの夜、ポートフォリオ・スタジオに集った少数の招待客の前で初めて上演された。（ちなみに、これは『コーラス・ライン』によってワークショップがミュージカルの創作手段として流行りとなる遥か以前の話である。）演出はジョーンズが自ら受け持ち、振付にはヴァーノン・ラスビーが当たった。この試演は大好評を博し、チェリル・クローフォードの手ですぐさまブロードウェイのアンバサダー劇場（客席数一一二五）に移された。初日は一九六九年一月二二日。しかし、ニューアーク・イヴニング・ニューズの絶賛を除けば、翌日の新聞各紙の劇評は必ずしも好評とは言いかねるものが多数を占めた。ニューヨーク・タイムズのクライヴ・バーンズは、「キャンピーで独創的な様式、ジョーンズの面白い台詞、シュミットによる打楽器主体の甘いメロディ、見事な演技」と長所は認めながら、「シックだが冷たい」と難じている。ウィミンズ・ウェア・デイリーのマーティン・ゴットフリードは「大失敗作では決してない。それどころか、だいたいにおいて魅力的だし、時には演劇がもたらす最高の印象——或る場面や歌があまりに楽しいのでいつまでも終わらないでいて欲しいと思ってしまう瞬間——もある」と称賛しつつも、「この作品は率直に言って見た目も雰囲気もダウンタウンのものだ」と言い、「大劇場に掛けるにはあまりにこぢんまりしており、アンバサダーの広い舞台の上で途方に暮れている」と評した。

ブロードウェイの公演では、ミュージシャンの数をポートフォリオの時の三人から九人に増やし、二台のピアノ、電子ピアノ、ハープシーコード、パーカッション、ハープ、ギター、ベースという編成（オーケストレイションはジム・タイラー）のオケが背景幕の背後で演奏したが、四人の主要キャスト以外の出演者であるレヴェラーたちは十二人のままだった。一人がいくつもの役を演じることを考えると、アンバサダーの広い空間をこの数で埋めるのは確かに難しかったであろうと思える。（レヴェラーの十二という人数は十二の月、十二の時間を象徴するためであって、これより多くてはいけないという決まりはない。）クローフォードたちは、実際の製作費一二万五千ドルに対し倍の二五万ドルの予算を調達し、その差額を使って公演の延命を図った。観客席には普段ならブロードウェイの劇場にやって来ない若者たちの姿が多く見られたというが、公演は結局一一〇回を以って幕を下ろした。

ジャズを母体にした不協和音と多調性、リズムの変化といったシュミットの特徴がフルに発揮されたスコアについては好意的な劇評も多かった。現代のミュージカルの歴史家たちも総じて高い評価を下している。前出のモーデンは、「優れたスコア」と言い、ケン・マンデルボームは『キャリーの前にも～ブロードウェイ・ミュージカル失敗作の四〇年～』で「このチームの他の全ての作品と同様、佳曲が多い」とし、特に印象的な曲として主題歌、『嵐の中の身なし子』、『嬉しいよ、君の望みがかなって』の三曲を挙げている。デニー・マーティン・フリンも『小劇場のための小ミュージカル』で、『セレブレーション』の素晴らしさの所以として台詞の良さ、挑発的な物語とともにそのスコアを挙げている。

ミュージカルのスコアは変化に富んでいることが必要条件だが、『セレブレーション』のスコアも、劇中の状況や人物に合わせて、六〇年代ポップス調もあればクルト・ヴァイルの『三文オペラ』風のナンバーもある。二〇世紀初頭のアメリカのポピュラー・ソングもどきや四〇年代のブロードウェイ・ミュージカル風のノスタルジックなナンバーもあるかと思えばモダン・ジャズもある。耳にした途端にハーヴィー・シュミット作曲と分かるシンプルな美しさにあふれたバラードもあればカリオカもあるといった具合で実に多様多彩であり、音楽的にも観客を飽きさせない。

また開幕のドラムスの音が象徴的だが、全編に渡ってパーカッションが大活躍し、古代と現代、祭儀とバーレスクの結合を音楽面でも表現するのに非常な効果を上げている。山口昌男氏によれば、そもそも「パーカッションは多くの社会で、神とのコミュニケーションの手段であった」という。

個々のナンバーに於いても、ミュージカルならではの工夫が凝らされている。一例を挙げれば、リッチが登場早々歌い踊る『飽きた』。このナンバーは、リッチのどうにも解消されない欲求不満と半ば虚無的な思いを歌っているが、ジョーンズとシュミットは言葉と音楽を意識的に乖離させることでそれを効果的に表現している。歌詞は「最高の珍味」を次々に列挙したり、セクシーなダンスを観て次第に興奮して行く様を語っているが、それに付けられた音楽は一向に上昇しない同じ音の平板な連なりである。つまり言葉とは裏腹に、リッチの気持ちは一向に高まっては行かないのである。ここでのリッチはあえて刺戟的な言葉を使って、何とか気持ちを高めようと自らを仕向けているのかも知れない。そのことが上昇しない音形によって見事に表現されている。しかもバーレスク（ストリップティーズ）を連想させる曲想がリッチの置かれた状況を相対化して、皮肉な笑いを誘う仕掛けになっている。

新聞評は賛否相半ばする内容のものが多かったが、ブロードウェイ公演の翌年に出版された『新アメリカ・ミュージカル演劇大全』で、著者のデイヴィッド・ユーエンは、『セレブレーション』の失敗は

「興行面でのみ失敗したのであって、芸術的には失敗作ではない」と断じているし、オーティス・L・ガーンジー・ジュニアは、自身が編纂する演劇年鑑に収録された一九六八―一九六九年度のベスト・プレイ一〇作の一つに『セレブレーション』を選んでいる。

では、作者自身はどう思ったのだろうか。一九七三年に『ファンタスティックス』と抱き合わせの形で出版された台本の巻末に付された短い文章で、ジョーンズはポートフォリオで上演された際にはしっくりと良い感じだったのに、ブロードウェイでは馬鹿げたものに感じられたと言い、その理由は『セレブレーション』が所謂ブロードウェイ・ミュージカルより劣っていたからではなく、ブロードウェイ・ミュージカルではなかったからだと書いている。この述懐には、ロジャーズ&ハマースタインの様式を離れた新しいミュージカルの創造を目指した自負と、自分たちの作品に適した空間はブロードウェイの大劇場ではなく、オフ・ブロードウェイの小劇場だというといささか苦い認識が伺われる。この文章は、「多分いつの日かもう一度（『セレブレーション』を）やってみるつもりだ。改訂し、そして作品にふさわしい場所で」と結ばれている。その二五年後に出版された『ミュージカルを作る』では、ジョーンズは新しい実験的な作品を上演するのに適したオフやオフ・オフではなくブロードウェイの商業劇場を目指したことを「私たちは世間知らずの甘ちゃんだった。そして尊大だった」とより率直に反省している。作品についても「スコアと台詞と登場人物に問題はなかったが、筋の組み立てが弱く、全体の視点も曖昧だった」と認めた上で、オフ・ブロードウェイで上演すべきだったと繰り返している。

さらに『ミュージカルを作る』出版直後に、僕がジョーンズ本人から直接聞いた話では、意図してそうした訳ではないのだが、初演当時の時代状況に影響された結果オーファンの立場に比重がかかり過ぎ、リッチの人物像に陰影が足りないのではなかろうかと疑問を感じ始めているとのことだった。

このジョーンズの危惧は、故なきものではない。

今日、『セレブレーション』の評価を限定的なものにしている原因の一つに、この作品があまりに六〇年代的だとの多くの識者の判断がある。「六〇年代の左派のスローガンのミュージカル化」（イーサン・モーデン、前掲書）、「時代を超越した作品を狙ったものの、『セレブレーション』は実際には反体制的な一九六〇年代の産物であり、今では滅多に上演されない。けれど、その時代色こそがこの作品をかくも魅力的なものにしている」（トーマス・S・ヒシャック、前掲書）等々。

黒人の公民権運動、ヴェトナム反戦運動、女性解放運動（ベティ・フリーダンの『新しい女性の創造』の出版は一九六三年）、環境汚染への危機感の高まり（レイチェル・カーソンの『沈黙の春』の出版は一九六二年）。六〇年代から七〇年代の初めにかけては、若者を中心に、既成の道徳や価値観に疑いを抱き信用しなくなった人々の声が反権力、反体制の巨大なうねりとなって全米に、いや世界中に広がって行った変革の時代、異議申し立ての時代である。音楽におけるロックのサウンドが象徴的だが、文化のあらゆる領域でも若者のカウンター・カルチャーが台頭し、「三〇歳以上の人間を信じるな」と世代間の断絶が叫ばれた。

演劇は時代を映す鏡である。『セレブレーション』にもこの時代の空気は否応なしに反映されている。それもあって初演当時も今も『ヘアー』（67年）の延長線上で捉えられているのだ。エンジェルが歌っているバンド名のヒッタイティーズがヒッピーズに掛けたものだというような些末なこと（翻訳ではどの道分かりにくいので、僕が翻訳、演出したときはヒッタイトと単数形にした）はともあれ、問題はジョーンズが危惧するリッチとオーファンの関係である。くどいようだが作者の意図はあくまでも冬と夏の戦いに込められた生命の永劫回帰にある。老人と若者の対立はそのメタファーに過ぎない。しかし、世代間の断絶がクローズ・アップされていた初演当時、人々はそこに理想と現実、自然と人工、純粋と腐敗、権力と反逆、体制と反体制等々、様々な二項対立を読み込んだ。その解釈は今日に至るまで引き継がれ、ケン・マンデルボームは前掲書で、『セレブレーション』は「老いには悪しきものの全てが、若さには自由で良きものの全てがあるという不愉快な方程式をも含んでいた、今では全く時代遅れのコンセプトを」と非を鳴らしている。繰り返すが、作者たちにはそんな方程式を書き込んだつもりはなかった。『ファンタスティックス』でも、マットの父親世代への反抗は共感と批判をこもごも込めた視点から描かれていたことを思い起こせば、作者の立場は容易に想像がつくだろう。が、初演の台本には観る側にマンデルボームが抱いた類の印象を与えかねない部分が確かにある。

一九七五年にポートフォリオ・スタジオで再演された際には初演とほとんど変わらない形だったらしいが、世紀が変わろうとする二〇〇〇年の末に、ジョーンズとシュミットはついに作品に大幅な改訂を施し、簡単な動きを伴うリーディングの上演をヨーク・シアター・カンパニーの製作で行った。当時、ジョーンズは僕宛ての手紙でこの公演にふれ、「何もかもが素晴らしく上手く行った。観客は大喜びで―それに、実際、私も嬉しかった。舞台は滑稽にして感動的であり―他の誰かが書いたどんな作品にも似ていなかった。（中略）本当に、本当に長いことかかったが、『セレブレーション』はとうとう〝ものになった〟ようだ」と書いている。（もっともジョーンズとシュミットは自作に絶えず改訂を加えているので、この言葉も眉唾ものではある。シュミットが引退してテキサスに戻った後も、ジョーンズは『ファンタスティックス』と『コレット・コラージュ』に大きく手を入れた。「とうとう〝ものになった〟」と思われた『セレブレーション』についても、時間が取れれば大詰めのリッチの台詞をさらに書き直したいと僕に漏らしている。）

初演版と改訂版の違い

となれば、初演の台本と改訂版の台本との違いを簡単にでも説明しなければなるまい。変更点は大きく分けて三つある。先ずリッチの人物像に深みが加わったことである。初演版の大詰めでのリッチの最期は、八つ目の時を告げる音から後の台詞が改訂版とは全く違う。オーファンを見て、「違う。あれがわしだ——あそこにいるのが。わしの顔だ」と言うとオーファンに近づき、「見ろ‼無垢だ。若々しい。見ろ、この可能性を」とすがり、さらに「わしは世界を変えてやる！わしにはまだ人生がたっぷりあるんだ！」と叫ぶが、ついに力尽き、オーファンに「わしはお前だ、分かるか？お前はわしだ。わしらは一つだ・・・」と囁いて息絶える。台詞としても説明的に過ぎるし、改訂版よりあっさりしている割に最後まで悪あがきしている印象が残る。改訂版では、「僕はあなたのようにはならない」と言うオーファンに「かも知れん。——そうだといいな。お前のために祈ろう。こんな風にならんように」と言ってエンジェルの腕の中で死ぬ。

他にもここの直前でオーファンとリッチがエンジェルを奪い合って言い争う台詞を変更し、観客がリッチに理解と同情を持てるように操作している。初演版のリッチは、「気が変わった」の一言でオーファンとの約束を反古にして庭を返そうとせず、「わしが指一本上げるだけで、お前の種なんぞどれほどあろうと機械が根こそぎにしてくれるわ！」と豪語する。まだ生々しかったに違いないデイヴィッド・メリックとの体験がストレートに反映しているのかも知れないが、この部分も変更された。観客がリッチを「悪役」と捉え、反感を抱いてしまったら、作品本来の趣旨が伝わりにくくなるからだ。またオーファンがリッチに対して必要以上に辛辣にならないように台詞をカットし、年配の観客が反発しな

『セレブレーション』より

「誰か有名人」を歌うスーザン・ワトソン（エンジェル）とパメラ・ピードン、サリー・リッグス（デヴィル・ガールズ）。手前はテッド・サーストン(リッチ)。

「どこに消えたのか」を歌うテッド・サーストン（中央)。

レヴェラーたちに鏡を突きつけられて「文字通りバラバラになって行く」リッチのテッド・サーストン（中央)。

いようにもしている。

初演でエンジェルを演じたスーザン・ワトソンは、劇評家（高齢者も多かった）の何人かは劇中でからかいの対象ともなるリッチに自分を重ねてしまい、その結果作品の意図をジェネレーション・ギャップの主張にあると誤解してしまったのではないかと語っている。ニューヨーク・タイムズ日曜版のウォルター・カーの劇評など読むと、あながち穿った見方でもない気がする。

ともあれ、リッチの人物像に陰影を加えることで、作品のより普遍的なメッセージが時代背景を越えて観客に伝わるようにしたのである。

次は、今説明したこととも重なるが、余計な台詞やイメージを刈り込んだり、台詞やミュージカル・ナンバーの場所を入れ替えたりして、物語の流れをすっきりさせた。「筋の組み立ても弱く、視点も曖昧だった」とジョーンズが述べていることはすでに書いたが、無駄を省き、構成を整理して、その弱点を改善し、冬と夏の戦いがくっきりと浮かび上がるようにしたのだ。一番大きな変更は、オーファンの背景である。初演版のオーファンは孤児であるのは勿論だが、育ったのは「ガーデン（庭）」と称するコミューンではなく教会付属の孤児院であり、今はそこの庭師をしている。ところがある日気がつくと、孤児仲間が皆いなくなっている。養子にもらわれたのかと思っていたが、その内に教師や牧師たちも彼を残して一人残らず消え失せる。やがて男たちがやって来て、礼拝堂をはじめ孤児院の建物を大きな機械を使って取り壊し始める。オーファンはこれに抗議し、やめさせるためにリッチの年越しパーティに潜り込もうとしている。「工場はいらない。欲しいのは庭だ！」と主張するオーファンは、巨大な鋼鉄のボールで粉々にされた教会のステンド・グラスの残骸の中から辛うじて救い出した「神様の目」の部分を肌身離さず持っている。このように初演版ではフラワー・チャイルドそのものだったオーファンだが、改訂版では時間の経過を考慮して、オーファンを育てたのをフラワー・チルドレンにし、「フラワー・チルドレンは大てい年寄りさ」とまで言わせている。時代背景がいつとも知れない故にこういう変更も可能だった訳だが、こうして六〇年代を相対化することにより、六〇年代にどっぷり浸かった状態から作品を引き離すことが出来た。しかも、当時の風俗を残り香のように効果的に使った形で。

「神様の目」もカットされた。八〇年代末の或るインタヴューで、ジョーンズは『セレブレーション』の台本はやや象徴的に過ぎ、「様々な象徴が音を立ててぶつかり合っている」と述べている。物語の流れをすっきりさせるために、「神様の目」は真っ先にカットされたと思われる。孤児院から人が次第に消えて行く設定もミステリアスで如何にも寓話的ではあるが、かえって物語の構造を曖昧模糊とさせているのではなかろうか。もっと現実的な設定に変えた所以であろうし、またこの変更によって土地の返還をオーファン一人に押しつけるフラワー・チルドレンのある種の身勝手さをも匂わせている。

第二幕の背景も初演版ではオーファンの庭、つまり雪に覆われた「枯れ木だらけの汚い野原」（初演版のリッチの台詞）に設定されている。（とは言っても、舞台装置は基本的には一幕と変わらず、シェイクスピアよろしく台詞で表現されるだけである。）改訂版ではリッチの屋敷のままにして、観客の無用な混乱を避けている。

他にも小さな変更は色々あるが、もう一つの大きな変更は、作品全体に更なる枠組みを与え、入れ子構造にしたことである。第一幕冒頭のト書きを書き直し、どこかの「大きな産業都市の寂れた通り」に面した建築現場らしき所にホームレスの一団が集まっている設定のプロローグを新たに作ったのである。冬の太陽が沈みかけると、二人組の浮浪者がバケツと缶で作った「ドラムス」でリズムを打ち始め、芝居が始まる。

この改変で、エンジェルをめぐるオーファンとリッチの物語としての『セレブレーション』は、ホームレスたちが演じる劇中劇の体裁を取ることになった。作品が元々有していたメタシアター性がいっそう強調されると同時に、風俗的にも現代性が賦与された。初演の台本のト書きでは「演台が一つ、かなり粗雑な作りの原始的なもの。その上には巨大な太陽。儀式の時が近づくと、太陽は非常にゆっくりと欠けて行き、日蝕となる。ドラムスの音が聞こえる」とあり、いつのどことも知れない、言わば抽象性の高い空間（あえて言えば『セレブレーション』がその時上演されている劇場空間そのもの）が想定されていた。僕の好みから言えばこの初演の設定も捨てがたいのだが、ホームレスの導入によって作品に取っつき易さが生まれたことは確かだ。いきなり儀式が始まるよりも、このプロローグがあった方が観客には親切かも知れない。ホームレスと儀式（つまり『セレブレーション』という演劇）を演じる人々を重ね合わせることで、彼らにとって儀式を執り行うことがどれほど切実なことなのかが観客に理解し易くなった。明日をも知れぬ人々が今を生きるために、希望を失わずにいるために演じる。その切実さは、古代の人々が冬を追放する儀式に託した切実さに重なり、演劇が本来持っていた筈の生命力を僕たち現代の観客が感得することにも通じるのである。『日陰でも一一〇度』の二幕のラヴ・シーンで起きた周縁の中心への変貌という現象が、作品の構造そのものに投射されたとも言える。

モデルはニューヨーク

僕との最近の会話の中で、ジョーンズは、プロローグのト書きにある「大きな産業都市」のイメージはティム・バートン監督の映画『バットマン』（89年）に登場するゴッサム・シティだと言っていた。

ゴッサム・シティはニューヨークをデフォルメした架空の都市である。つまりリッチが君臨する大都会は現代の資本主義社会の象徴ニューヨーク・シティがモデルなのである。

実は、ニューヨークへの言及はすでに作品中にもある。一つはロブスターを吐き出したリッチが言う台詞、「こいつをどこで釣って来た、オランダ・トンネルか?」だ。オランダ・トンネルは、ハドソン川の下を通ってマンハッタンとニュージャージーを結ぶ海底トンネルである。もう一つは、ポチョムキンがオーファンに外の世界の厳しさを教える台詞の中の「BMTの上の鉄格子の場所をめぐっての戦い」である。BMTとは、ブルックリン・マンハッタン・トランジット・ラインズの略で、ニューヨークを走る地下鉄線である。地上の道路には地下鉄構内の熱を外に逃がすための鉄格子付きの通風孔があり、冬ともなれば寒さから身を守ろうと熱風を求めて路上暮らしの浮浪者たちが鉄格子の上にたむろしている。以上二個所の台詞は、しかし日本の観客にはそのままでは意味不明と思い、カモミール社から出版されている拙訳では、夫々「下水道」「段ボールとブルーシートの奪い合い」と意訳した。

今日では、『セレブレーション』は登場が早過ぎたと言う評者もいる。数年後にブロードウェイでヒットしたボブ・フォッシー演出・振付の『ピピン』(72年)の上演様式と主題が『セレブレーション』と酷似していると指摘する者もいる。モーデンは前掲書の末尾で、『シカゴ』や『スウィーニー・トッド』『グランド・ホテル』等のその後のミュージカルに当然の如く使われている「現実と幻想をないまぜにしたモダニスト的なステージング」の口火を切ったのは『セレブレーション』だと示唆している。何にせよ、今日、ミュージカルが題材、形式のいずれに於いても実に幅広いジャンルとなっていることには、この実験的で先駆的な作品の影響が大なり小なりあるのではなかろうか。

二〇一〇年の五月、ゴールデンウィークの連休を利用してニューヨークへ行き、『ファンタスティックス』の五〇周年記念の舞台を観て来た。この舞台そのものについては第五章で述べるが、公演終了後、劇場と同じフロアーにある普段は稽古場として使われているスペースで関係者のためのささやかなパーティがあった。ジョーンズと製作のダン・シャヒーンのご好意で僕も紛れ込ませてもらった。参加者の中にスーザン・ワトソンの姿を見つけたので、典型的ミーハーである僕は早速一緒に写真を撮らせてもらった。すでに書いたように彼女は『セレブレーション』初演のエンジェル役である。カート・ガンツルの『ミュージカル演劇百科事典』には「一九六〇年代のブロードウェイ最高の娘役女優」と、トーマス・ヒシャックの『オックスフォード版アメリカン・ミュージカルへの手引き』には「一九六〇年代のブロードウェイ・ミュージカルの恐らくは最も輝かしい娘役女優」と書かれている。一九五九年にまだ一幕劇だった『ファンタスティックス』でルイーサ役を初めて演じたのも彼女であり、同作のオールスター・キャストによるテレビ版（64年）でも同じ役を演じている。ジョーンズ夫人のジャネットは彼女の実の妹だ。すでに七〇歳を超えている筈だが、繊細さと優しさが全身から匂い立つような女性だった。学生演劇の『セレブレーション』の稽古中だと言うと、「まあ、日本語の『セレブレーション』なんて観てみたいわ」と喜んでくれた。

写真を撮ってくれた旧知のナンシー・フォード（日本では『旅立て女たち』――新しい邦題は『今の私をカバンにつめて』――の作曲で知られているが、彼女の亡夫は初演のポチョムキン役者キース・チャールズである）が傍にいた初老の紳士を指さし、「ところで彼はオーファンよ」と言うのでびっくりした。初演及び七五年の再演のオーファン役マイケル・グレン‐スミスだったのである。彼とも写真に収まったことは言うまでもない。

マイケル・グレン‐スミスは、ポートフォリオ・スタジオの第二作にもアンドスという名の若者の役で出演している。

改訂増補版のための付記――僕が最初に『セレブレーション』を演出したのは二〇一〇年、大阪芸術大学舞台芸術学科の学生たちによる公演だった。会場は大阪公演がシアター・ドラマシティ、東京公演が有楽町の国際フォーラムと、ともにブロードウェイ規模の大劇場で、製作予算も潤沢だったので（何しろ学生公演だから人件費は限りなくゼロに近い！）、装置はホームレスがたむろする、建築中のビルのコンクリート剥き出しの工事現場に設定し、そこに古代ドルイド教の遺跡のイメージを重ねてみた。リッチを演じたのは勿論二〇歳そこそこの学生である。なかなかの好演だったが、この役を若者が頭には禿げ鬘、顔には深い皺を描いて演じるのは、やはり違和感があった。そこで二〇一三年に今度は桐朋芸術短期大学の演劇専攻の学生たちの卒業公演として再度取り組んだ時には、どうせ若者が演じるなら、ホームレスによる劇中劇という枠組を活かして、本来は素顔で演じるリッチも若者が仮面を被って老人を演じる設定にしてみた。コンメディア・デッラルテのパンタローネをもっとグロテスクにしたような黄金の仮面の絵を描いてリッチ役の学生に渡したら、二日後には見事な仮面を作って来てくれた。

ともあれ、この改変の許可をジョーンズ氏に申し出たところ、快諾してもらっただけでなく、それならいっそ結末を書き直したいと逆に提案され、死んで倒れたリッチからオーファンが仮面を外し、それを自分が被るかどうか逡巡する開かれた終わり方の改訂版が送られて来たのである。初演版では、時代状況もあり、ラストでオーファンが大人になることを拒否していると一部の観客には誤解されかねない懸念があった。改訂版では、死に行くリッチとオーファンの会話を書き直すことで、リッチのようになりかかっていたオーファンは土壇場でリッチとは違う成熟の道を選ぶことを明確にした。ところが、この新たな改訂では、リッチに体現される負の部分、汚れた部分も引き受けなければ真の大人にはなれないことが、改めて突きつけられる。オーファンは劇場を後にすることが出来ないまま芝居は終わる。問題はより先鋭化され、結論は劇場を後にする観客一人一人が自ら選ぶしかない。極めて印象的な幕切れだが、ミュージカルとしては今一つ満足感がないと僕は感じた。

このときの公演では、リッチを仮面の若者が演じるアイディアのみで、結局この新改訂のラストは見送られたが、その後、ジョーンズ氏はその線に沿ってさらに改訂を続けている。リッチのフル・ネームもウィリアム・ローズバッド・リッチに変更された。言うまでもなく、ミドル・ネームの由来はオーソン・ウェルズが製作、監督、脚本、主演を務めた『市民ケーン』(41年)で、孤独な死を迎える主人公の大富豪が今わの際にもらすひと言、「薔薇の蕾」である。

なお、桐朋学園の公演場所は客席数三百の俳優座劇場だったので、装置も高低差をつけた工事用の足場にブルーシートを被せた簡略なものにし、二幕で人工の園になると、そのブルーシートを緑色のシートに取り替えて変化をつけてみた。

この改訂版にさらに手を加えた新ヴァージョンが二〇一六年にセント・ルイスのニュー・ライン・シアターによってスコット・ミラーの演出で上演され、好評を博した。ラスト・シーンでは十二時を告げる時の音を聞きながら倒れて行くリッチからレヴェラーたちが衣服を剥ぎ取り、それをポチョムキンから渡されたオーファンはどうするべきか迷うが、ポチョムキンとレヴェラーたちが静かにタイトル・ソングをリプリーズする中、エンジェルとともに舞台を去り、外の世界へ出て行く。ミュージカルとしての完結性と開かれた終わり方の両者を立てた、言わば折衷案となっている。舞台写真を見ると、リッチは当時大統領選挙の渦中にあったドナルド・トランプに似せた扮装になっている。

けれどジョーンズはこの舞台にも満足出来ず、二〇二〇年の一月にはヨーク・シアターによって更なる改訂版のリーディング公演が催された。

オーファンとリッチの戦いの終わりは今のところ見えていない。

三、フィレモン

創作の背景

ポートフォリオ・スタジオの実験から生まれた次なる作品は、ローマ時代の道化役者の殉教を描いた『フィレモン』である。ジョーンズとシュミットのこれまでのミュージカルは、どれも叙情性と喜劇性が勝っているが、主人公が処刑されて終わる『フィレモン』は喜劇的な箇所も多々ありはするものの、全体的には紛う方なき悲劇である。ミュージカルとしては、これはかなり珍しいことだ。

この作品が舞台と同じ配役によりハリウッド・テレヴィジョン・シアターで製作放映されたとき、ジョーンズとシュミットの短いインタヴュー番組も同時に放送された。その番組の中で、彼らは『フィレモン』の発想の源になったのは、アラダイス・ニコルの名著『仮面、マイム、奇跡～民衆演劇の研究～』の巻頭に記された或る挿話だったと語っている。

西暦二八七年、当時ローマの属領だったエジプトのアンティノエという町でキリスト教徒に対する迫害令が発せられた。告発された者の中に、信仰心は篤いが、さりとて殉教するほどの勇気はないという一人の助祭がいた。彼は一計を案じ、誰か他の者を変装させ、自分の身代わりに仕立てて法廷でキリスト教徒ではないと宣言させることで、この心身両面の危機を乗り切ろうとした。この替え玉役を面白がって引き受けたのが町一番の道化役者フィレモンである。ところが、法廷に引き出された道化役者に突如、空の高みから精霊が呼びかけ、彼は顔を上げてこう言い放った、「私はキリスト教徒だ。」相手が有名な喜劇役者だと分かり、法廷中、笑いの渦につつまれた。アンティノエの総督も、この一件をフィレモンお得意の座興と見て穏便に済ますつもりでいた。が、フィレモンは重ねてこう言う、「私はキリスト教徒だ。」事態は一変した。そして、「このままでは心ならずもお前に死刑を宣告するしかない。そうなったらお前の芸を愛する大勢の市民たちがどれほど悲しむか考えてみるが良い」と懸命に説得する総督の言葉にも耳を貸さず、「私の芸を観てあなた方が笑っていた時にも、天使たちは泣いていたのです。今、私は救済され、天使もそれを喜んでいる。その喜びをあなた方の涙で曇らせてはならない」と言って、彼は刑場の露と消えて行った。

この挿話は勿論伝説であり、道化役者と総督にはイエス・キリストとユダヤのローマ総督ポンティウス・ピラトの姿が重ねられていると見てほぼ間違いあるまい。ニコルによれば、道化役者フィレモンはその後役者の守護聖人に列せられたそうではあるが。

ニコルの本では、「その時、空の高みから精霊が彼に呼びかけた」としか語られていない道化役者から聖人への変身の秘密は何だったのか。何故奇跡は起きたのか。この極めてドラマティックな挿話を読んだ時、作者たちの脳裏に浮かんだのはそういう問いではなかったろうか。その問いが、やがて、もし自分たちが一九三〇年代、四〇年代のドイツにいて、ナチスによるユダヤ人の迫害を目の当たりにしていたら、自分たちはどうしていただろうかという問いと結びついた時、『フィレモン』は誕生した。

とは言え、その誕生は決して安産だった訳ではない。『フィレモン』がディック・ラテッサの主演により現在の形でポートフォリオ・スタジオで上演されたのは一九七五年の一月だが、このミュージカルはそれ以前に違う四つのヴァージョンが、同スタジオに於いて選ばれた少数の招待客の前で上演されており、その度に大きな改訂を重ねて来たからだ。正真正銘、数年間のワークショップの積み重ねの末に完成した作品なのである。

決定版の公演プログラムには演出レスター・コリンズとあるが、これは作者二人のミドル・ネームを組み合わせたもの。つまり演出はジョーンズ＆シュミット、振付は後にジョーンズ夫人となるジャネット・ワトソンだった。

物語

物語の背景はニコルの紹介している挿話に沿って、西暦二八七年のアンティオケというローマ帝国の属領、その町でのローマ軍によるキリスト教徒の迫害である。しかし、そこから先の物語は発想の源になった伝説とはかなり異なる。

主人公は道化役者ではあるが、町一番の人気者からは程遠い、その日の食事にも事欠くような落ちぶれた中年男。名前はコキアン。今や舞台の相方にして恋人でもあるキキに売春をさせて食いつないでいる有り様だ。キキを売る話をまとめての帰り道、コキアンは早朝の路上で町に潜入したキリスト教の神父を捜索していたローマ軍の司令官マーカスに出会う。道化ならではの厚かましさで部下のサーヴィラスをからかうコキアンを司令官は面白がり、虫けら同然のキリスト教徒の反乱を鎮圧して一刻も早くこんな悪臭漂う辺境の地からローマに帰りたいと内心を吐露する。コキアンも生まれ故郷のギリシアへの望郷の思いにかられ、二人は「任務さえ達成出来たなら！」「金さえあれば！」「この土地を去って、／故郷(くに)に帰れるのに」と歌う。

司令官に夜間外出禁止令の違反を見逃してもらったコキアンは、ねぐらに戻ってキキと大道芸を披露する。コキアンの股の間にぶら下がった太い立派なソーセージをローマ帝国になぞらえ、それが周囲の諸民族に細切れにされて貪り食われて行く様を描いた卑猥で滑稽でグロテスクな風刺劇であり、キキがストリップまがいの踊りも披露し、古代ローマのミモス劇を髣髴とさせる。が、演じ終えてみれば実入りは微々たるもの。

コキアンがまたも自分を男に売ろうとしていることを知ったキキは、「あんたは愛から逃げて行く。／あんたは奪うだけで与えることは出来ない。／あんたは愛から逃げて行く。／何て腐り果てた生き方」と彼を責め、「見尽くしたわ、ささやかな四月の白昼夢は／ゆっくりと色褪せて行った。／今じゃあたしの人生は、塵芥に変わった／色褪せたたくさんの白昼夢。／さび色の虹！」と訴えて彼と別れようとする。

コキアンの懸命の説得に諦めたと見えたキキだったが、これで万事解決だと小躍りするコキアンの前に現れたのは司令官とサーヴィラス。キリスト教徒相手に偽の保護証を売っていたことをキキが密告し、コキアンは逮捕される。しかし、コキアンに好感を抱いていた司令官は、部下が拷問で死なせてしまったキリスト教の神父フィレモンに変装して地下牢に潜り込み地下組織のリーダーの正体を突き止めれば、無罪放免の上に故郷のギリシアに帰してやるとコキアンに持ちかける。二人は「俺たちは何でもするだろう、ここを出て／故郷(くに)へ帰るためなら！」と歌って手を結ぶ。

死と絶望が支配する地下牢ではフィレモンがやって来るとの噂を聞いた囚人たちが期待に胸が張り裂けんばかりになって、「フィレモン！／その名は闇を明るく照らす！／フィレモン！／その名は恐怖を追い払う！／フィレモンがもうすぐやって来る！この場所から私たちを連れ出してくれる！」と「おそらくは初めて――希望の歌を歌う」（サーヴィラスの台詞）。

黄金のローブをまとい、フィレモンに化けて地下の独房に入ったコキアンが最初に出会った囚人はアンドスという一八歳の若者。初め暗がりからアンドスに「神父様（ファーザー）」と声を掛けられたコキアンは動揺する。翻訳では分かりにくいが、コキアンには「父さん（ファーザー）」と聞こえたからである。その理由は二幕で分かる。（拙訳では迷った挙句「父なる方」とした。）自分のグループが処刑の呼び出しを受けた時、便秘気味のアンドスは「すっきりしたくて」「裏でしゃがんでいた」ために難を逃れ、書類上では死人になっていた。利用価値ありと踏んだコキアンは助手になってくれと頼むが、アンドスはこのまま死人としておとなしくしていれば「多分奴らは僕に気がつかないだろうし、生きてここから出られるかも知れない」と言って断る。己の臆病さを恥じるアンドスに、コキアンは臆病になって生き延びろと諭す。

様子を見に独房を訪れた司令官は、自分は道化役者だし英雄的な台詞は喋れないと弱音を吐くコキアンに、道化役者以上のものになれ、「生涯にただ一度、お前は英雄になるのだ」と言い、無罪放免の約束の証しに罪状記録を渡して去る。

暗い独房で一人、奴隷の身に生まれ、幼い日から厳しい道化役者の稽古に明け暮れた過去を想い、惨めな現在とただ老いぼれて行くだけの将来に暗澹とするコキアンの前に再びアンドスが現れる。コキアンの許しの言葉に「自分で自分が恥ずかしく」なったアンドスは、コキアンの助手になることを告げに来たのだ。アンドスに接吻された手を複雑な思いで見つめるコキアンに、司令官とサーヴィラスが「ブラヴォー、コキアン」と称賛を「影の中から嘲るように歌」（ト書き）って第一幕は終わる。

「客席の明かりが落ち、彼方から軍鼓の響きが静かに聞こえて来る」（ト書き）と、司令官が上舞台に上り、「我、秩序を愛す。／調和と秩序を。／物事があるべき場所に／全て収まっている状態を。（中略）しかし自由は／無秩序と自由は／ただ混沌と／弱さと敗北へと導くのみ。（中略）我らは道路を建設するだろう！／共通言語を創り出すだろう！／時間さえあれば／恒久平和を生み出すだろう！」と己の信念を歌い、下では囚人たちが「静かに足踏みをして、その場から動かずに行進している」（ト書き）。

アンドスは、ローマ帝国の圧政の前に何ら物質的な救いの力を示してくれない神に疑いを抱き、希望を失くしかけている。コキアンは欲しいものが手に入り、なりたい自分になれたらと想像することを、「夢見る」ことを教えて励ます。さらに司令官からもらって隠しておいた食糧をアンドスに与える。突然現れた食糧をアンドスは奇跡だと誤解し、しかもコキアンはアンドス一人に食べさせるつもりだったのに、飢え死にしかかっている他の囚人たちに食べさせると言って感謝する。コキアン（フィレモン）こそ本当の聖者だと確信したアンドスは、隠し持っていた「キラキラ光る装身具」をコキアンに渡して去る。

コキアンは、やって来た司令官に見つからないように、「自分でも良く分からない理由から」（ト書き）装身具を隠す。司令官はアンドスのことを黙っていたとコキアンを叱責し、「奴を見ていると、お前は若い頃の自分を思い出すんだ」と言うが、コキアンは死んだ息子を思い出すのだと告白する。コキアンが情に流されかけていると察した司令官は、フィレモンのローブのモザイク模様の一部が欠けているが、それは「何かの暗号、合図」であり、欠けている部分はおそらくアンドスが持っていると指摘し、アンドスから何か渡されたら隠し立てせずに報告しろ、と半ば脅迫的に念を押して去る。

一人になったコキアンは装身具を取り出して見つめ、マーシアスという娘と結婚していた遠い昔を回想する。子供を産みたいと言うマーシアスに、コキアンは「俺にはまともな暮らしなんて出来ない、それが怖いんだ。俺は何もかもうっちゃって、どこかへ逃げちまう。いつだってそうして来たんだ。俺は愛から逃げて行く。お前を捨てて、どこかへ行っちまう」と自分で自分を信じられない気持を打ち明ける。そんなコキアンにマーシアスはそんなことはない、「私はあなたを縛りつけてしまう」と語りかけ、「私は愛しい、あの人の顔が。／とても悲しげな顔よ。／けれど私を見ると／喜ぶの。／そうして小さな皺が／顔じゅうに広がって、／あの人の顔から悲しみを追い払う」と歌う。

「あなたは私のものよ」と迫るマーシアスの思い出を振り払うようにして、コキアンは装身具を司令官に差し出す。

司令官はアンドスを尋問し、アンドスの妻が男の子を産んだことを告げて、生きて家族に会いたいという心情に訴える。「お前はまだ若い。一つ教えてやろう。お前の知らないことを。それはな、終わりのない戦争などあり得ないということだ。信じがたいかも知れんが真実だ。そして今のこいつも戦争、叛乱以外の何ものでもない。ということは、こいつもいつかは終わるということだ。――もし生き残ることが出来れば、お前は妻と子供の許へ帰れる。傷は癒され、生活は平穏無事な昔に戻る。この牢獄の中庭にもまた花が咲き乱れるだろう。その時には、今のこの出来事も何か遠い、信じられない夢のように思えるだろう。さあ、お前自身のため、お前の家族のためだ、こいつをどこで手に入れた？」だが、アンドスはあくまでも見たこともないと言い張り、鞭打ちのために中庭に引き立てられる。

司令官は、物陰から二人のやり取りを立ち聞きしていたコキアンに「鞭が唸る度にお前は故郷に近づく。そのことを忘れるな。悲鳴は一陣の風、お前の船はそいつで走る」と警告して去る。

中庭に引き出されたアンドスは何故「見たこともありません」と言ってしまったのか、その理由を自問自答する。

「おかしな話だ、人がノーと言う時、必ずしもそう言うつもりはなかったのに、つい口を出てノーと言ってしまう時がある。例えば、通りで何かもめごとを目にしても、見て見ぬふりをする。道の反対側へ渡って、こう思う。僕は平凡な人間だ。僕には世の中を変える力なんてない。それがある日、他の日と別にどこも変わらないようなある日、怪我をした犬が通りを走っているのを見て、助けてやる。助けることなんて出来はしないのに助けてやる。それとも犬じゃなくて、そう、子供。兵隊に槍で刺された子供。それとも老人、ユダヤ人、ユダヤ人でなければキリスト教徒。誰か。他の日と別にどこも変わらないようなある日、人は気がつく、街角に立ち、日の光を浴びて、こう言っている自分に、「ノー」。「こんなことがあっていい筈がない。」「これは人間のすることじゃない。」そして、そのためにどうなるか分かっているのに、自分の中の何かが人にこう言わせる、「ノー」。暗闇に押し込められた子供たち。薪のように積み重ねられた身体、暗闇にうず高く。軍靴の響き。小便の臭い。聞こえて来るのは、暗闇の中でなす術もなく死んで行く人々の、今わの際の呻き声。僕は言いたい、こんなことは間違いだ！こんなことは間違ってる！」

鞭打ちが始まる。苦しむアンドスの姿に耐え切れなくなったコキアンが他の囚人たちの牢獄を開け放つ。囚人たちは「こんなことは間違いだ！こんなことは間違ってる！」と口々に叫んで暴動が始まるが、たちまち司令官に鎮圧されてしまう。

一か八か労働キャンプへ行くと言うコキアンに対し、司令官は「奴は消えた。博打の借金がもとで殺された。お前はキリスト教徒のリーダー、フィレモンだ」と宣言し、三日三晩監禁した後、磔にして処

『フィレモン』より

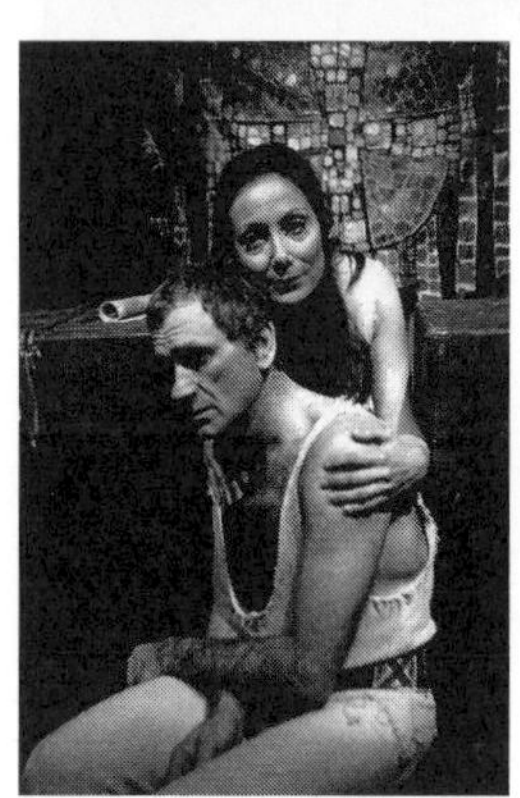

(上)
オープニングを演じるディック・ラテッサ(中央) とコーラス。

(中)
「愛しいあの人の顔」を歌うヴァージニア・グレゴリー (マーシアス) とディック・ラテッサ (コキアン)。

(下)
ディック・ラテッサとレイラ・マーティン(女)。

刑すると宣告する。

独房にロープで繋がれたコキアンは、マーシアスとキキから「何て腐り果てた生き方」と責め立てられる悪夢を見る。「身を震わせ、すすり泣く」（ト書き）コキアンの前に一人の女が現れ、戒めを解く。女は地下組織のリーダーの妻であり、夫に会うために長い旅をして来たが、一足違いで夫はローマ軍に正体を知られることもないまますでに処刑されていたと言う。彼女は、コキアンをフィレモンだと信じ、暗号やリーダーたちの名簿その他抵抗運動の指導者に必要な物が何もかも入った袋を渡す。それは司令官に渡せば死罪を許してもらえそうな情報ばかり。まさしくコキアンにとって必要な物が何もかも入った袋だった。去ろうとする女にアンドスの消息を尋ねたコキアンは、アンドスが鞭打ちの挙句、出血多量で死んだことを聞かされる。絶望感に打ちのめされ、コキアンは「俺は空っぽだ！」と言って、女に救いを求める。「俺には信仰なんてない！神もない！何もない！聴いて下さい、妻は死にました。お産で死んだ。俺が殺したんだ。違う。いや、そうだ。俺があいつの腹にナイフを突き刺したようなもんだ。助けて下さい、誰か。どうか。」

女は、夫に会わせてもらえない場合を考えて書いた手紙、「とうとう出さずに終わってしまった。決して出されることもなく、受け取られることもない」手紙をコキアンに読んで聞かせる。

「愛しいあなた、お元気ですか？お怪我をなさってはいませんか？恐ろしい噂をいくつも聞きます、連中が収容所でしていることの。食事は足りていますか？寒い夜、暖かい毛布はありますか？愛しいあなた、お変りはありませんか？子供たちも私も元気です。あなたのために祈っています。あなたの咎はただ正義を貫いたこと、いいえ、正義だけではない、だって正義は力強いものだけど、それだけでは充分ではないから。愛。それこそ何よりも大切なもの。どんな仕打ちを受けようと、それだけは手放してはなりません、あなたの、人を愛する力だけは・・・」

そして女は静かに歌い出す。「人間の言葉を、天使の言葉を語ろうと／愛がなければ・・・／愛がなければ・・・／特別な預言の力を授かろうと／愛がなければ・・・／愛がなければ・・・／信仰が山をも動かすほど強かろうと――／貧しき人々を養うために己の世俗の富を全て与えようと――／この身が責め苛まれようと、／愛をもって生きて来たのでなければ／私はただの騒々しい喇叭、／やかましいシンバルに過ぎない。／けれど愛さえあれば歓んで全てを耐えて行ける！／愛ゆえに！／愛ゆえに！／何故なら愛は全てを忍び！／全てに耐え！／全てを望み！／全てを信じるから！／いつまでも残る三つのもの。／信仰と、希望と、愛。／けれどその中で最も偉大なものは／愛！」

女がコキアンに優しく口づけして去ると、司令官がやって来る。実は彼には本気でコキアンを処刑するつもりはなく、死刑宣告はコキアンを本物のフィレモンだと地下組織のメンバーに信じ込ませるための芝居だったのである。案の定、女が現れたと知った司令官は、リーダーの正体を教えろ、それで「俺たちは二人とも自由になれる」とコキアンに迫る。しかしコキアンの返事は、「コキアンは死にました。お忘れですか？博打の借金がもとで殺された。俺はフィレモンです」。

「何と自由な感じ！何と伸びやかな思い！」と歌い、「一生涯、俺は愛から逃げて来た。もうその必要はない。怖くはない！あなたは何だ。哀れなマーカス。哀れな男だ」と言うコキアンに、司令官は激怒し、「キリスト教の愛の教えなぞ全て世迷言だ。運良く俺たちの手にかからなくとも、そいつがこの世にもたらすものは飢えた子供の山だ、不幸な子供はどんな見え透いた嘘にも飛びつく。「永遠の生命（いのち）」とかいう台詞にも。だが、そいつもやはり嘘だ」と自説を主張する。そんな司令官にコキアンは「突然の衝動に駆られて」（ト書き）、「俺と一緒に行こう！／何もかも投げ捨てて。／恐れずに――愛そう！」

と歌いかける。司令官は懸命に説得しようとするが、コキアンは聞かず、ついに司令官はコキアンに本当に死刑を宣告してしまう。

処刑台の上で、サーヴィラスにナイフで身体を切り裂かれながら、コキアンは語る。

「光が見える、闇の中に・・・。光が見える。闇を圧する力強い光が・・・。あなたに告げよう。死は人を傷つける。ナイフは人を傷つける。刃はこの身体を切り裂き、命は流れ落ちて行く。だが俺は言いたい。死に方は他にもある。こうやって死んで行くよりも、もっと悪い死に方が。思いやりを殺す。目をえぐり、つぶす。その目が憐みをもって物を見るから。涙を焼き尽くす。口を縫い合わせる。日の光を天から奪い、悪夢に変える。軍靴の響き、恐怖、人は現実から追い立てられ、人間らしい暮らしを剥ぎ取られ、裸のまま、よろめき、走る。背後には恐怖という名の鞭と、目と、胸のむかつくような微笑み・・・魂を殺し！人をケダモノに引き戻し！希望の光をもみ消す！それこそ――そう――それこそ、ナイフで切り裂かれ、死んで行くよりももっと悪いこと。愛。あなたが何をしようと、それだけは手放してはならない、あなたの、人を愛する力だけは！」

「舞台上の明かりがさらに、さらに明るくなって行く」（ト書き）中で、コキアンは女の歌った『最も偉大なるもの』を歌い、死んで行く。

『ロベレ将軍』の影

以上の筋書きからおやと思った方もいるのではないだろうか。そうなのだ、明記されてはいないが、『フィレモン』の物語はインドロ・モンタネリの小説を脚色したロベルト・ロッセリーニ監督のイタリア映画『ロベレ将軍』（59年）を下敷きにしていることは間違いない。

第二次大戦末期のイタリアを舞台に、ドイツ軍とパルチザンとの抗争に巻き込まれた詐欺師が無罪放免と引き換えに抵抗運動の指導者ロベレ将軍に化けて刑務所に潜入し、パルチザンのリーダーの正体を突き止めようとするが、最後は真の愛国心に目覚めてロベレ将軍として銃殺されて行く。細部の違いはあるものの、大筋は『フィレモン』と同じである。ヴェネツィア映画祭でグランプリを獲得した作品であり、五〇年代のニューヨークでヨーロッパ映画をせっせと観ていたジョーンズが知らない筈はない。『ファンタスティックス』のモーティマーの発想の源となったのは、イギリス映画『二重生活』（47年）で主人公が今わの際に語る死ぬ役専門の役者のエピソードであるが、このことは創作中のジョーンズ自身も全く意識しておらず、気がついたのは何年もたってからだった。先行作品が作家の無意識に及ぼす影響の一例である。しかし、断言こそ出来ないものの、『フィレモン』と『ロベレ将軍』の場合は無意識とはとても思えない。むしろシェイクスピアをはじめとするエリザベス朝の劇作家たちが先行作品を基にして独自の傑作に仕立て直したように、作者たちはフィレモン伝説とホロコーストを語るのに『ロベレ将軍』の物語を借り、それを如何にミュージカルに改作するか、ミュージカル化することでさらに豊かな表現とすることに創造行為の焦点を絞ったのではなかろうか。実際、最後の女の手紙などは、映画とは手紙の内容は勿論書き手の立場も変えることで、劇的効果をさらに高めることに成功している。

もう一つ影響関係について言うなら、こちらは意識的か否かは分からないが、コキアンの人物像には五〇年代のイタリア映画のもう一つの傑作『道』（54年、フェデリコ・フェリーニ監督）でアンソニー・クインが演じた主人公の大道芸人ザンパノの影響も幾分見られる。

呈示的な表現手法

装置は、『セレブレーション』と同様、エリザベス朝の舞台様式にヒントを得て上舞台と内舞台を備えたポートフォリオ・スタジオの基本舞台が活用されているが、今回はその前の平土間の舞台空間に『ファンタスティックス』で使われたような木の演台が置かれて、コキアンの大道芸の舞台や地下の独房等として使われる中心的な演技エリアを成している。さらに、その周囲の四隅にやはり木製の細長い演台が置かれ、アンドスと女三人の定位置となっている。この演台は骨組みのみで側面は覆われておらず、一幕の前半及び二幕の最後は梯子を使って演台の上に立ち、それ以外の地下牢の場面では、下側の空間を夫々の独房に見立ててその中に入っている。個々の役としての出番になると、そこから降りたり出たりしてコキアンと絡み、終わるとまたもといた場所に戻るのである。司令官とサーヴィラスの定位置は、上舞台の左右に設えられている。この上下の配置の違いは、支配と被支配、抑圧と被抑圧の関係を視覚的に明示している。上舞台は大詰めでコキアンが磔にされる処刑台としても使われる。

この他に、木の箱が二個あり、場面に応じて様々な形に組み合わされて、大道芸の装置や拷問台、椅子やベッド等々に変化する。

装置は以上で全てだが、各登場人物が羽織っている濃い茶色のケープの内側には、素朴な表面からは想像もつかないような「布と絵具で効果を出した精巧なモザイク模様」(台本冒頭の覚え書き)が描かれている。模様は役ごとに違い、司令官ならローマ帝国の紋章である鷲、サーヴィラスなら戦の斧、妻なら十字架といった具合に夫々の役柄を象徴するものになっている。彼らは自分の役の持ち場になると、このケープを脱いで内舞台の前に掛ける。こうしてローマ時代の雰囲気と色彩感を舞台に与えつ

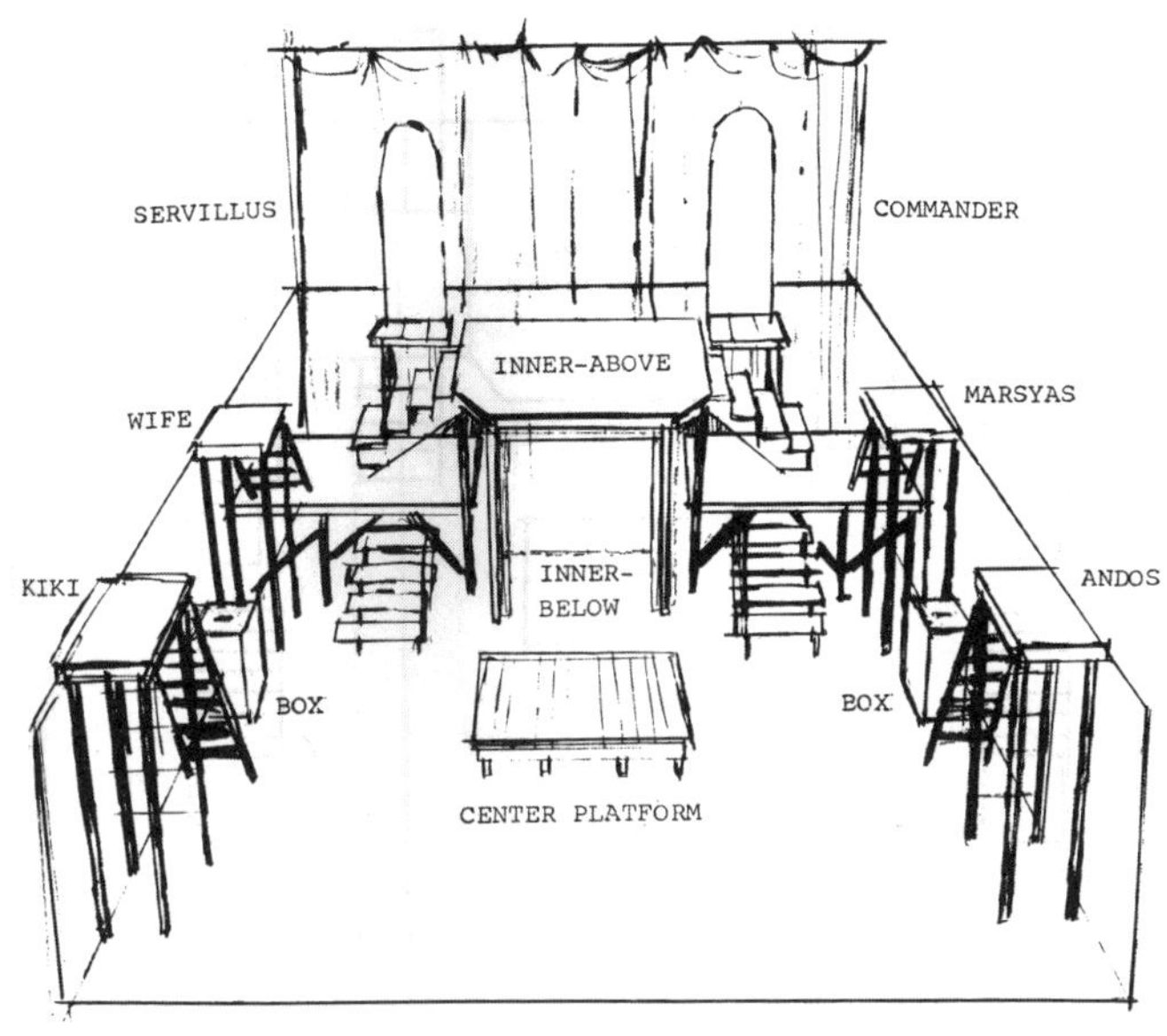

ハーヴィー・シュミットによる『フィレモン』の装置デザイン。

つ、各場面の「背景」を創り出す仕組みになっているのである。

フィレモンの「モザイク模様の真ん中にXとPの頭文字をつけた豪華な飾りのローブをまとった無残な死骸」（ト書き）も、『演出家の手引き』の記述及び同書に掲載されたシュミットのスケッチ画を見る限り、長めの木の棒に同じく木製の手と丸めた布で出来た頭部を付けただけの半ば抽象的な人形であり、反写実的な装置衣裳と歩調を合わせたシアトリカルな表現になっている。

遠い過去の思い出であるマーシアスは、影の中から現れるとコキアンに肩車で乗り、「この両脚であなたを押さえつけて決して離さない」と言う。（この役は、思い出としてのはかなさと、生き生きとした生身の生命感という正反対の特徴を何の矛盾もなく一個の肉体に結晶させている。）二人はそのままの体勢で、愛し合う男女のたわいなくも幸福感に満ち溢れた台詞を続ける。この瞬間、二人は「過去」をともに生きているが、肩車という体勢は、それが過去の仲睦じい戯れであると同時に、「現在」から見た二人の関係を象徴したものでもあることを観客に示している。マーシアスとの思い出は、今のコキアンにとっては両肩にのしかかった、死ぬまで逃れられない精神的な重荷なのである。

また「あなたを縛りつけてしまう」とも言うマーシアスは「思い出を象徴する長い赤いリボン」（ト書き）を持っており、コキアンが「俺は愛しい、あの娘の顔が／とても愛しい。／俺の指はあの肌ざわりを覚えている。／俺は愛しい、あの娘の背中が／眠っている時の。／俺は愛しい、ぐっすりと深い寝息を立てているあの娘の姿が」と『愛しいあの人の顔』の第三リフレインを歌う間、彼女は彼のまわりをゆっくりと回って、リボンで文字通り彼を縛りつけてしまう。コキアンは生きて牢獄から出、故郷に帰るために、良心の呵責と葛藤しながらも、「自分のことだけ考えるんだ」と己に言い聞かせ、このリボンを身体から引き剥がす。

第三リフレインを歌うコキアンは、それまでマーシアスと一緒に過去を生きていたコキアンではなく、半ば現在の視点から過去のマーシアスを回想しているとも解釈出来る。決して忘れられない愛の対象、コキアンにとってかけがえのない安らぎでもあったマーシアスのイメージと、彼を縛りつけ、とりついて離れない重荷としてのマーシアスのイメージが同時に提示される。

ナンバーの終わりで二人は接吻するが、ここで現在と過去が一つになる。或いはコキアンは再びマーシアスとの過去に引き戻される。しかし、ナンバーの終わりとともにコキアンはアンドスから渡された装身具を見つめて「俺はお前を捨ててどっかへ行っちまう」と言い出し、「男の子よ。分かるの」と期待に満ちて言うマーシアスとの噛み合わない台詞のやり取りによって、過去と現在は再び引き裂かれて行く。

このように『フィレモン』にはジョーンズ&シュミットのミュージカルの特徴である呈示的な手法が随所で効果を発揮している。拷問台に繋がれたアンドスは詩形式で長い独白を語るし、これと対になった大詰めの処刑台上のコキアンの独白、そして女の手紙の文章も詩の形で書かれている。『ファンタスティックス』以来ジョーンズ&シュミットが追求している非日常的劇言語としての台詞が『フィレモン』でも試みられているのであり、そういう言葉の力が作品の魅力の少なからぬ部分を占めている。翻訳だと他の台詞との差も判別しがたくなってしまうし、詩としての魅力も大幅に損なわれてしまうが、せめてその一端にでもふれてもらいたいと思い、筋書きの紹介ではそれらの台詞の多くをあえて引用してみた。

音楽はどれもシュミットならではのシンプルな美しさに満ちた佳曲揃いである。舞台設定が中東のため、これまでのシュミットのメロディにはなかったオリエンタルな響きが加わって、エキゾティックな風味を添えている。キーボード、ギター、パーカッション、フレンチ・ホルン、そしてとりわけオリエンタルな、哀愁を帯びた旋律の『愛しいあの人の顔』でのみ印象的に使われるリコーダーという楽器編成。シュミットが自分でオーケストレーションした唯一のミュージカルでもある。

主要人物から成るコーラス隊

作品全体の呈示的な様式は開幕と同時に、いや開幕前からはっきりと示されている。俳優たちは芝居が始まる前から舞台上に現れて衣裳や小道具の準備を淡々とする。ここはワイルダーの『わが町』の冒頭で、舞台監督が客席の明かりが点いたままの状態で舞台上にテーブルや椅子やベンチを配置して芝居の始まる準備をするのを想起させる。

やがてホルンのファンファーレを合図に、彼らは一列に並んで客席に向かって歌いかける。「この何もない空間で／私たちに出来ないことは何もない。／過去から何か偉大なものを創り出すことも出来れば／何か新しいものを探すことも出来る。（中略）この何もない空間に／いくつもの世界が広く開かれている。／さあおいで、私と一緒に、恐れずに、そうすれば分かる筈／内なる自分自身を見出すだろう。」

彼らはまだ役の衣裳（初演のデザインはチャールズ・ブラックバーン）を着けておらず、「女性はレオタードに手を加えた茶色のノースリーヴ、男性は茶色のノースリーヴのジャンプスーツに手を加えたタンクトップ」（覚え書き）というシンプルな装い。つまりこれから『フィレモン』というミュージカルを演じる俳優のまま、観客に芝居の世界への参加を促すのである。このナンバー『この何もない空間で』がピーター・ブルックの著書を意識したものであることは、その題名からも一目瞭然だろう。

『フィレモン』（勝田安彦演出／2009年公演）より

（上）「あの人がやって来る」のナンバーを歌うカンパニー。
（下）ラスト・シーン。

ナンバーの途中で彼らは夫々の役を表す簡単な衣裳を基本の衣裳の上に素早く羽織り、今度は劇中のコーラス隊として主人公コキアンの紹介をするナレーターとなる。以後、彼らは各自主要な役を演じもするが、芝居の流れに応じてその他の小さな役（大道芸の観客や収容所の囚人たち）としてコーラス部分を受け持ったり、純然たるコーラス隊になったりもし、最後には再びナレーターを務めた後、俳優に戻って冒頭で歌われたのと同じ歌を歌って終わる。要するに、この作品では、主要な役を演じる俳優が同時にコーラスにもなり、観客に直接語りかけるナレーターにもなるのである。出演者数の少ない小劇場ミュージカルにおいて、如何にして音楽面で厚みを持たせるかを模索した結果生まれた手法である。それに集団によるナレーターという点では、「意見を述べ、知識を与える者という古代的な意味でのコロスの役割をも果たす」というト書きにもある通り、古代ギリシア演劇のコロスを彷彿とさせる。作品に儀式的性格を先ず与えているのは、このコロス風コーラスの存在なのである。

これに対し主人公のコキアンは、二幕最後の処刑台上の独白までは、基本的には観客に向かって直接語りかけたり歌いかけたりはしない。その独白もあくまでもコキアンとして語るのであって、他の役のようにナレーターになるのではない。「彼は琥珀の中の蝿のように、時の中に閉じ込められている」（ジョーンズ）からである。しかし、劇中劇の場面では、実際の観客を劇中の観客に見立てることで、コキアンもまた現実の観客を意識して、直接演じかけることを可能にしている。

コキアンは、衣裳の面でも白いタンクトップに白いコットン・ジャージーのズボン状タイツと、他の役との差異化が図られている。

コキアン以外の登場人物がコーラスを兼ねる手法を、一幕の最後のナンバー『姓名／コキアン』と二幕のクライマックスのナンバー『対決』を例にとって具体的に説明しよう。『姓名／コキアン』は、辛い現状に反発し、過去を回想するコキアンのアンビヴァレントな心の中を描いている。

司令官から改めて任務を言い渡され、無罪放免の証しとして過去の罪状記録を渡されたコキアンは誰もいない独房の中で、手にした巻物（罪状記録）をじっと見つめる。誰もいないのは勿論物語の状況としてはであって、実際には司令官とサーヴィラスは上舞台から、その他の者たちは各自の演台の下に入ってコキアンを見ている。コキアンがベッドに見立てられた箱に腰を下ろすと、影の中からマーシアスが「あなたは老いた・・・／あなたは老いた・・・／あなたは老いた」と静かに歌いかける。この歌詞が歌われるのは二度目であり、最初は地下牢に着いたばかりのコキアンがアンドスに出会い、この若者には妊娠中の妻がいると聞いた時に、やはりマーシアスが影の中からそっと歌いかける。この時は、冒頭の一節の繰り返しではなく、「あなたは老いた・・・／これからもっと年老いて行く・・・／そしていつの日か老いぼれ果てたとき・・・／あなたは私のものになる」と全ての歌詞が歌われ、各節の間にアンドスの短い台詞が挟まれる。そうすることで、この歌がコキアンの言わば幻聴であり、彼が歌に気を取られてアンドスの言葉をほとんど聞いていないことが観客にはっきり伝わると同時に、コキアンが聞いていないアンドスの大事な台詞が観客にはくっきりと伝わる仕組みになっている。また、アンドスに妻がいると聞いた直後に歌いかけることから、歌声の主はおそらくコキアンの「妻」だと察する観客もいるだろう。但し、この時点ではマーシアスは役としてはまだ登場していない（従って台本にも歌詞の前の役名はただ「娘」とのみ表記されている）ので、観客の多くは主要人物の一人ではなく、アンサンブルの一人として歌っていると思うかも知れない。

ともあれ、罪状記録を見つめるコキアンに「あなたは老いた・・・」と歌いかける声は、彼の惨めな現在の心境であり、かつ過去からの呼び声、或いは過去へと引き戻されて行く彼の意識の反映である。その声を聞いたコキアンも「やがて悲しげに歌う」（ト書き）。

「姓名：コキアン。／職業：道化。／町から町への／旅暮らし。／過去：不明。／将来：暗い。／一週間以上／何も食わず。／汗水たらして働いて。／ほこりを呑み込み。／オレンジで曲芸し／望みはただ／金を稼ぐことだけ／パンを買うための。／生きるための。／死ぬのは御免だ！／生きよう！」

続けてコキアンが奴隷時代の主人の真似をして「コキアン、酒を持って来い、／一滴でもこぼすなよ。／コキアン、わしの足を洗え。／早く！早く！／コキアン、たらいを綺麗にしろ、／それからわしの上着（チューニク）を脱がせろ。／コキアン！」と歌うと、司令官とサーヴィラス以外の四人のコーラスが同じ歌をコキアンに向かって歌い、「コキアンは演台から跳び下りると、仕事をこなそうと苦闘する奴隷の召使の真似をして、妻、キキ、アンドス、マーシアスの四人が歌うまわりを狂ったように走り回る」（『演出家の手引き』）。ここでは四人はコキアンの過去の主人を演じている。

この状況から抜け出そうともがくように、コキアンは「生きよう！」と叫ぶように歌う。ここで音楽は一瞬途切れ、コキアンは今度は台詞で「生きるんだ」と己に言い聞かせるようにつぶやく。続いて音楽はト長調からハ長調に転調し、それまでコーラスに加わらずにいた司令官とサーヴィラスが「ブラヴォー、コキアン。／ハ、ハ、コキアン・・・」と「半ば歌い、半ば喋って嘲るようにパントマイムの拍手をする」（ト書き）。ゆっくりとした揺るぎないテンポで絶えず半音へと移行するこの低音の不気味な喝采は、コキアンの己の半生への自嘲でもある。

コキアンは過去を振り返り、「あんたの名前がコキアンなら、／あんたは大した才能の持ち主。／誰もが羨むさ／あんたのする愉快な芸を。／幼い日から始めたよ、／舞台の修業。／仲間はすごい顔ぶれさ、／娼婦にポン引き、オカマたち」と誇りと自嘲が相半ばした最初のリフレインを歌うと、司令官とサーヴィラスが再び喝采を送る。だが、コキアンはその嘲りに挑むようにパントマイムで曲芸をしながら「最初に習うのは曲芸さ。／一所懸命励んでる念押しに、／球を落とす度に、／手首を鞭打たれる。／お次は道化芸。／ピシャリとぶたれてバッタリ倒れ。／夢に見るのは「続けろ」という声、／「コキアン！」と叫ぶお客の声」と第二リフレインを歌う。次第に興奮し、元気を取り戻して行くコキアンを後押しするかの如く、伴奏もボレロのリズムを刻み出し、遠い過去からの呼び声のようにホルンの音が入って来る。そのコキアンの想いに応えるように、四人のコーラスは「コキアン！／コキアン！／コキアン！」とこれまた遠い過去の栄光の喝采を歌う。このコーラスとホルンには、暗く狭い地下の牢獄から、観客のひしめく広場へと空間が伸びやかに広がって行くような効果がある。

しかし、たちまち司令官とサーヴィラスが「ブラヴォー、コキアン。／ハ、ハ、コキアン・・・」と皮肉に満ちた気味の悪い喝采を送り、コキアンを現在の現実に引き戻す。過去は二度と戻らない、いやそんな輝かしい過去などそもそもコキアンの夢想の中にしか存在しなかったのかも知れないという苦い認識である。コキアンは「そしてとうとう、生き延びることが出来れば、／あんたは最も偉大な道化師だ。／そして知るのさ、報酬は／傷だらけの身体だと。／日ごと年老いる。／メイキャップも剥げ落ちて行く。／栄光の夢は死に果て消える。／それがコキアンの末路」と第三リフレインを歌い、司令官とサーヴィラスの冷笑的な喝采がナンバーを締めくくる。

ここではコーラスは、コキアンの過去を生々しく再現しつつ、現在の揺れ動く心理を代弁し、さらには時間と空間を変化させる役目を果たしている。

司令官とサーヴィラスの喝采は、生き延びるためにスパイという卑劣な行為に加担したコキアンの良心の呵責をも表現していると言って良いだろう。そのことがよりはっきりと表現されているのは、このナンバーの直後にアンドスがコキアンの助手になると申し出た後、司令官とサーヴィラスが再び「ブラヴォー、コキアン」と歌う時だ。ここでは司令官たちはコキアンの良心の呵責を表現するコーラスであると同時に、皮肉な結果として首尾よく目的を達成してくれたコキアンを寿ぐ司令官たち本人でもある。

二幕の『対決』では、司令官が「新しい世界！／完璧に作られた！／法と秩序が支配する世界！」と信念を歌うと、夫々の演台の上に立ったコーラスがすかさず「我、秩序を愛す！／調和と秩序を！」と和す。司令官の信念を強調する純然たるコーラス隊だとも言えるし、彼と思想を同じくする多くの人々の思いだとも言える。ところが、すぐ後でコキアンが司令官に「俺と一緒に行こう！」と訴えると、コーラスは今度はコキアンの側に立ち、同じ歌詞を輪唱で歌う。ここも司令官の場合と同じことが言える筈だが、それのみならず、このコーラスは司令官の心の奥底に残っている「人間らしさ」、それが呼びかける声だとも解釈出来る。

このように、『フィレモン』のコーラスは変幻自在の使われ方をして、作品に厚みと広がりを与えているのだ。

コキアンをめぐる生と死と再生のドラマ

奴隷の身に生まれ育ったコキアンは、子供のときから親の愛を知らない過酷な人生を送って来た。彼のモラルは、何があろうとともかく生き延びること、それだけだ。愛を知らない彼は、自分を愛してくれる人間に出会っても、その愛を信じきれない。相手の愛を受け止め、それに自分が本当に応えられるかどうか自分で自分が信じられない。そんな自分に彼は不安を覚え、結局はその愛から逃げ出してしまう。自分を愛せない人間が本当の意味で他人を愛することは出来ないからだ。彼の支えは、厳しい修業の末獲得した道化の芸だけである。けれど、時は情け容赦なく過ぎて行く。彼はもう若くはない。道化としての盛りも過ぎ、後に残ったのは、間もなく老いぼれ果てるであろう「傷だらけの身体」だけだ。今、彼の願いはせめて生まれ故郷のギリシアに帰ることだけである。『フィレモン』は、そんなコキアンが地下の牢獄（強制収容所）という極限状況の中で、受難の果てに初めて自分の存在を自分で受け容れ、これまで奪うことしか知らなかった愛を与えるまでになって行く物語である。ここにもまた通過儀礼としての生と死と再生のドラマがある。

物語の大詰めで、何もかも失い、空っぽになったコキアンの絶望的な心を女の言葉（彼女が歌う『最も偉大なるもの』の歌詞は、新約聖書のコリントの信徒への手紙一の第一三章を縮約してほぼそのまま使っている）が癒し、満たして行く。地下組織のリーダーの名前を教えろと迫る司令官に、それまで黙っていたコキアンが「コキアンは死にました。俺はフィレモンです」と答える場面は、自分で演出した舞台なのに、何度見ても胸に迫る。現代の演劇では滅多にお目にかかれなくなってしまった認知（アナグノーリシス）と逆転（ペリペテイア）の瞬間、それもアリストテレースが『詩学』でもっとも優れたものと定義した認知と逆転が同時に起きる瞬間だからであろう。お前は道化役者以上のものに、英雄になるのだとコキアンに言った司令官の言葉が、司令官の思惑とは全く違った形で実現してしまう、優れて劇的な、奇跡の瞬間である。

エル・ガヨ、スターバック、ポチョムキンと、ジョーンズ&シュミットのミュージカルにはトリックスター性を帯びた、道化的側面を多分に持った人物が毎回登場するが、コキアンに至ってついに本当の道化が主人公の座に就いた。「法をくぐることを身上」とし、「臨機応変、はっきりいえば無責任に、こと思えばまたあちらと二つの立場を使い分けて、とにかく生きのびようとするのが道化」(高橋康也)だとすれば、コキアンは職業的な意味のみならず、その生き方そのものがまさに道化の生き様である。

そして、司令官に半ば強制されて聖者フィレモンの偽者になった挙句、最後には処刑されて行くコキアンの姿には、明らかにカーニヴァルで選ばれる偽の王の像が重ねられている。偽の王が中世社会のスケープゴート(贖罪の山羊)であったように、いやイエス・キリストが人類のスケープゴートであるように、コキアンの殉教にもスケープゴートとしての性格が伺える。彼の死によって、『フィレモン』の劇世界は再び安定を取り戻し、幕を下ろせるのである。このスケープゴートという役割によって、コキアンは『セレブレーション』のリッチにも通じている。

『ファンタスティックス』で盛んに活用されていた、一つの出来事に対して観客が相反する二つの感情を続けざまに抱くように仕向けて物事の二面性に気づかせるという手法が『フィレモン』でも効果的に使われており、コキアンが道化であることによって一層効果を上げている。それが特に顕著なのはアンドスとのやり取りである。

一つだけ例を挙げれば、助手になることを断ったアンドスが「僕のこと、臆病者だとお思いですか?お手伝い出来なくて」と恥じ入ると、コキアンは「私は臆病さには大いに敬意を払っています」と言い、「神は私に臆病さの真の価値を認める特別な力を授けて下さった。あなたは生きている。臆病におなりなさい、そして生き延びるのです」と忠告する。生き延びることだけが信条であり、そのためにはどんなに卑劣なことでもやって来た臆病者のコキアンが、そのことを聖者フィレモンとしてもっともらしい顔で、持って回った言い回しで述べるのはかなり滑稽である。しかし、この台詞はそれと同時に、罪悪感に苦しむアンドスの気持ちを少しでも楽にしてやりたいという思いが言葉になったものでもある。コキアンらしからぬ他人への真の思いやり、同情心の発露でもある。観客は笑った途端にそれに気がつく筈である。この時、コキアンの心の中で彼自身にもしかとは分からない何かが、遠藤周作風に言うなら「人間のなかのX」が動いたのだ。叱責の言葉どころか臆病さや責任逃れを丸ごと受け入れ許してくれる言葉に、アンドスは衝撃を受け、助手になることを決意する。臆病で良いとするコキアンの言葉がアンドスに勇気を与える。アンドスを変えるのだ。あえて言えば、ここでコキアンは図らずも奇跡を起こしてしまうのである。

この件(くだり)から、「その人を知らず」と言ってイエスを否認したペテロと十字架上のイエスを、そしてその後のペテロ自身の殉教を想い起してもそう見当外れでもないのではなかろうか。ただ、コキアンは自分の言葉がもたらした予想外の結果に動揺する。地下組織のリーダーの正体を突き止めるという目的のためには好都合だが、それはアンドスを危険な状況に追い込むことでもある。事実、その結果アンドスは命を落とすことになる。主人公が相反する二つの感情に引き裂かれ葛藤するきっかけとなる瞬間を、ジョーンズは観客から相反する二つの反応を同時に引き出してみせることで印象づけ、鮮明に描き出したのだ。

一幕の前半では、どんなことをしてでも生き延びて自由になろうとするコキアンと彼を取り巻く状況との葛藤が描かれるが、地下牢でのアンドスとの出会いをきっかけに、やがて生き延びようとする行為そのものがコキアンの中で矛盾を生み出し、内面化された葛藤はコキアンをしてついに囚人たちの牢を解き放つという行動に駆り立てる。その結果、生き延びることも、自由になることも不可能な絶望的状態に追い込まれるが、その中でコキアンは初めて本当の自由を、精神の解放を見出す。いや、コキアンのみならず、司令官もキキもアンドスも、劇中の誰もが夫々の置かれた状況から脱出し、自由になることを夢見ている。『フィレモン』は「自由と解放への希求」についての物語だとまとめることも可能だろう。

傭兵のサーヴィラスでさえ、コキアンを拷問台に縛りつけながら「何か他のことを考えていろ。少しは楽になる」と彼の口から出るとは予想もしなかった意外な言葉を口にする時、またその直後に彼に家族がいると知ったコキアンに「そいつは妙だ。あんたに家族がいるとはな」と皮肉られた時の反応には、自分が置かれている現在の状況への、もっと言えば他者からこうであると看做されている自分への拒否感が言葉の表面的な意味とは裏腹ににじみ出ている。コキアンを縛りつけ終えたサーヴィラスは、出て行きかけるが立ち止まり、こう言う。「俺のことを妙な奴だと言ったが、そいつは違う。俺は兵士だ。それだけだ。それが俺の職業だ。パン屋や肉屋と同じだ。俺の仕事だ。だからやる。今はローマのために仕事をしている。だがキリスト教徒から頼まれれば、奴らのために仕事をする。個人的な思惑は何もない。怒りもない。何もない。」それまで事務的なこと以外はほとんど口をきかなかったサーヴィラスが初めてまとまった台詞を喋る。この自己正当化の言葉を言わずにはいられない何かが彼の中にもあるのだ。その何かが彼を立ち止らせたのだ。サーヴィラスにも「人間のなかのX」は確かに存在するのだ。

古代ローマに現代を重ねる

『フィレモン』では台本の初めに掲げられた「物語について」という作者による短い覚え書きに、「場所と時代は遥か遠い昔のように思われるかもしれないが、そこにはより最近の歴史上の事件との際立った類似が見られる」とある通り、ローマ時代のキリスト教への弾圧を借りて第二次大戦中のナチスによるホロコーストが描かれている。創作にあたって作者たちが頼りにしたのはヴィクトール・E・フランクルの名著『夜と霧』だったのではないかと推測される。「人は強制収容所に人間をぶちこんですべてを奪うことができるが、たったひとつ、あたえられた環境でいかにふるまうかという、人間としての最後の自由だけは奪えない。（中略）つまり人間はひとりひとり、このような状況にあってもなお、収容所に入れられた自分がどのような精神的存在になるかについて、なんらかの決断を下せるのだ。典型的な「被収容者」になるか、あるいは収容所にいてもなお人間として踏みとどまり、おのれの尊厳を守る人間になるかは、自分自身が決めることなのだ」（池田香代子訳）という一節は、まるで『フィレモン』を解説するために書かれたかのようである。

或いは、「シャワーを待っているあいだにも、わたしたちは自分が身ぐるみ剥がれたことを思い知った。今や（毛髪もない）この裸の体以外、まさになにひとつ持っていない。文字通り裸の存在以外のなにものも所有していないのだ。これまでの人生との目に見える絆など、まだ残っているだろうか」という文章は、司令官に反抗したコキアンがサーヴィラスに引かれて拷問台に進んだ時の悟りの台詞（「突然救いが訪れることもない。ハッピー・エンドもない。外の世界につながる秘密の抜け道もない。外の世界なんてない。ここにあるこれが全てだ。この身体。この骨と肉。これが世界だ、それが今切り裂かれようとしている。奴らは世界を切り刻もうとしている。俺は怖い。」）に明らかに反響している。

僕が演出した公演では、作品の持つこの二重性を視覚的にも強調しようと、台本上の衣裳指定を無視して、あえてアナクロニズムを狙い、「時の中に閉じこめられている」コキアンにのみローマ時代風の衣裳を着せ、それ以外の役には現代服を着せてみた。司令官とサーヴィラスはナチスを想起させる軍服、アンドスは強制収容所の囚人服といった具合である。（正確に言えば、コキアンの衣裳も八五年の初演では現代服だったのを、八七年の再演で時代不詳のものに変え、二〇〇三年の公演からはっきりとローマ時代風の衣裳にした。）

初演の評価

『フィレモン』は、劇評家からも概ね好評をもって迎えられた。ニューヨーク・タイムズ紙のメル・グソーは、豪華な装置や派手な振付や照明効果、マイクで増幅された声が幅を利かせる昨今のブロードウェイ・ミュージカルと比較して、「『フィレモン』では、ひたすら音楽と言葉に力点が置かれている」ことを称え、予定されている僅かな公演回数では勿体ない、「せめてひとシーズンは上演されるべき」だと書いた。『セレブレーション』を批判しながらもどこか同情的だったマーティン・ゴットフリードは、ニューヨーク・ポスト紙で、「ミュージカルを作ろうとして数百万ドルを無駄にして来たプロデューサーは全員、ミュージカル作りとはどういうことか学ぶためにポートフォリオ・スタジオへ駆けつけるべきだ」と書き出し、「トム・ジョーンズとハーヴィー・シュミットは第一級のミュージカルの中心には何がなければならないかを身をもって示している」と絶賛している。

『フィレモン』は、同年度のアウター・クリティクス・サークル賞を受賞している。またすでに述べ

『フィレモン』(勝田安彦演出／1987年／2009年公演) より

(上)「アンティオケの街は悪臭に満ちて」を歌う立川三貴(コキアン)と寺泉憲(司令官)。2009年。

(右)
「我、秩序を愛す」を歌う瑳川哲朗(司令官)。1987年。

た通り、一九七六年には舞台と同じ配役によってスタジオで撮影されたテレビ版も全米で放映されている。

想像力によって自在に変化する空間

ジョーンズ&シュミットのミュージカルの台本にはいわゆる場割りがない。次に採り上げる『ボーンルーム（骨格標本室）』以外は、どれも二幕構成だが、夫々の幕は場所の変化に応じていくつかの場に区切られている訳ではないのである。（それに幕といったところで、現実に幕が上がり下がりする訳でもない。）とりわけ『セレブレーション』や『フィレモン』には暗転も一切ない。ひとたび芝居が始まれば、幕の終わりまでは舞台上の出来事は一度も途切れることなく、最後まで流れるように進む。ジョーンズは、ミュージカルの条件として、躍動感、つまり絶えず前へ進んで行く感覚に支えられていること。そして速度感、つまり台詞劇よりも速く、引き締まった感じがなければならないと主張している。細かい場割りを廃して、流動感を出そうとしているのはそのためである。

そういう発想の源にあるのが、ジョーンズが憧れの的（ヒーロー）だと公言しているシェイクスピアの芝居であるのは間違いない。今日僕たちが読むシェイクスピアの戯曲は、幕と場に細かく分割されているが、あれは主に後世の編纂者の仕業であり、外光の下、ほとんど何もないグローブ座の舞台の上で、ごく限られた置き道具や小道具だけで演じられたエリザベス朝のシェイクスピア劇では、場面の変化は語られる台詞によってなされた。言い換えれば、場面転換は観客の想像力にたよってなされていたのであり、それ故舞台上の出来事はそれこそスピーディに、躍動的に展開した筈である。ジョーンズがミュージカルに求めているのもそれなのだ。

その結果、面白いことが起きる。『I DO! I DO!』について述べたときにも少しふれたが、もう一度『フィレモン』を例にとって説明してみよう。一幕のコキアンとキキによる道化芝居はどこで行なわれているのだろうか。台詞から判断するに、おそらく市場である。屋外の大道であることは間違いない。では、この大道芸が終わった後は、場面はどこなのか。場面はそのまま繋がっていくので、場所もそのまま同じ市場の一角だと考えるのが普通だが、良く考えてみると、自分の犯した犯罪についてそんなところで声に出して話すというのは無用心に過ぎはしないか。二人が暮らしている家の中と考えた方が常識には合致する。いずれにせよ、今度はその場所に司令官たちがコキアンを逮捕しにやって来る。司令官はサーヴィラスを下がらせ、フィレモンに成りすまして地下組織に潜入しろとコキアンに取り引きを持ちかける。ここは一体どこなのか。コキアンの家の中だろうか、それともやはり市場の一角のままなのか。しかし、市場のような公共の場所でこんな極秘の話をするのはどう考えてもおかしい。ならば、やはりコキアンの家なのだろうか。ところが、そこには突如、拷問で惨殺されたフィレモンの死体が現れる。合理的に考えるなら、場面はいつの間にかローマ軍の司令官の執務室か取調室に変わっているのだ。

だが、実際にこの作品が上演されているのを観ながら、以上のようなことを自問して不審がっている観客がいるとは、少なくとも僕には考えられない。ほとんどの観客は、舞台上の出来事の進行をただそのまま受け容れている筈だし、場所がどこかなど意識さえしないであろう。それでもなお、以上の一連の出来事はどこで行なわれているのかと問うならば、おそらく一番適切な答えはこうだろう。そこは舞台である。

場所を説明する装置がほとんどなかったエリザベス朝の舞台では、その場に登場した人物が舞台上から全員いなくなり、新たに他の人物が登場したら場面が変わるのが決まりであり、観客にもそれは暗黙の了解になっていた。それを思うと、同じ人物が舞台上に居座ったまま場所が刻々と変化して行くジョーンズ&シュミットのミュージカルは、シェイクスピア以上に飛んでいる。

四、ボーンルーム（骨格標本室）

ポートフォリオ・スタジオの活動からは他にも『ボーンルーム（骨格標本室）』（一九七五年初演）、そしてジョーンズとシュミットがナイトクラブ時代の小品から『ファンタスティックス』や『I DO! I DO!』のヒット曲、そして未発表曲やボツになったナンバーまで、自作の歌を他の三人の出演者とともに自ら歌い披露した『ポートフォリオ・レヴュー』（ついに！一九七四年初演）が一般の観客に公開されている。

八〇分のミニ・ミュージカル『ボーンルーム』は、ミュージカルではこれまで試みられて来なかった題材や手法を探求するというスタジオの指針にふさわしい作品である。副題には「男性の更年期障害についての中年期ミュージカル」とある。

アメリカ自然史博物館の骨格標本室の主任を務めるマックス・スミス（どこにでもいそうな平凡極まる名前）は、骨をつなぎ合わせて標本を作る仕事に人生の半分を費やして来た五二歳の中年男。激務をこなしているが、上司からはいいようにあしらわれている小心者である。「第一部：講演」と題された前半では男女各一人ずつの講師がスミスを実例に取り上げて男性の更年期について講義する。舞台前方

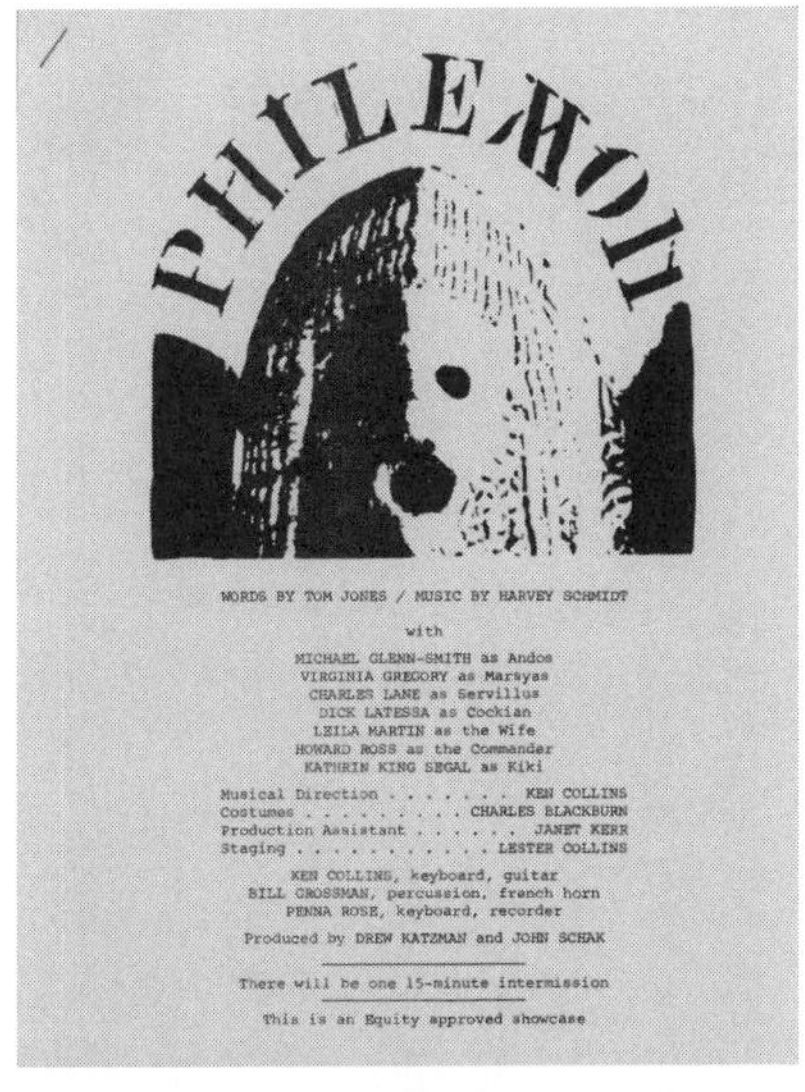

PHILEMON

WORDS BY TOM JONES / MUSIC BY HARVEY SCHMIDT

with

MICHAEL GLENN-SMITH as Andos
VIRGINIA GREGORY as Marsyas
CHARLES LANE as Servillus
DICK LATESSA as Cockian
LEILA MARTIN as the Wife
HOWARD ROSS as the Commander
KATHRIN KING SEGAL as Kiki

Musical Direction . . . . KEN COLLINS
Costumes . . . . CHARLES BLACKBURN
Production Assistant . . . . . . JANET KERR
Staging . . . . LESTER COLLINS

KEN COLLINS, keyboard, guitar
BILL CROSSMAN, percussion, french horn
PENNA ROSE, keyboard, recorder

Produced by DREW KATZMAN and JOHN SCHAK

There will be one 15-minute intermission

This is an Equity approved showcase

『フィレモン』ポートフォリオ・スタジオ公演のプログラム。

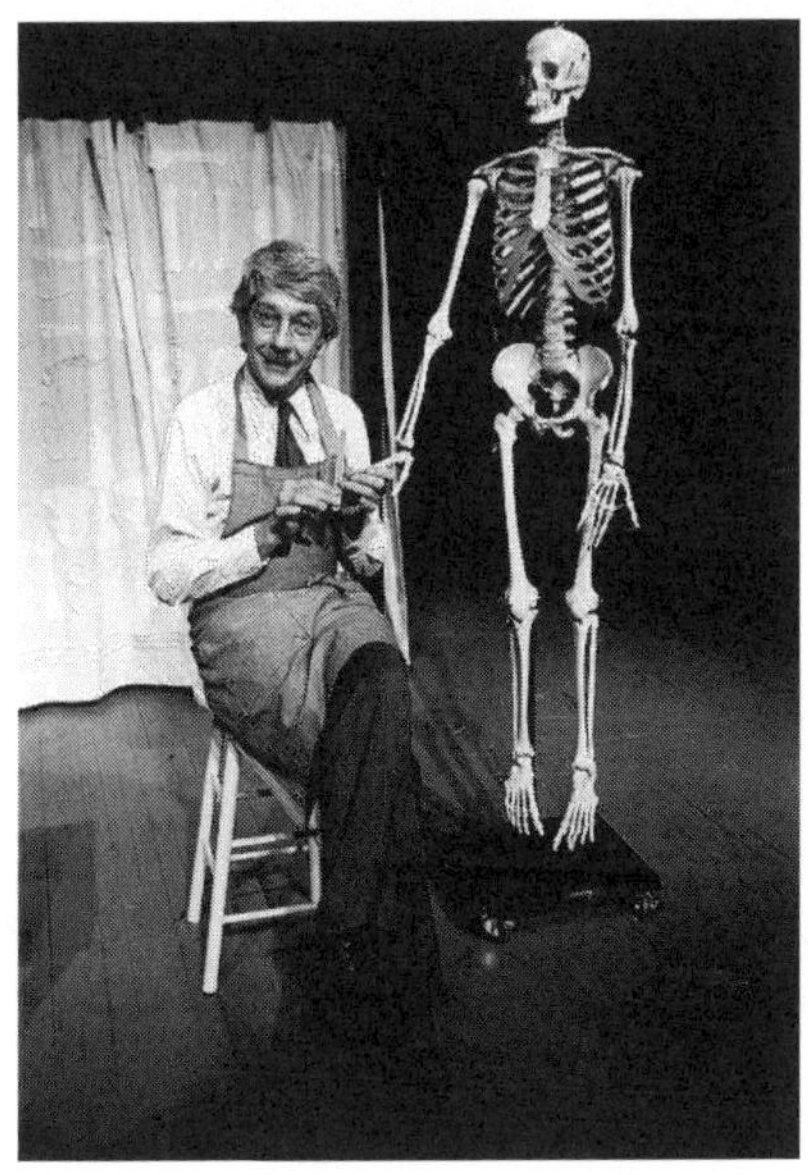

『骨格標本室』のレイ・スチュアート（マックス・スミス）。

には左右に夫々演壇が置かれ、その「周囲には様々な仮面や鬘、小道具と衣裳が置かれて」（ト書き）おり、この男女の講師は舞台上で適宜それらを身に着けたり外したりして、上司や妻、助手やセクシーなウェイトレス等々、スミスの人生に関わる様々な人々を演じる。彼らとのやり取りによって、博物館の奥で死んだ骨を組み立てることだけに終始して、人生の本当の楽しみを逃して来てしまったのではないかと悩むスミスの姿が見えて来る。

後半の「第二部：夢」ではスミスの夢想が描かれる。ハロウィンの夜、アフロディーテの格好をした魅惑的な女優（第一部の女性講師）が嵐を避けて閉館後の標本室に現れ、スミスを誘惑する。二人がセックスに及ぼうとした時、ハロウィンの衣裳の死神の骸骨スーツを来た男優（第一部の男性講師）が入って来る。女優は生の、男優は死の象徴であり、ともにスミスを自分の方へ来いと誘惑する。言うまでもなく、彼らは人生の危機に瀕しているスミスの心の葛藤であり、スミスは最後に死もまた生と同じように人生の一部だと気がつく。

二部構成になっているが休憩はなく、スミスが人生という道の途中で途方に暮れる自分を歌うナンバーの間に一部から二部へと自然に移行する。

内容的には『ファンタスティックス』と『セレブレーション』のちょうど中間に位置する作品であり、おなじみの生と死と再生の物語が、一人の平凡な中年男の夢想を通して描かれている。それにしても男性の更年期というテーマは、七〇年代にあってさえミュージカルとしては実に意表を突いたものであり、二一世紀に入ってからのミュージカルの内容題材面での多様化を先取りしている。

出演者三人、演奏者も三人だけの小品。ニューヨーク・タイムズ紙のメル・グソーは「スコアは旋律が美し」く、「生き生きとして楽しい」作品だと評し、ニューヨーク・サンデイ・ニューズ紙のダグラス・ワットはポートフォリオ・スタジオの他の作品と同様、「ミュージカルに特別な関心を抱いている芝居好きには掘り出し物」だと書いた。

だが、題材が特異過ぎたのか、構成がミュージカルにしては奇抜過ぎたのか、あまりに小品だったからなのか、その後は一切上演されることのない幻の作品となっていた。それが二〇一二年の春にヨーク・シアター・カンパニーがジョーンズの仕事を回顧するシリーズを企画した際、その一環として限定公演する企画が持ち上がり、ジョーンズは作品に改訂を施したものの、結局この時の上演は見送られ、『ゲーム・オブ・ラヴ』（後述）に差し替えられてしまった。その理由の一つは、ことによったら劇中のナンバー『人生が呼んでいる』の存在だったのではないかと僕は推測している。第二部でアフロディーテがスミスに歌う同ナンバーは、スミスにとってはついに生きられなかった人生が、満たされないままに過ぎ去った青春が、まだ遅くないと過去から呼びかける歌である。これをジョーンズとシュミットは後に、次章で採り上げる『コレット・コラージュ』の冒頭近くで、歌詞もそのまま、今度は年長の男が若きヒロインに輝く未来の姿を描いて誘惑する歌として再利用したのだ。ヨーク・シアターのシリーズでは『コレット・コラージュ』も上演されたため、同じ曲が他の作品で歌われるのはさすがに差し控えられたのではなかろうか。他の作品のために創られたものの結局は使われないままトランクにしまい込まれた歌を別の作品に流用することは決して珍しいことではないが、実際に使われた歌の流用は滅多にない。この事実から推測されるのは、『コレット・コラージュ』創作の時点では、作者たちは『ボーンルーム』を封印するつもりだったらしいことだ。ジョーンズ自身、ポートフォリオについて書いた最近の文章で、『ボーンルーム』は当時の自分の人生と結びつき絡み合ってしまっており、上演後は忘れることにしたたと書いている。

ともあれ、ヨーク・シアター用の改訂台本を読んだ僕はこのユニークなミュージカルに惹きつけられてしまい、作者のジョーンズにさらなる改訂を依頼した。その結果、同年暮れに東京の小劇場で翻訳上演が実現した。以下はその際に演出家の言葉としてプログラムに書いた文章である。再録して、さらなる解説に代えたい。

「ユングは人生の後半の重要性を強調する。むしろ、人生の前半はその人にふさわしいペルソナを形成するため、社会的地位や財産などをつくるために、エネルギーが消費される。しかし、人生の後半は、むしろ、内面への旅が要請される。言うなれば、生きることだけではなく、死ぬことも含めた人生の全体的な意味を見いださねばならない。このような「時」が訪れたとき、多くの人は中年の危機を迎える。」（河合隼雄著『無意識の構造』）

『ボーンルーム』は、そんな中年の危機を描いたミュージカルである。主人公のマックス・スミスは、その名前の通り、どこにでもいそうなしごく平凡な中年男である。ただし彼の職業は必ずしも平凡とは言えない。彼はニューヨークの自然史博物館の骨格標本製作室（ボーンルーム）の接着技師なのだ。人生の大半を暗くじめじめした地下室で、恐竜から人間まで、遠い昔に死んだ骨を接着剤で繋ぎ合せて組み立てることだけに費やして、やっとこの部屋の主任にまでなった男だ。しかし、主任とは言っても部下はたった一人しかいない。努力して手に入れたその地位も大学出の若い部下に脅かされ、上司からもいいようにあしらわれる日々。ストレスも溜まる一方。地味を絵に描いたような妻は彼を気遣ってくれるが、その愛情表現はどこかピント外れで、彼の気持ちは満たされない。若い頃と違って身体も無理がきかない。まさしく更年期障害の真っただ中だ。

今日は一〇月三一日のハロウィン、スミスは五二歳。すでに人生の折り返し地点をとうに曲がり、ふと気がつけば、はたして自分のこれまでの人生は何だったのか、人並みの楽しみさえ味わって来なかったのではなかろうか、これまでの（と言うことは現在の）人生に意味を見いだせないのなら、これから先の人生にも意味はないのではなかろうか、この先、自分は一体どうなってしまうのか。そんな思いに囚われ、内心身悶えしている。若い時分に大した性体験も積んでいない彼は、それを補償しようと今更のように職場の若い女の子に心惹かれ、彼女のお愛想にエロティックな妄想をたくましくするが、彼女の本命は若いプレイボーイの部下の方である。

人生という道の半ばで途方に暮れるスミスは仕事場で寝込み、夢を見る。その夢（本当に夢なのだろうか）に現れるのは、愛の女神アフロディーテの扮装をした女優と死神の扮装（本当に扮装なのだろうか）をした男優。二人はそれぞれ生と死へとスミスを誘おうとする。二人と出会うことで、スミスはこれまでがんじがらめになって来た己れを解き放ち、生きることの意味を自覚する。

このミュージカルは、主題も構成も、全編に散りばめられたイメージも、明らかにユングの分析心理学の影響を受けていると僕には思える。少なくともユングを使って解読すると、とても腑に落ちる。

骸骨で囲まれた地下の骨格標本室は、ユングの有名な「地下室の頭蓋骨」の夢を想い起させる。博物館の階段を骨格標本室へと降りて行くのは、現在から太古の昔へと時間を遡る旅であり、普遍的無意識の暗い領域へと降りて行く旅でもある。そもそも自然史博物館自体がその名の通り地球の歴史を凝縮した空間にして人類の意識と無意識を閉じ込めた神話的な光と闇の空間なのだ。

また、死がたちこめる骨格標本室は死んだ骨が標本として甦る場所でもあり、死と再生の主題には実にふさわしい。墓場にしてかつ母の胎内だとも言える。

考えてみれば、生と死と再生の物語を通過儀礼（イニシエーション）としてのミュージカルという形で描き続けて来たジョーンズ&シュミットが、ユングの心理学を作品の基盤に採り上げたのは当然の成り行きだ。彼らの代表作『ファンタスティックス』は若者たちの未熟な愛が厳しい現実の洗礼を受けて成熟する様を描いていた。子供が大人になるための通過儀礼である。だが、通過儀礼という儀式を喪失した現代社会は、精神的には未熟なまま大人になってしまった人間たちであふれている。『ボーンルーム』はそんな中年男の生と死と再生を描いた、「壮年期のイニシエーション」なのである。それはユングとその弟子たちが『人間と象徴』で言うところの「精神的巡礼」であり、「解放への旅」である。物語の最後でスミスは無意識の領域に抑え込んでいた欲望や恐怖と向き合い、受容し、失くしかけていた心のバランスを取り戻す。現実において何かが大きく変わる訳ではない。後半生をどうやって生きて行けば良いのか、その答えが見つかる訳でもない。が、彼は自分の平凡な人生をこれまでとは違う新鮮な視点から見ることを学び、生きる力を取り戻すのだ。

ジョーンズ&シュミットの作品を僕は儀式としてのミュージカルと呼んでいるが、本作は心理療法としてのミュージカルとも呼べるだろう。

男女の講師役の俳優が第一部でスミスの人生に関わる何人もの人物にも扮するのは、ジョーンズ&シュミットお得意の演劇的仕掛けだが、彼らはスミスの夢である第二部では女神と死神にも扮する。これも、『ボーンルーム』の場合は、単にお芝居としての面白さを倍増させるためだけの趣向にとどまらない。何故なら女神（にして女優）はユングの心理学で言うところのスミスのアニマ（男性の心の中に潜む女性像の元型。語源は風や息吹を意味するラテン語であり、人生に生命力を吹き込む存在）であり、トリックスターを想わせる死神（にして俳優）は同じくスミスの影（自我にとって受け容れがたい人格を有するもう一人の自分。意識によって抑圧され、無意識に押し込められた、現実の生活では「生きられなかった半面」）だからだ。夢の中では女神には未熟な娼婦的アニマとしてコーヒー・ガールのイメージが、より成熟した慈母的アニマとして妻のイメージが混在共存しており、この二つの役を一人で演じた女優が女神も演じることにより、スミスにとってのアニマ像が明確に表現されるからである。影である死神についても同じようなことが言える。影は往々にして現実の知り合い、それも影の性質上、本人が好ましく思っていない知り合いの姿をとって夢の中に現れる。上司や部下にはスミスのコンプレックスが投影されており、それらの役を演じた俳優が影である死神を演じるのはまことにふさわしいことなのである。

スミスは、無意識の中の影とアニマを、意識である自我の中に統合することで自己実現への手がかりを発見するのだ。

が、しかし勿論『ボーンルーム』はユング心理学の単なる絵解きではない。すでに述べたように、この作品はジョーンズ&シュミットが『ファンタスティックス』以来一貫して追求して来た主題をさらに深めた成果であり、老いを如何に受け容れて充実した後半生を生きるか、そのヒントと希望を与えてくれる、今の僕たちに真にふさわしい「大人」のためのミュージカルなのである。アイルランド民謡を想わせる『道の半ばで』からジャジーな『素敵な死に方』まで、シュミットのメロディも多彩な楽しさと美しさにあふれている。

初演は一九七五年、ジョーンズ&シュミットが従来ミュージカルでは採り上げられて来なかった題材や表現スタイルを追求してミュージカルに新たな地平を開こうと主宰していたポートフォリオ・スタジオで行われた。当時、アメリカでは男性中年期は社会的な話題となりつつあったとは言え、台詞劇ならともかく、ミュージカルで男性更年期をテーマにするとは実に大胆かつ実験的な行為だった筈だ。躁鬱に悩む中年主婦を描いた『ネクスト・トゥ・ノーマル』(二〇〇九年ブロードウェイ初演)のようなミュージカルの遠い先駆けと言っても過言ではない。

また作品のスタイルとしてはソンドハイム&ファースの『カンパニー』(70年)に連なるコンセプト・ミュージカルだと言えるだろう。ジョーンズ&シュミットは『I DO! I DO!』(66年)、『セレブレーション』(68年)とコンセプト・ミュージカルの先駆けと言って良い作品を発表しているが、本作に至って、その流れは行き着く所に行き着いた感がある。

以上がプログラムからの再録。内容の特異性からも客席の反応がどうなるか不安だったが、客席数百に満たない小劇場での短期間の公演とは言え、連日盛況の上、劇評も含めかなりの好評だった。それらの劇評や観劇後の観客の意見などをまとめて、公演を録画したDVDと一緒にジョーンズ氏に送ったところ、二〇一八年に発売された二枚組のCD『ジョーンズ&シュミット/秘宝』のライナーノーツで、「改訂版が最近日本で上演されたが、刺激的で異彩を放つ作品だと喝采を浴びた」と書いてくれた。

なお、十九世紀のアメリカでは「講演」は見世物的な側面も有した知的娯楽であり、「アメリカ最大のサーカス師P・T・バーナムは、自分の経営する「アメリカ博物館」の中の劇場を「講演室(レクチャー・ルーム)」と呼んでいた」(亀井俊介)ことを思い起こせば、第一部の「講演」はアメリカの観客にとってはいっそう

『ボーンルーム』（勝田安彦演出／2012年公演）より

「清らかな解放感」を歌う左から宮内理恵（看護婦）、宮内良（マックス）、福沢良一（医者）。

「道の半ばで」を歌う宮内良。

「三人で（メナジュ・ア・トルワ）」を歌う左から宮内理恵（アフロディーテ）、宮内良、福沢良一（死神）。

親しみやすい面白さがあるのかも知れない。

ポートフォリオ・スタジオは、一九七四年の一二月から翌年の三月にかけて、一〇年近い実験の成果である『ポートフォリオ・レヴュー』『フィレモン』『セレブレーション』『ボーンルーム』の四作を連続上演したのを最後にその活動に終止符を打った。後年、ジョーンズはポートフォリオでの活動を振返って、「私たちが試みようとしたことの一つは儀式の感覚を創り出すことだった。これはとても難しいことだ。何故なら、或る意味で、儀式を「創り出す」ことは出来ないからだ。それが出来るのは時間だけだ。時を経ての繰り返しだ」と言い、ポートフォリオでの「努力は実を結ばなかった」と結論づけている。

ポートフォリオの活動が一九六〇年代後半からの世界的な規模での演劇革新の波の中にあったことは確かである。だが、作家性の否定の上に成り立つワークショップという集団制作による創作方法を、作家であるジョーンズとシュミットが主導したこと自体がそもそも矛盾をはらんでいたのではないのかというのが僕の率直な感想である。ジョーンズ本人も後に『ミュージカルを作る』で、ワークショップによる創作については否定的な見解を述べてもいる。

しかし、少なくとも『セレブレーション』と『フィレモン』の二作は小劇場ミュージカルの傑作であり、ポートフォリオでの実験から編み出されたいくつかの手法は、直接的にも間接的にも、その後のミュージカルの創り方に影響を与えていることは間違いない。なお、ポートフォリオの活動はワークショップという方法によるミュージカル創作のおそらく最初の実践だと思うが、そこで生み出された作品には、やはりワークショップから生まれた『コーラス・ライン』とは違い、俳優が即興で生み出した

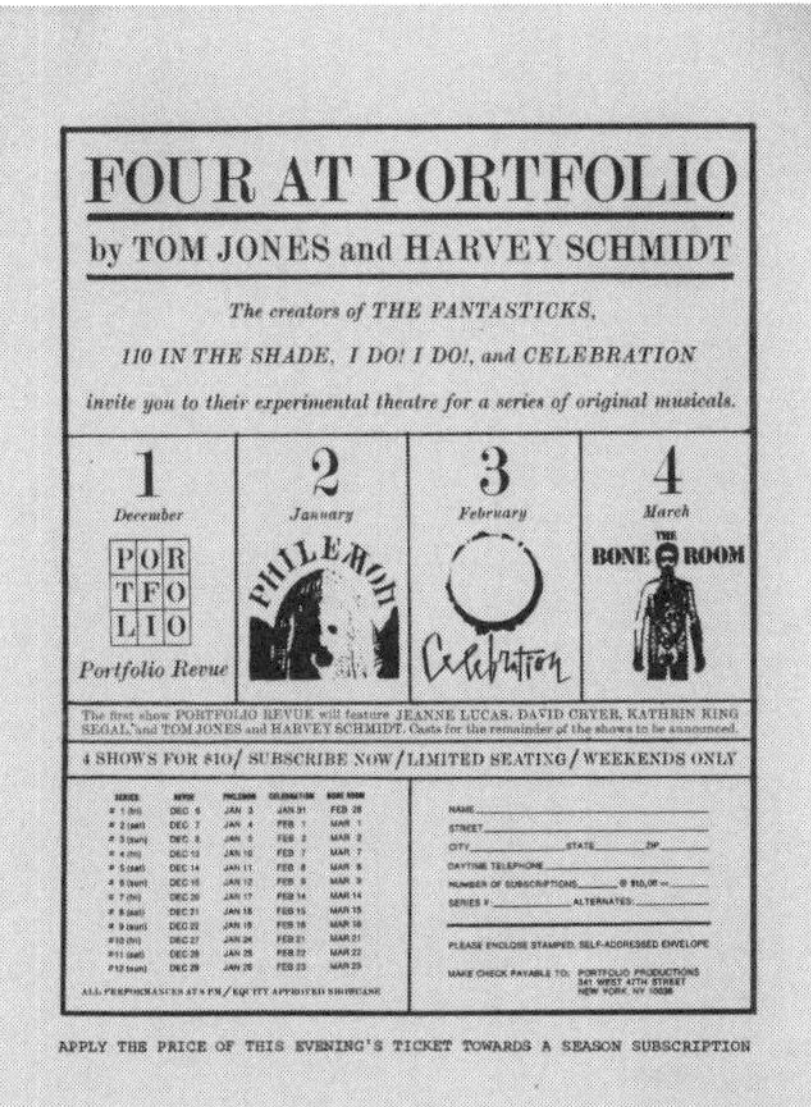

ポートフォリオ・スタジオでの四作品連続上演のチラシ。

スタジオでのトム・ジョーンズ（右）とハーヴィー・シュミット（1969年頃）。

台詞や歌詞等は一切含まれていないとジョーンズは明言している。

第四章　ショーは続く

The Show Goes On

一、コレット・コラージュ

『コレット』から『コレット・コラージュ』へ

まだポートフォリオ・スタジオの活動を続けていた一九七〇年に、ジョーンズとシュミットはスタジオとは別の公演に関わった。ジョーンズの最初の夫人エリノア・ジョーンズ作『コレット』に歌を三曲と伴奏音楽を提供したのである。フランスの国民的作家コレット（本名はシドニー・ガブリエル・コレットだが、本人はいつもただコレットとしていた。一八七三〜一九五四）の数多くの著作から自伝的要素を抜粋し、編年体で並べた『地上の楽園』を元に、コレットの生涯を描いた芝居である。チェリル・クローフォードが製作し、名女優ゾーイ・コールドウェルがコレットに扮し、オフ・オフ・ブロードウェイのエレン・スチュワート劇場（客席数二五〇）で上演された。シュミットは舞台上でピアノ演奏も受け持っている。

クローフォードがあえてオフ・オフの、それも東四丁目という地の利の悪い劇場を選んだ理由は、エレン・スチュワート劇場の客席の雰囲気が作品にぴったりだと判断したからである。この決断は当時にあっては相当な冒険だった筈だが、狙いは見事に当たり、公演は大評判となった。クローフォードは自伝で「劇評はプロデューサーが望み得る全てを満たしていた」と言い、劇場のあるロウアー・イースト・サイドの路上には夜毎ロールス・ロイスやキャディラックの高級車が軒を並べ、周囲の住民はアパートの窓から身を乗り出して目を丸くしていたと回想している。

残念ながらコールドウェルの予定が詰まっており、クローフォードは代わりのコレット役の女優を探したが、名のある女優たちは皆コールドウェルの評判に恐れをなして辞退したために、せっかくの公演も一〇一回で幕を下ろさざるを得なかった。

だがジョーンズとシュミットにとっては、ここからが本当の始まりだった。

コレットの生涯は、実に波乱万丈、ドラマティックこの上ない。親子ほど年上の男との結婚、夫のゴーストライターとして大ベストセラーを物し、自立を目指してミュージック・ホールの踊り子となって裸身をさらし、レズビアンとして世間を騒がせ、ジャーナリスト出身の貴族の政治家と再婚し娘を設けるがまたも離婚、次は親子ほど年下の宝石商と三度目の結婚をし、その間にも『さすらいの女』『青い麦』『牝猫』『シェリ』などの傑作を次々と発表し、フランス随一の人気作家の地位は終生揺るがなかった。その死にあたってフランス政府は国葬を決定するもカトリック教会の反対にあい、教会ではなくコレットの終いのすみかとなったパレ＝ロワイヤルの中庭で国民葬が営まれた。

伝記ミュージカルには一見打ってつけの題材に思われるが、ミュージカル版『コレット』もまた完成までの道のりはそれこそ波乱万丈だった。

ケン・マンデルボーム著『キャリーの前にも～ブロードウェイ・ミュージカル失敗作の四〇年～』によると、ジョーンズはコレットの生涯をミュージカル化しようというアイディアを、すでに一九五〇年代から抱いていたそうである。それにやっと弾みがついたのが、前述の『コレット』だった。ジョーンズとシュミットは、この音楽入りの芝居から一歩踏み込み、すでに芝居のために作曲された五曲も活用して、彼ら自身のミュージカルを作ろうと決意する。ポートフォリオ・スタジオの活動に終止符を打つと、彼らはこの新しい題材に精力的に取り組み出す。ついに上演が実現するのは、一九八二年のことである。だがこの公演は、繊細なタッチを必要とするジョーンズとシュミットのミュージカルを扱うにはおよそ肌合いの違うプロデューサーの手で、始めから方向を誤ってしまう。タイトル・ロールにはイギリスのトップ女優の一人ダイアナ・リッグを起用、サー・ロバート・ヘルプマン以下のスターと大勢のアンサンブルを擁した大型ミュージカルとしてブロードウェイを目指した。ところが、稽古開始後一週間で演出家（『ドラキュラ』のブロードウェイでの再演で注目されたデニス・ローザ）が首を切られるなどゴタゴタが続き、シアトルでのトライアウトも不評だった。シュミットによれば、舞台裏にはビーズ付きのドレスをまとった女性がひしめき合い、まるでMGM映画のようだったという。「色々なことがひどく膨らませ過ぎになっていた。私たちが書いたのは、もっとシンプルなものだったのに」とシュミットは嘆き、ジョーンズは「後半のダイアナ・リッグはこれ以上ないほど素晴らしかった。が、傷つきやすく弱い前半の部分では本当に良いとは言えなかった。ダイアナ・リッグは弱くはないし、弱いことなど出来ないからだ」と回想している。結局、この公演はブロードウェイから遥か離れた次のトライアウト地デンヴァーで打ち切られ、一五〇万ドルの赤字を残して幕を閉じた。

これを苦い教訓に、作者たちは小劇場向けのミュージカルに書き直し、題名も『コレット・コラージュ』と改めて、装いも新たにヨーク・プレイヤーズの製作、フラン・ソーダーの演出によってオフ・ブロードウェイで上演されたのが翌八三年。しかるべき上演環境を得た作品は、今回は「ジョーンズ氏とシュミット氏は、彼らのコレット観を面白い芝居にすることに首尾よく成功している。彼らのスコアの魅力的でリズミックな歌の数々は、コンパクトサイズのカメオに色彩と凝った細部と個性を与えている」（ニューヨーク・タイムズ紙）と評価された。ニューヨーク・ポスト紙のマリリン・スタシオは過去の主演女優であるゾーイ・コールドウェル、ダイアナ・リッグに言及してから、「今回は、ショーのスターはスコアだ。その際立つ抒情性、そしてコレットの人生と作品の進展に合わせて繊細に変化するリズムはうっとりするほど美しい」と書いている。演奏はオーケストラから二台のピアノに縮小された。

それでもまだ作品の出来に満足出来なかった作者たちは、八年後の一九九一年、さらに大幅な改訂を施した上で、今度は自ら演出も担当し、ミュージカル・シアター・ワークスの製作によりオフのセント・ピーターズ・チャーチ劇場で期限付きの公演を行なった。コレットを演じたのは、一九七八年の二月に僕が初めてサリヴァン・ストリート・プレイハウスで『ファンタスティックス』を観た時のルイーサ役ベッツィ・ジョスリンだった。

オフ・ショー・ビジネス紙は、「長い旅は報われた。ジョーンズとシュミットはまたもや魔法を作り上げた。（中略）音楽は心に沁み渡り、詩は空高く舞い上がる」と書き、高名な劇評家のクライヴ・バーンズは、ニューヨーク・ポスト紙で「以前はどんなものだったのか私は全く知らないが、今回上演されたヴァージョンはまさしく魅惑的だ。（中略）ほのかにフランスの香りを漂わせ、いつも耳に快く適切なシュミットの音楽は、セーヌ川を激しく波打たせることはないだろうが少なくとも場面をきちんと設定してくれる。ジョーンズの台本と詞も、音楽と同様に題材に相応しく、いつの間にか観客をとりこにしてしまう」と評し、コレットの短編を原作にしたラーナーとロウのミュージカル映画『恋の手ほどき』（原題『ジジ』）の中のナンバー『シャンペンが発明された夜』にひっかけて、「この『コレット・コラージュ』はそれ自体で極上の年代物とも言うべきミュージカルであり、独自の泡と味わいを持っている」と結んでいる。

スティーヴン・サスキンは、その著『ショー・チューンズ』で「スコアは『人生が呼んでいる』、『歓び』、いつまでも耳に残る『お前を想う』、そして特別中の特別『部屋にはあなたの面影が』等々、素晴らしい歌の宝庫である」と記している。

シアトリカルな表現手法—物語の流れに沿って—

この九一年版は、書き物机に向かって座っている晩年のコレットを他の登場人物が取り囲み、全員でコレットの生涯とミュージカルの構成をかいつまんで観客に説明するところから始まる。『フィレモン』の冒頭で、他の出演者たちが主人公コキアンを紹介する手法のヴァリエーションである。しかし、以後はコレット本人がその時々の心境を自ら観客に語るので、作品の構成上ややちぐはぐな印象は拭えない。そのため、翌九二年に僕の演出により日本で上演された際に、ジョーンズとシュミットは幕開きを晩年のコレットが過去を回想するという形に書き改めた。それに伴いミュージカル・ナンバーの扱いにも一、二曲については若干の変更がなされた。

『フィレモン』では主人公以外の全登場人物がアンサンブルとして随時コーラスも務めたが、『コレット・コラージュ』ではコレットにからむ四人の主要な人物（最初の夫ウィリー、母親のシド、ウィリーの秘書にしてコレットの良き相談相手であるミュージック・ホールのホモセクシュアルの芸人ジャック、三度目の夫モーリス・グドケ）以外に男女各三人づつのアンサンブルが登場し、彼らがコレットの父親や娘、ウィリーの愛人たちやゴーストライターたち等々の小さな役をとっかえひっかえ演じながらコーラスも務める。主要人物は各々の一役しか演じない。

『セレブレーション』以降のジョーンズ&シュミットのミュージカルは全てそうだが、この作品にも

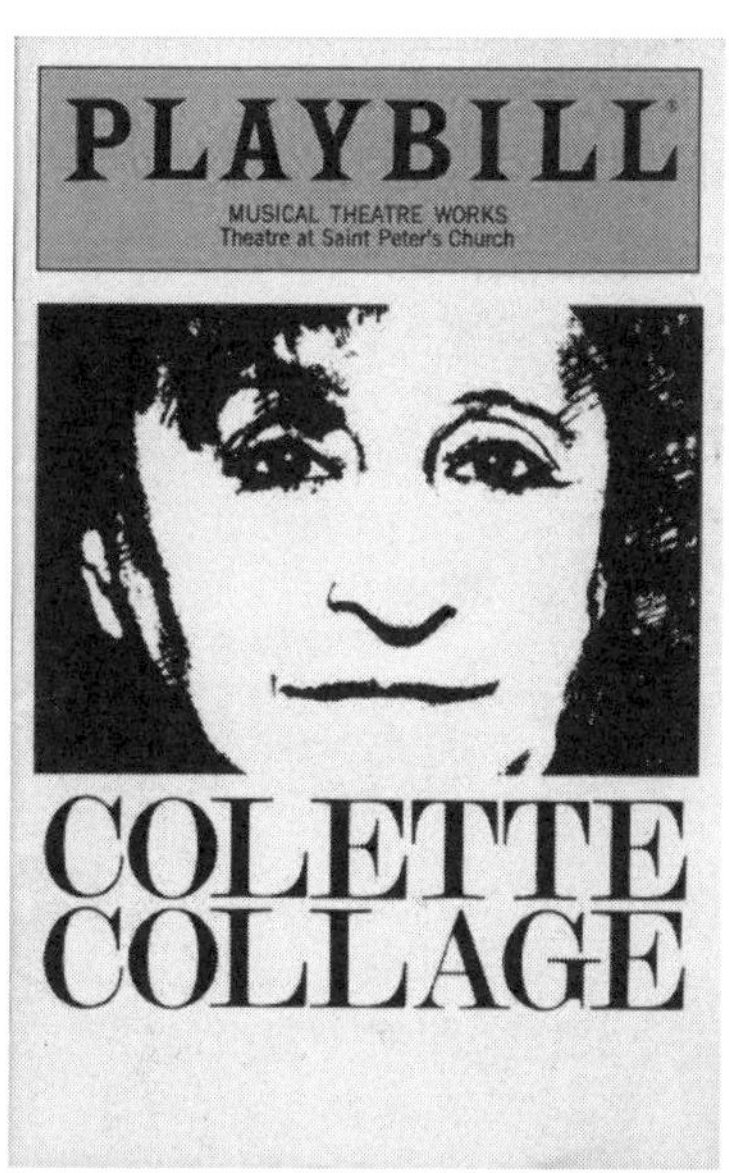

（左）
『コレット・コラージュ』
（1991年公演）のプログラム。

（下）
同公演より。ベッツィ・ジョスリン（コレット、右）とジェームス・J・メロン（モーリス、左）。

序曲はない。客席の明かりが落ち、照明が万年筆を手にして机に向かっている舞台上のコレットを照らし出すと、彼女は序奏もなくそっと静かに歌い出す。「知ることは歓び・・・／感じることは歓び・・・／その全てを経験することは歓び・・・」。この流麗にして力強いオープニング・ナンバー『歓び』によって、作品の主張が鮮明に打ち出される。

音楽がそのまま背後に流れる中、老コレットが故郷のサン・ソヴールでの娘時代を回想して書き出すと、それまで彼女の周囲に影のように佇んでいた全登場人物が「この年老いた顔を剥ぎ取ろう。／この老いた仮面を。／その下には／十七歳の彼女が。未来はあふれている／メロディに！」と歌う中、コレットは観客の「目の前で若い娘へと変身して行く」（ト書き）。舞台上で衣裳や鬘を換える『I DO! I DO!』でも使われた手法が援用されている。

オープニングにおけるコレット以外の人々は「コレットの思い出」（ト書き）である。彼らが、コレットの歌と過去を回想する言葉、そして音楽によって、あたかもモノクロームの古写真が鮮やかなカラー写真へと変わって行くかの如くに生気を帯びて、人生賛歌である『歓び』を歌い出す瞬間は、それだけで充分感動的だ。（この『歓び』は元来は『ボーンルーム』のラスト・シーン用に書かれた曲である。『ボーンルーム』が一旦頓挫したため、流用された。初めから『コレット・コラージュ』のために創られたとしか思えないほど見事に嵌まっている。）

オープニング・ナンバーが終わると、舞台はコレットのサン・ソブールの生家に変わっている。舞台装置の大掛かりな転換がある訳ではなく、ただ「ごった返していた机の上が綺麗に片づけられ、『机』は上に格子が、真ん中に段々がついた東屋に変わっている」（ト書き）だけである。以後の転換も基本的には全てこの書き物机を他のものに変形させることで処理される。ジョーンズ&シュミットのミュージカルの常である呈示的手法とミニマリズムはこの作品でも維持されている。

一七歳のコレットはパリからやって来たジャーナリストのウィリーと出会って恋に落ち、親の反対を押し切って結婚し、舞台はパリに移る。ウィリーはコレットより一七歳も年上であり、新婚初夜の場面でコレットが「どうして私と結婚したの？ あの、何故私なのかってこと、他の誰かじゃなくて」と訊いても（つまり、「君を他の誰よりも愛しているからだ」という答を言ってもらおうとしても）、「私が君と結婚したのは君が若いから。とても若いからだ。（中略）君と結婚したのは、君の髪が長いから、ストッキングの代わりに靴下をはくから」と答えるようなロリータ趣味の人物である。（ウィリーは劇中でコレットに対してただの一度も「愛している」という言葉を使わない。「君が大好きだ」「君にぞっこんだ」という意味の ADORE という言葉は大安売りのようにして使うが、LOVE という言葉はついに口にしない。）結婚してからもウィリーは若い娼婦の愛人を次から次へとこさえる。しかも、彼は「何百冊もの自分名義の本を自分では一冊も書かずに出版した男」（コレットの台詞）で、大勢のゴーストライターも抱えていた。

倦怠期を迎えたコレットはウィリーの関心を呼び戻そうと、ジャックの助言に従って女学生時代の服を着てみる。作戦は功を奏し、ウィリーは再びコレットに欲望を抱くが、言葉による刺戟を求めるウィリーに促されるままにコレットが語る少女時代の思い出がヒントとなり、ウィリーはコレットに小説を書かせる。こうして生まれた『学校のクロディーヌ』は大ヒットして舞台化され、続編も次々と書かれる。クロディーヌの格好をしたコレットが「二人のクロディーヌは一人よりいいわ」「三人のクロディーヌは二人よりいいわ」「四人のクロディーヌは三人よりいいわ」と歌う度に、女性アンサンブルが一人ずつ同じクロディーヌの格好で登場して歌に加わり、続編が次々と生み出される様が面白おかしく表現される。

ウィリーは『クロディーヌ』シリーズの作者として一躍時の人となる。一方、夫の歓心を買おうと執筆に励んで来たコレットの中にも、次第にゴーストライターに甘んじてはいられない欲求が生まれて来る。著者として自分の名前を出して欲しいと頼む三〇歳のコレットに、ウィリーは出口を指さし、自由が欲しいなら「ドアは開いている」から「自分で稼げ」と突き放す。音楽とともに照明がドアを象徴的に浮かび上がらせる。

「何故出て行けない、あのドアを抜けて？（中略）何のために私はここに立っているの？」と自問し、夫への未練と独りで生きる不安を歌うコレットの前に、ミュージック・ホールの巡業の仕事にありついたジャックが現れる。彼を説得して相棒にしてもらい、自活への第一歩を踏み出したコレットの楽屋を、彼女の舞台姿に魅せられた男装の貴族ミッシーが訪れる。男性社会から疎外された二人の女は互いの抱擁の中に安らぎを見出す。

男装の麗人となったコレットに、ウィリーが「共著」を餌に近づき、幸せな家庭像を歌って誘い、新作執筆の契約書に署名させる。この歌はウィリーが出会ったばかりのコレットを誘惑する時に歌った『人生が呼んでいる』と同じメロディである。

父が死に、葬式のために田舎に帰ったコレットは、ウィリーとの結婚生活が幸せなふりをするが、母のシドは娘の嘘をとっくに見抜いていた。シドは死んだ夫が自分を熱愛するあまり、人生のあらゆるチャンスも、気高い志も投げ捨ててしまったこと、そんな夫を蔑んでも、夫は盲目の愛ゆえそれに気づきさえしなかったことを歌い、「愛なんて誉められた感情じゃない」と娘に訴える。そして「お前の前には全く新しい世界がある。／何もかもを新しく始めるチャンスが。／でも、それは私たちの誰もが独りでしなければならないこと／独りで。独りで。独りで！」と言い聞かせる。コレットは、どんな試練が待っていようと作家として独立して生きて行く決意を固め、ウィリーに別れを告げ、「今からは私は／他の誰でもないこの私になる。／もう「コレット・ウィリー」じゃない。／私が署名する時、／私の名前は／ただ「コレット」！」と歌い上げる。その時、「背後のドアがゆっくりと開き、力強く生き生きとした文字が、彼女自身の書名 Colette が映写か描かれるかしているのが見える」（ト書き）。コレットはスーツケースを手にドアから出て行き、第一幕は終わる。

第二幕の始まりは、それから約二十年後の一九二五年。舞台はコレットの南仏の別荘（ヴィラ）。照明が入ると、アンサンブルの面々にジャックとモーリスがオフ・ホワイトの夏服を着て舞台の周りに集まり、「秋の午後は／そっと静まりかえる。／秋の影は這って行く／丘へと。／秋の夕日は燃やす／世界をその欲望で。／あなたへの私の秋の恋は／思い出と炎で出来ている」と歌って、後半の通奏低音となるトーンを示す。

今やフランスを代表する作家の一人となったコレットだが、二度目の結婚にも失敗し、娘との仲もぎくしゃくし、華やかに見える生活の底には深い孤独を抱えている。新作『シェリの最後』では、主人公の青年は「愛する女性が年をとってしまったから」ピストル自殺してしまう。

記者会見にまぎれて別荘に現れた若き宝石商モーリスにコレットは一目で惹かれる。二人は一夜をともにするが、「僕たちの間には何か特別な物がある」と言うモーリスに、コレットは二人の関係は「ひと夏の戯れ」に過ぎないと言い渡す。関係を続けるために、モーリスは敢えてコレットの言葉を受け容れる。二人は下着姿のまま、ストロー・ハットと杖を小道具にして、フォックス・トロットの軽快なリズムに乗って、「私たちは決して――決して――恋には落ちない」と芝居っ気たっぷりに歌い踊り、互いに束縛も責任もない「自由で気まま」な関係を演じる。またたく間に季節は巡り、レジョン・ドヌール勲章まで綬勲したコレットを病魔が襲う。自分の老いを改めて意識したコレットは、モーリスとの関係を解消しようとする。モーリスは「君を愛してる」とこれまで押し殺してきた本音を告げ、「僕のレディになってくれ」と歌うが、コレットはその求愛を頑なに拒む。

さらに十年の月日が流れ、ユダヤ人としてドイツ軍に連行されたモーリスを救出しようと懸命の努力を重ねる中で、コレットはこれまで認めまいとして来たモーリスへの愛の深さを自覚する。戦争が終わり、解放されたモーリスとコレットは結婚する。

最後の場面は、「今はベッドに変わっている机」(ト書き)の上で、「死の戸口に立った年老いた」(同)コレットが冒頭と同じ『歓び』を歌い出すと、「彼女が知りあった全ての人々が——夫たち、恋人たち、友人たち、家族たちが——現れ、彼女の周りを歌い踊る」(同)。彼らは歌いながら、手にした本物のコレットの若い時から晩年までの大きく引き伸ばされた写真を次々と客席に向かって掲げて行く。「その間、コレットはベッドの上の小さな書き物テーブルに向かってすさまじい勢いで書き続けている」(同)。そして全員が「歌いたい、その全てを!/全ては歓びだから!」と歌い上げ、芝居は終わる。

愛の成熟の主題

「コレットをめぐる二つのミュージカル」と副題が付されているが、それに従って分け方も第一幕、第二幕ではなく、第一部「ウィリー」、第二部「モーリス」となっており、物語は夫々最初の夫と最後の夫との関係を軸にして展開される。「二つのミュージカル」は、少々言い過ぎの感もあるが、確かに

第一部については女性の自立を主題にした一幕物のミュージカルとして独立して上演することも出来なくもない。しかし、この作品の本当の主題は全編を通して上演して初めて明確に浮かび上がって来る。

一部の最後で、コレットはウィリーへの想いを断ち切り、自分を閉じ込めていた「愛の家」のドアを抜け、自由と自立を求めて出て行く。二部でモーリスと出会った五〇代のコレットは、再び「ドアの閉まる音」を聞く。また傷つくことを、自由を失うことを恐れる彼女は、モーリスとの関係をあくまでも「真剣なものじゃない」とし、「どちらか一人が飽きるまで」の「火遊び」だと自分に言い聞かせる。モーリスの懸命の求愛にも、かつて彼女を愛の牢獄から解放してくれた母親の言葉「愛なんて誉められた感情じゃない」にすがりつくようにして心を閉ざす。けれど、ドイツ占領下のパリで強制収容所に連行されたモーリスを救おうとする過程で、彼女は己の本当の気持ちを解き放ち、愛を与えることの真の意味に気がつく。

求める愛から与える愛へ。愛の成熟。『ファンタスティックス』から『I DO! I DO!』を経て、『フィレモン』に至るまで様々な変奏で奏でられて来たおなじみの主題が、ここではより滋味豊かに展開されている。劇評は押しなべてスコアを激賞しているが、全体的な統一感を保ちながら多彩な旋律に満ちた音楽構成の見事さは彼らの作品中随一ではなかろうか。作者たちのミュージカル作家としての「成熟」をもしっかりと感じさせる出来栄えである。

人生を丸ごと味わい肯定する『歓び』

だが、『コレット・コラージュ』が本当の意味で感動的なのは、最終場でのコレットが自分の人生のそういう紆余曲折を、成功も挫折も、喜びも悲しみも、人生の全てを丸ごと肯定する境地に達しているからである。快楽だけでなく苦痛さえも百パーセント味わい尽くしてこそ人生を生きたと言える。成熟への道程の負の要素をも慈しみ、己のものとするほどの貪欲さ、それほどの人生肯定、生きるエネルギーが観る者を圧倒するからである。実在のコレットは、回想録『わたしの修業時代』（一九三六）の中で「わたしにとって、薔薇色一辺倒でしかない人生なんて、どんな意味があろう」（工藤庸子訳）と書いている。

幕切れ近く、ベッドに半ば身を横たえ、観客の「目の前で次第に衰弱して行く」（ト書き）老コレットにモーリスが尋ねる。

モーリス　（彼女の横に跪いて）コレット、もし君が生まれてから今日までの人生を振り返って、あるものは残し、あるものは捨てるとしたら——何を残して、何を捨てる？

コレット　（その目が光り輝く、ずる賢い農婦のように）全部取っとくわ！みんな私のもの！私の財産！

そして一部の冒頭で歌われた『歓び』をもう一度「静かに、静かに歌う」（ト書き）。
「知ることは歓び・・・／感じることは歓び・・・／その全てを経験することは歓び・・・／善きことと悪しきこと。／生けるものと死せるもの。／そのメロディを聴くことは歓び・・・／この世は驚きに満ちている、／美しさと苦しみに。／たくさんの思いに。／たくさんの歌に。／イメージに。／メロディに。／歌いたい、その全てを！／歌いたい、その全てを！／全ては歓びだから！／全ては歓びだから！」

理性だけではない、感性と官能で、五感の全てで世界を丸ごと知ること。快楽も苦痛もその全てを知って己のものとすること。その全てが、即ち生きることは全てが歓びだと歌うのである。

すでに一部の最後で、コレットはウィリーに一枚の白紙の原稿用紙を突きつけてこう言う。「このページを見て、ウィリー。何が見える？　紙、そうね？　一枚の白紙。でも私にとっては、ウィリー、このページはドアなのよ。私には見えるの、この上に——何が？　未来が。それに過去が。これまでに出会った全ての人。これから出会う全ての人。私の夢、私の希望、私の失敗、私の絶望。何もかもがこの上に。——あなたには白紙に見えるどのページも私にはドアなのよ、ウィリー。そのドアはあなたにも閉められない！　誰にも閉められない！　それは私なの！　私という人間なの！」

ここには夫の呪縛を脱して作家として人生を切り拓いて行こうとするコレットの並々ならぬ決意が示されている。書くという行為が彼女にとっては即ち生きることであり、喜びも苦しみも、人生の喜怒哀楽の全てを飲み込もうとする、つまり書き尽くそうとする決意である。自己実現への決意である。だが、この時点ではそれはまだ決意でしかない。その決意の到達点が、引用した第二部大詰めのコレットの台詞と第一部の冒頭と二部の幕切れで歌われる『歓び』に表現された、見事なまでの貪欲さなのである。そこまでの過程で、「傷つきやすく弱い」コレットは、母シドのように強くあろうと意識的に演技する。草花を、自然をこよなく愛し、いつも我が子のことを心配しながらも生きる歓びを最後の最後まで求め続け、決して諦めなかった母のようになりたいと念じて、「コレット」を演じる。しかし、幕切れのコレットはもはや演技はしていない。全てを受け入れた大コレットが、真に強いコレットがそこにいる。男女の愛をも超えた、人生そのものへの限りなき愛。自己は見事に実現され、「ずる賢い農婦のように」光り輝く目には「聖なる怪物」が宿っている。『コレット・コラージュ』もまた人間の成長にまつわる生と死と再生の物語である。

ことのついでに、今引用した幕切れの『歓び』のリプリーズについてもう少し述べておきたい。ジョーンズ&シュミットのミュージカルでは、『ファンタスティックス』『セレブレーション』『フィレモン』等、幕切れのフィナーレに作品の冒頭で歌われたナンバーのリプリーズが使われることが多い。物語がまさしくひと巡りした印象を与え、作品の締めくくりにはふさわしい手法だが、勿論ただの繰返しではない。劇中のその間の出来事によって、冒頭で歌われたときには観客にはまだ分からなかった新しい、或いはより深い意味が歌に付与され、観客にいっそうの感動を与えるのだ。『コレット・コラージュ』では、冒頭での『歓び』は作品の主題を開幕と同時に提示する働きを持っている。『ファンタスティックス』の『トライ・トゥ・リメンバー』と同じ役割を果たしている。それが幕切れで再びコレットと他の登場人物全員によって歌われると、観客の脳裏にはそれまで二時間に渡って舞台上に展開されたコレットの波乱の人生が改めて喚起され、歌詞と旋律の意味が本当に理解され、胸に迫るのだ。『I DO! I DO!』のフィナーレでも歌こそ歌われないが、冒頭で歌われた主題曲をオーケストラが奏で、『コレット・コラージュ』のフィナーレと同じ効果を発揮している。時の流れがもたらす無常感だけではない、むしろ時の流れが人に恵む豊かさを寿いでいるとでも言えようか。

フィナーレに冒頭のナンバーではないまでも劇中の歌のリプリーズを使うのはミュージカルでは常套手段とも言える手法で、ジョーンズ&シュミットの作品では『日陰でも一一〇度』と『ミレット』で使われている。この場合も同じ曲であるからこそ、最初に歌われたときとの状況の変化が強調される。

『コレット・コラージュ』（勝田安彦演出／1992年／2011年公演）より

オープニング・ナンバー「歓び」を歌うカンパニー。2011年。

旺なつき（コレット、左）の服を脱がす瑳川哲朗（ウィリー、右）。1992年。

コラージュという手法

『コレット・コラージュ』は、歴史的事実に忠実に即したコレット伝では必ずしもない。大筋では史実を追いながらも、時に前後関係を逆転させたり、ジャックのように何人かの実在のモデルを一人に（より正確に言えば、夫々実在の人物をモデルにしたコレットの小説中の何人かの虚構の人物を一人に）まとめたりと、劇的効果を上げるためにかなり思い切った脚色が施されている。例えば、実在のモーリス・グドケとコレットの年齢差は一六歳だが、ジョーンズはこの二人の関係にコレットの代表作『シェリ』（一九二〇）の高級娼婦レアとその年若い愛人との関係を重ね合わせて、小説の主人公たちの年齢差である二三歳差に変えている。その上、劇中のコレットとモーリスの関係は、実話を下敷きにしつつも、そこにコレットの小説『夜明け』（一九二八）に登場する中年作家コレットと彼女に惹かれる年下の青年との関係と、ウィリーと別居し自活の道をミュージック・ホールの舞台に求めた時期のコレットが、その自らの体験をもとに一九一〇年に発表しゴンクール賞の候補となった『さすらいの女』（一九一〇）のヒロインと彼女を熱愛する青年紳士との関係をまぶしたものである。劇中でコレットとモーリスが結婚するのは第二次大戦後になっているが、実際は一九三五年、コレット六二歳の時である。つまり、事実と虚構が巧妙にない交ぜにされているのである。さらに、コレットの小説の多くが、そもそも事実と虚構をない交ぜにした自伝的な色合いが極めて強いものであることを思うと、この脚色法は正にコレット流、彼女の生涯を劇化するには持って来いの手法なのだと気がつく。

それだけではない。この『コレット・コラージュ』の台詞の或る部分は、コレットの小説や回想録からそのまま、或いは一部を省略したり短縮したり何がしかのの改変を施して引用されたもので占められている。会話の部分にも散りばめられているが、特にコレットが直接観客に語りかける台詞に多い。コレットの虚実皮膜の人生を、彼女自身の虚実皮膜の文章そのものによって語らせようという趣向なのである。作家の生涯を、それもコレットのような作家の生涯を劇化するのにこれ以上の方法はあるまい。これはコレットの文章ではないが、彼女の臨終の言葉（「見て頂だい」）を母親のシドの最後の言葉に転用しているあたり、つくづく見事な手際としか言いようがない。

先に引用した第二部のコレットの最後の台詞に付された「ずる賢い農婦のように」という卜書きでさえ、『シェリの最後』で、レアを形容した「狡猾な百姓のような、抜け目のない」（高木進訳）という表現の転用だと思われる。

コレットとモーリスが初めて結ばれる場面でのコレットの独白「私の口は自然と開いてしまう、意思とは裏腹に――燦々と日の光を浴びて裂けた熟れたプラムのように。甘美な痛みが唇から広がって全身に伝わって行く――傷口が広がる、あふれ出ようとするように――心をとろかすような歓び――忘れかけていた歓び――」は、『さすらいの女』で一人称のヒロインと彼女を熱愛する青年とが結ばれる場面からの引用であり、それに続く会話の部分でモーリスがコレットの腕を舐め、「今日、泳いだね。塩の味がする」と語るのは『夜明け』でのコレットと青年との会話「《あなたはエプロンの下は水着なんですね。泳ぐひまはなかったですか？》《泳いだわよ》彼はごく自然にわたしの腕のつけ根をなめた。《ほんとうだ》《昨日の夕方の塩でしょう》」（望月芳郎訳）からの流用である。セクシュアルな官能性とさり気ない日常性の中に潜むエロスを並存させることで生命そのもののほとばしりを濃厚に、しかもコレットの高い文学性を利用することによって卑俗に堕すことなく描いている。

これこそコラージュの成果である。すでに述べたように、第二部の最後でコレット以外の全登場人物が実在のコレットの写真のコラージュを舞台上に創り出すが、題名の『コレット・コラージュ』には、コレットの文章（言葉）をコラージュする（貼り合わせる）ことで、彼女の人生をコラージュしてみせるという意味もあるのだろう。

直接的な引用ではなくても、右に挙げた『夜明け』の例のように、コレットの数々の著作からエピソードを丹念に拾い出したり、印象的な一節や会話を発展させて一つの場面やミュージカル・ナンバーを創り出したりもしている。

一々挙げていたら切りがないが、例えば前出の『歓び』は、『夜明け』でコレットが母シドの口を借りて述べている「悪だって善だって、同じように美しく、実り豊かなもの」という言葉に発想の源がありそうだし、ともに男装のコレットと三人の女性アンサンブルの演じる同性愛者が「絶えず相手を変えながら二人一組で」（ト書き）、「それは私――／このもう一つの現し身は。／私を魔法の鏡のように映し出す／この愛しい複製は・・・／それは私。／それは私――／いつだろうとあなたの顔に私がふれる時は」と歌い踊る『ラ・ヴァガボンド』は、『純粋なものと不純なもの』（一九三二）中のレズビアンを論じた一節に基づいていると見て良いだろう。少し長くなるが引用してみる。「女は、愛する女に自分が似ていることにうっとりし、心を動かされ、それからほろりとなる・・・。弱さと、遠慮がちな付き合いがもたらす奇跡！愛の中で日々の生活をともにするときに、はじめて二人の女は発見できるはずなのだ、たがいに惹かれあう気持のもとにあるものは、肉欲ではない――決して肉欲などではないことを。（中略）二人の女のあいだに貞節が花開くのは、情熱ゆえではない。むしろ一種の同族性がささえになっているのである。「おお、わが姉妹たち！」と、ルネ・ヴィヴィアンはことあるごとに謳いあげている。でも、彼女が詩に謳うのは、いずれも引き裂かれ、憔悴し、涙に浸された姉妹たちばかりではないか。「同族性」とわたしは書いたけれど、むしろ「類似性」と書くべきかもしれない。そっくりなほど似た者どうしであればこそ、女たちは官能の悦びにおいてさえ、不安に脅かされることはないのである。自分が秘密を知っている身体、自分自身の身体がさまざまの好みを教えてくれる身体を愛撫しているのだと確信することで、女を愛する女は心の安らぎをえるのである」（工藤庸子訳）。

　そもそも『ラ・ヴァガボンド』という曲名自体がコレットの同名の小説（邦題『さすらいの女』）の引用である。この小説の語り手でもあるヒロインは、浮気な夫と離婚してミュージック・ホールの踊り子になった、道をふみはずした女流作家つまりコレット本人がモデルであり、作中でこう述べる。「絡み合った二人の女というものは、彼にとっては、断じて自堕落な一組にすぎず、けっして、二人の弱い者の示す、物悲しく、心を動かされるような情景ではないのだろう。たぶんそれは、おたがいの腕の中で、眠り、涙を流し、すぐに乱暴をする男というものから逃げ、そして、快楽などというよりは、自分たちを卑しい、ひとに相手にされない、似た者同士だと意識することに、ほろ苦い幸福を味わうために逃避している情景だのに・・・」（片山正樹訳）。

　小説に描かれたヒロインの深く傷ついた心境は、このナンバーの底にも流れている。女であることによって社会的に抑圧された女たち、言い換えれば女であることを抑圧された女たちが自分以外の誰かになることで、男装することで逆説的に女であることを、自分であること(アイデンティティ)を主張するナンバーである。その主張は、しかし、今引用したコレット自身の文章が雄弁に語る通り、ねじれた逃避である。『純粋なものと不純なもの』の別の個所でコレットはこうも書いている。「わたしはなんと小心だったことか、犠牲にされた髪の毛の下でなんと女だったことか、わたしが男の猿まねをしていたときに！・・・誰がわたしたちを女とみなしてくれるのか？女たちだけだ」（倉田清訳）。

このナンバーに対しては、レズビアンを自己愛としか捉えていないという批判がある。歌詞だけを取り出して見れば、なるほどそう見えるかも知れない。しかし、作品のコンテクストに収めてみれば、ベル・エポックのパリの男性社会で喘ぐ女たちの叫びが聞こえて来る筈だ。しかも、それをきびきびとしたタンゴのリズムに乗せて描いているところにミュージカル作家としての作者たちの腕がある。

ナレーターを兼ねる主人公

題名の『コレット・コラージュ』は、作品の構造をも示唆している。題名の意味について、ジョーンズはこう解説している。「コラージュ、つまり多くの要素が抽象的なパターンに従って配列され、色鮮やかな変化に富んだ集合体となって、一個の統一された作品を形作るのだ。場面は物思いに沈んだようなやり方で移り変わる。時と場所はあちらこちらと自在にはめ込まれている。筋の進展や場面から場面への展開に身動きが出来ないほど縛りつけられてはいない。形式は自由で、瞑想的だ。演技者はしばしば声に出して思いを巡らせたり、観客に向かって直接語りかけたりする。」

晩年のコレットが机に向かい、これまでの人生を回想し、そしてそれを書くという行為が作品全体の枠組みになっている構造である。その回想は一応時代の流れに沿ってはいるが、彼女の思念に従って、描かれる時も場所も思いのままに飛躍する。コレットは当然、舞台上の世界と客席との橋渡しをするナレーターの役目も務めることになる。物語に積極的に関わる主人公がことの成り行きを冷静に伝えるナレーターをも兼ねるという構成は、普通ならぎこちないものになりがちであり、違和感を与えかねない。回想という形式は、それを軽減させるための一種の緩和剤の役目も果たしている。例えばテネシー・ウィリアムズの『ガラスの動物園』（45年）もナレーターのトムの回想という形をとっている。しかし、トムは主人公とは言えない。同じことは『ファンタスティックス』のエル・ガヨにも言える。彼は『ファンタスティックス』という祭儀の司祭とも言うべき役割を果たしており、その意味では作品中最も重要な役どころではあるものの、物語の筋立てという視点から見れば脇役の一人に過ぎない。ところが、コレットは主役中の主役である。物語の流れに誰よりも巻き込まれ翻弄される。その流れを堰き止めるナレーターの役目は、本来なら矛盾した行為になる。そうなっていないのは、やはりコラージュという手法のお陰であろう。第一部なら女の自立、全体では愛の成熟という大きな主題はあっても、個々の場面のつながりは緩く、夫々が独立した色合いの面白さを持っているからこそ、主人公が時に物語の状況から抜け出して物思いに耽っても、それは気にならないどころか、むしろ敢えて緩く作られている全体の構成を一つにまとめる働きをなしているのである。

第一部の語りは、『わたしの修業時代』からの引用が多い。この回想録について、フランス文学者でコレット作品の翻訳家でもある工藤庸子氏は、「昔の自分を見つめる今の自分という二重構造のなかから、濃厚に浮かびあがるのは、むしろ三十年後のコレット、訳知りの女流作家の素顔かもしれない」と書いている。『コレット・コラージュ』でも、ドラマティックな過去の出来事の合間に回想録からの引用による現在のコレットの言葉が差し挟まれ、三〇年どころか五〇年後の「訳知りの女流作家の素顔」が浮かび上がる。その顔が多彩な出来事を一つにまとめる役目を果たしているのである。舞台上には過去の自分や他者の行為を皮肉や諦念混じりに眺めて批評するもう一人のコレットの視線がいつもあるのだ。それが一種の異化効果を発揮し、舞台上に展開する状況を違った角度から眺めることを観客に迫ったり、状況の意味を強調したりするのである。但し、文章とは違い、観客の視線に直接さらされた舞台の上で過去の出来事を語る現在のコレットは、回想することによって心の中に呼び起される動揺を時に露わにしてしまう場合もある。或いは過去について語っている現在が過去に呑み込まれ、過去そのものと化してしまうかの如き語りもある。現在の中に過去が生々しく甦り、分かちがたく共存する瞬間。現在が過去に浸食される瞬間。永遠の現在である演劇だからこそ可能な逆説的瞬間。優れて演劇的な瞬間である。

シアトリカルな様々の技法

この作品には、ジョーンズ&シュミットのミュージカルに特徴的なシンプルな装いを底で支えている祭儀性、祝祭性もちゃんと隠されている。彼らの作品には、舞台上のあらゆるエネルギーがそこから放射され、そこへ収斂されて行く象徴的なもの、言わば儀式の祭壇のような存在が必ずある。『ファンタスティックス』や『フィレモン』の演台然り、『I DO! I DO!』の寝台然り。ここでは、コレットの書き物机がそうだ。台本では、「書き物机は、このいわば宇宙の中心なので、必要となる装置や背景に絶えず変化する」とあり、すでに述べたように、時代と場所の変化に応じてコレットのサン・ソブールの実家の東屋やミュージック・ホールの舞台、寝台やサントロペのクラブの舞台等々に変化する。けれど、舞台上の出来事はコレットが執筆している回想録の形を取って展開していることを考えると、書き物机はあくまでも書き物机としていつでも舞台上に存在している方が良いと思い、僕が演出した際には、美術の大田創氏に頼んで、前後にのみ移動可能な机を舞台中央に配してもらい、どの場面でも机が舞台上に厳として存在し、必要な小道具はほぼ全てこの机から取り出すことにした。これは『ファンタスティックス』で「他に必要なものはこの箱から取り出します」と言及される舞台上に置かれた小道具箱へのオマージュであり、引用である。その結果、場所の変化は違う表現方法で説明することにした。「説明」と言っても、シェイクスピア劇を範とするジョーンズ&シュミットのミュージカルでは、場面を設定するための主な表現手段はあくまでも言葉と音楽である。コレットがウィリーとの新婚生活を回想して、「私たちの最初の家は、ムシュー・ウィリーの独身者用のフラットでした——良く響き、良く揺れる屋根裏部屋、緑の壁紙、鉄の寝台、言いようもないほどみすぼらしいボール紙の整理棚。椅子の上には古新聞が山と積まれ」と観客に語りかければ、観客は舞台上のほとんど何もない空間に世紀末パリのうらぶれたアパルトマンを想像し、アンサンブルが扮する芸人たちが「ショーを続けよう——／田舎のミュージック・ホールで！」と歌い、ジャックとコレットが二人並んでメイキャップをしていれば、そこは巡業先のミュージック・ホールの楽屋だと認識する。コレットが「壁には花飾りさえありません。貧しい人たちのための教会の霊安室のように——花は一ヶ所に積み上げられています——この場合は古びて痛んだ酒の染みだらけのピアノ・バーの上に」と語り、ジャックが「リヴィエラの夜は——／踊るためにある！／並んで滑るようにステップを踏もう／愛する人と。／リヴィエラの月は——／恋人たちには打ってつけ。／潮のように上り／ひょいと現れる」と歌い出せば、南仏サントロペの港の鄙びたクラブが忽然と現れる。

時の流れについても同じで、規則的にリズムを刻む、抑えた重苦しいドラムの響きを背景に、机に向かったコレットが「名簿は年ごとに厚くなる」と言って、親しい人々や愛犬、愛猫の死を年度とともに次々と列挙して行き、最後に「そしてとうとう、フランスそのものが・・・そう、ヨーロッパの全てが！」と第二次大戦の勃発を告げると、一九三〇年代の十年間が過ぎ去っている。冷徹な時の流れを簡潔に、しかも極めて劇的に表現して余すところがない。

作品の技法についてもう少しふれておきたい。ジョーンズは、AABA形式に代表されるポピュラー・ソングの伝統的な形式を称揚し、「必ずしもAABA形式である必要はない」が、「力強く明瞭な感情や考えを三分なり四分なりに凝縮したもの」である限り、ミュージカルの歌の形式としてもいまだに有効だと述べている。しかし、最近はオペラや形式にとらわれないロックの影響で、「ミュージカルは昔ほど単純なものではない」。作曲家や作詞家は、従来の形式を越えて、歌のみならず物語や登場人物に関してももっと複雑なものを求めている。従来の形式に取って代わるのでなく、それに付け加えられるべき新しい技法が求められているのである。その解決法としてジョーンズとシュミットが見出したのが、「語られるアリア」つまり背後に音楽が流れる中で語られる長い語りの台詞（普通は韻文。この手法については『ファンタスティックス』の項で述べた）と通常の歌のナンバーとを掛け合わせる方法だった。初めに通常のポピュラー・ソングの形式で書かれた歌がある。それが終わっても音楽は途切れることなく続き、今度は台詞が語られる。音楽の形式は変化するが、基本となるビートはそのままである。続いて別のメロディが現れて歌われ、それが終わると再び台詞となり、さらにもう一度最初に歌われた歌に戻って場面が終わる。この間、音楽は一回もとぎれることなく流れ続ける。場面全体が、「全てが元の歌の基本的枠組みの中に収められている」。『フィレモン』の冒頭がこの形式で書かれており、後の『グローヴァーズ・コーナーズ』では、この技法をさらに複雑に発展させて場面を作っている。

『コレット・コラージュ』でも歌と台詞の混在によって構成されている場面は多く、作品に流動感をもたらしている。但し、台詞は韻を踏んでいる場合はあっても、途中で他の歌が挿入されることはない。そういう意味では、『コレット・コラージュ』で多用されているのは、オペレッタ由来の従来型のミュージカル・シーンの進化発展形である。第一幕、第二幕の幕開きがともにそうだし、それ以外にも、ミュージック・ホールの踊り子になったコレットが地方の巡業を重ねながら次第に一人の女として、そして作家として自立して行く過程を描いた『ミュージック・ホール』のナンバー、モーリスと結ばれる『リヴィエラの夜』、そして収容所に送られたモーリスを救おうとドイツ軍の将校や対独協力者と掛け合うコレットの姿を描くナンバー『部屋にはあなたの面影が』等随所で使われている。

第二部の『夏の火遊び』のナンバーでも、この歌と台詞の結合による巧妙な技法が活きている。コレットとモーリスが二人の関係はあくまでも「真剣なものじゃない」「ひと夏の戯れ」だとして歌い踊るこのナンバーは、初めに四拍子で歌われた旋律が、ダンスと台詞をはさんで、次には三拍子で第二リフレインが歌われ、再びダンスと台詞によるやり取りをはさんでから、第三リフレインはテンポを変えた四拍子に戻って歌われる。しかも状況の変化のきっかけとなる台詞の前で、背後に流れる音楽は一旦消え、観客の期待感を煽りつつその台詞の重要性を強調し、状況が変化して再び背後に音楽が流れ出した時には、すでに拍子も変化している。こうすることで観客には、夏から冬を経て再び夏が巡って来るまでの一年間の季節の変化（時の経過）とサントロペからパリへの場所の変化、さらにはコレットとモーリスの関係の変化（深化）までもが過不足なく伝わる。ひと夏限りの筈だった二人の関係は、このナンバーが終わるときには「無期限」にまで延長されるのである。

部屋にはあなたの面影が

粒揃いの歌の中でも特に感動的なナンバーは、サスキンの評にも「特別中の特別」とあった、二幕の後半で歌われる『部屋にはあなたの面影が』だろう。深い喪失感と背中合わせの究極の愛を歌ったこのバラード自体が愛の成熟の物語のクライマックスでもある。曲名を直訳すると『部屋にはあなたが満ちている』。モーリスがナチスの強制収容所に連行されたことを使用人のポーリーヌから聞いたコレットは激しい衝撃を受ける。動揺し泣きじゃくる使用人に向かって、コレットは「私は泣かない。分かるわね？」と自らに言い聞かせるように告げると、ただちにモーリスを救い出す手立てを講じ始める。だが、実際に動き出す前に、彼女は己れの胸に去来する思いを客席に向かって淡々と語る。「不思議だわ。若い頃には愛とは激しい感情だと思ってた。頭の中で荒れ狂う熱病、凍てつくような無感覚。炎と氷。でも愛はそんなものじゃない。愛はもっとずっと単純なもの。」そして歌い出す。「夜遅くまで私は起きている。／火を灯し、ものを書こうとしてみる。／でも、その時、あなたの顔が見えて来る。／部屋にはあなたが満ちている。／私の小さなベッドがとても広く思える。／だから、あなたが横にいるふりをしてみるの。／目を閉じるの、そうすると／部屋にはあなたが満ちている。／本当でない筈がない。／部屋にはあなたが満ちている。」背後に音楽が流れたまま、コレットは関節炎で痛む足を引きずってドイツ軍の将校に会いに行く。つまり舞台を横切る。彼女の政治的信条と作家としての影響力を問い、その上で身代金を要求する将校との簡潔なやり取りの後、コレットは机に戻って宝石箱から宝石類を取り出しながら、再び歌う。「時々、思いもよらないようなものが私の心にふれる。／あなたが良く歌っていた素朴な歌や／特別な香りや、青い陰が。／部屋にはあなたが満ちている。／この間、あなたの机の中に／しまってあったリストを見つけたわ。／あなたがしようと思っていた色々なことのリストを。／部屋にはあなたが満ちていた。／私が何をしても／部屋にはあなたが満ちている。」そして、やはり背後に音楽が流れ続ける中、コレットは再び舞台を横切って今度は対独協力者と会う。他の囚人の素情を密告すればモーリスは釈放される、しかし「断れば残る道は死だ」と言う協力者に対し、コレットは密告などさせない、死を選ぶと答え、驚く協力者に「私たちの答えは一つ。この件については」と言い切る。アンサンブルの女たちがメロディを静かにハミングする中、コレットは天を仰ぎ、今は亡き母に訴える、自分が他の何ものにも代え難くモーリスを愛していると。そして、コレットはナンバーの三番の後半を女たちとともに歌う。「戦争は果てしない海のように続く。／毎日、私は祈る、あなたがすぐに解放されることを。／その日まで、戦争が過ぎ去るまで、／夢が現実になるときまで／部屋にはあなたが満ちている。」

かつて「愛なんて誉められた感情じゃない」と言って、娘を「愛の家」という名の牢獄から解き放ってくれた母。けれど、その言葉が今やコレットを孤独な部屋に閉じ込める呪縛ともなっていた。その呪縛を振りほどき、愛を解き放つコレットの姿と、戦時下で耐え忍びながら愛する人をひたすら待つ無数の銃後の女たちの姿が重なる。『フィレモン』の「コキアンは死にました。俺はフィレモンです」に匹敵する認知と逆転の瞬間であり、一九九二年に僕が初めて演出したときも、この場面になると多くの観客がすすり泣いているのが分かった。しかし、九三年、九四年と再演を重ねるうちに、演出家としては、何かが足りない、この場面にはもっと強い表現が必要なのではないかというわだかまりも心の片隅に感じていた。そこで二〇一一年にこの作品を改めて手掛けるチャンスを得たとき、ほんの一ヶ所だが、決定的に違う演出を施してみた。

評伝等によると、引用した台詞の通り、実際のコレットも人前では涙を見せなかったそうだ。但し、「人前では」だ。最愛の人の死（の可能性）を突きつけられ、それでも自らの正義を貫いて毅然と妥協を跳ねつけた後、リアルに考えれば、コレットは究極の葛藤を抱えて、そのままパリの雑踏を抜け、おそらくタクシーでパレ＝ロワイヤルの部屋に戻り、玄関のドアを閉め、そしてその場で泣き崩れたのではないか。

僕は常日頃は俳優に感情表現を直接求める演出はしないよう自らを固く戒めているのだが、このときだけは例外だった。協力者から離れて舞台前中央まで来ると、コレットは嗚咽を漏らし、そのまま号泣しながら舞台に蹲る。そして天を仰ぎ、亡き母に訴えかけるのだ。モーリスとの出会いから今日まで堪え、抑えて来た真の思いの丈をほとばしらせる。そのエネルギーを解放するには声に出して「泣く」行為は極めて有効だったと思う。舞台を録画したＤＶＤを観たジョーンズ、シュミットの両氏からも称賛の手紙が届いた。

効果音としての音楽

ジョーンズ&シュミットのミュージカルにはいわゆる効果音がほとんど（作品によっては全く）ない。台本には効果音を必要とするようなト書きが散見されるにも拘わらず、である。『コレット・コラージュ』でも、コレットの結婚式の直前の母と娘の会話の背後で「遠くから鐘の鳴る音が聞こえて来る」し、父親の葬式でも「鐘が鳴り」、パリ解放とともに「勝利の鐘が鳴り響いて、第二次世界大戦の終結」を告げる。これらの鐘の音は、実は全てスコア（二台ピアノ版）に書き込まれており、ピアノの音で表現されるのである。二部で流れる、占領下のパリを象徴するような「軍楽のトランペットのかすかな響き」もピアノが奏でる旋律である。

他にも一部の大詰めでウィリーが「鏡を叩き割る。音楽」というト書きの「音楽」はフォルテの激しい不協和音である。勿論、鏡の割れる音を表現しているのだが、この不協和音をピアニストが次のコレットの台詞「あなたは彼を壊したのよ、ウィリー。私たち二人を壊したのよ。見て。あなたと私が倒れてる――粉々の怯えた破片になって・・・」にかかるまで維持して残響を聞かせることにより、鏡を割る行為の意味、それに伴う心の動揺と状況の急転が、通常のリアルな効果音を使うよりもくっきりと、そして「自然に」分かるのである。

反対に、二部でモーリスに抱きしめられたコレットが急に彼から離れ、どうしたのかと訊かれて「ドアの閉まる音がしたわ」と答えるところには音は一切ない。言うまでもなく、この音は一部でウィリーとの「愛の家」のドアを開けて自由と自立を獲得したコレットが、モーリスに強く惹かれることで、その自由を再び失ってしまうかもしれないと恐れた不安であり、彼女が心の中で聞いた音である。効果音どころか音楽もなくて当然である。音が入れば説明過剰になって観客の失笑を買うか、台詞の本来の意味が曖昧になってしまうだろう。

ところで、ウィリーが叩き割る鏡はト書きによれば手鏡である。しかし、割れる「音」のインパクトから言っても、その心理的意味から言ってももっと大きな鏡、姿見の方がふさわしいのではないか、この作品を初めて演出した時、そう感じた。まさか大きな姿見を毎回壊す訳にもいかないので、僕の演出では第四の壁に掛っているという設定にして、無対象のマイムで表現することにした。またその方が「音」の効果も一層高まるのではないかとも思ったのである。

ウィリーはコレットに鏡を突きつけられ、「何が見える、ウィリー？（中略）生まれついての才能でパリを征服した男？それとも――もっと良く見るのよ、ウィリー――どう、見えるんじゃない？腹の突き出た、太った年寄りが！怖気づいた、哀れなインポの老いぼれが！」と追い詰められて衝動的に鏡を割る。彼はいつも鏡の中に見たい自分、理想化された自分を見ていた。その虚構の幻想がコレットの追求によって脆くも崩れ、現実の自分の姿を見てしまったからだ。実際のウィリーも、コレットの回想録によれば、「自分を描きたいという執着、自分を眺めるのが好きだという性癖」「自分の姿を鏡で見たいという偏執」（工藤庸子訳）の持ち主だったようだ。ミュージカルではその部分は具体的には描かれていないが、そこをはっきりと示した方が最後に鏡を割る意味も明瞭になる。第四の壁にかかった想像上の姿見なら、ウィリーの部屋の場面の度に、ウィリーに鏡に映った自分を満足げに眺めさせることも出来る。小道具の実物の手鏡を使うよりも、かえって作品全体の呈示的な手法に適った演出だと思っている。

その後の改訂作業

ジョーンズたちが常に自作に改訂を加え続けていることはすでに何度も言及した。『コレット・コラージュ』もまた例外ではない。一九九三年に前半をジュディ・ブレイザー、後半をジュディ・ケイと二人の女優がコレットを歌い分ける形でスタジオ・キャスト盤のＣＤが製作された際、作者たちは第一部にコレットとジャックのミュージック・ホールの芸『犬と猫の二重唱』、第二部に美容界に進出したコレットが歌う皮肉と機知にあふれた『人間の顔を飾り立てる』の二曲を追加した。

二〇一一年に僕がこの作品を久しぶりに演出した際、ジョーンズはさらなる改訂を加えた。追加の二曲は再び削除され、第二部はそのままだが、第一部は大幅な改変となった。先ず、幕開きのナンバー『歓び』の中に、シドが夫や田舎司祭をやり込めるユーモラスな会話が挿入され、改訂前の版では明確でなかったシドの明るい側面が強調されている。

『歓び』が終わると、以前はすぐにウィリーが紹介され、『人生が呼んでいる』と思春期のコレットを誘惑したのだが、その前にシドと夫との微笑ましいやり取りと、もっと大人びた格好をしたいと言う娘をシドがたしなめる愉快なナンバーが入り、やはりこの偉大な母のあふれんばかりの生命力を印象づけている。

一部の最後に置かれていたウィリーとの別れは中盤に移され、一部の大詰めでコレットを誘惑するのはウィリーではなく、後に二番目の夫となるアンリ・ド・ジュブネルである。

彼との短い場面の背後には『人生が呼んでいる』のメロディが流れ、ド・ジュブネルに対して反抗的で強気な態度に出るコレットの、それとは裏腹な内心の動揺が表現される。

以前の版に比べ、コレットの生涯をより満遍なく描こうとしている。それに従って、第一部「ウィリー」、第二部「モーリス」といった分け方も廃され、通常のミュージカルと同じく第一幕、第二幕となった。

勿論、これが最終的な改訂だとは思えない。

改訂増補版のための付記――演劇史家イーサン・モーデンの著書はどれを読んでも、その博覧強記と舞台を観た上での精緻な分析に、僕のような何でもすぐに忘れてしまう凡人は啓発されるより前に落ち込まされてしまうことが多いのだが、彼が一九七八年から二〇〇三年までのアメリカのミュージカルの歴史を記した『私が見た中で一番幸せな死体～ブロードウェイ・ミュージカルの過去25年間～』の巻頭で、八二年版の『コレット』について詳述している。「ミュージカルの知られざるスコアの中でも最も偉大なものの一つを持った、とても大きな美しいショー」と絶賛した上で、当時は「ニューヨークのマニアたちのサークルの外で人気を博すには、おそらくあまりに特別な作品だった」と指摘し、「フランス文化とこれぞパリといった感じに満ちた作品のトライアウトには、西海岸やデンヴァーはふさわしい場所ではなかったのではないか」と、その失敗の原因の一端を考察している。さらに、モーデンは、オフ・ブロードウェイでの『コレット・コラージュ』への改作については、元の華やかな舞台をオフの規模に合わせて縮小することで、「生き生きとした色合いや、文化の文脈の中に置かれた自然な力が生み出す叙事詩的な感じを失ってしまった」と書いている。八二年の舞台を観ていない僕には当否の判断は出来ないが、モーデンの批判はミュージカル『コレット・コラージュ』への批判であるよりは、むしろ八三年と九一年の公演の演出への批判だと読める。

モーデンの文章にからめて書いておきたいことがある。僕が『コレット・コラージュ』を最初に演出したのは一九九二年、劇場は今はなきシアターVアカサカ。客席数約二百の小劇場である。幸いかなりの好評で、翌年同じ劇場で再演され、初演以上の評価も頂いた。その結果、九四年には大阪のシアター・ドラマシティでも上演された。ドラマシティは立派な大劇場で、言わばオフからオンへの引っ越し公演である。それに合わせて装置の間尺を広げはしたものの、あとは同じ演出のままだった。果たしてシアターVアカサカのときと同じ成果が上がるか、演出家としては正直かなり不安ではあった。それが幕を開けてみると、東京を上回る好評ぶりだったのだ。それから一七年後の二〇一一年に、今度は東京は池袋のあうるすぽっとで演出する機会があった。あうるすぽっとは客席数約三百の小劇場だが、舞台はブロードウェイ規模の広さがあり、また客席の作りも三百席とはとても思えない広々とした空間である。この時も、舞台装置のデザインは基本的には初演と変わらず、舞台後方の紗幕の背後に現れる吊り物等によるイメージを増やして初演よりも変化をつけただけだった。そして、僕が見たところ、このあうるすぽっとが『コレット・コラージュ』には一番しっくりと来たのである。この劇場の空間的な広がり、「大きさ」が作品と呼び合ったとでも言うのだろうか。その後、同じ劇場で、やはりオフ・ブロードウェイのミュージカル『グロリアス・ワンズ』（リン・アーリンズ台本・詞、スティーヴン・フラハーティ音楽）を演出したときには、その「大きさ」が逆に障害になったと思った。つまり、あうるすぽっとの「大きな小劇場」という特異性が『コレット・コラージュ』の場合は有効に作用したのである。何故かと自問してみても、あまりにも感覚的な話で、はっきりとした答えは僕にも出せない。けれど、ひとつ言えるのは、この作品の主人公が並外れた大きさを持った人間だということだ。ニューヨークでの八二年と九一年の公演が行われた劇場はともに天井も低く、間口も狭い本当の小劇場である。そこでも、勿論、このミュージカルは効果的に上演することは出来たと思う。日本での初演からもそれは言える。胡桃の殻に閉じ込められても、自分は無限の空間の王だと思える想像力こそ演劇の力だ。しかし、俳優がヒロインのその巨大な人物像を真に演じられたなら、その演技空間にもまたそれに見合った大きさが要求されるのではなかろうか。モーデンがアメリカでの三つの公演を比較したとき、彼がオフでの公演に欠けていると感じたのは、実は豪華な装置でもなければ大勢のアンサンブルでもオーケストラの響きでもなく、ヒロインの巨大なエネルギーを過不足なく受け止める空間だったのではないだろうか。

『I DO! I DO!』が「二人の偉大なスターの芸を祝うもの」というコンセプトによってショー・ビジネスの香りが強まり、「大きな書かれ方をしている」なら、『コレット・コラージュ』は善も悪も、生も死も、喜びも悲しみも、人生の全てを肯定するという主題によって「大きな書かれ方をしている」と言っても良いだろう。

と、ここまで書いてふと思い出した、一九八五年に僕が『フィレモン』を、これも今はなき旧池袋文芸坐の地下にあったル・ピリエで日本初演した際、観に来てくれた演出家で翻訳家の青井陽治さんが「この作品はやはりこういう天井の高い劇場でないとね」と話していたことを。『フィレモン』は、大きな主題を主人公の内面の変化という小さな器に入れて描いている。そして『セレブレーション』と同じく、いや『ファンタスティックス』と同じく、その根底には神への祈りという演劇の始原のあり方が秘められている。劇場の天井の高さこそ、ジョーンズ&シュミットのミュージカルに通底するこの要素を表現するための必要条件なのではないか。それは『コレット・コラージュ』に於いても同じなのではないか。日本初演のシアターVアカサカも天井は決して低くなかった。とりとめのない思いつきのような結論になってしまったが、さてどうだろうか。

二、グローヴァーズ・コーナーズ

創作の背景

『コレット・コラージュ』と並行して、一九八三年以降、ジョーンズとシュミットが取り組んでいたのが『わが町』のミュージカル化である。

この話をジョーンズとシュミットに最初に持ちかけたのは、プロデューサーのピーター・ニューフェルドだった。原作者の遺族からミュージカル化の許可を得たニューフェルドは、『わが町』をミュージカル化するならば、ジョーンズ&シュミット以上の適任者はいないと判断したのである。初めは「『わが町』を「台なしにした」人間として知られたくなかった」(シュミット)と尻込みした二人だったが、『わが町』は彼らの原点とも言うべき作品である。しかも、過去にロジャーズ&ハマースタインを筆頭に『わが町』のミュージカル化を願いながら誰もが権利を獲得出来なかったのが、この時はあたかも奇跡の如く許可が下りたのだ。この千載一遇のチャンスを逃すのは、あまりに惜しかった。

舞台となる町の名前を冠して『グローヴァーズ・コーナーズ』と題されたこのミュージカルは、ニューヨークでのワークショップを重ねた末、一九八七年にシカゴのマリオット・リンカーンシャー劇場で三ヶ月の限定公演を行なった。振付はマージ・チャンピオン、舞台監督役を演じたのは作者のトム・ジョーンズ本人、シュミットは舞台上でピアノを演奏した。

この公演は、舞台監督役をメアリー・マーティンに替えて、更なる改訂の上、全米ツアーに出る筈であった。ところが、ヴァラエティ紙にシュミットがデザインした一ページ広告が載った直後、マーティンは末期の癌に侵されていると診断され、降板を余儀なくされる。ツアーは全てキャンセルされ、しかも原作者の遺族との間で交わしていたミュージカル化の契約期限が切れ、以後『グローヴァーズ・コーナーズ』は上演不可能となってしまった。しかし、台本を読み、音楽を聞く限り、これはジョーンズ＆シュミットの作品の中でも極めつけの傑作である。二〇〇五年に宮本亜門演出『ファンタスティックス』の再演に合わせてジョーンズ夫妻が来日した折の酒の席で、話がたまたま『グローヴァーズ』に及び、ジョーンズ夫人のジャネット・ワトソン（振付師。『ビッグ・リヴァー』の振付で来日して以来の日本贔屓）が「このまま埋もれてしまうにはあまりにも惜しいほどの出来」だと言ったのに対し、ジョーンズは「後何年かすれば、『わが町』の権利自体が消滅する。そうなれば『グローヴァーズ・コーナーズ』の上演も可能になる。私はもうこの世にいないかもしれないが、誰かが上演してくれるだろう」と発言していた。

『わが町』の物語

『わが町』の呈示的表現様式とジョーンズ&シュミットへの影響については第一章ですでにふれたので、(その点についても若干の補足をしつつ) ここでは先ず物語を紹介しよう。

物語と言っても、『わが町』には物語らしい物語はない。少なくとも劇的に展開する波乱万丈の物語はない。アリストテレース的な演劇観に基づいて或る目的を達成するための人間の行動を描くというよりも、むしろその人間の置かれた状態そのものを描くことに主眼が置かれているからである。

舞台の背景となるのはニューハンプシャー州の架空の町グローヴァーズ・コーナーズ。中心的な登場人物となるのは隣同士の二組の家族、町の新聞の編集長ウェブ氏の一家と医者のギブズ先生の一家である。幼馴染みのウェブ家の長女エミリーとギブズ家の長男ジョージの恋と結婚、そして死別が一応物語の軸を成している。

第一幕は「わが町」の或る一日、一九〇一年五月七日の明け方から夜明けまで。ほとんど何もない舞台の上に、舞台監督 (と呼ばれるナレーター役) が若干の椅子やテーブルを並べて開演の準備をし、終わるとプロセニアムにもたれて観客が席に着くのを待つ。客席の照明が暗くなると、彼は「この劇は、題名は《わが町》、作者はソーントン・ワイルダー。制作と演出はA、出演するのはC嬢、D嬢、E嬢、F氏、G氏、H氏、その他大勢です」(鳴海四郎訳。以下同) と説明し、のっけからこれが「お芝居」であることを強調する。

彼は続けて本通りや鉄道の駅、教会や町役場、学校や商店そして墓地等々、町の配置を観客に説明し、ウェブ、ギブズ両家を紹介する。徹夜のお産の往診から帰宅したギブズ先生が新聞配達の少年ジョー・クローウェルと、ギブズ夫人が牛乳配達のハウイー・ニューサムといつもと変わらぬ朝の挨拶を交わす。ポーランド人街で双子が生まれたこと、ジョーの担任の先生がお嫁に行くこと、ニューサムのクリーム分離器が故障したこと。実にありふれたささやかで日常的な、しかし当事者にとっては人生の一大事である話題が話される。

続いて両家の朝食の様子。一六歳の高校生であるエミリーとジョージ、そして夫々の弟や妹を交えての慌ただしく騒々しい、活気に満ちた朝の食卓が描かれる。

子供たちが学校に行ってしまうと、ギブズ夫人とウェブ夫人が裏庭で鶏に餌をやったり、インゲンのさやの筋を取ったり、家事をしながらお喋りを始める。ギブズ夫人は古道具屋から家にある衣装箪笥を高値で買い取ると持ちかけられ、どうしようか迷っていることをウェブ夫人に打ち明ける。彼女は売ったお金で一生の夢であるパリ旅行をしたいのだが、夫が賛成してくれないのではと悩んでいるのだ。

ここで舞台監督が再び登場し、観客に州立大学の教授を紹介して町の過去の歴史や人口について、次にウェブ氏に町の住民の政治的傾向や暮らしぶり、楽しみ等について説明してもらう。この場面では客席にいる観客（に扮した俳優）から質問や意見が飛ぶ。

舞台監督が昼下がりの情景を説明している内に早くも学校帰りの時間となり、野球のボールを高く放り投げては受け止めながら（勿論マイムである）やって来たジョージが、エミリーに二人の部屋の窓から窓へ電線を引いて勉強を教えてほしいと頼む。ジョージは農業をやりたいと将来の望みを話し、野球の練習に行く。エミリーは母親のウェブ夫人に学校で上手に演説が出来たと話す。自分が綺麗かどうか気にかかるエミリーは母親にそのことを尋ねるが、満足な返事はもらえない。

町に新しく建つ銀行の礎石の下にタイムカプセルを埋め、その中に新聞と聖書、合衆国憲法とシェイクスピアの戯曲集の他にこの芝居『わが町』の台本を一部入れるつもりだと舞台監督は言う。そうすれば千年先の人たちが「二十世紀のはじめにニューヨークの北にあたるこの地方では、われわれはこんなふうに暮らし」、「こんなふうに、成長をし、結婚をし、そしてこんなふうに生きて死んでいった」ことをわかってもらえるからだ、と。

オーケストラ・ピットの中で教会の聖歌隊が歌い始め、オルガン奏者のサイモン・スティムソンが指揮をしている。この後登場する誰もがほれぼれと眺めてしまうような煌々と輝く月夜。舞台の上にはギブズ家とウェブ家の二階を暗示する二つの脚立が置かれ、その上でエミリーは月に見とれ、ジョージは宿題にてこずっている。エミリーは窓越しにジョージを手伝ってやる。父親に呼ばれて下に降りたジョージは、もっと母親の家事を手伝ってやれと諭される。

聖歌隊の練習からの帰り道、ソームズ夫人はギブズ夫人とウェブ夫人相手にスティムソンが練習中も酔っ払っているとゴシップの花を咲かせる。家に戻ったギブズ夫人は夫と一日の出来事を語り合い、二階ではジョージと妹のレベッカが月を眺めている。

すでに九時半。本通りでウェブ氏とウォレン巡査が立ち話をしているところへ泥酔したサイモン・スティムソンが通りかかり、話しかけられても無言で去る。ウェブ氏が家に帰るとエミリーは相変わらず眠れぬまま窓辺にいる。

隣家では、レベッカが知り合いに届いた牧師さんからの手紙の宛名が「ジェーン・クロファットさま、クロファット牧場、グローヴァーズ・コーナーズ町、サトン郡、ニューハンプシャー州、アメリカ合衆国、北アメリカ大陸、西半球、地球、太陽系、宇宙、神のみ心」だったとジョージに話す。

舞台監督の「みなさん、これで第一幕の終わりです。どうぞ外へ出て一服やってください、タバコ吸いたいかたは」という台詞で一幕は終わる。（ナレーターが幕の終わりを観客に告げるこの手法は、『ファンタスティックス』でも踏襲されている。）

第二幕は舞台監督の第一声「三年たちました」で分かる通り一九〇四年。彼の「第一幕は《日常生活》という題でした。この幕は《恋愛と結婚》という題」という台詞と、続くニューサムとサイ・クローウェル（ジョーの弟）、ウォレン巡査、そしてギブズ夫人やウェブ夫人との会話から、今日がジョージとエミリーの結婚式の当日だと分かる。

「さっきまではどしゃ降りの雷雨」だった早朝。ギブズ夫妻が朝の食卓で、子供が結婚する喜びと不安を自分たちの結婚式を思い出しながら語る。

二階から降りて来たジョージは、エミリーに会いにウェブ家に行くが、結婚式の日には花婿は教会で会うまでは花嫁を見てはいけないという「迷信」のために会わせてもらえない。二人きりになったウェブ氏とジョージは、気まずい空気を変えようと結婚を話題にぎこちない会話を始め、ウェブ氏は幸せな結婚生活を送るための忠告をジョージにユーモラスに語って聞かせる。

その後、舞台監督がまた介入し、ジョージとエミリーが「お互いがお互いのものだと気づいた」高校二年の六月の或る日へと時間を遡らせ、その時の様子を再現して見せる。（ちなみに『ファンタスティックス』のエル・ガヨの「谷間のスピーチ」は、舞台監督のここでの語りに明らかに影響を受けている。）放課後の帰り道。エミリーは、近頃のジョージは野球に熱中するばかりで誰とも話さず、思い上がっていると咎める。泣きそうになった彼女をジョージはドラッグストアに連れて行き、クリーム・ソーダをご馳走する。（このドラッグストアは、舞台監督が「ギブズ家の食卓から椅子を二脚移動させ、その二つの椅子の背に一枚の板をかけ渡す。舞台袖から足の長い高椅子を二脚もちだし、板の背後にすえる」

ことで出来たカウンターによって表現され、飲み物もこれまでの場面と同じく無対象のパントマイムによって表される。店主も舞台監督が演じる。）将来のことを話すうちに、ジョージは卒業したら農業大学に進学するのをやめ、おじさんの農場を継ぐ決心をする。ジョージは、その理由はエミリーと離れたくないからだと不器用に告白し、二人はお互いへの愛を確かめ合う。

舞台監督は場面を結婚式の教会堂に移し、今度は牧師を演じる。（ここも最早言うまでもなく、それまであった椅子やテーブルを片づけて、舞台中央に通路を開けた形に椅子を舞台奥向きに並べ、ステンドグラスの窓が後方の壁に映写されるだけの呈示的表現である。）

ウェブ夫人が娘を嫁に出す不安な気持ちを観客に向かって直接語りかけると、ジョージが劇場の通路を通って舞台上に現れ、野球チームの仲間たちに冷やかされる。ジョージはパニックを起こし、自分は結婚するにはまだ若すぎると母親に泣きつき、諌められる。エミリーも同じようなパニックを起こして父親に訴えるが、ウェブ氏は上手く取りなし、舞台監督が二人の式を執り行う。舞台監督の言葉は、式にすっかり感激したソームズ夫人の甲高いお喋りにかき消される。結婚行進曲が流れ、夫人が喋り続ける中、新郎新婦は「客席へおりて、楽しげに通路を駆けていく」（ト書き）。

舞台監督は第一幕のときと同様、観客に「第二幕の終わりです。十分間の休憩」と告げる。

第三幕は丘の上の墓地。と言っても例によって「十脚あまりのふつうの椅子が、客席に面して、たっぷり間隔をあけて三列に並べられてある」（ト書き）だけ。そこに人々が、つまり死者たちが腰かける。舞台監督が前幕から九年たった一九一三年の夏であることを観客に伝える。死者の中にはギブズ夫人、スティムソン、ソームズ夫人、エミリーの弟のウォリーたちもいる。舞台監督は彼らを紹介しながら、「数知れぬ悲しみがここにひっそりと静まっている」と言い、しかしやがてはその悲しみも癒される。何故なら「どこかになにか永遠不滅なものがある。そしてそれが人間とかかわりがあるのだということは、誰もが感づいている」からだと言う。「人間にはだれでも、ずうっと、奥深いところに、永遠不滅な部分がある」と。そして死者たちは、その「自分のなかの永遠不滅な部分がくっきり現れてくるのを待っているんじゃないでしょうか?」と観客に問いかける。

葬儀屋と、従妹の葬儀に参列するために久しぶりに町に戻って来た青年がやって来る。彼らの会話からスティムソンが自殺したこと、そして二度目のお産で死んだ従妹というのがエミリーらしいことが分かる。その予想は続く死者たちの会話ですぐに確認される。

黒い傘を差した葬列の人々が現れ、その中から白いドレスを着たエミリーが姿を見せる。

死せるエミリーとギブズ夫人の会話から夫人は衣装箪笥を売ったものの、ついにパリを見ることはなく、そのお金は夫人の遺産としてジョージとエミリーの農場の設備を整える資金となったことが分かる。現世に一時的に戻れると知ったエミリーは、よした方が良いという他の人々の忠告を押し切って、舞台監督に頼んで一二歳の誕生日に戻してもらう。

「舞台の左側半分がしだいに非常に明るく」なり、一八九九年二月一一日の「いてついた冬の朝」になる。そこはエミリーが「子供のころそのままの町」であり、「昔うちのまわりにあった白い垣根」まで見える。(無論装置が変わる訳ではなく、台詞によって、つまり観客の想像力によって表現されるだけである。)ハウイー・ニューサムやウォレン巡査、ジョー・クローウェルたちが朝の挨拶を交わし、第一幕の冒頭を想わせる情景が展開される。

家に戻ったエミリーは、まだ若々しい両親の姿に胸を打たれる。すでに死者である彼女には、この場の状況に参加しつつも、舞台監督が忠告したように過去の生者の「知るはずのないことまでが見え」てしまう。「未来がわかる。そのあとでなにが起こるかが。」生者にはそれが分からないが故に、何気ない当たり前の日常生活の一瞬一瞬が、絶え間なく流れ去り消え去って行くその瞬間が実は二度と帰らない美しくかけがえのないものであることが分からない。そのことに気づいてしまったエミリーには、過去を再体験することは辛く耐えがたいものになってしまう。彼女は泣き崩れ、「さよなら、世のなかよ、さようなら。グローヴァーズ・コーナーズもさようなら・・・ママもパパも、さようなら。時計の音も・・・ママのヒマワリも。それからお料理もコーヒーも。アイロンのかけたてのドレスも。あったかいお風呂も・・・夜眠って朝起きることも。ああ、この地上の世界って、あんまりすばらしすぎて、だれからも理解してもらえないのね」とこの世に別れを告げ、墓に戻る。

死者たちが夜空に輝く、気が遠くなるほど彼方の星に想いを馳せるなか、ジョージが現れてエミリーの墓の前でひれ伏す。その姿を見てエミリーがギブズ夫人に尋ねる、「生きている人にはわからないんでしょう?」夫人が答える、「ええ。わからないのよ。」

舞台監督が黒幕を引いて舞台を隠し、「わが町はもう十一時――では、みなさんもぐっすりご休息を。おやすみなさい」と観客に最後の挨拶を送り、芝居は終わる。

『わが町』の主題

作品の主題は第三幕に集約されている。ワイルダー本人が『わが町』は、「我々の日常生活に於ける諸々のほんの些細な出来事のこの上もなく貴重な価値を見出す試み」だと述べている。第三幕でエミリーはまさにその価値を「見出す」のである。

『わが町』の舞台上の出来事は、実は全て過去のことである。第三幕でエミリーをはじめ死んだ人々が登場するが、妻の墓に花を手向ける生者のギブズ医師でさえ、『わが町』が上演されている現在の時点ではすでに死んでいることが、第一幕が始まると間もなく舞台監督の口から告げられている。つまり観客は、いつでも第三幕のエミリーのように未来の時点から過去の出来事を見ていることになる。従って、舞台上の登場人物には分からなくても、観客には舞台上の一瞬一瞬が、そこで展開される何の変哲もない日常生活のひと駒が、かけがえのない人生の一瞬であることが心のどこかでは分かっていなければならない。コレットならば「全部取っとくわ」と言うであろう人生の無二の瞬間として半ば認識されなければならない。少なくとも第三幕で作品の主題が明示された時には、すでに過ぎ去った第一幕、第二幕の出来事がそのようなものとして想い起されなくてはならない。とりわけ舞台上でも時間を逆行して呈示される第二幕のエミリーとジョージが結婚を決意する場面などは絶対にそうでなければならない。観客がそのことをはっきりと自覚するのは、作劇上の効果としてはあくまでも第三幕に至ってからであるとしても、だ。

もっとも演劇とはそもそもそういった瞬間が凝縮された虚構の世界であり、以上のようなことはいやしくも演劇であるならば、多かれ少なかれ全ての作品の全ての場面に当てはまる、わざわざ言うのも馬鹿らしいほど当たり前のことではある。と言うより、普段は生きていることのかけがえのなさに気がつきもせずにいる僕たち観客に、ただ生きてそこにあることの圧倒的な意味を教えてくれるのが演劇なのである。

作中で過去として描かれる瞬間は、現実には劇場の舞台の上で、観客の眼前で今まさにその瞬間に展開されている「現在」でもある。いや、演劇的には現在でしかあり得ない。ワイルダーは、小説がいつでも過去形で書かれるしかないのに対し、演劇は「いつでも今である」と言い、それを「舞台上の行為は永遠の現在の中で起こる」と定義した。その特質によって演劇には「小説家が己の作品に取り入れようと虚しく希う、増強された活力が賦与される」のである。その「増強された活力」を、これ見よがしにではなく、しかし確実に観客に届けること。そうして初めて、かけがえのない「瞬間」は舞台の上に立ち現れるはずだ。

ミュージカルへの変換

さて、ではジョーンズとシュミットは『わが町』をどうミュージカル化したか。

先ず、作品の時代背景を二〇世紀初頭から一九三〇年代、即ちジョーンズ＆シュミットの子供時代に移した。原作者ワイルダー（一八九七～一九七五）にとって記憶に残る親しい時代から、彼ら自身のそれへと変更したのである。登場人物も原作の二四人から一七人に縮小されている。

台本のミュージカル・ナンバー表は、「日常生活」、「結婚」、休憩、「死」と分けてあり、原作の三部構成そのものは維持されているが、この表からも分かるように、原作の第一幕と第二幕を一つにまとめ、原作の三幕構成をミュージカルの慣例である二幕構成に変えた。原作は第一幕から第三幕に至るまで、歳月は一二年が経過するが、季節は遅い春、初夏そして最後の墓地の場面では夏である。これに対し、ミュージカルでは墓地の場面を秋に変更し、この場の途中で再現される過去の場面の冬へとつなげることで、春から冬に至る四季の変化を背景にしている。

「日常生活」には四曲、「結婚」には五曲、「死」には八曲のナンバーが挿入されている。どれもいかにもシュミットらしい、しかも一九三〇年代のテイストも香る、黄金時代のミュージカルを髣髴とさせるナンバーである。

以下、これらのナンバーを追いかける形でミュージカル『グローヴァーズ・コーナーズ』を見て行こう。

台本のト書きによれば、原作同様、舞台上には幕もなければ装置もない。但し、「舞台中央には、明るく照らし出された、大きな開かれた演技エリアがある。その背後には、劇場の剥き出しのレンガ壁の前に、丈の高い背景幕もしくはスクリーンがあり、その上に様々な照明効果が生み出される」。舞台上には他にグランド・ピアノが一台あり、ピアニストと舞台監督が登場して位置に着く。舞台監督は台本を手にしており、原作以上にこれがお芝居であることを強調している。彼がその台本を開くと、照明が客入れの状態から日の出の少し前の明かりに変化し、舞台監督は幕開きのナンバー『わが町』を歌い出す。

「私たちの町は／普通の町／ほとんどあらゆる点で。／私たちの町は／普通の人たちで満ちている。／少なくとも皆はそう言う。／誰もがするのは／このくらいの大きさの他の町でも／誰もがすること。／けれど目を凝らして見れば／あなたも気がつくだろう／私たちの町は／本当は普通の町ではないことに。／そう／私たちの町は／実に特別な町でもありうることに。／何故なら／私たちの町は／私たちが住んで／一生を送る町だから・・・」

このオープニング・ナンバー『わが町』の歌詞は、普遍性の中に潜む個別性、個別性の中に潜む普遍性を浮き彫りにする。それこそ原作が全編を通して訴えかけている主要テーマである。作品の軸であり核であり、作品を一つにまとめている力である。ミュージカルではそれを冒頭から明らかにする。

そのミュージカルが何について描いているのかを最初のナンバーで明確に示すのは、例えば『屋根の上のヴァイオリン弾き』の『しきたり（トラディション）』や、『ローマで起こった奇妙な出来事』の『今夜は喜劇』等優れたミュージカルの手法の一つである。ジョーンズ&シュミットの作品では、『ファンタスティックス』の『トライ・トゥ・リメンバー』、『日陰でも一一〇度』の『今日もまた暑い日だ』、『セレブレーション』の同名主題歌、『コレット・コラージュ』の『歓び』と、いつもこの手法が使われている。

音楽が流れ続ける中、舞台監督は観客に向かって原作と同じに作品の説明を始める。「このミュージカルの題名は『グローヴァーズ・コーナーズ』。作者はトム・ジョーンズとハーヴィー・シュミット、原作はソーントン・ワイルダーの芝居『わが町』です。演出は何某。出演はエミリー役に何某、ジョージ役に何某、その他です。誰が誰かはお手元のプログラムをご覧下さい。場所はニューハンプシャー州のグローヴァーズ・コーナーズ。時は二つの世界大戦の狭間。では、私たちの町がどんなところかお見せしましょう。」

ここでそれまではピアノのソロだった音楽がオーケストラの豊かな響きに乗り移り、町の人々が『わが町』を歌い出す。ジョーンズの『ミュージカルを作る』によれば、町の人々は原作のように話の展開に合わせて順次登場して来るのでなく、初めから舞台上の陰になった場所に集まっており、物語の展開に参加する段になると前に進み出る。それ以外の時は「影の中から（物語の展開を）見守り、必要な場合には歌に加わる」（ジョーンズ）。『ファンタスティックス』に始まり、ポートフォリオ時代に確立された呈示的手法が再び採用されている。陰の中にいる時、彼らは町の人々でもあれば、お芝居のコーラスでもある。「彼らが何なのか「説明」する必要はなかった。一旦、作品の前提をはっきりさせておけば、観客は彼らの存在とたびたび歌うことを受け入れてくれた」（同）。ロジャーズ&ハマースタインのリアリスティックな様式ではそうは問屋が卸さない。呈示的様式ならではの手法である。

(上)
ハーヴィー・シュミットによる『グローヴァーズ・コーナーズ』の装置デザイン。

(左)

『グローヴァーズ・コーナーズ』シカゴ公演より。

左からマイケル・バートシク（ジョージ)、トム・ジョーンズ（舞台監督)、ディーナ・ウェルズ（エミリー)。

舞台監督はギブズ、ウェブ両家を紹介し、人々は歌い、その間に台所テーブルと数脚の椅子が配置される。彼は両家の庭に生える植物の話をしてから、「あっちの山のかげ、東の空に少しずつ光の筋が見えて来た」（鳴海四郎訳。以下原作の台詞をそのまま使っている場合の引用は断りのない限り全て同訳）と言うと、この早朝に町で明かりが点いている所、つまりたった今双子が生まれたポーランド人の家、息子が新聞配達に出かけるクローウェル家、鉄道の駅を紹介し、汽車の汽笛を聞いて「ともかくこうして――また新しい一日が始まった」と言う。原作にある町の配置の説明その他はばっさりカットされている。ここに限らず、以後も台詞は大幅にカットされている。『ミュージカルを作る』でジョーンズは、ミュージカルでは歌の部分の余地を確保するために台本は短くなければならないと書いているが、それを自ら実践しているのだ。（ジョーとギブズ医師とのやり取りを見ていた舞台監督が「近頃の医者は患者の脈を診る前に懐具合を見るそうです。昔は違いました」と原作にはないコメントをはさんだりもするが。）原作が細部を積み上げることで作り出している意味と効果を、ミュージカルはオープニング・ナンバーによって一気に表現していると言っても良いだろう。

口笛が鳴り、ジョー・クローウェルが「自転車に乗って舞台上をぐるぐると回り始めると、他の登場人物たちが、すでに述べたように、演技エリアに進み出て来る」（ト書き）。お産から帰って来たギブズ先生、朝食の支度に降りて来るギブズ夫人、ウェブ夫人、新聞配達のジョーを舞台監督が紹介し、夫々が挨拶を交わし、夫人たちは「子供たち！子供たち！／起きる時間よ。／ジョージ！レベッカ！／降りて来て朝食を食べなさい。」「ウォリー！／エミリー！／起きる時間よ。／起きる時間よ。／七時よ」と歌いかけるが、この件（くだり）は歌と台詞が交互に繰り返される。続くハウイー・ニューサムとギブズ夫妻との会話も歌と台詞から成る。夫人たちはまた子供たちに歌で呼びかけ、ジョーも町の朝の情景を歌う。ここで舞台監督は原作と同じ台詞でジョーが優秀な成績で学校を卒業しながらも戦死したことを観客に語る。（時代背景の変更を反映して、戦死した場所はフランスからフィリピン諸島に変えられている。）登場人物の死についての説明はこのジョーに関するものだけであり、ギブズ夫妻のことは言及されない。死の影はジョーに集約させたと言うべきか。

この間に、「背景幕に映し出されていた太陽は次第にどんどん明るくなって」（ト書き）行き、とうとう昇りきる。「町の人々は全員前に進み出ると、正面を向いて歌う」（同）。登場人物全員が『わが町』を力強く歌い上げ、全員がしばしばストップ・モーションになり、三〇年代のサタディ・イーヴニング・ポスト誌の表紙を（つまりノーマン・ロックウェルのイラストを）想わせるポーズを取って終わる。華やかで祝祭的なメロディとステージングであり、それ故感傷的になることなく、しかも二度と帰らない時間(とき)の流れをも感じさせる幕開きである。ワイルダーは『演出家への若干の提案』という文章の中で、『わが町』は「乾いた調子をずっと維持することが大事」だと述べている。ミュージカルは情感に訴えかけやすい性質を持っているが、このオープニングのミュージカル・シーンはワイルダーの注文に見事に応えていると思う。

次に両家の朝の食卓の様子が（原作よりもずっと刈り込まれた形で）続く。但し、エミリーが演説するのが好きだと母親に語る件は、原作では学校から帰宅してからなのが、ミュージカルではこの朝の食卓での会話に盛り込まれており、内容的にも「弁論大会に出るつもり――大きな都会へ行って――ラジオでだって放送されるわ」とさらに夢が膨らんでいる。

エミリーのその想いはさらに高まって歌になる。彼女は「鏡の前に行き、髪にリボンを結びながら」（ト書き）、近いうちに弁論大会で優勝する自分の姿を夢見て歌う。舞台の反対側では、ジョージがセーターを着ながら同じメロディで全米一の野球チームで大活躍する夢を歌う。二人とも母親に「遅刻するわよ」「最初の鐘が鳴ってるわ」と歌で急き立てられる。レベッカとウォリーも学校に行く支度をしながら、近いうちにお金持ちと結婚したい、願いを全部叶えたいと夢を歌う。このナンバー『近いうちに』は、他の子供たちも加わって、学校へ向かう子供たちの活気に満ちたダンスとなる。最後は全員で将来への夢と期待を歌い、「音楽が終わると同時に学校に駆け込む」（ト書き）。

ギブズ夫人がウェブ夫人に古道具屋が衣装箪笥を高く買いたがっている話をし、「死ぬまでに一度は行ってみなくちゃって気がするの、どこか英語を話さないところへ——話したくもないってところへ！」（拙訳）と打ち明ける。原作ではこの台詞で場面が終わるが、ミュージカルではここから歌（『世界はとても広い』）になり、先ずギブズ夫人が「世界はとても広い／家庭はとても小さい」と、駆け足で過ぎ去って行く人生を想い、広い世界と海の向こうの見知らぬ異国への憧れを歌う。ウェブ夫人も共感し、夢を抱き続けていればいつか実現する筈だと歌う。

舞台監督がウェブ氏に町についての説明をしてもらってから（大学教授の説明はカット）、昼下がりの町の様子を説明するが、原作と違って、サイモン・スティムソンの家で誰かがピアノのレッスンをして音階の練習をしている（途中で音を外してしまう）のが聞こえてきたり、ギブズ先生の診察室ではハウイー・ニューサムが先生に喉を診てもらいながら「あー」と言ったりしているのを実際に見せる。

この後も大幅に刈り込まれてはいるが、エミリーとジョージの帰り道での会話、エミリーと母親との会話と、ほぼ原作通りに展開する。

次のナンバーはエミリーによる『近いうちに』のリプリーズである。自分が綺麗かどうか母親に訊いてもまともな返事がもらえないエミリーが、今度は誰か見知らぬ素敵な異性との出会いを夢見て歌う。

台詞劇をミュージカル化するには、オープニングの『わが町』のように原作の台詞にメロディを付けたり、台詞を歌詞へと書き変えたりする場合もあるが、『近いうちに』や『世界はとても広い』のように、原作の台詞の背後に潜むその人物の内なる想いを拡大し、歌詞とメロディによってそれに明確な形を与え、もとの台詞が終わった時点から歌い始める場合も多い。

ジョージが父親に諭されて自分の部屋に戻ると、「時計が時を告げ始める。太陽はすでに消えており、間もなく月が背景幕の上のしかるべき場所を占めるだろう」（ト書き）。

ここからは台本で八ページに及ぶ『夜』と題した長いミュージカル・シーンになる。ジョージとエミリーが夫々の脚立に上る一方、サイモン・スティムソンと聖歌隊が舞台奥中央に集まり、合唱の練習を始める。聖歌隊が天国のような音楽について歌えば、スティムソンが「毎晩同じことの繰り返し。／毎晩同じ苦しみの繰り返し。／（中略）／これじゃあ死んでしまう。／そうでなければ、気が狂うかだ！」と満たされない苦しい胸の内を歌って吐露する。

照明がジョージとエミリーを照らし出し、エミリーは月の光がすごすぎて勉強に手がつかないと歌う。「息を潜めると／汽車が遠く／コントゥークックの滝まで行く音が聞こえる。／（中略）／聖歌隊が練習している。／芝生を越えて漂ってくる／ヘリオトロープの香りがする。／すごい、素敵！／すごい！すごい！／素敵！／勉強に手がつかない！」この歌詞は、今しがた説明した、台詞をほぼそのまま利用して詞にする場合の典型だ。続けて流れ星を見つけたジョージが願いをかけようとする歌になり、さらにジョージがエミリーに宿題の解き方を教わるやり取りが歌われる。このレチタティーヴォこそ韻律を整える以外は原作の台詞をそのまま歌詞に転用している。

ここで再び聖歌隊の歌とスティムソンの呪詛（「俺は人生を無駄にしている。／人生をただ投げ捨てている。（中略）毎晩、家に帰れば飲んだくれる／この心が思い出を全て忘れ出すまで、／この耳に昔のあのメロディが／あの頃のまま全て聞こえて来るまで」）が歌われる。この矛盾した歌詞が彼の心の葛藤の深さを偲ばせる。

帰宅したウェブ氏に声を掛けられたエミリーが月の光がすごすぎて眠れないと歌い、そこに聖歌隊の歌がまた聞こえて来る。音楽がそのまま背後に流れ続ける中、レベッカとジョージが話し始め、レバッカは牧師からの手紙の宛名を歌い、聖歌隊の美しいハーモニーによる「アーメン」の歌声がこの場面を締めくくる。

舞台監督が「これで第一部は終わりです」と告げ、続けて「三年が過ぎ去ります。太陽は千回以上昇り、夏と冬が山肌をまた少し削り、雨が土を押し流す」と言う。この台詞の原文の時制は未来形なのだが、原作では現在完了形で書かれている。ジョーンズは何故未来形に書き変えたのだろうか。それはこの後に続くミュージカル・ナンバー『デイ・アフター・デイ』で分かる。

舞台監督は時の流れに想いを馳せ、「そもそも、この「時間」という奴は何なんでしょう?」と問いかける。時間はカレンダーの上のただの数字ではなく、人間一人ひとりの中にあるものだと言い、そして歌い出す。ここは原作にはないジョーンズの創作である。

「ふと気がつけば／季節は始まっていた、クルクルと回って、／夜ごと。／日ごと。／過去は慌ただしく過ぎて行き／そして、その中から始まりが現れる。／夜ごと。／日ごと。／私たちの誰もが昔のままではありえない。／どうなるのかは誰にも分からない。／未来は開かれて行く／私たちの一人ひとりが／秘密を抱えたまま。／風と雪が／ゆっくりと山を浸食して行く。／夜ごと。／日ごと。／私たちもいつも／移り変わって行く。／あの山々のように／私たちも変わり続ける。／それこそ日々／起きていること。」

ウェブ夫妻やギブズ夫妻たちがズボンやコートのサイズが合わなくなった、子供たちが突然消えてそこには見知らぬ人間がいたと、当たり前の、けれど驚くべき日々の変化を歌うと、後はダンスになる。このダンスは「観客の目の前で三年の歳月がくるくる回って移り過ぎて行く」（ト書き）様を描いている。第二部冒頭の台詞を未来形にしたのは、このためである。原作の、「前には生まれていなかった赤ん坊が、いまはもう立派に言葉をしゃべってる。自分だけはわかくてピチピチしてると思っていた連中が、以前のようにトントン階段を駆けのぼると、心臓がドキドキするのに気がつきだした」という舞台監督の語りの一節を膨らませて現在進行形のダンスにしたのだ。

ダンスの間に、舞台上では結婚式の準備が部分的に整えられる。

舞台監督が「三年たちました。六月一七日。ジョージとエミリーの結婚式当日です」と言うと、照明が鮮やかな初夏の色合いとなる。ギブズ夫妻が朝の食卓で自分たちの結婚式を思い出す。例によって刈り込まれたり、台詞の順序が入れ替えられたりしているが、基本的には原作に忠実である。結婚したらすぐに夫婦の会話の種がなくなるんじゃないかと心配したが杞憂だったと言う夫に、ギブズ夫人が「そうね——天気がいいとか悪いとか——とびきり上等の話題でないにしても、なにかしら話すことはあったわね」と冗談まじりに皮肉ると、背後でピアノの音楽が静かに始まる。舞台監督がキケロの「社会の最初の絆は結婚である」から「結婚は宝くじである。但し、外れたからといってくじを破り捨てる訳には行かない」や「結婚する前には目はしっかり開けておくこと。結婚してからは半分閉じておくこと」まで、結婚にまつわる警句をいくつか引用し、そうして歌い出す。この警句と歌（『結婚するのは難しいことじゃない』）は勿論原作にはない。

「結婚するのは難しいことじゃない。／牧師と／金の指輪があればいい。／（中略）／誰だって式の間は持ちこたえるさ。／でも式が済めば、／話は違う。／結婚するのは難しいことじゃない。／でも結婚し続けるのは――／幸せに――／楽しく結婚し続けるのは／骨が折れる！」

舞台監督はギブズ医師とウェブ氏を指して、「彼らを見れば私の言わんとすることが分かるでしょう」、二人とも家族のために毎日あくせく働きづめだと歌う。すると夫たちが、一七歳で恋人と一緒なら幸せでいることも難しくない、それなら人生はどこかの雑誌のイラストみたいなもの、でも幸せでい続けるのは難しい、幸せな結婚生活には愛が要る、と歌う。（ちなみに、ここでほのめかされているのもノーマン・ロックウェルだろう。）

舞台監督が次にギブズ夫人とウェブ夫人を指し、子供を二人育て上げ、家事をこなし、お皿を洗い、面倒なことも悲しいことも分けあって来たと主婦の苦労を歌えば（この歌詞は原作の台詞を部分的に利用している）、夫人たちは初めに舞台監督が歌った歌詞を繰り返し、最後に全員で「結婚するのは難しいことじゃない。／けれど――結婚し続けるには――／（中略）／ストレスと――／緊張と――／汗と――／苦痛と――／たくさんの骨折りと愛が要る！」と歌い上げる。ウィットとユーモアに富んだヴォードヴィル風の軽快なナンバーである。観客の気分を変え、あらためて芝居の流れに集中させるためにも構成上必要なナンバーだ。

この後はジョージがウェブ家を訪ねる件をカットして、エミリーとジョージが結婚を決意した瞬間へと時間を逆行させる。舞台監督の語りも、二人の会話も若干のカット以外はほぼ原作のままである。

ドラッグストアで、原作通り、ジョージは「そうなんだよ――ぼくはしょっちゅうきみのことを考えていた、きみはぼくにとって大事な人だったんだよ」と愛を告白し、歌い出す。このナンバー『僕は君を気にしていた』は、直前のジョージの台詞「この一年間ぼくがだれのことも気にかけなくなったって言ったね・・・たとえばきみのことも。だけどさ、きみはぼくがなにをしていてもじっと注目していたって言ったろ・・・ぼくもきみのことではしょっちゅう同じことをしていたんだぜ」を発展させ、シンプルな美しさを湛えた三〇年代風のバラードにしたものだ。君が夏の日差しを浴びている時、仲間たちと一緒にいる時、夜座って夢見ている時、独りぼっちでいる時、どんな時でも僕は君を気にしていた、とジョージが歌うと、第二リフレインをエミリーが引き継ぎ、あなたが放課後に野球をしている時、ヒットを飛ばした時、疲れきってニヤニヤ笑って座っている時、私はあなたを気にしていたと歌う。間奏の間に、ジョージは「エミリー、もしぼくがいまより進歩して、心を入れかえたら・・・きみはぼくの・・・いや、きみはぼくと・・・」と原作の台詞のままプロポーズする。エミリーの返事も原作のまま「あたし、いまだってその気よ、前からずっとよ。」二人は一緒に歌い出し、将来に思いを馳せる。ジョージが「だからこの話はとっても重大なことなんだ」と歌うと、エミリーも「ええ、そうよ、ほんとにそうよ」と歌い返し、最後はもう一度二人で「僕（私）は君（あなた）を気にしていた。／でも、もっとずっと、／それよりもっとずっと／君（あなた）は僕（私）を気にしていた」と歌う。この後、舞台監督（が扮したドラッグストアの店主）との会話をはさんで、二人が店を出ると再び『僕は君を気にしていた』の音楽が流れ、町を行く二人の足取りは高まる喜びに会わせて、次第に流れるような抒情的なダンスへと変わる。

　舞台監督の合図で町の人々が椅子を並べて教会を作る。『わが町』のメロディが教会の鐘を思わせるアレンジで高らかに鳴り響き、聖歌隊が歌う。「両サイドの奥の陰の中で、ジョージとエミリーは皆に手伝ってもらって婚礼用の服に着替える」（ト書き）。観客の見ている前での衣装替えは『I DO! I DO!』

を想い起させる。

ジョージとエミリーはいざ結婚となった途端にパニックを起こすが、ここも原作に比べてずっと短い。ジョージが「エミリー、ぼくはできるだけのことをする。愛してるよ」と言うと、エミリーは「ええ、愛してくれるんなら、助けてちょうだい」と訴え、『私は愛してくれる人が欲しいだけ』を歌う。このナンバーは、原作の「助けてちょうだい」の後に続く一行の台詞「あたしがほしいのは愛してくれる人なの」を膨らませたものだ。

このナンバーは、そのまま次のナンバー『結婚式』につながる。舞台監督が扮した牧師が式を執り行い、新郎新婦が愛を誓う合間に列席者のミス・ソームズ（原作ではソームズ夫人だが、ミュージカルではオールドミスの教師になっている）が「素敵な結婚式だわ」と感激ぶりを口にする様子が全て歌で表現される。

舞台監督が結婚の意味そのものを思案する台詞の後、全員が『私は愛してくれる人が欲しいだけ』を華やかに歌い上げる。

舞台監督が「皆さん、これで第一幕は終わり。一五分間の休憩です」と告げ、新郎新婦は列席者の歓声と米のシャワーの中を走り去る。

第二幕は、原作では第三幕に相当する訳だが、墓地の場に行く前に、二幕と墓地の場面の間に起きた事柄がミュージカルならではの手法で舞台上で展開される。

先ず、「照明が様々なポーズで立ったままじっと動かずにいる町の人たちの一団を照らし出す」（ト書き）。彼らを見ながら舞台監督が観客に語りかける。「一枚の写真には千の言葉に匹敵する価値があると言います。勿論、そう言っているのは写真家で、作家ではありません。ともあれ、現代は「写真の時代」です。」ここまではジョーンズの創作だが、続いて舞台監督は、町に新しく建つ銀行の礎石の下にタイムカプセルを埋める話題を持ち出す。これは原作では第一幕の後半に出て来る台詞だが、ミュージカルでは聖書やシェイクスピアの戯曲集に加えて、町の人々の様子を写した写真も埋めることにしたと言い、舞台監督は第二幕最初のナンバー『スナップショット』を歌い出す。

「スナップショット。／写真。／光のイメージ。／或る日の午後を捉えている／褪せた白と黒の中に。／スナップショット。／写真。／芝生でポーズを取っている。／でもその瞬間にも／消え失せ過ぎ去って行く。／それは、最初に現れる時と同じように／もはや存在しない世界なのだろうか？／それともまだ生きているのだろうか／あなたと私の中で？／スナップショット。／写真。／はあい見て、チーズ。／これも思い出となる／またたく間に。」ここでもまた「時の流れ」が強調される。

音楽が流れ続ける中、町の人々はいくつものグループに分かれてカメラの前でポーズを取り、舞台監督はまた原作からの台詞を語り出す。いにしえのバビロンやギリシア、ローマでも人々が普通の日常生活を送っていたのに、その記録は今に伝わっていない、と。そこでタイムカプセルに「このミュージカルの台本を一部、何枚かの写真と一緒に入れようかと考えてるんです。そうすれば今から千年先の人たちにも、私たちについての簡単な事実を少しは知ってもらえるでしょうから。」（拙訳。原作では勿論ミュージカルの台本ではないし、写真もない。）

ここで町の人々が『スナップショット』を歌い、舞台監督は物事はゆっくりといつの間にか変化して行き、「家族の肖像も変わる。最愛の伴侶が不意にいなくなり、脇へ退場する」と語る。するとジョージやエミリーたちと家族写真に収まってストップ・モーションになっていたギブズ夫人が他の人たちからゆっくりと離れ、「家を遠く離れたどこかへ・・・」と『世界はとても広い』を歌いながら消える。次には聖歌隊の練習の後で、ミス・ソームズたちがサイモン・スティムソンが酔っ払っていたと興奮気味に歌ってゴシップに耽る様が描写される。ウェブ夫人がミス・ソームズたちのスナップを写すと、スティムソンが千鳥足で舞台を去る。

続いて『結婚するのは難しいことじゃない』を歌いながら、ウェブ氏が見守る傍らで心配そうに歩き回っているジョージが見える。そこへギブズ医師が現れ、「男の子だ！」と叫び、男三人で続きを歌いながら、「幸せ一杯にダンスのステップを踏み出す」（ト書）。男たちが最後にポーズを決めると、ウェブ夫人が写真に撮る。そこへエミリーが赤ん坊を抱いてやって来て、『近いうちに』の旋律で子供が生まれた喜びを歌う。音楽は流れ続け、赤ん坊を抱いたエミリーとジョージが写真に収まっている間に、舞台監督はまた観客に語りかける。「例の銀行のビルの花崗岩の中には、小さな生き物の化石が入っているそうです、琥珀の中の蠅みたいな。五百万年も昔のです。私たちの写真も似たようなものでしょうね。私たちはそこにいる――永遠にじっと動かぬまま、時の中に閉じ込められて・・・」（拙訳）。

町の人々が「最後にもう一度皆で写真に収まろうと集まりながら」（ト書き）『スナップショット』を歌い、ポーズを決めて、じっと動かなくなったところを舞台監督が写真に撮って、このナンバーは終わる。

『スナップショット』は、原作以上に「時の流れ」という主題を打ち出したナンバーだが、きびきびとテンポ良く進む音楽のおかげで「乾いた調子」を見事に維持している。構成的には、表題の歌が基本的な枠組みとなって、その中に台詞や他の歌、それも多くは第一幕で先に使われていた歌がはめ込まれて、まさに時の流れを実感させる。『フィレモン』や『コレット・コラージュ』でも多用されていたジョーンズ&シュミットお得意の手法だが、ここではとりわけ成功していると言って良い。

さて、鐘が鳴り（と言ってもジョーンズ&シュミットのいつも手法で、ここの鐘もハープが奏でる音楽である）、町の人々は脇へと去って行くが、後に残ってそのままじっと動かない人々もいる。彼らは死者である。「背景幕の照明が秋の曇り空のスレートのような灰色に変わり」（ト書き）、場面は墓地となる。舞台監督が『時は過ぎて行く（タイム・ゴーズ・バイ）』を静かに歌い出し、その間に「死者たちが、一人また一人と、ゆっくり前に進み出て、客席の方を向いて空っぽの椅子に腰かけ、自分たちの場所を占める」（ト書き）。

「時は過ぎて行く。／滑るように過ぎて行く。／そして夏の空も／次第に消えて行く。／あなたと私も／あの夏の空のように／日々／流れて行く。／そして丘の上のここには／静かでひっそりとした場所がある、／そこでは木々の下で／シャクナゲが生い茂る。／ふと気がつけば／私たちの誰もがここに来なければならない、／そしてあの花々が生い茂るのを見守るのだ、／永遠に。／時は過ぎて行く。／滑るように過ぎて行く。／やがてあなたと私も／いなくなる・・・／そして今のこの瞬間（とき）だけが／私たちのもの。／時は過ぎて行く。／時は過ぎて行く。／時は過ぎて行く。」

『スナップショット』から一転、こちらは抒情性にあふれた、シンプルにして実に美しいバラードである。現世に戻ったエミリーは、この歌の意味を間もなく痛感することになる。

音楽は背後に流れ続け、舞台監督が墓地の景色を説明し、「そして、勿論、辺りには墓石があります」と言って散策を始めると、照明がギブズ夫人、ミス・ソームズ、サイモン・スティムソン、ウォリー・ウェブその他の死者たちを照らし出す。

死者たちが順繰りに歌い出す。名前と生没年だけの墓碑銘を歌う者もいれば、スティムソンのように「我、自らその命を絶つ。／今はこの石の下に住まう」と歌う者（原作の葬儀屋と帰郷した青年の会話を割愛しているからである）、ウォリーのように「僕は生徒だった」と言う者もいる。最後のコーコラン夫人は「私は自分が何だったか覚えていない。／何かだった。／ええと。／私は――何かだった・・・」と歌う。続く語りで舞台監督が説明する通り、「死んだ人はそう長いことは生きている人のことに関心を持っちゃいません。しだいしだいに彼らはこの地上から遠ざかっていく」からだ。

音楽がまた『時は過ぎて行く』のテーマに戻り、舞台監督は原作の「じっさい、数知れぬ悲しみがここにひっそりと静まっている」以下の語りをかなりカットした形で述べる。途中から死者たちはハミングを始め、舞台監督が「（死者たちは）自分のなかの永遠不滅な部分がくっきり現れてくるのを待っているんじゃないでしょうか？」と台詞の最後の一行を言うと、死者たちはハミングの延長で『時は過ぎて行く』のお終いの部分を美しいハーモニーで優しく歌い上げ、このナンバーは終わる。この最後の台詞と、ミュージカルではあえてカットされているが、その直前の「どこかになにか永遠不滅のものがある、そしてそれが人間とかかわりがあるのだということは、だれもが感づいている」という台詞こそ原作者ワイルダーの思想が端的に現れている個所だが、その解釈は実に様々である。ジョーンズは、執筆中の回想録で、この台詞にこめられた見解はワイルダーのみならず自分の見解でもある。しかし、この台詞は広く開かれており、「個々人が夫々に解釈する余地があり、それこそがこの長の歳月、この台詞が説得力を持ち、古びなかった理由だ」と述べている。

さて、舞台奥から傘をさした町の人々が列を作ってゆっくりと現れる。彼らは一ヶ所に集まると、第一幕で歌われた讃美歌を再び歌う。すると傘の間から白いドレスを着たエミリーが現れ、当惑気味に死者たちを見やり、自分の墓を表す椅子に坐る。以下も（例によって大幅なカットはあっても）ほぼ原作通りに進み、エミリーは生者の仲間でいるような気分はいつまで続くのかとギブズ夫人に訊く。夫人は死者のなすべきことは、全てを忘れて、この先に起きることへの準備をすることだと答え、現世に『しがみついてはならない』ことを歌う。エミリーが現世に戻りたいと言い出すと、ウェブ夫人と死者たちは『しがみついてはならない』をこぞって歌い、反対する。結局エミリーは一二歳の誕生日に戻ることになる。

舞台監督が「では、夜明けから行こう」と言うと、町の人々が『わが町』を遠い彼方から聞こえて来るように歌い、「背景幕の照明の色が秋から澄み切った冷たい冬に変わる」（ト書き）。ジョー・クローウェルが一幕と同じ歌を歌い、ハウイー・ニューサムとやはり同じように歌で朝の挨拶を交わす。その後もウェブ夫人が一幕と同じ歌で子供たちを起こしたりと、第一幕のオープニングと良く似た（但し冬の）情景が展開される。普段と変わらぬ平凡な日常生活が繰り返される。しかし、これは一幕でもそうだったのだが、台詞だけでなく歌（音楽）を伴って表現されることにより、その何の変哲もない日常生活には生き生きとした、発止とした表情が与えられる。ミュージカルならではのこの効果は、とりわけこの過去への回帰のミュージカル・シーン（ミュージカル・ナンバー表では『グローヴァーズ・コーナーズに帰る』と題されている）では心憎いほどに活かされている。

やがてウェブ氏が帰宅し、「どこにいるのかな、私の娘は？誕生日のお嬢さんは？」（拙訳）と原作の台詞をそのまま使った歌い出しで、急き立てるようなリズムの『誕生日のお嬢さん』を歌い出す。続いてウェブ夫人もプレゼントにドレスを用意したと楽しげに歌う。エミリーも原作の台詞を利用した歌詞で「ママ、あたしはここよ。――ここにいるわ――大人になったのよ。／ママ、二人とも大好きよ！／パパ、あたしはここよ――もう何年も経ったのよ。／色んなことがあったのよ！」と歌い、「二人とも、あたしにさわって――お願い、あたしにはパパとママが必要なの。／（中略）／パパとママにどうしてもさわって欲しいの！」と嘆願するが、両親には彼女が見えない。両親のあまりの若さに彼女は早くも胸が痛くなる。耐えられなくなった彼女は舞台監督に「入ってもいい？」と訊いて、過去の出来事に参加する。そして、「ママ、おはよう」と声をかけて「両腕を差し伸べるが、ウェブ夫人は抱擁を返さない。その代わりに、いかにも彼女らしい実際的なやり方でさっとキスする」（ト書き）。

ここからのエミリーとウェブ夫人のやり取りは、原作の台詞の順番を入れ替えたり、二人の台詞を分割して夫々の台詞に割り込ませる形を取ったりして、忙しなさの中で噛み合わない会話をいっそう強調している。過去の出来ごとに入っていっても、「お互いに顔を見る時間もありゃしない」ほど全ては「あまりに早く」過ぎて行く。ウェブ夫妻は今度は同時に『誕生日のお嬢さん』を歌い、エミリーも「ママ、私はここよ――／（中略）／二人とも、あたしにさわって――」と対位法で歌う。音楽のこういう使い方によって、エミリーの感じている耐えがたさが観客にもほとんど生理的な次元で生々しく実感される。ミュージカルの効用である。ついに「エミリーは両手を挙げ、音楽は止まる」（ト書き）。彼女が「もうだめ！とってもやってけない！」と言うと、「舞台監督が合図を送り、ウェブ夫妻はゆっくりと消えて行く」（ト書き）。

エミリーが墓に戻ると、スティムソンが立ち上がり、「これで分かったろう！／そうとも、分かった筈だ／生きるとは／どんなことか！／動き回るだけ／無知なまま！／自分の時間を無駄にするだけ／まるで自分は／百万年でも／生きるつもりで！／（中略）／そういうものなんだ／生きるとは！／無知で、／自分中心で、／何も見えない！」と責めるように歌う。それに対してギブズ夫人が「それだけが真実じゃあないわ、あなただって分かっているでしょう！／人生にはもっとたくさんのことがあるわ」とたしなめ、さらに「エミリー、あの星をご覧なさい――／あの彼方の星を」と歌う。この件も、原作の台詞を少し変えたり、書き足したり省いたりして歌詞にしている。

ギブズ夫人のこの歌声に応える形で、ウォリーが歌う。「星は素晴らしい道連れだ／独りぼっちの夜には。／星は見たくなる何かだ／何故って星は光のことを思わせてくれるから。」これに他の死者たちも和す。（『星は素晴らしい道連れだ』）

そこにジョージがやって来る。死者の一人が、あの星の小さなきらめきが地球に届くまでには何千万年もかかると倅が言っていたと歌う間に、「ジョージはエミリーの墓まで来て、跪く。背後には『僕は君を気にしていた』の主題が切れ切れに聞こえる」（ト書き）。それが消えて行くと、ジョージは『私は愛してくれる人が欲しいだけ』を悲しげに歌う。エミリーがギブズ夫人に訊く、「生きている人にはわからないんでしょう？」夫人が答える、「ええ。わからないのよ。」

エミリーは最後に「もうひと目だけ」この世を振り返り、別れを告げる。「さよなら、世のなかよ、さようなら。グローヴァーズ・コーナーズもさようなら・・・ママもパパも、さようなら。時計の音も・・・ママのヒマワリも――あたしのクルミの木も。」ここから歌（『さようなら、世界』）になる。「さようなら、朝目覚めることも。／眠って夢を見ることも。／さようなら、家族と暮らすことも。／さようなら、世界。／（中略）／さようなら、卸したての綺麗な服も。／ストーヴにかけたコーヒーも。／さようなら、隣で眠っている誰かさんも。／さようなら、世界。／（中略）／ああ、地上よ――お前は素晴らし過ぎて誰にも推し測れない！／ああ、世界よ――お前は素晴らし過ぎて誰も知ることが出来ない！」そして全員が歌う。「さようなら、何もかも！／悲しみも喜びも！／私たちが生きていた世界はもはや思い出！／今、暗闇は星に変わった！／そして私たちは星々と交わり／一つ（ハーモニー）になる・・・」

原作ではもとになった台詞の個所は、エミリーが過去の世界にいたたまれずに戻って来た直後だが、ミュージカルでは夜空の星に思いを馳せる件と逆転させている。その分、歌詞の最後で星に言及し、死者たちと星に象徴される悠久の時の流れ、或いは「なにか永遠不滅なもの」とを重ね合わせて主題をもう一度鮮明に打ち出している。ミュージカルとしては、このやり方の方が正解であろう。

歌の最後の和音があたかも鐘が鳴るように一一回繰り返される中、歌の間に舞台上に輝いていた何千という星が消えて行く。「舞台奥の影の中には、町の人たちが佇み、時の霞を透かして観客を見つめている」（ト書き）。背後に『時は過ぎて行く』の音楽がそっと流れ、舞台監督は「グローヴァーズ・コーナーズでは、ほとんどの人が眠ってしまった」で始まる、あのあまりにも有名な終幕のスピーチを語る。最後に「グローヴァーズ・コーナーズは一一時。誰もが寝床に入っています。皆さんもご休息を。お休みなさい」（拙訳）と言い、台本を閉じると、照明がゆっくり消えて行く。舞台上の全員が「時は過ぎて行く。／時は過ぎて行く。／時は過ぎて行く・・・」と静かに歌う声が聞こえ、芝居は終わる。

第一章で述べた通り、『わが町』はジョーンズ&シュミットの演劇観に決定的な影響を与えた作品である。その影響は『ファンタスティックス』に最も直接的、具体的な形で現れているが、ミニマリズムに根差した反リアリズムの精神はジョーンズ&シュミットの全作品に沁み渡っている。彼らにとっては、『わが町』は畏敬の対象だった筈だ。それをミュージカル化するに当たって、原作の精神にはどこまでも忠実に、プロットの展開に於いてもほぼ踏襲しているのは当然であろう。しかし、第二幕で原作以上に「時間」の主題を際立たせているのは、原作に最大限の敬意を払いつつ、『グローヴァーズ・コーナーズ』をワイルダーを越えてジョーンズ&シュミットの作品たらしめようという自負心の現れでもあろう。事実、時の流れが強調されることにより、『グローヴァーズ・コーナーズ』にはミュージカルにふさわしいリリシズムがさらに加味されている。

初めに書いたように、ジョーンズ&シュミットの到達点とも呼ぶべきこのミュージカルを上演することは、残念ながら今のところは出来ない。

三、ミレット

原作について

原作はエミリー・アーノルド・マッカリーの『綱の上のミレット』。この子供向けの美しい絵本は一九九二年に出版されるやたちどころに評判を呼び、翌年のコールデコット賞を受賞した。作者は初めミュージカル版の劇中にも名前が出て来るフランスの伝説的な綱渡り師ブロンダンの生涯を絵本にしようと構想していたのだが、その内に木登りの好きなお転婆娘だった少女時代の自分とブロンダンの偉業を組み合わせることを思いついたらしい。ブロンダンと原作並びに劇中の綱渡り師ベリーニとは勿論全くの別人だが、ベリーニの人間離れした離れ業の数々は、ブロンダンが実際に綱渡りをしながら行った曲芸に基づいている。ブロンダンは一八五九年に史上初めてナイアガラの滝の上を綱渡りで渡った。彼は目隠しをしたり、竹馬や一輪車に乗ったり、果ては（にわかには信じがたい話だが）人間を乗せた手押し車を押しながら綱渡りをしたそうだ。綱の上で小さな七輪でオムレツを作って食べたとも言う。

原作は全部で三二ページの短いものなので、物語もごくシンプルである。一九世紀末のパリで芸人専門の下宿屋を営むガトー夫人の一人娘ミレットは、まだ幼いながらも掃除洗濯から料理まで母親の手伝いをこなす働き者だが、世界中から集まって来る芸人たちのよもやま話を立ち聞きするのが何よりも好きだった。或る日、悲しげな顔をした背の高い謎めいた男が宿を求めてやって来る。翌朝、中庭に洗濯物を取りに行ったミレットは、ベリーニと名乗るその男が綱渡りをしているのを見る。一瞬で綱渡りのとりこになってしまった彼女は、男に教えを乞うが、にべもなく断られてしまう。男に隠れて一週間、何回落ちても諦めずに自己流で練習したミレットは、とうとう綱を渡りきる。その姿を見たベリーニは、「初めはみんな落ちるんだ。それで大抵諦める。だがお前はやめなかった。才能もあるかも知れん」と言い、二人の厳しい練習が始まる。或る晩、新しい下宿人の興行師（エージェント）がベリーニに気がつく。ベリーニの正体が数々の超人的な離れ業をやってのけた伝説の綱渡り師だと知ったミレットは、「私もやってみたい！一緒にやらせて！」とベリーニに頼むが、ベリーニは今の自分には本当の綱渡りはもう怖くて出来ないと打ち明ける。彼の告白にショックを受け、落ち込んでしまったミレットの姿が、ベリーニにもう一度勇気を奮い起させる。ベリーニはパリの夜空高く綱を張り、再び綱渡りに挑戦するが、一歩踏み出した途端にまたも恐怖に囚われ動けなくなってしまう。群衆に混じって見ていたミレットは、ベリーニの恐怖感を感じ取って一瞬同じように動けなくなってしまうが、すぐに綱の張ってある建物の屋上に駆け上がり、ベリーニに両手を差し出す。それを見たベリーニはにっこりほほ笑むと彼女の方へ歩き出す。ミレットも綱を渡り始める。遥か下の地上では人々が「ブラヴァー！ブラヴォー！」と喝采を叫ぶ中、空中の二人は「ただ綱と、そして端まで渡り切ることだけを考えていた。」

　題名が書かれた扉ページには、買い物籠を下げて下宿を飛び出すミレットの姿が描かれているが、続く見開きのページには文章がなく、左側には小僧にトランクを担がせたベリーニが恐らくは下宿屋の住所が書かれた紙きれを掲げ見る姿が、右側の前景にはその横を籠を下げて駆け抜けるミレットが描かれている。一枚の水彩画の中にこれから出会う主人公二人を交差させた、期待と躍動感に満ちたプロローグとなっている。物語を孕んだ、実に動きに満ちた構図であり、映像的でさえある。映画のカットバックを思わせる、イメージの喚起力を持った絵だ。これだけでもう読者はわくわくしてしまうこと請け合いだ。（背景はピガール広場。ガトー夫人の下宿屋はモンマルトルにあるのだろう。）最後のページにも活字がなく、街角に張られた「ミレット&ベリーニ」の綱渡りのポスターをじっと見つめる少女の後ろ姿が描かれているのが印象的だ。マッカリーは明らかにドガやロートレックを思わせるフットライトのような光と影の描き方を引用して、世紀末のパリとそこに生きる芸人たちの世界の雰囲気を醸し出している。

絵本からミュージカルへ

この魅力的な絵本を親子で楽しめるファミリー・ミュージカルにしようと考えたのは原作者のルームメイトであり、ジョーンズ夫人ジャネット・ワトソンの同窓生でもあるエリザベス・ディッグスだった。ディッグスは、誰か良いソングライターはいないかとジョーンズに相談を持ちかける。当時、息子二人がまだ幼かったジョーンズは、おそらくその縁ですでに原作を良く知っており、自分とシュミットこそ適任だと名乗りを挙げた。

三人はミュージカル化について話し合いを重ね、行間と絵に目を凝らして、物語を膨らませて行った。原作ではガトー夫人はただ未亡人と書かれているだけだが、三人は想像をたくましくして、夫人の夫は役者だったが、夫人と幼い娘を捨てて家を出てしまい、それ故夫人は舞台人を腹の底では信用しておらず、娘だけは芸人にすまいと固く決心していると設定した。ベリーニも原作の人物像よりもっと「暗く、悩み苦しみ、粗暴であり、初めは少女に対してほとんど残酷とも言えるヒースクリフのような」(ジョーンズ)人間にした。彼は人生の他の全ての喜びを犠牲にして綱渡りに身を捧げて来た。「それが奪われては、彼は無だ。そのことが大変な怒りを生む」(同)。原作の悲しげな世捨て人といった風情に比べて、行き場のない怒りを内に秘めた、激しく、危険な感じのする男になった。

ミレットは父親に裏切られ、ベリーニは自分に裏切られる。二人はお互いを必要としている。ミレットにとってベリーニは疑似父親的な存在になって行き、ベリーニは無意識ながらもミレットに己の再生を託すのだ。こうしてミレットを挟んで、ガトー夫人(母性)とベリーニ(父性)の対立の構図が出来た。安寧第一の世俗的な良識とそこから逸脱した、危険だが冒険に満ちた生き方を求める開放的精神との対立である。夫人は「私たちはただの平凡な人間。／家庭が私たちのいる場所よ。／いらないわ／輝くスポットライト、／きらめく衣裳、／轟くトランペット、／夢中になった観衆は！／私たちはいつでも足は／地に着けておくの」と歌うが、ミレットは綱の上、遥か空の高みで踊る歓び、生の燃焼としての恍惚感に生きることの意味を見出す。

芸人たちのカーニヴァル的世界

そういう危険と隣り合わせだが生きている実感と歓びをもたらしてくれる生き方のもう一つのメタファーが、舞台の上で華やかな脚光を浴びながらも明日をも知れぬその日暮らしを送る芸人たちだ。原作では背景にしか過ぎない彼らの存在を、ミュージカルでは大きく膨らませている。

極貧の曲芸師タバク、ロシア民謡の歌手で態度も体格も堂々とした、自称「上流階級出身」のルース

ジェームズ・モーガンによる『ミレット』の装置デザイン。

『ミレット』ノーマ・テリス劇場公演よりフィナーレを歌うカンパニー。

ペンスカヤ夫人、軽業師の夫婦クルークとクレール、若くて美人の踊り子ギャビー、ヴェテランの道化師カマンベール、二幕から登場する大物興行師マックス。ガトー夫人の下宿屋をかりそめの我が家とする彼らは、夫々個性を持った物語の中の人物として語り歌う傍ら、コーラスとして物語を外側から観察し、批評的なナンバーや情景描写を歌ったりもする。これは、ポートフォリオ・スタジオの『フィレモン』の創作を通してジョーンズとシュミットが考案した手法の応用である。

ともあれ、彼らが怪我をして下宿代さえ払えず悲観的になっている仲間（タバク）を励まして、「頭を上げろ。／めそめそするな。／小切手を失くした。／そんなのが悲劇かい？／十八番（おはこ）にするな／嘆き節なんて。／誰も聴いちゃくれないぞ。／知らないのか、ショーは続くのさ／タフなマラソンみたいにね。／いい時は来るし／いい時は去って行く。／そうとも、まるで／この世はサーカス！」と歌い、「道化師を揃えろ！／ポーズを決めろ！／練り歩け、大パレード！」と行進する『ショーは続く』は、彼らの心意気を高々と謳ったナンバーである。

ジョーンズが、そしてシュミットが何故マッカリーの原作に惹かれたのかがこの辺ではっきりする。世紀末のパリのミュージック・ホールは『コレット・コラージュ』の第一幕後半の背景でもあった。事実、『ミレット』に登場する芸人たちには、コレットの著書『ミュージック・ホールの内幕』に活写されているしがない旅回りの芸人たちの姿がだぶって見える。ミュージック・ホールの芸人たちの世界、そこはいかがわしくも（或いはいかがわしいからこそ）どうしようもなく魅力的できらびやかな周縁的世界であり、しかも時代背景は世紀転換期のパリという祝祭的空間である。『セレブレーション』は言うに及ばず、『ファンタスティックス』以来彼らが追及して来たカーニヴァルの場に他ならない。彼らの全ての作品の根底に、この異界的カーニヴァル性が潜んでいる。彼らが自ら脚色を手掛けた『ファンタスティックス』の映画版（一九九五年製作）は、それをはっきりと前面に押し出していた。彼らは何故カーニヴァル的なものにかくも魅了されるのか、それにはジョーンズが（そして多分シュミットも）テキサスでの子供時代に観ていた旅回りの薬売りのショーやトウビー・ショーがあると思う。第一章でも書いたが、ジョーンズ＆シュミットの描く民衆演劇の原像は、サーカスにも通じるいかがわしさと華やかさが共存した小屋掛け(テント)芝居にあると僕は思っている。

生と死と再生の物語

そしてもう一つ、彼らを捉えたのは、これが生と死と再生の物語だったことであろう。作家には大別して二つのタイプがあるようだ。同じ一つの主題を生涯かけて様々な形で書き続けて行くタイプと、一作ごとに新しい主題を打ち出して行くタイプと。ジョーンズ＆シュミットは明らかに前者のタイプである。彼らの第一作『ファンタスティックス』は、どこにでもいそうな平凡な少年と少女が恋に落ち、一旦喧嘩別れした後に再び出会って真実の愛に目覚めるまでを季節の移ろいの中で描いている。『I DO! I DO!』では、ひと組の夫婦の結婚式に始まる五十年間の結婚生活の喜怒哀楽を描き、『セレブレーション』は若者と老人の対立に仮託された夏と冬の戦いだった。『フィレモン』では古代ローマの属領を舞台に、詐欺女衒何でもござれの道化役者が、最後にはキリスト教の聖者として殉教して行く姿を活写する。『コレット・コラージュ』で描かれるのは、二度の結婚と恋愛に焦点を絞っての、フランスの大作家コレットの波乱の生涯である。

こうして彼らの代表作をいくつか概観してみると、なるほどその題材はヴァラエティに富み、一見多彩だが、そこで展開される主題は一貫して、試練を経ての人間の成長と愛の成熟だと言って良い。人は傷ついて初めて成長出来るのであり、愛はただ求めるだけでなく与えることを学んで初めて成熟する。この普遍的な主題を、出会いと別れと再会という構造を使って、幾通りにも変奏して来たのがジョーンズ&シュミットのミュージカルなのである。言い換えれば、それは本質的にはミュージカルによる通過儀礼であり、生と死と再生の儀式である。

マッカリーの原作は、主題の点からもジョーンズ&シュミットにぴったりの内容だったのである。二○世紀の曙を前に、未知の世界、無限に広がるかと思える可能性にあふれる未来への憧れ、未知の自分との出会いへの期待に胸ときめかせる少女と、恐怖にとらわれ、世間から、そして自分自身から逃げ続けている中年男の交流を通して、作者たちが奏でているのは、やはりあの同じひとつの歌、生と死と再生の物語なのである。ミレットにとっては、それは同時に大人になるための試練の物語でもある。綱渡りは通過儀礼であり、そしてまた人生そのもののメタファーともなる。ただ『ミレット』がこれまでの作品と違うのは、それがミレットのみならずベリーニの再生の物語でもあることだ。ミレットの通過儀礼としての生と死と再生の物語の背後には、ベリーニの生と死と再生の物語が控えている。その二つが大詰めのエッフェル塔からシャイヨー宮までの綱渡りで一つに重なる。ベリーニの復活とミレットの復活が一つの物語となる。『セレブレーション』では若さが老いを乗り越えて行った。しかし、『ミレット』では両者が文字通り手と手を取り合い、ともに成長して行く。この視点は、実は『コレット・コラージュ』のモーリスとコレットの関係にも伺えるものなのだが、これほど明確に表現されてはいなかった。「誰かが必要なときがある、／あなたを救い出してくれる誰かが。／あなたのために現れて／新しい世界を開いてくれる誰かが！／私に誰かが必要だったとき、その時あなたが私の前に現れた！／あなたが現れて教えてくれた、／私が何になれるかを！／誰かが必要なときがある／あなたのためのその人に私をならせて！／私を！」とコーラスが歌う中、パリの夜空に浮かぶ綱の上で、ミレットの差し伸べた手の方へ動けなくなったベリーニが自分の手を伸ばす瞬間、人は独りでは生きられない、人には誰かの助けが要る時があるというメッセージが観る者の心にしみ渡る。ジョーンズ&シュミットのミュージカルの中でも、ここは屈指の感動的な場面である。若者の理想と夢と憧れが、経験を積んだ大人の認識と一つになる瞬間。一つになることで両者をともに救う瞬間。それは第一幕でのベリーニとガトー夫人の対立をも止揚する瞬間である。「理想主義者は両の目を大きく開いて、足はしっかりと現実に根をおろしていなければならない」（ジョン・ブッシュ・ジョーンズ）。

『ファンタスティックス』から四〇年、愛はまさに成熟したのである。

音楽の特色

『ミレット』のシュミットの音楽には、ロバート・ヴィアガスがショー・ミュージック誌一九九六年秋の号に掲載された「ジョーンズ&シュミットのファンタスティックな経歴」と題した記事で指摘する通り、良く耳を澄ませて聴いていると、サティやドビュッシーやラヴェルの木霊が聞こえる瞬間がある。それがまた世紀末の馨りを全編に渡ってそこはかとなく漂わせる効果を生んでもいる。しかし、スコア全体から響いて来るのは、あまりにも特徴的なシュミットのサウンドであることは言うまでもない。シュミット自身も時代背景を厳密に考慮して如何にもその時代の音楽らしい曲を書こうとはしていないと語っている。「ほとんどはただ私が表れている」と。作曲にあたって、シュミットは原作の絵本をピアノの上に置き、その絵から視覚的に刺戟を受けながら、夫々の場面にふさわしい音楽を作って行ったと述べている。

初演の評価

『ミレット』は、一九九四年と九五年のサンダンス・フェスティヴァルでの二回のワークショップを経て、九六年七月にサンダンス子供劇場で、同年八月にはコネティカット州チェスターのノーマ・テリス劇場で公演され好評を博した。ノーマ・テリス劇場はミュージカルを専門に上演するグッドスピード・オペラハウスがワークショップ的な公演のために開設した小劇場である。リンカーン・センターにある舞台芸術図書館でこの公演を収録したビデオを観させてもらったが、演出のドルー・スコット・ハリスは小劇場の特質を生かした心温まる舞台を作り上げていた。『オペラ座の怪人』初演のラウル役で一躍名を成したスティーヴ・バートンのベリーニも文句なしの適役。彼の早過ぎる死は返すがえすも悔やまれる。

ノーマ・テリスでの成功に力を得て、『ミレット』は更なる改訂の上、一九九八年七月一日に、本拠地であるコネティカット州イースト・ハダムのグッドスピード・オペラハウスで初日の幕を開けた。十九世紀後半に建てられたヴィクトリア様式の瀟洒な木造四階建てのオペラハウスを改装したこの劇場(馬蹄形の客席は一階席三九八、二階席一一五)からは、『ラ・マンチャの男』や『アニー』等ブロードウェイに進出した舞台も多い。

この公演は僕も開幕から一ケ月ほどして観ることが出来た。出演者も揃い、ラリー・ムーアの見事なオーケストレーション(編成はリード、フレンチ・ホルン、ピアノ、キーボード、ハープ、ベース、パーカッション)による演奏の質も高く、ジョーンズ夫人ジャネット・ワトソンの振付も良く考え抜かれた楽しいものだったが、問題は演出にあった。台本冒頭の覚え書きで、作者たちは「出演者たちが練達の綱渡り師である必要は全くない。立派な俳優、歌い手、ダンサーであれば十分で、その上サーカスの芸人になる重荷まで加える必要はない」と言い、「物語を特色づけている次第に高くなって行く三本の綱は、演劇ならではの何らかの工夫によって暗示出来る」と記している。ところが、このグッドスピードの公演では、演出のアンドレ・エルノットは最初の二本の綱についてはミレット役の子役とベリーニ役の俳優に何と本当に綱渡りをさせたのである。綱渡りをしながら歌う演技者に、観客は盛大な拍手を送っていたし、僕もびっくりし、大いに感心もした。が、その内にこれはどこかおかしいぞという気がして来たのである。

『ミレット』における綱渡りは主題に直結したメタファーである。実際に綱渡りをして見せれば失敗する可能性もある訳で、それ故生まれる現実の危険性は主題をいっそう際立たせる、演出家はそう思ったのかも知れない。ところが、本物の綱渡りは、正にその危険性故に肝心のドラマを吹き飛ばす結果になった。観客は綱渡りをしながら歌う俳優に拍手する。しかし、その時観客が拍手しているのは「サーカスの芸人になる重荷まで加え」られている俳優の努力に対してであって、肝心のドラマの方は全く置き去りにされた恰好だ。これは俳優が一曲歌ったり踊ったりした後に、観客が拍手するのとは似ているようで全く違う。その場合は、ドラマとそれを演じた俳優の技能への称賛は両立している。だが綱渡りはその危険性故に綱渡りそのもの、つまり完全な見世物と化してしまうのだ。（一幕の途中で場面転換の繋ぎとしてクルークとクレールが短いアクロバットを演じる時は、これとは反対に見世物として楽しめば良い仕組みになっている。万が一失敗してもドラマの流れに支障を来たすこともない。失敗したとしても、むしろ演劇の一回性を際立たせる働きを示しさえするかも知れない。この場合の見世物性はむしろ舞台に活力と華やぎを、祝祭の気分をもたらす。）

しかもエルノットの演出は、最後の一番高い所で演じられる綱渡りについては、舞台の上方に間口一杯に張り渡した透明の強化プラスチック製の板の上に綱を置き、そこを客席からもはっきり見える命綱を着けたミレットとベリーニに歩かせたのである。役者の安全を考えれば当然の処置ではあるが、それまで本当に綱渡りをさせていたことを帳消しにしてしまうのは否めない。ここに至っては、メタファーとしての綱渡りの意味さえ完全に消え失せたとしか言いようがあるまい。

一番低い綱について言えば、例えば舞台の床に一本のロープを置き、俳優がその上を（つまり舞台の床の上を）歩くだけでも充分成立する筈だし、後の二本についても或る程度の高さを持った演台の縁に綱を渡して、俳優はその演台の上を歩けばすむだろう。目の眩むような高さは、観客が想像力で創ってくれる。（もっとも、より厳密に言えば、毛利三彌氏が『演劇の詩学〜劇上演の構造分析〜』でエリザベス朝の舞台を例にとって指摘しているように、観客は高さを想像するのではなく、実際には低く幅もある演台を高い所に張られた細い綱だと「了解する」のである。）再現的手法ではなく呈示的手法に基づくジョーンズ&シュミットのミュージカルに、本物の綱渡りはそぐわない。

エルノットの演出の問題はそれだけではなかった。作品本来の指定では、夫々が主要な役である芸人たちがアンサンブルとしてコーラスも兼ねる。すでに述べたように、これはポートフォリオで実験を重ねて『フィレモン』で確立した手法を『ミレット』にも使ったのだが、演出家は恐らく劇場の規模を考慮してのことだろうが、男女各二名ずつのアンサンブルをこれに加えた。彼らは町の通行人や巡査の扮装で登場するが、存在自体が他の芸人たちのアンサンブルと調和が取れておらず、取ってつけた如き印象を受けたのは僕一人ではなかろう。

それはまだしも、エルノットの演出が時に作品に陰鬱な印象を与えるのにはかなり違和感を覚えた。

『ミレット』グッドスピード・オペラハウス公演のチラシ。

この点は作者たちも気にしていたようで、ジョーンズは開幕直後の僕宛ての手紙で、演出家が自分の色を押しつけ過ぎると不満を述べている。「この子供のための楽しいお話に暗く苦いタッチを付け加えている」と。勿論、『ミレット』には暗く苦い部分はもともとある。しかし、いや、だからこそ、そこを強調し過ぎてはバランスを欠き、作品の狙いを逸することになる。ジョーンズは同じ手紙で、これは誇張した言い方だがと断った上で「時々、『ミレット／サド』のように見えて来る」とも書いている。実際の舞台からはそこまでの印象は受けなかったので、ジョーンズにそう伝えると、それは開幕後に手直しをしたからで、開幕時には例えば二幕の『ガトー夫人の侘しいホテル』には芸人たちがどくろやその他人間の骨を使って曲芸をする動きがついていたのを、振付のワトソンや作者たちがやめさせたとのことだった。このナンバーは、一幕冒頭の『ガトー夫人のバラ色のホテル』と旋律は同じだが、もとのハ長調をハ短調に移調し、テンポも落とし、不協和音を強調し、芸人たちの友愛精神に差す陰りと不安を浮き彫りにしている。譜面の頭にはわざわざ「(クルト)ヴァイル風に」との指定までしてある。

だからと言って、骸骨の曲芸の如き怪奇趣味は行き過ぎだろう。エルノットのこういう怪奇趣味は『ゴブリン・マーケット』(ロセッティの詩をもとにしたポリー・ペンのミュージカル。一九八五年にオフで初演)のような作品にはしっくりはまっていたが、『ミレット』には場違いである。それかあらぬか、スティーヴン・サスキンは『ミレット』は「大人にはいささか単純過ぎ、子供には恐らくいささか苦過ぎる」と評している。

こういった批判に応えようとしたのか、作者たちはその後作品に大幅な刈り込みを入れて幕間なしの八〇分に短縮し、子供たちにとってより親しみ易い作品へと改訂した。この改訂版は二〇〇五年末にヨーク・シアター・カンパニーの手でリーディングの形で上演され、大好評を博した。再びドルー・スコット・ハリスが演出したこの舞台を観たミュージカル研究家のジョン・ケンリックは自らのウェブサイトで、「頭脳と心と勇気——演劇では何か大切なものを意味していた特質——を持った、魔法のような親しみやすいミュージカル」と呼んで暗に『オズの魔法使』を引き合いに出し、「何と素晴らしい作品だ！豊かにして心和ませるメロディ、新鮮かつ創意に富んだ歌詞。きらめくようなオープニング・ナンバーに始まって、どの歌も徹頭徹尾楽しませてくれるし、一曲一曲が生き生きとした劇的なミュージカルの歌はこう書くのだというお手本である。ミズ・ディッグスの台本も歌の芸術的技巧に匹敵しており、年齢を重ねることについての甘ったるい所の一切ない物語をあらゆる世代の観客が大いに楽しめるものにして、一ページ目から心を奪う」と絶賛している。

四、ショーは続く

『ミレット』以降では、一九九七年の暮れにオフで上演された『ショーは続く（ザ・ショー・ゴーズ・オン）』がある。これは、「シアター・ソングのポートフォリオ」という副題が示す通り、『ポートフォリオ・レヴュー』の改訂版と言って良い内容の小劇場レヴュー。ジョーンズ&シュミットの数々のナンバーを、他の三人（女性二人、男性一人）の出演者と共にジョーンズが歌って語り、シュミットがピアノを弾き語る。

第一部は、『ファンタスティックス』の幕開きのナンバーとして書かれたものの、結局使われなかった『私とおいで』をジョーンズとシュミットが歌って始まる。続いて最終的にこのナンバーに取って代わった『トライ・トゥ・リメンバー』を他の三人がワン・コーラスずつ歌う。後は二人のキャリアを辿る形で、『半ダース』や『ニューヨーク・スクラップブック』から何曲か、そして『日陰でも一一〇度』と『I DO! I DO!』からいくつかのナンバーが歌われる。面白いのは幕開きの『私とおいで』のように実際の舞台では使われなかった曲も歌われることで、他にも『日陰でも一一〇度』の主演候補だったメアリー・マーティンのために書かれた『踊れるわ』や、ジュリー・アンドルーズとディック・ヴァン・ダイク主演で企画されたものの実現しなかった映画版『I DO! I DO!』の主題歌（第二章で述べたように後に『I DO! I DO!』の改訂版に流用）等が紹介される。後者は全部で一五曲書いたというタイトル・ソングの中からブロードウェイの舞台で実際に使われた曲、そして没になった一九三〇年代風の曲想で作られたもう一曲と並べてメドレーのように歌われるなど、遊び心にあふれている。

第二部は、『セレブレーション』『ボーンルーム』『コレット・コラージュ』『グローヴァーズ・コーナーズ』からのナンバー、そして最後に全員で『ミレット』から『ショーは続く』を歌って幕。このナンバーがそのまま題名になっている。『セレブレーション』から老いさらばえてしまった我が身を自嘲気味に嘆く『どこへ消えたのか』、そして『コレット・コラージュ』から愛する人を失った深い喪失感を歌った『部屋にはあなたの面影が』が、続いて『グローヴァーズ・コーナーズ』から『時は過ぎて行く』と『さようなら、世界』が歌われて永遠の時の流れと束の間の人間の一生とが痛切に胸に刻まれた後、「頭を上げろ。／めそめそするな。／知らないのか、ショーは続くのさ、／タフなマラソンみたいにね。／いい時は来るし、いい時は去って行く。／そうとも、まるでこの世はサーカス！」とどこまでも人生を前向きに生きて行こうとする励ましの歌『ショーは続く』が歌われる。静から動、暗から明への見事な転換。このレヴューもまた生と死と再生の構造を備えている。

『コレット・コラージュ』と同じく、ヨーク・シアター・カンパニーの製作により、ドルー・スコッ

ジェームズ・モーガンによる『ショーは続く』の装置デザイン。

『ショーは続く』のチラシ。

トム・ジョーンズ（右）と
ハーヴィー・シュミット（左）。

ト・ハリスの演出、ジャネット・ワトソンの振付でセント・ピーターズ・チャーチ劇場に於いて上演された。ニューヨーク・タイムズはじめ新聞雑誌の劇評で絶賛され、四週間の予定だった限定公演は八八回にまで延長された。

ジョーンズ&シュミットの原点は、学生時代に作った二つのショーだが、それらはともに物語性を有した台本重視のブック・ミュージカルではなくレヴューだった。

レヴューは、歌と踊りとコミカルな寸劇とで構成されたショーである。物語はないが、作品全体を貫く主題を持っているのが普通で、個々の構成要素をどう配分してその主題を浮き彫りにし、観客の興味関心をつなぐかに成功の秘訣がある。勿論、音楽は最大の呼び物であり、アーヴィング・バーリン、ガーシュウィン兄弟、ロジャーズ&ハート等々の大物ソングライターたちもレヴューを足がかりにブロードウェイの檜舞台に登場した。

興行主のジーグフェルドが一九〇七年以降一九三〇年代までほぼ毎年発表した『ジーグフェルド・フォリーズ』のように大掛かりな装置ときらびやかな衣装、美人揃いの大勢のコーラス・ガールに彩られた絢爛豪華なものから、アイディア勝負のぐっと小規模なものまで様々あるが、大規模なレヴューはロジャーズ&ハマースタイン型のブック・ミュージカルの台頭とともに第二次大戦後廃れてしまった。

小粋で洒落た小レヴューはナイトクラブやオフ・ブロードウェイで生き延び、例えば『ジャック・ブレルは生きて元気にパリで暮らしている』（68年）のような成功作が生まれている。これはフランスのシンガー・ソングライター、ジャック・ブレルの曲だけで構成されたショーだ。一人の作曲家を寿ぐことを主題にしたレヴューは七〇年代に入ると回顧趣味と歩調を合わせていくつかの優れた舞台を生み、ブロードウェイでのレヴューの復活を促した。

これらのレヴューの多くからは寸劇が省かれ、装置も当然ながらかつての絢爛豪華なものは影を潜め、より洗練された形態となっている。実際、オフの公演を好評につきオン・ブロードウェイに移した舞台もあるが、初めからオンでの上演を想定し、オフ的な小レヴューの特徴を活かして創作しつつ出演者や演奏者の人数や振付等をオンの規模にまで拡大して成功した作品もある。デューク・エリントンのジャズだけで構成された『ソフィストケイティド・レイディーズ』(81年)、ボブ・フォッシーがダンスそのものを主題に作り上げた、その名も『ダンシン』(78年)等が代表的な作品だ。

オフ・ブロードウェイでの小レヴューには寸劇の要素を残したものもあるが、『ショーは続く』には寸劇はない。その代わりにあるのがトム・ジョーンズ本人による語りである。自らの成功と失敗の逸話を、時に洒脱に時に皮肉と自嘲を交えて、しかし決してユーモアを忘れずに面白おかしく語り、歌と歌とを見事につないでいる。生の舞台を録音したオリジナル・キャスト盤のCDには、ジョーンズの語り(とそれに対する客席の反応、笑い)も多く収録されており、その人間味あふれる「芸」を堪能出来る。

ジョーンズはその語りの部分を書き直し、彼以外の人間でもこの役(?)を演じられるようにしている。僕の妄想の一つは、いつの日か『ショーは続く』を上演し、その時は演出は誰か信頼出来る人間に頼み、僕自身がジョーンズのパートを演じることである。

ついでに書いておくと、実際の舞台では第二幕の終わりに『グローヴァーズ・コーナーズ』から『時は過ぎて行く』と『さようなら、世界』の二曲が歌われる。これがあると、前述した生と死と再生の構造が明瞭に分かるのだが、残念ながら著作権問題のためにCDにはこの二曲は収められていない。

五、ロードサイド

ジョーンズ&シュミットの最後のミュージカル

二〇〇一年一一月には、『ロードサイド』が初演された。シュミットの引退によって、これがジョーンズ&シュミットの最後のミュージカルとなった。劇場は『ショーは続く』に引き続き、オフのセント・ピーターズ・チャーチ劇場、製作も同じヨーク・シアター・カンパニー。『オクラホマ！』の原作者リン・リッグスが一九三〇年に発表した同名の喜劇のミュージカル版である。元々はテキサス大学時代に一旦着手し、その後ニューヨークに出てきてからも完成させようとしつつ、権利問題が解決出来ないまま四〇年以上も打ち捨てられ、忘れ去られていた作品をついに仕上げたのである。二〇世紀初頭の開拓時代末期の西部（オクラホマ）を舞台に、時代の変化に適応出来ない人たちを描いた楽しいウェスタン・ミュージカルだ。

登場人物は全部で九人。一ヶ所に定住することを潔しとせず、何ものにも束縛されず、幌馬車を我が家に自由気ままに旅の空の下の路傍（ロードサイド）で生きる快活な親父（パップ）さんとその娘で「屈託のない笑顔とたくましいユーモアのセンスを持った、がっしりとした体格の」（ト書き）ハニー。彼女にひと目ぼれして跡を追いかけてプロポーズする農夫のバズィー。大言壮語のほら吹きで、酔っ払ってヴァーディグリーの町で狼藉を働き、裁判所を滅茶苦茶にして逃げ出したカウボーイのテキサス。彼を逮捕しようと追い駆ける保安官。親父さんたちと旅をしている双子のように良く似た従兄弟同士の若者（赤いアイクと黒いアイ

『ロードサイド』（ヨーク・シアター・カンパニー公演）より。

（上）
オープニングを演じるカンパニー。
（撮影／ジェームズ・モーガン）

（左）

主題歌を歌うジュリー・ジョンソン（ハニー、左）とG・W・ベイリー（親父さん、右）。

（撮影／キャロル・ローゼック）

ク）。ヴァーディグリーの市民たちを演じる男女各一人ずつ（ネブとミズ・フォスター）。

物語は、バズィーの求婚にいく分かは心が揺れながらも、自分にふさわしい男がいつか現れる夢を抱き続けているハニーと、彼女の前に風に吹かれるようにして突然現れたテキサスのロマンスを軸に展開する。

テキサスの噂を聞いて彼こそ理想の男だと思ったハニーは、精一杯のお洒落をして彼を誘惑する。親父さんとテキサスもすっかり意気投合し、彼らはキャンプファイヤーを囲んで一夜を過ごす。

翌朝、バズィーの通報で保安官がテキサスを捕まえに来る。昨夜のテキサスの話を信じているハニーは、テキサスが保安官を叩きのめすと思うが、テキサスは保安官が突きつけるライフルの前になす術もなく、しかもひどい二日酔いのあまり醜態をさらしてしまう。ハニーはテキサスに失望し、見かけ倒しのインチキ野郎だと非難する。

あらためてヴァーディグリーの裁判所に連行されたテキサスを親父さんが助け出そうとするが、ハニーに止められてしまう。ハニーはテキサスを殴り倒し、バズィーと結婚する決意を固めてその場を去る。

牢屋に鎖で繋がれ、「俺はただ夢ばかり見ている酔いどれカウボーイの一人だ」と落ち込むテキサスを、親父さんがウイスキー片手に慰めに訪れる。親父さんの話に元気を取り戻したテキサスは、超人的な力で鎖を引っこ抜き、鉄格子を折り曲げて脱獄し、ハニーのもとへ向かう。

バズィーと結婚しようとしたことを後悔しているハニーの前にテキサスが現れる。一緒に来てくれと懸命に頼むテキサスに、ハニーは自分の夢は決して叶いっこないと言うが、テキサスは聞かず、結局二人は抱き合いキスする。

そこに保安官とバズィー、町の人間たちがやって来る。縛り首になりかけたテキサスは、自分の摩訶不思議で超自然的な生まれを皆に語って聞かせる。初めのうちは半信半疑だった保安官たちも、次第に話に夢中になり、最後にはテキサスを無罪放免にしてしまう。それどころか、親父さんに頼まれた保安官は法を司る者としてテキサスとハニーの結婚式まで挙げてしまい、万事めでたしで幕となる。

第一幕でテキサスは自分を逮捕しようとする保安官に「法律か！男(ひと)が田舎道を歌いながら歩いてると、拳銃を手にした保安官がやって来て牢屋にぶち込もうとする！何のために？」と抗議する。保安官の答は、「昔とは違うんだ。（中略）今じゃ町なんだよ、カウボーイさん、ただの牧場じゃない。道だってある。人によっちゃ自動車(くるま)だって持ってる。西部は変わったんだ。お前も変わらないとな」だ。かつてどこまでも広がっていた未開の大地は柵に囲まれ、フロンティアは消滅した。この作品でも時の流れがクローズアップされている。

親父さんとテキサスは、時代遅れになった自由な精神と無骨な個人主義の象徴であり、安定志向で現実的なバズィーと保安官は法と秩序が支配する新時代の小市民的価値観の象徴である。その間でどちらを選ぶか悩むハニー。この構図は『日陰でも一一〇度』と基本的には同じであり、安定した暮らしと不安定だが自由な生き方との対立は『ミレット』の主題の一つでもあった。

また、小さな田舎町を滅茶苦茶にした上に、神話的な出自を吹聴して危機を脱するテキサスは、これまでのジョーンズ＆シュミットのミュージカルのいかさま師たち以上に正真正銘のトリックスターだし、これは彼が己の真の力を取り戻す生と死と再生の物語でもある。

テント・ショーの枠組み

　このように『ロードサイド』には、内容的にもジョーンズ&シュミットのこれまでの作品と共通するものがあるが、いかにも彼らの作品らしいのはその上演様式だ。作品そのものが二〇世紀初頭の旅回りのテント・ショーの一座によって上演されるという形式を取っているのだ。そこには当然、縁日の華やぎにも似たいかがわしさと無類の楽しさが共存する。

　観客が劇場（理想的には常設の劇場ではなく、それこそ小屋掛けのテントだろうが）に入ると、舞台の片隅に古ぼけたアップライト・ピアノがあり、くたびれたピアノ弾きがその前に陣取り、周りにはこれまたくたびれた三人の楽士がいる。フィドル、ギター、バンジョー、マンドリンを一人で弾く者、ベース弾き、そしてもう一人はギター、バンジョーにマンドリンにハーモニカをこなす。舞台中央には、やはりくたびれた巻き上げ式の幕があり、そこにはROADSIDEと題名が描いてある。

　バンドが序曲を演奏する。軽快なカントリー・アンド・ウェスタン。以後、本作のミュージカル・ナンバーはカントリー・アンド・ウェスタンが基調となる。内容から言って当然の選択だが、この最後の作品で、ジョーンズ&シュミットは文字通り彼らの原風景をもう一度見つめ直したのだ。

　序曲が終わると、房飾りのついた上着に古ぼけたトップハットを被った男が登場し、「やあ、皆さん。私はアンクル・ビリー・バーロウ、ここが今夜の舞台の公演場所です。題名は『ロードサイド』、昔の西部のお話です」と観客に語りかける。芝居を始める前に、彼は観客にがらくたのおまけ付きのポップコーンを売り込み、そのまま「どの袋にもおまけ付きだよ！」と歌い出す。彼がさらに一座の面々を歌って紹介すると、出演者が次々と登場する。「我らが主演女優！／ほうら――／別嬪でしょう！」」と歌われたハニーは、「皆、元気？」」と観客に挨拶し、保安官は拳銃をクルクル回して、「俺と勝負するか？」」と訊く。「我らが踊る喜劇役者！／このショーではバズィーと名乗ります」と紹介されたバズィーは、「舞台に駆け込み、風変わりなダンスのステップを踏む」（卜書き）し、アイクたちは「田舎風のお笑いを演じます！／二人揃って踊りと歌も！」と紹介されるといった具合である。

全員で小さな舞台の上を歌いながら行進し、踊りまわり、最後には「アンクル・ビリーの歌って踊る旅のテント一座の／家族向け音楽ショー！／万人向けの健全娯楽／家族向けの音楽ショー！／ワウ！」と歌い上げると、アンクル・ビリーは上着と帽子を脱いで、バンダナを首に巻き、くたびれたカウボーイ・ハットを被って自ら親父さん役を演じる。

アイクたちが古ぼけた幌馬車の書き割り（これ以外にも装置の多くはどさ回りのお芝居であることを強調して、わざと安っぽい書き割りで作られている）を舞台袖から出して来ると、親父さんはその前に腰かけて、手綱捌きを無対象のパントマイムで演じる。馬のパカパカ進むひづめの音はアイクたちが砂の入った小箱とココナッツの殻を使って作り出す。馬のいななきも彼らが物真似してみせる。

二幕の始まりでは、親父さんは再び役から抜け出して司会者のアンクル・ビリーに戻り、バンドのメンバーを観客に紹介する。舞台中央の幕は物語の間は巻き上げられていることが多いが、舞台の転換の間は下りて来て、その前で出演者が歌ったり踊ったりのテント・ショーの幕前狂言を披露する。この二幕の冒頭でも幕は勿論下りている。

もうお分かりだろうが、『ロードサイド』はジョーンズとシュミットがテキサスでの子供時代に親しんでいた旅回りのテント・ショーの雰囲気を、再現とまでは言えなくても、強く意識して創作した作品である。以上、紹介して来たこの作品の呈示的様式を見るだけで、彼らの演劇的原点としてのテント・ショーの重要性が知れる。幕前狂言用の幕に芝居の題名が描いてあるのは、『ファンタスティックス』の同様の幕を想い起させるが、実は話は逆で、『ファンタスティックス』の幕の方こそ、ジョーンズとシュミットの子供時代の遠い記憶の残響だったかも知れないのだ。

『ロードサイド』はジョーンズ&シュミットが、反リアリズムの意識に貫かれた数多の作品や舞台との出会い、そしてポートフォリオ・スタジオでの実験を通して獲得した呈示的表現手法の数々をテント・ショーの空間へと回帰させる試みだったとも言えよう。その最後の作品に於いて、ジョーンズ&シュミットはまさしく彼らの原点へと立ち返ったのである。

『ロードサイド』を最後にハーヴィー・シュミットはニューヨークを去り、故郷のテキサスに引退した。とは言え、旧作の手直しはその後も続けている。二〇〇五年暮、心臓バイパスの手術を受け、健康が心配されたが、その後二〇〇七年の春に上演された『日陰でも一一〇度』のブロードウェイでの再演のため、ジョーンズと改訂作業が出来るまでに回復している。

六、ジョーンズの単独作品

ハロルド&モード

シュミットの引退後、ジョーンズは、新進の作曲家ジョーゼフ・サルキンと組んで、ハル・アシュビー監督、コリン・ヒギンズ脚本のカルト・ムーヴィー『ハロルドとモード／少年は虹を渡る』をミュージカル化し、二〇〇五年にニュージャージーのペイパーミル・プレイハウスで初演している。同年七月にはサンフランシスコ近郊のパロ・アルトのルーシー・スターン劇場で西海岸での初演。二〇〇七年九月には僕の翻訳・訳詞・演出により日本初演。（池袋の「舞台芸術交流センター・あうるすぽっと」の柿落とし公演だった。）その度に大幅な改訂が施され、二〇一二年にはさらなる改訂版がオフ・ブロードウェイのヨーク・シアター・カンパニーによって上演された。

ミュージカル化にあたって、ジョーンズは映画シナリオ、ヒギンズ本人が舞台用に書き改めた戯曲版、そしてやはりヒギンズが自らノヴェライズした小説版を利用している。

家族を第二次大戦中にナチの強制収容所で失った過去を胸の奥深く抱え、死を見据えながら、それでも（或いはだからこそ）今という人生の一瞬一瞬に新鮮な驚きと発見を求め続ける七九歳の老婦人モードと、母親からの愛を求めて得られず、この世界に自分の居場所を見つけられないまま、死（ぬ真似）だけが生とつながる唯一の方法になってしまっている一九歳の若者ハロルドとのラヴ・ストーリーに託して描かれているのは、まさしく生と死と再生の物語であり、子供から大人へのイニシエーション（通過儀礼）の物語である。ラスト・シーンで、モードの現実の死を乗り越えて、ハロルドは現実に向き合い、生きることを選ぶのである。

手法的にも、主人公の二人とハロルドの母親以外の全登場人物を男女各一人ずつの俳優に早変わりで演じさせ、「お芝居」の面白さを強調しているのは如何にもジョーンズらしい。

ジョーゼフ・サルキンの音楽は、指揮者、演奏者として幾多のブロードウェイ・ミュージカルに携わって来ただけあって、どのナンバーも劇音楽としての効果を十全に発揮した佳曲揃いだが、シュミットの音楽と比べると、メロディにもリズムにも捻りが多い。リチャード・ロジャーズやジェローム・カーンを聴いて育った世代と、ソンドハイムを聴いて育った世代の違いであろう。

この作品についてもジョーンズとサルキンは改訂を続け、最新の版（二〇一八年）では上演時間約二時間の二幕構成から約九〇分の一幕ミュージカルへと書き直されている。

恋のたわむれ（ザ・ゲーム・オブ・ラヴ）

ジョーンズがシュミット以外の作曲家と組んだのは、実は『ハロルド&モード』が初めてではない。一九六〇年に、当時アメリカ演劇界の注目を集めていたエリス・ラップ主宰のグループA・P・Aによって上演された『アナトール』である。『輪舞』で名高いアルトゥア・シュニッラー（一八六二～一九三一）の同名の連作一幕劇から数篇を抜粋してミュージカル化した作品。やがてうたかたと消える束の間の繁栄をワインとワルツに酔い痴れて享受していた世紀転換期の黄昏のウィーンを舞台に、そこで繰り広げられる男と女の恋のかけひき、嘘と誠が交錯する仮面舞踏会のような恋のゆくえを描いている。

ジョーンズはジャック・オッフェンバックのいくつものオペレッタから場面にふさわしい旋律を拝借し、それに新しい歌詞をつけて脚色している。ただこの時の曲数はたったの六曲に過ぎず、ジョーンズはその後大幅な改訂を施して曲数を増やすとともに、ナンシー・フォードに頼んで編曲以外に新たに三曲のナンバーを作曲してもらい、ミュージカル・ナンバーは序曲と幕間音楽込みで十八曲となった。題名も『恋のたわむれ（ザ・ゲーム・オブ・ラヴ）』と改めた。

詳しくは拙訳（カモミール社刊）、およびその巻末に付した解説を読んで頂きたいが、近代写実主義のスタイルで書かれている原作を、ミュージカルの開かれた形式に改変するために、ジョーンズは主人公の親友マックスをエル・ガヨを想わせる狂言回しに仕立てた。観客に直接語りかけたり、雪の場面ではミュートさながら紙吹雪を撒いたり、『I DO! I DO!』のマイケルとアグネスのように観客の見ている前で衣裳を着替えて時代の推移を示したりと、ジョーンズ好みの呈示的な手法を駆使している。

「時の流れ」を主題に設定しているのもジョーンズならでは。人を変え、或いは置き去りにしながら、ただひたすら流れ続けて行く時間。その永遠の時の流れの中の、瞬きする間の如き人の一生。二度とない、かけがえのない人生を呑み込んで、回転木馬のように未来永劫回り続ける時間という摂理。生と死の永劫回帰。『ファンタスティックス』から『ハロルド&モード』まで、ジョーンズの作品には欠かすことの出来ない主題の一つである時の流れが、ここでもクローズアップされている。シュニッラーの原作にも「時の流れ」は通奏低音として流れてはいる。末期的症状を示す帝国の黄昏の中で、その時代の変化に漠然とした不安を覚え、それに抗うかのように性に執着する主人公と彼の営為を嘲笑うかの如くただ流れて行く時間。ジョーンズは最後のエピソードを第一次世界大戦の直前に設定し、さらには『季節は巡る（Seasons）』と題したそのものずばりのナンバーを最終景の前に挿入して、その通奏低音を顕在化させたのだ。二〇一二年の最新の改訂では、最終景で全登場人物が舞台上に勢揃いして華やかに主題歌を歌い終わってから、客席上方に見立てられた花火に見入る。しかし、その花火の音は次第に空襲の砲火の音へと変わって行く。時の流れをより一層、残酷なまでに印象づける幕切れになっている。少々穿った見方をするなら、ラストのこの改変は、近年のアメリカ社会に対するジョーンズの懸念の表れとも取れる。

五つのエピソードの中には、第三部『クリスマスの贈り物』のように、状況設定のために冒頭で街頭

『ゲーム・オブ・ラヴ』（勝田安彦演出／1990年公演）より
「オイスター・ワルツ」を歌う宮内理恵（アニー、右）と徳川龍峰（マックス、左）。（撮影／しゃっせただお）

『ゲーム・オブ・ラヴ』（勝田安彦演出／1992年公演）より
「愛に敵うものなし」を歌う左から山内賢（マックス）、村國守平（アナトール）、旺なつき（イローナ）。（撮影／しゃっせただお）

『ゲーム・オブ・ラヴ』（勝田安彦演出／2009年公演）より

（左）
「二人の部屋」を歌う彩輝なお（ガブリエル、奥）と岡幸二郎（アナトール、手前後ろ姿）。

（下）
「昨夜のアナトール」を歌う岡幸二郎（左）と今井清隆（マックス、右）。

の物売りが歌う短いナンバーを除けば、歌が一曲しか挿入されず、ミュージカルと言うよりも歌入り芝居と見えるものもあるが、その一曲が物語の展開に決定的な役割を果たしている点で、やはり間違いなくミュージカルになっている。しかし、ジョーンズはやはり気になったと見え、このエピソードを改めて脚色し直し、台詞のやり取りの一部を歌に書き変えている。その結果、現在ではミュージカル・ナンバーは全部で十九曲となっている。

ラ・テンペスタ

ジョーンズは高齢ながら創作意欲はいまだ衰えを知らず、この数年は旧作や『ハロルド&モード』の改訂の傍ら、かねてから自分にとってのヒーローと公言してはばからないシェイクスピアの『テンペスト』のミュージカル化『ラ・テンペスタ』に取り組んでいる。作曲は新進のミュージカル作家アンドルー・ゲルレ。第一稿は二ヶ月で一気呵成に書き上げたとのこと。こんなことは『ファンタスティックス』以来なかったと語っていた。しかし、その後は二稿、三稿と練り直しが続いている。

二〇一一年の初稿では台本の表紙に「ウィリアム・シェイクスピア作『テンペスト』とミラノ・ピッコロ・テアトロ公演『ラ・テンペスタ』に基づく」と記されていた。『二人の主人を一度に持つと』で『ファンタスティックス』の創作に多大な影響を与えた、あのピッコロ・テアトロ（ピッコロ座）の、演出も同じジョルジョ・ストレーレルによる『テンペスト』の舞台（一九七八年、ミラノ初演）が刺激となって着手された作品である。ピッコロ・テアトロのニューヨーク来演は一九八四年だから、観劇時の衝撃が後からじわじわと効いて来たということだろうか。ちなみに、そのときの衝撃をジョーンズは次のように語っている。ストレーレルの「コンメディア作品が簡素な木の演台の制約——と可能性——

への私たち（ジョーンズ＆シュミット）の愛着に火を灯す助けになったように、『ラ・テンペスタ』は私たちに明らかにしてくれた、ストレーレルのような名人の手にかかれば、装置や舞台効果は想像力を制限するどころか増幅することが出来ると。」

初稿では、特に大気の精霊エアリエルの描き方にストレーレル演出の影響が顕著だった。宙吊りの仕掛けでピーター・パンのように空を舞うエアリエルだが、「ピーター・パンの宙吊り用の綱は隠されているが、エアリエルの綱ははっきりと見えている。長く丈夫な鋼鉄製の綱である」（初稿ト書き）。そして、主人公の魔術師プロスペローの僕であるエアリエルが大詰めで解放されるときには、その綱が外され、「彼女は目を大きく見開いて彼（プロスペロー）を見る。床の上の自分の重さを初めて感じたのだ。それからゆっくりと、とてもゆっくりと前に進み出ると、這うようにして舞台から降りる。客席の通路を歩いて行き、客席案内係たちがドアを開けると、彼女は外へ、街路へと出て行く。案内係たちは彼女の背後でドアを閉める」（同）。これはストレーレル演出からの引用、或いはオマージュである。が、二〇一五年の改稿では、すでにピッコロ・テアトロ公演の表記は台本から消え、引用した宙吊り用の綱に関するト書きも削除されている。演出の仕方によってはエアリエルの宙吊りの必要もないと読める。より自由な演出への道を開いた作品になったと言えよう。けれど、エアリエルの退場の様子に関するト書きはそのままだし、最後にプロスペローが杖を折ると舞台を覆っていた布が取り払われて舞台機構が剥き出しになる等、ピッコロ・テアトロ公演の影響は題名とともに残されている。

このエアリエルの描き方が典型だが、『ラ・テンペスタ』で繰り広げられる魔術は全てそれと分かる演劇的仕掛けと日常会話を越えた色彩感と躍動感のある言葉が生み出している。

冒頭で、プロスペローは観客に向かって「それが本当に起こり得ると、私たちが共に信じれば」魔法が起きると言い、『ヘンリー五世』の説明役（コーラス）さながら、舞台となる孤島へと想像力を使って一緒に行こうと台詞と歌で誘う。原作にも伺えるメタシアター的な側面をより一層強調し、まさにジョーンズならではのシアトリカルな作品、演劇という魔術についての演劇となっている。

物語の大筋は原作を踏襲しており、魔術が支配する絶海の孤島を舞台にした復讐譚、但し喜劇的な要素も満載のロマンス劇である。ジョーンズは僕宛の手紙の中で「シェイクスピアとの共作」と言っている。台詞と歌詞にもシェイクスピアの原作からそのまま、或いは一部書き直して使用しているものと、ジョーンズの創作とが相半ばした状態で、劇詩人二人の四百年の時を越えた文字通りの共作と言える。原作からして音楽に満ちた島が舞台であり、シェイクスピアの数々の戯曲の中でもとりわけミュージカル化に適した題材でもある。

しかし、大筋はそのままでも細部にはかなりの変更がある。これは細部とは言えないだろうが、最大の変更は主人公プロスペローの描き方である。原作のプロスペローは劇が始まった段階で、すでに仇を思うさま懲らしめて改心させるという物語の結末を決めており、そこへ向かって一つ一つ駒を進めるように計画的に手を打って行く。途中で思惑通りに行かず、苛立ちを露わにしたり、逡巡し、決断に迷っているかと思える場面があったりはしても、全体的には物語の進行を司る言わば劇作家にして演出家の立場に立っている。ところが、『ラ・テンペスタ』のプロスペローは、物語の始まりでは結末をどうするか、敵が自分の支配領域に一同に集まったこの千載一遇のチャンスをどう利用するか、未だ決めかねている状態である。つまり最終的に仇たちを許すかどうか、自分でも分からないまま、しかし、この短い一日が終わる前には結論を出さねばならず、心を千千に乱しながら物語は展開する。結末を決められないまま成り行き任せに重い筆を執り続ける劇作家、稽古が始まっても演出のコンセプトを絞り込めずに迷い続ける演出家である。その過去へのこだわりと囚われ方は、むしろ『ミレット』のベリーニを彷彿とさせさえする。原作の寓話的で宇宙的とさえ言える趣きはやや影を潜め、プロスペロー個人の人間的な葛藤に焦点が絞られている。その点で、『ラ・テンペスタ』は原作以上に、他の登場人物にとってと同様、プロスペローにとっての生と死と再生（統合）の通過儀礼である。辛い現状から抜け出るための試練についての物語、魂の牢獄からの解放の物語である。現在を呪縛する過去からの解放の物語と見れば、主題的には『フィレモン』とつながる作品でもある。プロスペローは最後に、私たちは誰も皆同じなのであり、許すとは相手と自分をともに恨みの呪縛から解放することだと悟る。そこから「復讐の連鎖を如何にして断ち切るか」という今日的主題も見えて来る。他者の受容と共存、復讐と許しの主題は、不幸にも今やこの世界で最も切実なものとなってしまった。

『ファンタスティックス』との類似を言えば、ファーディナンドとミランダの若いカップルはマットとルイーサに、プロスペローはエル・ガヨに相当する。但し、大いに悩み、煩悶し、誰よりも過酷な通過儀礼を自ら経験するエル・ガヨである。大気の精霊エアリエルはミュートだ。

そのエアリエルと、プロスペローがやって来るまで島の支配者だった怪物キャリバンも、夫々プロスペローの光と闇であることが原作よりも明瞭に描かれている。第四稿に付された「作者の覚え書き」でジョーンズは、二人はプロスペロー「自身の一部でもあり、絶えず絡み合った闇と光のもつれたイメージなのである」と書いている。それに合わせてか、夫々のプロスペローとの出会いも変更されている。エアリエルは、ある日、プロスペローがふと手にした水晶を回すと、その光の屈折の中から現れ、キャリバンは砂に埋まって沈みかけていたところを、プロスペローが手を伸ばして引き揚げてやったことになっている。共にプロスペローの手を介しての絆の深さが強調された変更である。B・ロジャーズ＝

『ラ・テンペスタ』（勝田安彦演出／2019年世界初演）より

村國守平のアントーニオ（左）を責め呵む福井貴一のプロスペロー（右）。奥は左から福沢良一（セバスチャン）、石鍋多加史（ゴンザーロー）、大田翔、石坂光。

フィナーレの「我らは夢と同じ」を歌うカンパニー。

客席通路から登場した大田翔（ファーディナンド）に歌いかける宮内理恵。

魔術で村國守平（奥）を呼び出す福井貴一（右）と石坂光（ミランダ、左）。

「巻き起こした、大騒ぎ」を歌う宮内理恵（エアリエル、左）と福井貴一（右）。

ガードナーはその著『ユングとシェイクスピア』で、エアリエルはプロスペローの想像力が生み出したものだと指摘している。そのことを原作よりも直截的に表現した変更であり、キャリバンについても、プロスペローの無意識の底なしの暗い深淵から現れた存在であることを明確にしたのだ。

僕にはエアリエルとキャリバンは、夫々プロスペローの、ユング心理学で言うところのアニマと影（シャドー）だと思える。結末でプロスペローが二人を隷属状態から解放するとき、プロスペローの自我に彼のアニマと影が統合されるのだと解釈出来る。またエアリエルがプロスペローのアニマであるなら、劇中でプロスペローが幻視する亡き妻をエアリエル役の女優に一人二役で演じさせるのもありだろう。

ゲルレのスコアは生演奏の楽器と、あらかじめ録音された電子音のトラックの両方から成っており、両者が結び合わされることで独特のサウンドを生み出し、いかにもミュージカルらしい楽曲とオペラ的な愛の重唱、前衛的な音楽とが見事なバランスを取っている。生演奏の楽器にはアフリカや東欧などの民族楽器も含め、管楽器と打楽器が多用され、美しい旋律とエキゾティックなリズムが混じり合い、作品のトーンにふさわしい魅力に満ちている。文字通り風のように吹き渡るフルートを主にした管楽器はエアリエルを、地の底から湧き上がって来る欲望を思わせる太鼓の響きが印象的な打楽器はキャリバンを表し、両者が組み合わされればテンペスト＝嵐、即ち激しく葛藤するプロスペローの内面を表現する仕組みである。また管楽器によって随所で奏される魔術のライト・モティーフは、魔術がプロスペローにもたらす明暗二つの価値を絶妙のバランスで表現して、作品の奥行きをいっそう深めている。

二〇一七年の夏に、ジョーンズのコネティカットの山荘で作曲のゲルレと僕も参加しての話し合いがあり、その時点での台本の問題点を洗い出し、上演に向けての改稿について大枠を決めた。その後、さらなる改稿、楽曲の変更と追加を経て、二〇一九年の十一月に『ラ・テンペスタ』は東京の小劇場で僕の演出によって世界初演された。「コンパクトだがキラリと光る舞台」「小さな劇場空間の一杯セットのなか、演出の手際がいい」「シェイクスピア・ミュージカルを魅惑的に立ち上げた」「ポストコロニアルを踏まえた今日性のある主題で、再演を強く期待する」等々、劇評も良く、演出家としてはひと先ずほっとした。今後、アメリカの演出家との作業を通して作品にさらに磨きがかけられて行くのではないかと思う。

第五章　トライ・トゥ・リメンバー

Try To Remember

一、ファンタスティックス再演

その一

二〇〇六年の四月、ニューヨークでトム・ジョーンズ氏にお昼をご馳走になっていた時のこと、氏の口から思いがけぬ話を聞いた。『ファンタスティックス』を再演するかもしれないというのである。『ファンタスティックス』は、言うまでもなく氏の代表作であり、一九六〇年にグリニッチ・ヴィレッジのサリヴァン・ストリート・プレイハウスで開幕、以後二〇〇二年の一月に一万七千百六十二回をもって幕を閉じるまで、実に四二年の長きに渡って上演された世界最長ロングラン・ミュージカルである。閉幕直後から再演の噂は一部では囁かれていたのだが、それがいよいよ実現するというのだ。

サリヴァン・ストリート・プレイハウスは客席数約一五〇だったが、今度の劇場（スナップル・シアター・センター）は約二〇〇席、目下ブロードウェイのど真ん中の西五〇丁目のビルの三階を劇場に改装中だそうで、空間としてはサリヴァンに良く似せているとのこと。ただ客席の傾斜がやや緩く、見切れの問題が気がかりだとも言う。実現すれば、ジョーンズ氏が演出も兼ね、かつトーマス・ブルースの名で老役者ヘンリー役も演じる。ジョーンズ氏は、四六年前の初演時にもこの変名で同役を演じている。老けメイクで三二歳で演じた役を、七八歳にして再び演じるのだ。一九八八年から九二年まで、一年おきに行なわれた日本ツアーでも、ジョーンズ氏はこの役を演じているが、ニューヨークではまさに四六年ぶりとなる。氏は、「もうメイクは要らないよ」と言ってニヤリと笑った。

翌日、ヴィレッジにある古本屋を覗いたついでに、サリヴァン・ストリート・プレイハウスの前まで行ってみた。場所はヴィレッジの目抜き通りブリーカー・ストリートとサリヴァン・ストリートの交差点のすぐ傍。『ファンタスティックス』の閉幕後、一九世紀の終わりに建てられたこの四階建てのこじんまりしたビル（一階、と言うか半地下が劇場、二階が『ファンタスティックス』関係のポスターや写真、新聞雑誌の記事の切抜き等々を壁中にところ狭しと飾ったギャラリー、三、四階はアパート）は閉鎖され、窓には板が打ち付けられ、「売り物件」の立て札が貼られたままずっと放置されていた。ところが、行ってみて驚いた。建物はあらかた取り壊され、立て札も「住人募集、五階建てのファンタスティックなコンドミニアム近々完成」と変わっていた。何やら悪い冗談のようだなと思いつつ、しばし諸行無常の感傷に浸った。そして、『ファンタスティックス』という作品は、古き良きヴィレッジのイメージと密接に結びついていることに、だからこそ二一世紀に入ってもなおニューヨークの演劇のオアシス足り得ていたのだということに改めて思い至った。

それに対して、再演の劇場はタイムズ・スクエアのすぐ傍。文字通り、ニューヨーク一ごった返した繁華街の真っ只中である。しかも、過去数年の間に、タイムズ・スクエア周辺は巨大なテレビ・スクリーンや電光掲示板に占領され、華やかな中にもどこか奥床しい伝統を感じさせたブロードウェイの劇場街もすっかり様変わりしてしまった。二十年ほど前、古い摩天楼が次々と取り壊されてガラス張りの超高層ビルに建て替えられて行くニューヨークの変貌を、友人のニューヨーカーが「ニューヨークが銀座になってしまう」と嘆いていたが、もはや銀座どころか渋谷か新宿である。演劇作品とそれが上演される場の相互関係は決して馬鹿に出来ない。果たして、今のブロードウェイ界隈で『ファンタスティックス』は本来の魅力を発揮出来るのだろうか。ジョーンズ氏によれば、ヴィレッジでは遠すぎるが、タイムズ・スクエアの近くなら世界中からの観光客を観客として呼び込めるというのがプロデューサーの読みらしい。それは分かるが、と一抹の不安がよぎる。

日本に帰って二、三ヶ月たった頃、再演決定の知らせが入った。七月末にプレヴュー開始、初日は八月一六日とのこと。何はともあれとにかく観たい。たまたま僕のスケジュールも八月一四日から一九日まで空いている。本当はそこで家族サーヴィスの国内旅行を計画していたのだが、ええい構うものか、今年はニューヨークへ家族旅行だと開き直ることにした。夏にそんなに金を使って年は越せるのかという家内の反対を押し切り、六歳になる息子も連れてのキリギリス一家四泊五日のニューヨーク駆け足ツアーが決まった。

早速ジョーンズ氏にメールでチケットの手配をお願いしたところ、その週はかなり厳しい、出来れば一週間ずらせないかとの返信。良く分かりますが、そこしか行けないのですと厚かましくも再度メールすると、今度は「何とか入れるから来い」という返信が届いた。

かくして向かったニューヨークで、僕は四年ぶりに『ファンタスティックス』に再会したのである。

その二

ニューヨークで観た『ファンタスティックス』の再演は大いに楽しめた。

実はこの舞台を観るために、無謀なニューヨーク家族旅行に出発しようとしたまさにその当日の朝、トム・ジョーンズ氏からまたメールが届いた。すでにプレヴュー公演が始まって二週間だが、狂言回し役であり実質的な主役と言って良いエル・ガヨ役の俳優を替えることになり、そのため劇評家を招くのを一週間延期した。但し、公の初日は依然八月一六日であり、その日のチケットを僕たちのために三枚確保してあるとのこと。氏自身も喉を痛めてしまい、明日医者に行くともある。プレヴュー開始前にもすでに出演者が一人交代しているし、こりゃ大変だと心配していたのだが、終わり（初め？）良ければ全て良しである。

新劇場は、舞台も客席も確かにサリヴァン・ストリート・プレイハウスに良く似せてある。ただ、天井がやや低いため、ジョーンズ氏が心配していたように客席の傾斜がいささか緩く、我が息子は結局家内の膝の上に座って観ることになった。それにまだ改装されたばかりなので、劇場としてはどことなく落ち着かない。しかし、これは時間が経ち、観客の存在がこの空間に染み透って行けばやがては解決される問題だろう。

今回の再演は、ジョーンズ氏の演出だが、基本的には故ワード・ベイカーの初演の演出を踏襲している。とは言え、何もかもそのままという訳ではない。新たな工夫も色々凝らし、ヴァラエティ紙の劇評の言う通り、全体の調子は初演版よりも「いく分喜劇味が増している」。それと、二〇〇五年に宮本亜門演出の舞台がパブリック・シアターで再演された際にも、ジョーンズ氏は部分的に台詞を書き直していたが、今回はさらに手を加えている。『ファンタスティックス』のようなすでに何十年も前に確固たる評価を得ている作品でさえ、もっと良くしようというその精神、現状に決して満足しない演劇人としての作者の姿勢にはつくづく頭が下がる。ジョーンズ氏の中にはかつてのオフ・ブロードウェイの実験性、チャレンジ精神がいまだ脈々と息づいているのだ。

出演者も揃って好演しているが、とりわけ異彩を放っているのは一九六〇年の初演でも同じ老優ヘンリー役を演じたトーマス・ブルース、即ちトム・ジョーンズその人である。寄る年波に体力も記憶力もすっかり衰え、しかし舞台への情熱だけは過剰なほど持ち合わせているこの旅回りのシェイクスピア役者の役には、もともとジョーンズ氏のテキサス大学演劇科時代の恩師B・アイデン・ペインのイメージが誇張と敬愛を込めて投影されており、その意味でもジョーンズ氏のヘンリーは極めつけと言って良い。ほとんどバーレスク風の俗臭をふりまいて客席に笑いの渦を巻き起こすかと思えば、その哀愁を帯びた孤独なたたずまいが胸を打つ。「観客はいつだっているものです」と言った後、半拍の間を取り、視線を落として「どこかに」と付け加える姿など今も忘れがたい。（日本ツアーの時には、ここは半拍置いた後、遠い彼方を見て「どこかに」とつぶやくという芝居だった。あれも悪くなかった。）ジョーンズ氏は、かつて『ファンタスティックス』の狙いを「人の心の琴線にふれ、そうして心の琴線にふれたまさにそのものを笑うように仕向けること。人を笑わせ、そうしておいてからその笑いを逆転させて、違う側面を発見させること」と書いているが、氏の演じるヘンリーは、その狙いを見事に体現している。

ヘンリーの相棒のインディアン（モーティマー）役を演じているのは、ロバート・オリヴァー。サリヴァン・ストリートで誰よりも多くこの役を演じた俳優で、僕も四半世紀前からの知り合いだ。ヘンリーがモーティマーを紹介する「もう四〇年も一緒にやって参りました」という台詞を「もう四六年も」と変えているのは、これぞ究極の楽屋落ちだが、僕は笑うよりむしろ胸が熱くなってしまった。

終演後のロビーで、「申し分のないリヴァイヴァルですね」とジョーンズ氏に告げ、ロバートと久しぶりの再会を喜んでから外へ出た途端、何とも言えぬ違和感に襲われた。今の今まで浸っていた世界とめまいを起こしそうな電飾輝く深夜のタイムズ・スクエア界隈の喧騒とのあまりの落差にとまどってしまったのである。そんな僕に向かって息子がこう言った。「ミュージカル、面白いよ。もう一つ観よう。これからなんかやってない？」

その三

『ファンタスティックス』再演の初日終演後のロビーで、トム・ジョーンズ氏に「申し分のないリヴァイヴァルですね」と言った時、その後の言葉が喉元まで出かかったのを、めでたい席には相応しからぬと思って呑み込んだ。「ジムがいないことを除けば」、そう言いかけたのである。

ジム（ジェームズ）・クックは、作者のトム・ジョーンズ、ハーヴィー・シュミットの両氏と初演のプロデューサーだった故ローリー・ノートを別にすれば、おそらく世界中の誰よりも『ファンタスティックス』と縁の深い人間だった。彼と『ファンタスティックス』との関わりは、サリヴァン・ストリート・プレイハウスのオリジナル・プロダクションで、開幕の翌年（一九六一）、ミュート役に起用されたのが始まりである。六〇年代を通じてミュート役を折にふれては演じ続け、七〇年代に入るとインディアン（モーティマー）役を演じ、以後一九八三年から閉幕までの二〇年近く同公演の舞台監督を務めた。その間、リンカーン・センター・レパートリー・シアターの一員として活躍し、ブロードウェイでサンディ・ダンカン主演『ピーター・パン』に出演（フック船長の手下の海賊と犬のナナの二役）し、『ファンタスティックス』三〇周年記念全米ツアー及び三度に渡る日本ツアーにもモーティマー役として参加している。またアメリカ各地のリージョナル・シアターやスペインでも『ファンタスティックス』の演出を手掛けている。

僕がサリヴァン・ストリートの公演を初めて観たのは一九七八年の二月だが、その時のモーティマーが彼だった。敏捷に動く小柄な身体を敢えてのっそりと動かしつつ、むっつりと黙り込んだポーカー・フェイスのぎょろりとした目の奥には微妙な心の揺れを覗かせる。彼のインディアン（に扮した芸人）

役は抱腹絶倒とはこのことだというほどの可笑しさで、初めて台詞を喋った瞬間には、コックニーなまりとインディアンの出で立ちのアンバランスが可笑しいのは当然だが、ジムの場合はそれ以上に口を開いたこと自体が可笑しくて場内が爆笑になったのを今でも覚えている。作者たちからも「私たちの知る限り最高のモーティマー役者」とお墨付きをもらっていた。

ジムと個人的に話をしたのは、彼が『ファンタスティックス』の最初の日本ツアーで来日した一九八八年が最初だが、皮肉屋で辛辣な半面、気さくで面倒見の良い彼とはいつの間にかすっかり親しくなっていた。

年に一、二度、ニューヨークに行く度に『ファンタスティックス』を観劇し(ジムは決して入場料を払わせてくれなかったので、いつも只見)、終演後、ヴィレッジの飲み屋で深夜まで彼と飲んだくれて管を巻くのが僕の楽しみの一つだった。日本ツアーに参加したのをきっかけに、彼はおそろしいほどの日本贔屓になり、好きな酒はサケ(日本酒です)、好きなスポーツは相撲、好きな料理はしゃぶしゃぶと白身魚の蒸し焼き椎茸添え、煙草は高いセブン・スター(舶来物です)をわざわざ喫っていた。兵役時代に軍の語学施設でロシア語を習得し、極秘暗号の解読班に配属されて、冷戦下のベルリンでソ連側の通信を傍受していたという彼はもともと語学の才能があったのだろう、日本語の勉強も始めて片言を話した。サリヴァン・ストリートの最前列に座った日本人観客がバッグなどの手荷物を足元に置くと、「スイマセン、ココブタイデス。イスノシタオイテクダサイ。アリガト」と言って驚かすのを密かに楽しんでいた節がある。ジョーンズ夫人のジャネットさんなど、「ジムの前世は日本人」だと力説していた。

飲んで話す内容は、芝居のことばかり。シェイクスピアの翻訳について話し合ったこともあるが、そんな硬い話題は一度きりで、ゴシップをくっちゃべったり、彼の体験談を聞かせてもらうのがほとんどだった。晩年のリー・J・コッブが病いを押して出演した『リア王』の舞台稽古で、第三幕の嵐の荒野の場で舞台を通り過ぎる通行人に扮した若き日のジムに「おい、外の天気もこんなか？」と囁いた話は何度も聞かされたが、その度に笑えたのだから、彼の話術はなかなかのものだったのだ。

一九九九年に、僕が念願の『ファンタスティックス』を演出することになった時、モーティマー役として真っ先に浮かんだのはジムだった。モーティマーは幸い台詞も少なく、しかも訛りがあっても問題のない役である。片言とは言え、日本語を喋るジムなら絶対に面白いだろうと思ったのだ。早速交渉すると、ジムも大いに乗り気だったのだが、間もなく高齢のお父さんが体調を崩され、長期間アメリカを離れるのは無理だとなり、彼の出演は幻に終わってしまった。ジムの代わりは演劇集団円の平光琢也さんが見事に務めてくれたが、公演を収録したビデオをジムに送ったところ、「私がこれまでに観たあまたの、そう、あなたも知っての通り本当にあまたの！『ファンタスティックス』の中でも最も見事に演出された舞台のひとつだ。信じてくれようとくれまいと、ビデオを観ながら私は何度も声を出して泣いてしまった。あなたが作者の意図をしっかりと守りつつ、あなた自身のアイディアの数々を織り込むという困難なことをやり遂げていたからだ」と手紙をくれた。他の誰のどんな称賛の声よりも嬉しい言葉だった。

ジムと最後に会ったのは、『ファンタスティックス』閉幕直前の二〇〇一年十一月だった。家内と三人で例によって飲んだくれていると、彼はいつもの人懐こい笑顔で「カツタさん、年に一度か二度あなたとこうやって飲むのが私には本当に楽しいんだ。最高の夜だよ」といささか呂律が回らなくなった舌で言った。

それから数ヶ月後、再びニューヨークを訪れた僕はジョーンズ氏にかけた電話で、ジムが数日前に急逝したことを知らされた。その滞在中、僕は英語が聞き取りにくくなり、話しにくくなっている自分に気がついた。僕の英会話など元々ペラペラどころかヘラヘラ程度ではあるものの、ここまで落ちたかと愕然としたのだが、一週間もすると元に戻った。自覚はなくても、精神的ショックのなせる業だったらしい。

『ファンタスティックス』再演を観ながら、僕はジムの不在をずっと感じていた。やがて二幕の中盤に差しかかると、ヘンリーとモーティマーが夫々の似姿をかたどった人形を手に騒々しく登場した。それは手先も器用だったジムが日本ツアー用に特別に拵えた人形だった。人形の顔はジムだった。

追記　一九七八年以来サリヴァン・ストリート・プレイハウスで長年に渡ってモーティマーを演じ続け、この再演でも同役を嬉々として演じていたロバート・オリヴァーも、二〇〇八年二月に心臓発作により急逝した。これで最高のモーティマー役者は二人ともいなくなり、僕は友を二人なくした。

二、ファンタスティックス五〇周年

今（二〇一〇年）から五〇年前の五月三日、ニューヨークはグリニッチ・ヴィレッジの片隅の、禁酒法時代は闇酒場だったという小さな劇場で、あるミュージカルが初日の幕を開けた。と言っても、およそ一五〇ほどの客席がすり鉢状に舞台スペースを取り囲むこの劇場に緞帳幕はなかった。代わりにあったのは、演技空間の半分を占める木製の演台に立った細い鉄製のポールに張り渡された白いチャイナシ

『ファンタスティックス』再演より「木」の上のジェームズ・モーイ（エル・ガヨ）とセアラ・ジーン・フォード（ルイーサ）。（撮影／ジョウン・マーカス）

『ファンタスティックス』1988年日本ツアーよりトム・ジョーンズ（ヘンリー、左）とジェームズ・クック（モーティマー、右）。

ルクの幕。そこにはかなり個性的な筆致の手描きで、そのミュージカルの題名が綴られていた。と書けば、ミュージカル好きな方ならもうお分かりだろう。この日から実に足掛け四三年の長きに渡って続演され、小劇場ミュージカルの代名詞ともなったTHE FANTASTICKSである。

この初演は二〇〇二年一月十三日に、一七一六二回というミュージカルとしては世界最長のロングランを記録して幕を下ろした。この間ずっと変わることなく上演場所だったサリヴァン・ストリート・プレイハウスもその後取り壊され、サリヴァン・ストリートとブリーカー・ストリートの交差点に掛かっていた「ファンタスティックス小路（レーン）」の道路標識も今はない。

一九七八年の二月以来、ほぼ毎年のようにニューヨークを訪れ、その度に『ファンタスティックス』を観てきた僕には何とも寂しい情景ではあった。しかし、言うまでもないことだが、演劇はただ続けることに意義がある訳ではない。ロングランが続いた四十年の間にアメリカ社会は激変したし、ミュージカルというジャンルそのものも大きく変貌した。ハムレットの言うように演劇が時代の実相を映し出す鏡であるのなら、『ファンタスティックス』のような古い作品が消えて行くのは当然だと思う人もいるだろう。だが、本当にそうなのか。一見斬新な装いの話題作が束の間持て囃されては泡沫のように消えて行く一方で、『ファンタスティックス』が地味ながら四十年以上続いた事実は決して無視出来ない。確かに、ギネス・ブックに記録されるほどのその長さは、しばしばからかいの対象になることもあったし、長い歳月の間には必ずしも適材適所とは言えない配役によって、僕でさえ「何だ、こりゃ」と呆れた上演もあった。ここに記して良いかどうか分からないが、ロングランの最終公演を観た作者のトム・ジョーンズ（台本・詞）は、「ひどい出来なので、これを記録映像に残されてはたまらないと思った」と僕に語ったこともある。

それでもこの作品がニューヨークのみならず世界中の人々に愛され続けて来たのは、スコアの素晴しさは勿論として、その時々の舞台の出来不出来を超えて作品そのものが演劇の本質的な魅力を内包したものだったからである。一部の人が言うように、名作だという評判によって観る前から先入観を植え付けられているからでは決してない。そもそも『ファンタスティックス』を「古臭い」からと非難するのは見当外れも甚だしい。ジョーンズ本人が「『ファンタスティックス』は、書かれた当初から「現代的」ではなかった。そうする意図もなかった」と明言している。恋に恋する思春期の少年と少女が結ばれ、仲違いをし、そして再会して、お互いの中に本当の愛を見つけるまでの単純な物語――典型的な「ボーイ・ミーツ・ガール」の物語――に仮託されているのは、古の昔から繰り返されて来た生と死と再生の儀式であり、その根底には豊穣の秋から万物が枯死する冬を経て復活の春、繁栄の夏を迎えるという季節の永遠の回帰性が潜んでいる。四十周年を記念して再発売されたオリジナル・キャスト盤CDに寄せた文章で、ジョーンズは著名な人類学者のジョーゼフ・キャンベルは『ファンタスティックス』の中に「古代神話の再現」を見ていたと書いているが、「ボーイ・ミーツ・ガール」の構造自体にすでにそういう神話性、儀式性が投影されているのだろう。

古代ギリシア劇にも通じるこの儀式性に加え、上演スタイルの点でも、作者たちは観客の想像力に訴える簡素な装置、紙吹雪や仮面等の象徴性の高い小道具の使用、観客に直接語りかけるナレーター役や黒衣を思わせる無言の介添え役の導入等々、ギリシア劇からエリザベス朝演劇、さらには歌舞伎まで、昔から演劇に伝わる様々な手法を意識的に取り入れている。他にも各登場人物に一六〜一八世紀のイタリアの即興仮面劇コンメディア・デッラルテの種々のタイプを重ねたりと、確かに初めから「現代的」にするつもりはなかったのである。その結果、『ファンタスティックス』は小さな子供から演劇人まで、様々な観客層に様々な受け止められ方をしていると、前述の文章でジョーンズは述べている。観た時の年齢によって違った楽しみ方が出来、年を経て再見すればまた新たな発見があるのも『ファンタスティックス』の大きな魅力の一つであり、傑作であることの証しでもある。

ナレーター以外の登場人物も全員が観客に直接話しかけるか、少なくとも観客の存在を意識している。所詮お芝居だという事実を隠さず、むしろそのことをわざと観客に意識させるこの手法（仕掛けの露呈）は、ギリシア喜劇からテント芝居やミュージック・ホールにまで連なる、これまた古くからのやり方だが、作品全体の呈示的なスタイルと相俟って、観客と舞台との心理的な距離を縮め、観客に自分もこの舞台に参加しているんだという思いを抱かせる。扇情的な音楽に乗って落ちて来たり、舞い上がったりするシャンデリアやヘリコプターといった文字通りのスペクタクル（それもまた演劇の楽しみの一つではあるが）の対極にある、演劇ならではの楽しさがここには間違いなく存在している。

『ファンタスティックス』のそんな魅力に取りつかれた演劇人はかなりいるようで、初演の閉幕から四年後の二〇〇六年八月に待望の再演が始まった。この公演のことは、当時テアトロ誌に書かせてもらった（本章の『ファンタスティックス再演』）。劇場はスナップル・シアター・センター（現ジェリー・オーバック劇場）。ロケーションこそブロードウェイの西五〇丁目だが、客席数約二百のオフ・ブロードウェイ。内装もサリヴァン・ストリート・プレイハウスに出来る限り似せているのは、基本的には初演の舞台を再現するためである。とは言え、初演の演出家ワード・ベイカーはすでに鬼籍に入っているので、作者のトム・ジョーンズがベイカーのオリジナルに基づいて演出している。初演と比べると、叙情性よりもにぎやかな祝祭性を強調した舞台になっている。デッラルテ色を強めたと言っても良いかも知れない。衣裳がデザイン、色合いともに少し誇張された鮮やかなものになっているのもそのせいだろう。(この衣裳はジョーンズと作曲のハーヴィー・シュミットが演出した三〇周年記念の全米ツアーの時のものが元になっている)。ジョン・ケンリックは、その著『ミュージカル演劇〜歴史〜』で再演にふれ、「このミュージカルと、そのオリジナルのステージングはその魔法のような魅力を全く失っていないことを証明した」と書いている。

この再演は二〇〇八年の二月に一旦終了したが、四ヵ月後に別のプロデューサーの手で同じ劇場で再開、今年の五月三日には初演から五十年を迎えた。これを記念してトム・ジョーンズが出演し、九年前に引退して故郷のテキサスに戻っているハーヴィー・シュミットも観に来るというので、ゴールデンウィークの連休を利用してニューヨークに行って来た。実はその一ヶ月半ほど前にもニューヨークに出かけ、その折にも『ファンタスティックス』は観ているので、どうしようか迷ったのだが、結果的には行って良かったどころか、この五〇周年の舞台を見逃していたら僕は一生後悔したであろうというほどの見事な公演だった。

特に書き記しておきたいことはいくつかある。先ず出演者が適役揃いで、アンサンブルがとても良いこと。中でもルイーサ役を演じたキンバリー・ウェーレンの好演。数年前にテキサスの大劇場で映画スターをエル・ガヨに配した公演があり、彼女はその時のルイーサ役のアンダースタディだったそうで、今回がニューヨーク・デビュー。演技も歌唱も申し分なく、しかも僕がこれまでに見た大勢のルイーサの中でも飛び切りの美人だ。ルイーサは二幕冒頭で相手役のマットが「良くみたら、ただの隣りの女の子」だと言うが、本当にどこにでもいそうな外見の女優がやったら駄目なのだ。何故なら『ファンタスティックス』には演劇についての演劇という側面があり、ルイーサはその紅一点のヒロインだからだ。過去に見たルイーサで強く印象に残っているベッツィ・ジョスリンやヴァージニア・グレゴリーは美女だったし、クリスティーン・チェノウェスは従来のルイーサとは一味も二味も違う個性派だった。（誤解のないように申し添えておくと、ここで言う外見は美醜の問題ではない。演技者のアウラをも含め、観客の目を惹くだけの何かを持っているかどうかである。「普通（ノーマル）になるのは嫌」だと神様に訴える普通の女の子を、如何にも普通の女の子が演じても面白くない、ヒロインとしての魅力と個性が必要なのだ。）

ウェーレンの演技でとりわけ感心したのは、二幕後半のミュージカル・ナンバー『回れ、回れ』である。このナンバーでは、マットがルイーサと喧嘩して故郷を飛び出した後、冒険に憧れるルイーサにエル・ガヨが幻想のヴェニスやインドを見せて旅に誘う。途中で、旅先でひどい目に会うマットの姿が何度か挿入される。それを見てルイーサは怖くなるが、エル・ガヨがその都度、笑った表情の仮面を被せ、彼女から現実を隠してしまう。この仮面はルイーサの本当の感情をねじ曲げ、別の感情を捏造するのだ。しかし、その偽の感情の底では本物の恐怖と苦痛がどんどん募って行く。「ただただ踊ろう」と歌うエル・ガヨに合わせて、彼女はソプラノで「アア！ハア！アア！ハア！」とオブリガートのヴォーカリーズを歌うが、その美しい歌声は次第に悲鳴を連想させるような感じに変化して行く。彼女が「疲れちゃった」と訴えても、エル・ガヨは「夜はまだ始まったばかりだ」と取り合わない。彼の言葉は陽気で能天気にさえ聞こえるかも知れないが、その態度は言葉とは裏腹に容赦のない冷厳たるものだ。ルイーサは「機械仕掛けの人形のように」（台本ト書き）ギクシャク動いて歌い続ける。本当の感情は押しつぶされてしまうのだ。最後には、舞台奥で拷問を受けるマットの前で、最早明らかに悲鳴としか思えない短いオブリガートを歌うルイーサを他の登場人物たちが取り囲み、まるで彼女の身体を「炎があぶるように」赤い布切れを「上下に動かし続ける」。つまり、拷問を受けているのはマットだけではない。このナンバーはルイーサにとって、マットとの喧嘩別れに次ぐ二つ目の通過儀礼（イニシエーション）、試練であり、彼女こそ拷問を受けているのだ。一見馬鹿馬鹿しく軽快なこのナンバーは、むしろグロテスクな様相をはっきりと纏っていなければならないのである。

と解説するのは簡単である。ところが、これまでに見たルイーサの中で、以上のことをきちんと分からせてくれた女優は実は一人もいなかった。それが今回は過不足なく分かった、伝わった。これは特筆すべきことである。

これには演出は勿論、他の出演者、特にエル・ガヨ役のエドワード・ワッツの好演も与って力があったと言うべきだろう。ワッツのエル・ガヨは、『回れ、回れ』の後、ルイーサに「キスして」とせがまれて唇にキスしかけるが、ためらい、代わりにまぶたにキスする。エル・ガヨはルイーサが成長するために彼女を騙し、心を傷つけなくてはならないが、本心では傷つけたくない。そのことがこの一瞬のためらいで的確に表現されていた。ところが皮肉なことに、以前からまぶたの上にキスしてもらいたいというロマンティックな憧れを抱いていたルイーサをかえって感動させてしまい、思わぬ結果にエル・ガヨはとまどい、かすかに動揺さえ見せる。こういう細部の描写が実に丁寧で説得力がある。

しかしこの舞台の一番の見ものは、やはり何と言ってもトム・ジョーンズがトーマス・ブルースの変名で演じるヘンリーである。一九六〇年の初演時、一九八八年から一年おきに都合三回に及んだ日本ツアー、四年前の再演開幕時と、過去に何度か演じてきた役だが、今回は五〇周年を記念して六週間限定での出演。八二歳の本人曰く「おそらくこれが最後」のヘンリー役。そして、これまでで最高のヘンリー役である。身に纏った衣裳もボロボロ、寄る年波に記憶力、視力、聴力、体力と役者に必要な力のほとんど全てを失いかけた流浪のシェイクスピア役者。残っているのは劇評の切り抜きにこめられた過去の栄光の思い出だけ。それとて果たしてどの程度のものだったのか。役者稼業の原点にして成れの果て。ヴィクトリア朝の、いやエリザベス朝の舞台から抜け出て来たような、滑稽にして哀切極まりないこの老優の役こそ、おそらく『ファンタスティックス』の魅力の或る部分を他の何よりも体現している。

今回の公演では、先述した四〇周年の際のCDの文章を書き直した印刷物が通常のプログラム（プレイビル）及び五〇年前の初演のプログラムの復刻版とともに配られた。そこでジョーンズは『ファンタスティックス』は「ロマンティシズムを寿ぐと同時にからかう試みでもある。この上なく優しい瞬間は笑いによって突然わざと「断ち切られる」。反対に、愉快な瞬間はひっくり返って、心の琴線にふれるものとなる」と書いている。そのことを最も良く分からせてくれるのがヘンリーの役なのだ。

ヘンリーが「私のハムレットは覚えておいでですでしょう?」と言うと、エル・ガヨは「勿論」と答える。エル・ガヨが本当に覚えているかどうかは怪しいが、ともあれ本音のところではまさか覚えている人間がいるとは予想していなかったヘンリーは、呆然とエル・ガヨを振り返ると、震える声で「覚えていらっしゃる?」とひと言。そうして相棒のマイム役者のモーティマーと抱き合って無言のまま喜びをかみ締める。馬鹿馬鹿しさと切なさが共存する瞬間である。このすぐ後にも、ヘンリーは「ご覧になりましたかな、私の—」と言うとポールにつかまり、老骨に鞭打ってやっとのことで古めかしい片膝立ちの求愛のポーズを決め、「ロミオは?」とエル・ガヨに訊く。今度は流石のエル・ガヨも「いや、残念ながら」と答えると、ヘンリーは寂しげに「そうですか」とつぶやくが、次の瞬間には「では切り抜きを」と劇評を見せようとする。（現在の上演では「いや、残念ながら」の後に、「ではブルータスは?」「私が生まれる前でしたから。」「ピーター・パンは?」「観たかったんですが、売り切れで。」といった

『ファンタスティックス』50周年公演より

C4　THE NEW YORK TIMES, MONDAY, MAY 3, 2010

"Fantasticks"

Try To Remember

Words by TOM JONES

Music by HARVEY SCHMIDT

Moderato

Piano

the night of May 3, 1960 when "The Fantasticks" opened, and tonight, celebrates its 50th Anniversary,

Refrain (Slowly, with tenderness)

G　Am　D7

1. Try to re - mem - ber the kind of Sep - tem - ber when
2. Try to re - mem - ber when life was so ten - der that
3. Deep in De - cem - ber it's nice to re - mem - ber al -

still the longest-running musical in the world!

G　Am　D7

life was slow and oh, so mel - low.
no one wept ex - cept the wil - low.
tho' you know the snow will fol - low.

The Jerry Orbach Theater / Snapple Theater Center
Broadway @ 50th St. / Tel: 212-921-7862

Copyright © 1960 by Tom Jones and Harvey Schmidt
Chappell & Co., Inc., Owner of publication and allied rights throughout the world
International Copyright Secured　ALL RIGHTS RESERVED　Printed in U.S.A.
Unauthorized copying, arranging, adapting, recording or public performance is an infringement of copyright.
Infringer are liable under the law.

2010年5月3日のニューヨーク・タイムズ紙に載った50周年の広告。（デザインはハーヴィー・シュミット）

「もうすぐ雨が降る」を歌う手前左からキンバリー・ウェーレン（ルイーサ）とエリック・アルテマス（マット）。奥はマット・レイジー（ミュート）。
（撮影／キャロル・ローゼック）

エドワード・ワッツ（エル・ガヨ）。（撮影／キャロル・ローゼック）

やり取りが足されている。)

おもしろうてやがて哀しきヘンリーのイメージがひと際くっきりと浮かび上がったのは、一仕事終えた後、エル・ガヨに「もう行くのかい?」と声をかけられ、「はい。いずこへか参ります。昔の仲間もほとんど残ってはおりませぬ——モーティマーと私だけ」と答えた時だ。「いずこへか参ります」は原文ではGoing Somewhereだが、Goingの後に一拍の間を空け、飄々とさり気なく、それでいてそくそくと迫って来る寂寥感を湛えてSomewhereと続けるその演技に胸を打たれた。「昔の仲間もほとんど残ってはおりませぬ」という台詞を言ったとき、ジョーンズが五〇年前の正真正銘のオリジナル・キャストであり、そして当時の出演者でいまだに生き残っているのは、彼以外にはこの夜客席にいたリタ・ガードナー(ルイーサ役)一人であることを知っている僕たち観客には、この台詞はいっそう胸に迫るものがあった。初演の出演者だけではない。過去五〇年間の数知れぬ出演者とスタッフ、その中には演劇界を去った者もこの世を去った者も少なからずいるだろう。それらの演劇人たちの姿が、もっと言えば五〇年という時の流れが、ジョーンズの演技を通して「見えた」のだ。一観客である僕の勝手な思い込みだと言われればそれまでだが、しかし演劇とは本来そういうものではなかったのか。目の前の舞台を真に豊かなものにするのは、観客一人ひとりの「思い込み」ではないのか。人生の最後の仕上げは眠りがするとしても、舞台の最後の仕上げをするのは観客である。

一幕の大詰めの誘拐の場面で、ジョーンズのヘンリーはルイーサを抱えたまま、わざと客席に顔を向け、目を輝かせ、アインシュタインの有名な写真のように舌を突き出して舞台を回る。誘拐を楽しんでいることを観客に誇示する演技、ヴォードヴィルやサーカスの道化師を思わせる演技である。その一方、「いずこへか参ります」以下の演技の何というリアルさ。彼は二つの異なる演技スタイルの間を自在に行き来して、全く矛盾がない。ジョーンズは舞台の上でまさしく自由なのである。箱の中から登場したヘンリー＝ジョーンズは、客席の最前列にいた僕の九歳になる息子を目ざとく見つけると軽く手を振りさえした。普段のトム・ジョーンズ氏と舞台上のヘンリー・アルバートソンは佇まいからして全くの別人である。だが、それでいてヘンリーは間違いなくジョーンズその人である。ここには演じるということの核心がある。そしてこの自由自在さこそ『ファンタスティックス』というミュージカルの魅力の本質であり、この作品を演じるにはこういう一種の即興の感覚が絶対に必要なのだと実感もした。（ついでに書いておくと、ジョーンズのヘンリーを僕は過去に何度か見ているが、公演の都度、彼の演技は違う。前に演じた時の決め事に囚われていない。）

ヘンリー以外で例を挙げると、一幕の中盤で偽装誘拐の手助けをしてくれる役者が必要だとエル・ガヨが観客に語りかける。従来はそれだけだったのだが、今回は「どなたか手伝って頂けませんか」と観客に問いかける。僕は五月一日と三日の二回観たのだが、一日は客席に過去の出演者が大勢座っていた。それを当て込んで、エル・ガヨは「今夜はその辺に大勢いそうなんですがね」と言った。勿論、本当の即興ではないだろう。三日の晩は、この台詞に対して一般の観客が「手伝おう」と手を挙げた。さて、どう捌くかなと見ていたら、エル・ガヨ曰く「俳優組合には入ってますか？いない？残念。」客席は大いに沸いた。アメリカでは俳優組合に加入していない者はプロの舞台には立てないのである。これを楽しめない人間には『ファンタスティックス』は無縁である。

一日のカーテンコールでは、ジョーンズの呼びかけに応じて客席にいたこれまでの出演者たちが何十人と舞台に出て行き、観客と『トライ・トゥ・リメンバー』を唱和した。三日のカーテンコールでは観客が総立ちになってスタンディング・オベーションを送った。僕の知る限り『ファンタスティックス』

では初めてのことだ。昨今のブロードウェイでは舞台の出来に関係なく（としか思えない）、おのぼりさん主体の観客が立ち上がって拍手する。スタンディング・オベーションが半ば慣習化されてしまったのではないかと疑いたくなるほどだ。けれど、この五月三日のそれは本物だった。ルイーサ役のキンバリー・ウェーレンは満面の笑みを浮かべ、しかし明らかに驚き戸惑っていた。

ジャン＝ルイ・バローが演劇とは人と人との出会いだといった意味のことを書いていた。その通りだろう。様々な出会いを経て、最後には観客と俳優が役を通して出会う。舞台上で展開される物語は虚構であっても、劇場空間での観客と俳優の出会いは紛う方なき現実である。一期一会の、二度とない束の間の逢瀬である。同じ作品、同じ演出、同じ出演者であっても、観客が変われば舞台は変わる。いや、たとえ同じ観客であってさえ、同じ舞台は二度とない。しかし、だからこそ、その出会いは観客に（ことによったら演技者にも）生涯忘れがたいほどの感動を残すかも知れない。その感動は何物にも替えがたい。舞台が優れていればこそそう思う。そんな演劇の魅力を最良の形で実感させてくれたのが今回の『ファンタスティックス』の舞台だった。

ピーター・ブルックは『なにもない空間』で、日常生活では見えないものを見えるようにする祭儀的な神聖演劇と、猥雑なエネルギーに満ちた野性演劇の衝突と統合について書いている。それはジョーンズとシュミットが追求していた理想の演劇でもあった筈だ。その理想が初演から五〇年たった今、彼らの第一作で達成されている。

再演版のＣＤに寄せた文章で、ジョーンズ自身もこう書いている。「作曲家のハーヴィー・シュミットと私がポートフォリオという実験的な小劇場をニューヨークで主宰していた時、私たちが試みようとしたことの一つは儀式の感覚を創り出すことだった。これはとても難しいことだ。何故なら、ある意味で、儀式を「創り出す」ことは出来ないからだ。それが出来るのは時間だけだ。時を経ての繰り返しだ。そしてそこでの私たちの努力は実を結ばなかったが、私は気がついたのだ、『ファンタスティックス』こそ何か儀式そのものになっているのではないかと。厳かで陰気なものになったというのではない。『ファンタスティックス』は依然として軽くロマンティックなミュージカルによる寓話だし、ほとんどの観客は笑いと音楽を求めてやって来る。しかし、この作品に係わっている者や、何度も繰り返し観に来る多くの人々にとっては、あの演台、簡素な木の演台と、シンプルな物語をいつ果てるともなく語ることには何かがあるのだ、もっと深い意味が。驚いたことに、私たちは、自分でも気がつかないうちに、いつも何よりも求めていたことを成し遂げていたらしい、儀式としての演劇の祝祭を。」

付記――体調不良のため、ハーヴィー・シュミット氏の参加は残念ながら直前になってキャンセルされた。代わりに、あの特徴のある筆跡（チャイナシルクの幕に描かれたTHE FANTASTICKSもシュミット氏の手描き）で書かれたメッセージが劇場ロビーに掲示された。九年ぶりの再会を期待していた僕はがっかりしたが、ジョーンズ氏は「無理をして来るのではと心配だったから、ハーヴィーのためにはこの方がいい」と安堵の表情だった。

家族で観劇した翌日、ジョーンズ氏の自宅近くのレストランで、家内と息子ともども昼食をご馳走になった。ヘンリーがどうやって箱の中に隠れるのか、箱の下に穴でも開いているのかと不思議に思った息子がそのことを尋ねると、ジョーンズ氏は「奈落はないんだ。あの箱は後ろが開いていて、出の直前にお客に分からないようにそっと床を這って中に身を潜めるんだよ。馬鹿みたいだし、年寄りがやることじゃないね」と笑った。

追記――ひとつ重要なことを書き落していた。五〇周年の舞台を観ていて一ヶ所気になったことがある。ジョーンズ氏は絶えず作品に改訂を加えているが、今回は二幕終わりのエル・ガヨの台詞を書き変えていた。

帰って来たマットがルイーサと抱き合っているのを見たベロミーが「奇跡だ。壁を壊そう」と言うと、従来はエル・ガヨがすかさず「いや。壁はそのまま。／いいですか――／壁はいつでもあった方がいいのです（You must always leave the wall.）」と割って入る。

このやり取りは原作にもあり、エル・ガヨに相当するストラフォレルの台詞はフレミング訳では「いや、壁はそのままに。壁がなかったおかげで、散々でした」、バレット・H・クラーク訳では「いや、（再建途中の）壁は完成させましょう。壁は絶対に必要です」となっている。誘拐劇の代金を支払ってもらうために四苦八苦したストラフォレルの困惑ぶりも伺えて、笑える台詞になっている。が、勿論そこには人生にはいつでも克服すべき障害物があった方が良いのだという含みが、人生訓がある。『ファンタスティックス』では、笑いの要素は消え、含みの方が前面に現れている。

この台詞が今回、「いや、壁はそのまま。／問題は壁ではないのです（It's not about the wall.）」と変わっていたのだ。壁はマットとルイーサの恋を燃え上がらせるために父親たちがわざと作った障害物であり、取りあえず「ハッピー・エンド」となった後、二幕の頭ではすでに取り壊されている。しかし、早くも単調な日常生活に退屈し始めたマットが「月が懐かしいな」と愚痴ると、ルイーサが「あたしも」と言うのと呼応するように、父親たちも「壁を壊すなんて、馬鹿なことをしたもんだ。」「全くだ。」と後悔している。

壁は月と同様、ロマンティシズムの象徴でもある。壁も月も失くした四人はいさかいを始め、マットは冒険を求めて家出し、壁は再び建てられることになる。人生の辛酸を舐めて戻って来たマットは、やはり傷ついたルイーサと再会する。二人は子供じみたロマンティックな夢想から脱し、成熟した大人への一歩を踏み出す。作りものの壁は確かにもう要らない。何故なら人生の障害物としての壁は、この時点の二人にとってはすでに内面化されているからだ。具体的な物としての壁は、あろうがなかろうが確かにもはや「問題ではない」のである。

だが、しかし、以上のことが改訂されたこの最後のひと言で観客にどこまで理解されるだろうか。物としての壁は要らなくても、象徴としての壁は、内面化された障害物としての壁は、やはり「いつでもあった方がいい」のではなかろうか。原作に比べてずっと呈示的、象徴的な手法を駆使して作られているる『ファンタスティックス』には、むしろ従来の台詞の方が分かりやすいのではないか。そんな気がするのである。つまり、この最後の台詞が発せられた時には、観客もまた壁の存在をすでに内面化して捉えているのではないかということである。観客にとっても、そもそもの初めから舞台上に写実的に再現されていない壁は、すでに象徴的存在となっている筈だ。

本書でくどくどしく述べて来たように、人生には現実的な見方だけでなく夢も必要だ。それがジョーンズ&シュミットのミュージカルの通奏低音の一つでもあった筈だ。問題の台詞の直後にエル・ガヨが歌う『トライ・トウ・リメンバー』（リプリーズ）の第三コーラスの歌詞には「一二月も深まる今、思い出すのは良いことだ、／私たちを豊かに実らせてくれた九月の炎を」とある。人は成長するために子供時代の夢想から脱しなければならないが、それは夢想を完全に捨て去ることではないのである。人はパンのみにて生くるにあらず。その意味を明確にするためにも従来の台詞の方が良い、僕にはそう思えて仕方がない。

今回の変更も試行錯誤の一環であろうし、ことによると今回とは違う、しかも従来の台詞よりさらに分かりやすく深い表現がジョーンズ氏の筆先から生まれて来ることを願う。

改訂増補版のための付記――『ファンタスティックス』再演は二〇一七年六月四日に四三九〇回を以って十一年に渡る公演の幕を降ろした。実はその二年前の五月に閉幕する筈だったのが、匿名の出資者二名が公演継続のためにとかなりの額の寄付を行い、そのお陰でさらに二年間の続演が可能になったと聞く。初演の折に、周囲の反対を押し切ってなけなしの私財を注ぎ込んで公演続行を敢行したローリー・ノートと言い、『ファンタスティックス』には人をそこまで虜にする魅力が確かに備わっているのだ。

二〇二〇年は初演から数えて六〇周年の記念の年に当たる。「トライ・トゥ・リメンバー」の試みがアメリカは勿論日本をはじめとする世界中の国々でなされるよう祈りたい。

あとがき

この長いエッセイの出発点は、大学二年の時にゼミのガリ版刷りの会報に書いたアトリエ41公演『ファンタスティックス』の劇評である。その頃、ジェーン・エレン・ハリソンの『古代藝術と祭式』を読んだばかりの僕は、そこに書かれていた古代ギリシア演劇の原像と『ファンタスティックス』が重なることに気がつき、劇評でそのことにふれた。その後、一九八四年の六月にパルコ劇場で『I DO! I DO!』が草笛光子、細川俊之主演で『結婚についての物語』の邦題で上演されたときの公演プログラムには『儀式としてのミュージカル』と題して、ジョーンズ&シュミットのミュージカルについての短文を寄せた。肩書きには演劇評論家とある。羊頭狗肉もいいところで、実際には製作スタッフの下働きのアルバイトであった。

演劇評論家はすぐに廃業して、芝居やミュージカルの翻訳を始め、そのうち成り行きで演出家を名乗ることになり、そのままあっという間に四半世紀が過ぎた。せっかく評論家をやめたのに、演出家になってても公演のプログラムや演劇雑誌に雑文を書く機会はかえって増え、中でもジョーンズ&シュミットのミュージカルについては、拙訳の解説等それなりの分量がいつの間にか溜まっていた。

本書は、それらの文章をかき集め、再構成し、大幅に加筆訂正を加えて一冊にまとめたものである。作品からの引用は全て拙訳である。歌詞の訳については、以前発表した際には日本語で歌えるように音楽に合わせて訳したものを引用したが、今回は全て原文からの直訳に直した。『ファンタスティックス』については百枚以上書き足し、『グローヴァーズ・コーナーズ』と『ショーは続く』、『ロードサイド』についてはほぼ書き下ろしである。内容的に重複している部分はなるべく省くよう努めたつもりだが、中にはあえてそのままにしてある個所もある。生来のくどい性質が顔を出したまま引っ込んでくれなかったのだ。

第五章は、演劇雑誌テアトロに掲載したエッセイに、発表時に枚数の都合で割愛した個所を復活させ、最小限の加筆訂正を加えてそのまま再録した。そのため、他の章といささか趣きが異なっている。それを承知で何故そのまま再録したのかは、読んで頂ければ分かってもらえるのではないかと思う。戯曲をミュージカル化した際の原作との違いについて、或いは原作のどこをどう歌や踊りのナンバーにしたかについて些かくどいくらいに書いたのは、この国の若い演劇人がミュージカルを創作する時のせめてヒントにでもなってくれればという思いからである。日本ではミュージカルとは名ばかりの歌入り芝居をいまだに見かける。両者の違いについて本書で詳述することはしなかった。近い将来、ミュージカルとは何かについても一冊にまとめて上梓したいと思っている。

本書は学術書ではないので、注は一切付けず、本文の中に盛り込むようにした。そのため往々にして話があちこちへ飛び、論旨が分かりにくくなってしまった憾みなしとしない。（僕の大学での講義そのままである。）引用文の出典が明記されていない場合も多い。さすがに気が引けるので、本書を執筆するにあたって主に参照したり、様々なヒントをもらったりした文献を以下に記しておく（順不同）。他にも、煩瑣になるので一々挙げないが、各作品の初演（及び再演）のオリジナル・キャストによる録音CDは言うに及ばず、そのライナーノーツ、公演プログラム、及びニューヨークのリンカーン・センターにある舞台芸術図書館で観させてもらった『フィレモン』初演並びにテレビ放映時のビデオ、『ミレット』ノーマ・テリス公演のビデオ、同所でコピーさせてもらった各公演の劇評にも大いに恩恵を蒙った。

Tom Jones and Harvey Schmidt ; THE FANTASTICKS／CELEBRATION, 1973, Drama Book Specialists/Publishers

Tom Jones and Harvey Schmidt ; THE FANTASTICKS : 30thAnniversary Edition, 1990, Applause Theatre Book Publishers

Tom Jones and Harvey Schmidt ; THE FANTASTICKS : Director`s Stage Guide (not for sale), Music Theatre International

Tom Jones and Harvey Schmidt ; CELEBRATION, unpublished script

Tom Jones and Harvey Schmidt ; I DO ! I DO ! : Director`s Stage Guide (not for sale), Music Theatre International

Tom Jones and Harvey Schmidt ; PHILEMON : Director`s Stage Guide (not for sale), Music Theatre International

Tom Jones and Harvey Schmidt ; THE BONE ROOM, unpublished script

Tom Jones and Harvey Schmidt ; COLETTE COLLAGE, unpublished script

Tom Jones and Harvey Schmidt ; GROVER'S CORNERS, unpublished script

Tom Jones and Harvey Schmidt ; ROADSIDE, unpublished script

N.Richard Nash, Tom Jones and Harvey Schmidt ; 110 IN THE SHADE, unpublished script

Elizabeth Diggs, Tom Jones and Harvey Schmidt ; MIRETTE, unpublished script

Tom Jones, Offenbach and Nancy Ford ; THE GAME OF LOVE, Libretto／Vocal Book (not for sale), Music Theatre International

Tom Jones and Joseph Thalken ; HAROLD & MAUDE, unpublished script

Tom Jones and Andrew Gerle ; LA TEMPESTA, unpublished script

Tom Jones ; MAKING MUSICALS, 1998, Limelight Editions

Tom Jones ; THE MAKING OF 110 IN THE SHADE Or, how we learned to work with David Merrick, Theatre Week, July 20-26, 1992

Tom Jones ; TRYING TO REMEMBER, a work in progress, unpublished manuscript

Harvey Schmidt ; MUSIC OF SUNNY MEADOWS (not for sale)

Donald C. Faber & Robert Viagas ; THE AMAZING STORY OF THE FANTASTICKS : America's Longest Running Play, 1991, Citadel Press

Robert Viagas ; THE FANTASTICK CAREER OF JONES&SCHMIDT, Show Music, Fall 1996 Volume Twelve, Number Three, Goodspeed Opera House Foundation

Ira Weitzman ; THE ART OF LYRIC WRITING, The Dramatist, July/August 2004, The Dramatists Guild of America,Inc.

John Anthony Gilvey ; BEFORE THE PARADE PASSES BY : Gower Champion and the Glorious American Musical, 2005, St. Martin's Press

David Payne-Carter ; GOWER CHAMPION : Dance and American Musical Theatre, 1999, Greenwood Press

Ken Mandelbaum ; NOT SINCE CARRIE : 40 Years of Broadway Musical Flops, 1991, St.Martin's Press

David Ewen ; NEW COMPLETE BOOK OF THE AMERICAN MUSICAL THEATRE, 1970, Holt Rinehart Winston

Steven Suskin ; OPENING NIGHT ON BROADWAY : A Critical Quotebook of the Golden Era of the Musical Theatre, Oklahoma! (1943) to Fiddler on the Roof (1964), 1990, Schimer Books

Steven Suskin ; MORE OPENING NIGHTS ON BROADWAY : A Critical Quotebook of the Musical Theatre,1965-1981, 1997, Schirmer Book

Steven Suskin ; SHOW TUNES : The Songs, Shows, And Careers Of Broadway's Major Composers, revised and expanded fourth edition, 2010, Oxford University Press

Mary Martin ; MY HEART BELONGS, 1976, William Morrow And Company,Inc.

Stanley Green ; THE WORLD OF MUSICAL COMEDY, revised and enlarged fourth edition, 1980, A.S.Barnes&Company, Inc.

Denny Martin Flinn ; LITTLE MUSICALS FOR LITTLE THEATRES : A Reference Guide to Musicals That Don't Need Chandeliers or Helicopters to Succeed, 2006, Limelight Editions

Thomas S.Hischak ; WORD CRAZY : Broadway Lyricists from Cohan to Sondheim, 1991, Praeger Publishers

Thomas S.Hischak ; BOY LOSES GIRLS : Broadway's Librettists, 2002, The Scarecrow Press, Inc.

Thomas S.Hischak ; THROUGH THE SCREEN DOOR : What Happened to the Broadway Musical

When It Went to Hollywood, 2004, the Scarecrow Press, Inc.

Thomas Hischak ; THE OXFORD COMPANION TO AMERICAN MUSICAL, Theatre, Film,and Television, 2008, Oxford University Press

Allardyce Nicoll ; MASKS MIMES AND MIRACLES : Studies in the Popular Theatre, 1963, Cooper Square Publishers

Gerald Bordman ; AMERICAN MUSICAL THEATRE : A Chronicle, Third Edition, 2001, Oxford University Press

Gerald Bordman ; THE CONCISE OXFORD COMPANION TO AMERICAN THEATRE, 1987, Oxford University Press

Lehman Engel ; WORDS WITH MUSIC : The Broadway Musical Libretto,1972, Schirmer Books

Lehman Engel ; THEIR WORDS ARE MUSIC : The Great Theatre Lyricists and Their Lyrics, 1975, Crown Publishers,Inc.

Ethan Mordden ; OPEN A NEW WINDOW : The Broadway Musical In The 1960s, 2001, St.

Ethan Mordden ; THE HAPPIEST CORPSE I'VE EVER SEEN : The Last 25 Years Of The Broadway Musical, 2004 , Palgrave Macmillan

Ethan Mordden ; ON SONDHEIM : An Opinionated Guide, 2016, Oxford University Press

Scott Miller ; STRIKE UP THE BAND : A New History of Musical Theatre, 2007, Heinemann

Larry Stempel ; SHOWTIME : A History of the Broadway Musical Theater, 2010, W.W.Norton& Company

John Kenrick ; MUSICAL THEATRE : A History, 2008, Continuum

Kurt Ganzl ; THE ENCYCLOPEDIA OF THE MUSICAL THEATRE, Second Edition, Volume2&3, 2001, Schimer Books

Mark N.Grant ; THE RISE AND FALL OF THE BROADWAY MUSICAL, 2004, Northeastern University Press

Howard Kissel ; DAVID MERRICK : The Abominable Showman,the unauthorized biography, 1993, Applause Books

Cheryl Crawford ; ONE NAKED INDIVIDUAL : My Fifty Years in the Theatre, 1977, The Bobbs-Merrill Company, Inc.

Milly S. Barranger ; A GAMBLER'S INSTINCT : The Story of Broadway Producer Cheryl Crawford , 2010, Southern Illinois University Press

Ken Bloom&Frank Vlastnik ; BROADWAY MUSICALS : The 101 Greatest Shows of All Time, 2004, Black Dog&Leventhal Publishers

Cecil Smith&Glenn Litton ; MUSICAL COMEDY IN AMERICA, 1980, Theatre Arts Books

John Bush Jones ; OUR MUSICALS, OURSELVES : A Social History of the American Musical Theatre, 2003, Brandeis University Press

Don B.Wilmeth ed. ; THE CAMBRIDG GUIDE TO AMERICAN THEATRE, Second Edition, 2007, Cambridge University Press

Stephen Peithman and Neil Offen ed. ; STAGE DIRECTIONS／Guide to Musical Theater, 2002,

Heinemann

John Kenneth Muir ; SINGING A NEW TUNE : The Rebirth of the Modern Film Musical from Evita to De-Lovely and Beyond, 2005, Applause Theatre & Cinema Books

Otis L.Guernsey Jr. ed. ; THE BEST PLAYS OF 1968-1969, 1969, Dodd, Mead&Company

Otis L.Guernsey Jr. ed. ; BROADWAY SONG&STORY : Playwrights Lyricists Composers Discuss Their Hits, 1985, Dodd, Mead&Company

David Jenness and Don Velsey ; CLASSIC AMERICAN POPULAR SONG : The Second Half-Century, 1950-2000, Routledge

StuartW.Little ; OFF BROADWAY : The Prophetic Theater, 1972, Coward, McCann, Geoghegan, Inc.

Lee Alan Morrow ; THE TONY AWARD BOOK : Four Decades of Great American Theatre, 1987, Abbeville Press

John Rudlin ; COMMEDIA DELL'ARTE, 1994, Routledge

Francis R.Gemme ; THORNTON WILDER'S OUR TOWN AND THE BRIDGE OF SAN LUIS REY AND OTHER WORKS, 1965, Monarch Press

Chris Morash ; YORK NOTES ON OUR TOWN, 1988, York Press Longman

Edmond Rostand, Freely done into English verse by George Fleming ; THE FANTASTICKS, 1987, Howard Fertig,Inc. (Reprint. Originally published : New York : R.H.Russell, 1900)

Edmond Rostand, translated by Barrett H. Clark ; THE ROMANCERS, 1942, Samuel French

N.Richard Nash ; SELECTED PLAYS, 1996, A Greenhouse and Kirby Book

Jan De Hartog ; THE FOURPOSTER, 1952, Random House

Emily Arnold McCully ; MIRETTE ON THE HIGH WIRE, 1992, G.P.Putnam's Sons

Thornton Wilder ; OUR TOWN, 1991, The Heritage Press

Thornton Wilder : COLLECTED PLAYS & WRITINGS ON THEATER, 2007, The library of America

Colin Higgins ; HAROLD AND MAUDE, 1971, J.B.Lippincott Company

THE COMPLETE WORKS OF WILLIAM SHAKESPEARE, 1996, Wordsworth Editions Limited

Harvey Schmidt and Tom Jones ; THE FANTASTICKS : 50th Anniversary Edition Vocal Score, 2010, Alfred Music Publishing Co.Inc.

Harvey Schmidt and Tom Jones ; 110 IN THE SHADE : Vocal Score, Hal Leonard Publishing Corporation

Harvey Schmidt and Tom Jones ; I DO! I DO! ; Vocal Score, Hal Leonard Publishing Corporation

Harvey Schmidt and Tom Jones ; CELEBRATION : Vocal Score, 1970, Portfolio Music, Inc./Chappel Music Company

Harvey Schmidt and Tom Jones ; PHILEMON : Vocal score (not for sale) Music Theatre International

Tom Jones and Harvey Schmidt ; THE BONE ROOM : Vocal Score (not for sale) Portfolio Productions

Tom Jones and Harvey Schmidt : COLETTE COLLAGE : Vocal Score (not for sale) Music Theatre International

Tom Jones and Harvey Schmidt : MIRETTE : Vocal Score (not for sale) Music Theatre International

Tom Jones and Harvey Schmidt : THE SONGS OF JONES & SCHMIDT : A Special Collector's Edition, 1990, Hal Leonard Publishing Corporation

Tom Jones, Offenbach and Nancy Ford : THE GAME OF LOVE : Vocal Score (not for sale) Music Theatre International

Tom Jones and Joseph Thalken : HAROLD & MAUDE : Vocal Score (unpublished)

Tom Jones and Andrew Gerle : LA TEMPESTA : Vocal Score (unpublished)

ピーター・ブルック著、高橋康也、喜志哲雄訳『なにもない空間』一九七一、晶文社

ジェーン・エレン・ハリソン著、喜志哲雄訳『古代藝術と祭式』（『世界の名著　続15　近代の藝術論』所収）一九七四、中央公論社

ジェーン・エレン・ハリスン著、星野徹訳『古代の芸術と祭祀』一九七四、法政大学出版局

ギルバート・マリー著、山田恒人訳『ギリシア悲劇における祭式形態』（「文芸研究」第二十七号、第二十九号）一九七二、一九七三、明治大学文学部

アリストテレース著、松本仁助、岡道男訳『詩学』（アリストテレース『詩学』ホラーティウス『詩論』）一九九七、岩波文庫

フランシス・ファーガソン著、山内登美雄訳『演劇の理念』一九七五第10刷、未来社
フィリス・ハートノル著、白川宣力、石川敏男訳『演劇の歴史』一九八一、朝日出版社
チェザーレ・モリナーリ著、倉橋健訳『演劇の歴史』上・下巻　一九七七、パルコ出版
アラダイス・ニコル著、浜名恵美訳『ハーレクィンの世界〜復権するコンメディア・デッラルテ〜』一九八九、岩波書店
コンスタン・ミック著、梁木靖弘訳『コメディア・デラルテ』一九八七、未来社
カルロ・ゴルドーニ著、田之倉稔編訳『ゴルドーニ劇場』一九八三、晶文社
ウーゴ・ロンファーニ著、高田和文訳『ストレーレルは語る―ミラノ・ピッコロ・テアトロからヨーロッパ劇場へ―』一九九八、早川書房
J・ルース＝エヴァンズ著、佐多真徳、石塚浩司訳『世界の前衛演劇』一九七五、荒竹出版
B・ロジャーズ＝ガードナー著、石井美樹子訳『ユングとシェイクスピア』一九九六、みすず書房
ジョーゼフ・カーマン著、三浦淳史監修、南條竹則、辻昌宏、鈴木圭子訳『ドラマとしてのオペラ―名作オペラを検証する―』一九九四、音楽之友社
ウィリアム・シェイクスピア著、大場建治対訳・注解『真夏の夜の夢』二〇〇五、研究社
ソーントン・ワイルダー著、鳴海四郎訳『わが町』二〇〇七、ハヤカワ演劇文庫
ベルトルト・ブレヒト著、千田是也訳『三文オペラ』一九九七第38刷、岩波文庫
ベルトルト・ブレヒト著、千田是也訳編『今日の世界は演劇によって再現できるか―ブレヒト演劇論集―』一九六二、白水社
サマセット・モーム著、行方昭夫訳『サミング・アップ』二〇〇七第三刷、岩波文庫

サー・ジェームズ・ジョージ・フレイザー著、メアリー・ダグラス監修、サビーヌ・マコーマック編集、内田昭一郎・吉田晶子訳『図説　金枝篇』一九九四、東京書籍

フレイザー著、永橋卓介訳『金枝篇』全五巻、二〇〇五第37刷、岩波文庫

ヴィクトール・E・フランクル著、池田香代子訳『夜と霧』二〇〇二、みすず書房

エーリッヒ・フロム著、鈴木晶訳『愛するということ』一九九一、紀伊国屋書店

コレット著、川口博他訳『コレット著作集』全十二巻、一九七〇～一九七八、二見書房

コレット著、工藤庸子訳『わたしの修業時代』二〇〇六、ちくま文庫

コレット著、工藤庸子訳『シェリ』一九九三、岩波文庫

コレット著、工藤庸子訳『シェリの最後』一九九四、岩波文庫

コレット著、片山正樹訳『さすらいの女』（新装　世界の文学コレクション36）一九九四、中央公論社

ハーバート・ロットマン著、工藤庸子訳『コレット』一九九二、中央公論社

ジョゼフ・ギース、フランシス・ギース著、青島淑子訳『中世ヨーロッパの都市の生活』二〇〇六、講談社学術文庫

C・G・ユング他著、河合隼雄監訳『人間と象徴～無意識の世界～』上下巻、一九七五、河出書房新社

喜志哲雄著『ミュージカルが《最高》であった頃』二〇〇六、晶文社

喜志哲雄著『シェイクスピアのたくらみ』二〇〇八、岩波新書

福田恆存著『劇場への招待』一九五七、新潮社

山内登美雄著『演劇の視覚』一九九七、白鳳社
毛利三彌著『演劇の詩学〜劇上演の構造分析〜』二〇〇七、相田書房
渡邊守章著『舞台芸術論』一九九六、放送大学教育振興会
渡邊守章著『舞台芸術の現在』二〇〇〇、放送大学教育振興会
谷口幸男・遠藤紀勝著『仮面と祝祭〜ヨーロッパの祭に見る死と再生〜』一九八二、三省堂
山口昌男著『道化の民俗学』一九七五、新潮社
山口昌男著『身体の想像力〜音楽・演劇・ファンタジー〜』一九八七、岩波書店
山口昌男著『宇宙の孤児・演劇論集』一九九〇、第三文明社
高橋康也著『道化の文学〜ルネサンスの栄光〜』一九七七、中央公論新社
佐和田敬司、藤井慎太郎、冬木ひろみ、丸木隆、八木斉子編『演劇学のキーワーズ』二〇〇七、ぺりかん社
亀井俊介著『サーカスが来た！〜アメリカ大衆文化覚書〜』一九七六、東京大学出版会
遠藤周作著『人間のなかのX』一九八一、中公文庫
工藤庸子構成・文『コレット　その愛と文学』（マリ・クレール一九九二年一二月号）
河合隼雄著『著作集1／ユング心理学入門』一九九四、岩波書店
河合隼雄著『著作集2／ユング心理学の展開』一九九四、岩波書店
河合隼雄著『著作集第Ⅱ期1／コンプレックスと人間』二〇〇一、岩波書店
秋山とし子著『夢判断』一九八一、講談社現代新書
秋山とし子著『ユングの心理学』一九八二、講談社現代新書

秋山とし子著『ユング心理学へのいざない―内なる世界への旅―』一九八二、サイエンス社

邦訳が出版されている、つまり上演台本として使用可能なジョーンズ&シュミットの作品には次のものがある。

『ファンタスティックス』（山内あゆ子、勝田安彦訳）二〇〇三、劇書房

『ジョーンズ&シュミット　ミュージカル戯曲集』（『I DO!I DO!』、『フィレモン』、『コレット・コラージュ』収録。勝田安彦訳）二〇〇七、カモミール社

『ジョーンズ&シュミット　ミュージカル戯曲集Ⅱ』（『セレブレーション』、『ミレット』収録。勝田安彦訳）二〇一一、カモミール社

ジョーンズがシュミット以外の作曲家と組んだミュージカルの翻訳には次のものがある。

『恋のたわむれ～ゲーム・オブ・ラヴ～』（勝田安彦訳）二〇〇七、カモミール社

未出版の作品の台本や譜面、『ニューヨーク・スクラップブック』を録画したＤＶＤや舞台写真その他多くの入手困難な資料を提供して下さったトム・ジョーンズ、そしてポートフォリオ・スタジオの活動について何か資料をとお願いしたところ、新聞記事や劇評、基本舞台のデザイン画、舞台写真や稽古中のスナップ、プログラムやチラシ、果てはチケットに至るまで数々の貴重な資料をご自身のデザイン

された美しいポートフォリオに収め、夫々に手書きの解説まで付して送って下さった上、デザイン画やスケッチ等の掲載を快諾して下さったハーヴィー・シュミットのお二人には感謝の言葉もない。本書掲載用の舞台写真その他のヴィジュアルなコレクションを時間と労力を惜しまず提供して下さったダン・シャヒーン氏にも心からお礼を申し上げる。そして僕がこれまでに演出したジョーンズ&シュミット作品の出演者やスタッフの全員にも感謝する。『フィレモン』初演の司令官を演じた池田鴻さん、『ファンタスティックス』のハックルビー役の山内賢さん、『I DO! I DO!』の夏夕介さん等すでに鬼籍に入られた方もいる。彼らとの共同作業がなければ、本書が形になることはなかったであろう。

『ファンタスティックス』をもう一度演出してみたい、そしてまだ手掛けていない『グローヴァーズ・コーナーズ』をいずれ何としてでも上演したい。本書を執筆してその思いは一層強くなったようだ。

だがそれより何より、本書によって僕より若い世代の演劇人がジョーンズ&シュミットのミュージカルに少しでも興味を持ってくれれば、そして彼らの作品が日本でももっと上演されるようになってくれれば、それに勝る喜びはない。『レ・ミゼラブル』や『ミス・サイゴン』、『オペラ座の怪人』や『ライオン・キング』ばかりがミュージカルではない。デニー・マーティン・フリンが言うように、ジョーンズとシュミットの「言葉と音楽は――ほとんどの場合、時代や場所に結びつけられていないので――いつまでも生き続け、そして劇場の歌を愛する観客をいつまでも魅了するだろう」。そう信じたい。

二〇一一年一一月七日記す

改訂増補版あとがき

『コレット・コラージュ』の第二幕冒頭で、すでに五〇代のコレットが娘に問わず語りに述懐する。「夏が終わった。信じられる？まるで騙されてるみたい。若い頃には、夏は永遠に続いてた。それが今は。」

この台詞を訳した時、僕は三二歳だった。それが今は、である。この『コレット・コラージュ』や『フィレモン』等、二〇代から三〇代にかけて演出したジョーンズ&シュミットの作品を五〇歳を過ぎて再び演出してみると、自分で訳しているにも係わらず、身にしみる、身に積まされる台詞や歌が次々に現れてうろたえる。いや、昔は頭で理解していただけで、実感からはほど遠いところで演出していたのだなと思い知らされる。第一章でも一度引用したが、昔くれた手紙の中でトム・ジョーンズ氏は「振り返ってみると、私のほとんど全ての作品は、何らかの点で時間について書かれたものだ」と述べている。その「時間」の意味が今は痛切に感じられる。

本書の旧版を上梓してから早や十年近い歳月が経過した。その間に、何人もの友人知己が幽冥界を異にした。本書と何らかの係わりのある方だけでも、『フィレモン』初演再演のマーシアス、『コレット・コラージュ』初演再演のポーリーヌ他、『ゲーム・オブ・ラヴ』再演のアニーを演じた田中雅子。『ゲーム・オブ・ラヴ』再演のプロデューサーで、製作会社の倒産によって公演中止に追い込まれた『ミレット』の製作を改めて引き受けてくれた木山潔さん。トム・ジョーンズ氏の夫人で、会う度に「私はあなたの大ファンよ」と言っては手料理をふるまってくれた、日本にも『ビッグ・リヴァー』の振付などで縁のあったジャネット・ワトソンさん。『フィレモン』初演以来ジョーンズ&シュミットの作品は勿論、僕が演出した舞台の多くの照明デザインを手掛けてくれた佐藤壽晃さん。演劇雑誌「悲劇喜劇」の二〇一二年演劇界の収穫の演劇書の部に本書の旧版を選んでくれ、「執拗と言っても良いニューヨークのクリエイターの仕事ぶりを、彼らを信奉する日本の演出家が執拗に解析する。楽しい!」と過分なお誉めの言葉まで下さった演出家・翻訳家の青井陽治さん。そして、二〇一八年にはハーヴィー・シュミットその人も。

この数年の間には、シュミット氏の逝去の他にも、ジョーンズ&シュミットの作品がらみで書き残しておくべきことがいくつか起きた。それらに関して述べておかねばという思いと、旧版での思い違いによる誤記や曖昧な表現、その後僕自身の考え方が変わった点などについても書き直したい、書き足したいという欲求が高まり、改訂増補版を出すことにした。僕自身が演出した舞台についても旧版よりも記述を増やした。研究書ではなく、あくまでも演出家の視点から見た作品論、いやジョーンズ&シュミットのミュージカルへの長いラヴレターとしてはその方がふさわしいと思ったからだ。

二一世紀に入って、ジョーンズ&シュミットにはその長年の業績に対し、ウィリアム・インジ賞を筆頭に受賞が相次いでいたが、二〇一七年の暮れには、オスカー・ハマースタイン賞が授与された。これはミュージカル演劇の発展のために重要な貢献をなした演劇人の生涯に渡る功績を讃えるために、ハマースタイン家とロジャーズ&ハマースタイン協会の承認の下、ヨーク・シアター・カンパニーの創立者にして芸術監督だったジャネット・ヘイズ・ウォーカーによって一九八八年に創設された賞である。

過去の受賞者にはソンドハイムやハロルド・プリンス、アーサー・ローレンツ、ジェリー・ハーマン、ピーター・ストーン、デイヴィッド・メリック、カンダー&エッブ、テレンス・マクナリー、トニー・ウォルトン、ボック&ハーニック、バーバラ・クック、アンジェラ・ランズベリー等々錚々たる顔ぶれが連なっている。

この受賞式にシュミット氏がテキサスからニューヨークに久々に出て来ると知り、僕も参加出来ないかとジョーンズ氏にメールで頼んでみた。実はこの年の春にシュミット氏は自宅で転倒して入院し、かなり深刻な状態だった。その時は、ジョーンズ氏から「ハーヴィーの状態は良くないが、手紙は読めるのでひと言送ってほしい」と友人一同に連絡があり(シュミット氏は電子メールは一切しない)、僕も開くと歌舞伎の舞台が飛び出し絵本の要領で現れるカードにメッセージを添えて送った。シュミット氏はもともとはイラストを主にしたアーティストだし、それに世界中の演劇に興味を持っていたので、きっと面白がってくれるだろうと思ったのだ。(その後、シュミット氏の身辺の世話をしていた姪御さんにお会いしたら、僕は「あのカードを送ってくれた人」になっていた。)

幸いこの時は辛うじて回復したものの、八八歳の高齢を思えば、この機会に無理をしてでも会いに行かねば、おそらく会える機会はもう二度とあるまい。そう考えてのメールだった。結局、ジョーンズ氏の招待客として受賞式に参加出来た。

式はアジア・ソサエティで一二月四日に行われた。先ず、最上階のレセプション・ルームで両氏を囲んでのパーティがあり、その後、階下のホールでジョーンズ&シュミットのミュージカル・ナンバーで構成されたガラ・コンサートがある。僕がパーティ会場に着いた時にはジョーンズ氏は奥のテーブルで大勢のお客につかまっているし、シュミット氏はまだ到着していなかった。旧知のナンシー・フォードとグレッチェン・クライヤーのお二人を見つけて、しばし立ち話をしてから、誰もいないエレベーターの傍に行ってひと息ついていたときだ、エレベーターの扉が開き、車椅子に乗ったシュミット氏が現れた。ちょっと緊張したような面持ちが僕と目が合った途端に笑顔に変わった。一六年ぶりの再会だった。思わず近寄り、「あなたに会いに太平洋を越えて来ました」という言葉が口からこぼれた。昔よりやつれた顔、けれど「ありがとう」のひと言のその声は昔と同じ深いバリトンの美声だった。すぐに他の人たちが車椅子を取り囲み、僕は遠慮して離れたが、あとでジョーンズ氏と三人で記念写真にも収まった。何しろ一六年ぶりだ、ジョーンズ氏が気を効かせて、「ハーヴィー、ほら、勝田だ、我々の作品を・・・」と紹介しかけると、「言わなくてもいい。良く知ってる」と遮ったのが妙に可笑しかった。シュミット氏が毎年自らデザインして送ってくれるクリスマス・カードは年末の楽しみだったし、僕もジョーンズ&シュミットの作品を演出した際には必ず録画してDVDを送っていた。その度にシュミット氏は、僕たち上演の関係者にはこの上ない励ましになる感想を書き送ってくれた。(公演の録画は契約上は明らかに違反である。が、作者から観たいから録画してくれと頼まれては仕方ない。)

午後八時半から始まったガラ・コンサートは、『ラ・テンペスタ』の作曲家アンドルー・ゲルレさんがピアノを弾きながら音楽監督を務めるハープとベースとパーカッションのバンドの伴奏に乗って、クライヤー&フォード、ロバート・クッチオーリ、リタ・ガードナー、アダム・カンター、ノーム・ルーイス、リー・ロイ・リームス、レスリー・アン・ウォーレン、スーザン・ワトソン、ベッツィ・ウルフ等々、ジョーンズ&シュミット縁のオンとオフのブロードウェイの新旧のスターたちがお祝いと思い出のスピーチを交えて歌と踊りを次々と披露し、途中にはバーブラ・ストライサンド、リズ・キャロウェイ、カレン・ジエンバ、ジョエル・グレイ、ジョン・デイヴィッドソンからのビデオ映像による祝辞も寄せられ、途中休憩もなしで、終わったのは何と一一時半だった。僕は最前列中央にジョーンズ氏の家族と一緒に並んで楽しませてもらった。（車椅子のシュミット氏は最前列の端の通路にいた。）レスリー・アン・ウォーレンが初演のとき一〇代で演じた『日陰でも一一〇度』の『小さな赤い帽子』を、五四年ぶりにいまだ見事な脚線美のハイキックまで披露して歌い踊ったときには満場の拍手喝采を浴びたし、ノーム・ルーイスがマイクの故障のため生声で歌ったクリスマス・ソング『ありがとう、愛を』も印象的だった。

そして、勿論、最後に登場したのはジョーンズ&シュミットの二人である。シュミット氏が車椅子のままピアノに向かい、ジョーンズ氏とともに歌ったのは、二人がテキサス大学時代に初めて一緒に作った『一年生の歌（フレッシュマン・ソング）』（『時代は千鳥足で進む』の第一曲）。二人の生涯の業績を讃えるイベントの締めとして、これは納得の選曲だったが、もう一曲は予想外だった。『ボーンルーム』から『素敵な死に方』を歌ったのだ。お金をかけて豪勢に葬られる現代の死をグロテスクに茶化した、相当に可笑しい歌だが、八九歳のジョーンズ氏と八八歳のシュミット氏が歌うと、そう遠くない死を見据えながら、会場に集まった人たちに、いや、二人の長い演劇人生そのものにユーモアたっぷりに別れを告げる歌に聞こえた。事実、曲の最後で「素敵な別れの告げ方さ。／バイバイと言うには素敵なやり方さ。／これが素敵な死に方さ。／おお、イエイ！」と歌ったとき、二人は客席に向けて「バイバイ」と手を振ってみせた。会場は笑いに包まれたが、勿論、僕を含めた観客の全員が笑いながら胸を打たれていたのは間違いない。おそらく最後の共演になるだろうこのデュエットで、二人はいつも心がけていた「二つの感情を、音楽における和音のように、出来る限り近くに共存させること」を実践してみせたのだ。

なお、ガラはこの後、ジョーンズ氏が音頭を取っての、出演者と観客全員での『トライ・トゥ・リメンバー』の大合唱で幕となった。

その受賞式の二日後の夜、四日の受賞式に参加出来なかった人たちのために、ヨーク・シアターが本拠を構えるセント・ピーターズ・チャーチ劇場で、シュミット氏を囲んでささやかなカクテル・パーティが催された。こちらでは僕も旧知の友人知人の多くと再会出来、シュミット氏ともゆっくり話が出来た。親密かつ和やかな一夜だったが、特に嬉しかったのはビル・トーストさんと話せたことだ。彼は一九五九年のバーナード・カレッジでの一幕版『ファンタスティックス』に出演し、その後、一九八〇年頃から今世紀に入っての閉幕まで、サリヴァン・ストリートの公演でベロミーを演じ続けた役者だ。同公演の舞台監督だったジム・クックが生前、彼のベロミーを他の役者と比較しながら評して、「これだけ長い間同じ役を演じていると、機械的にただ判で押したような演技に陥ってしまうことが多いのに、彼は毎回決められたことをきちんとこなして、しかも毎回良い意味で違う、初めてその役を演じているように新鮮だ」と言っていたことを不意に思い出し、これだけはどうしても本人に伝えたいと思った。「きっと覚えてはいらっしゃらないでしょうが、ジムの友人で何年も前にお会いしています」と自己紹介して、ジムの言葉を伝えた。トーストさんは喜ぶと言うよりむしろ感動した面持ちで話を聞き、「ジムがそう言ってくれたなら、それは私の力というより『ファンタスティックス』という作品とサリヴァン・ストリートのあの劇場のお陰だ。あそこでは演じながら客席の隅々まで見えたし、クスクス笑いまで聞こえた。私はそれに素直に反応していただけだよ」と語ってくれた。今はすっかり背中の曲がったトーストさんの言葉を聞きながら、僕は二〇年前の彼の舞台姿を、「カブを植えれば、カブが採れる、キャベツを植えれば、キャベツが採れる。ところが子供ときた日には」と嘆いたら、客席にいた子供がキャッキャッと笑い、そちらを「ほらね」と恨めしそうに横目で見たベロミーの姿を思い出していた。

そのパーティの翌日、僕はジョーンズ氏に五二丁目の瀟洒なレストランで夕食をご馳走になった。ジョーンズ氏もメアリー・ベス・ペイルが主役を演じる『ハロルド&モード』改訂版のリーディングの稽古中、僕もその夜は観劇の予定が入っていたため、一時間半ほどの気忙しい会食だったが、『I DO! I DO!』の新改訂版について疑問点をあれこれ質問させてもらい、前の版にあって削除された台詞の一部復活の許可ももらった。慌ただしくも有意義な話合いが持てた。この時のジョーンズ氏の発言で一番印象に残っているのは、けれど作品がらみのことではない。ジョーンズ氏は、受賞式の翌日にシュミット氏とともに久しぶりにロバート・ベントンと三人で会えたことをしみじみとした口調で話してくれた。ベントンはテキサス大学オースティン校の学生時代、同じ美術専攻だったシュミット氏のルームメイトで、五〇年代のニューヨークでもアパートメントをシェアしていたことは第一章でも少しふれた。一九六四年には絵画で構成された短編映画『テキサスの恋、一九一九年』を原案・監督している。ジョーンズ氏が脚本を書き、シュミット氏が音楽を作曲し、絵画の一部を描いている。一九六六年にはデイヴィッド・ニューマンと共同でブロードウェイ・ミュージカル『鳥だ、飛行機だ、スーパーマンだ』（サイ・コールマン音楽、ハロルド・プリンス演出）の台本を書いている。（この舞台は興行面では失敗したが、悪の科学者に意識下の超人コンプレックスを責められて心理的なダメージを受け、飛べなくなってしまうスーパーマンを描いた台本は大傑作で、やがてクリストファー・リーヴ主演の映画版のシナリオへとつながる。）同じくニューマンと組んだ映画『俺たちに明日はない』のシナリオでアカデミー賞脚本賞の候補となり、『クレイマー、クレイマー』では同賞の監督賞、脚本賞を、『プレイス・イン・ザ・ハート』でも脚本賞を受賞している。「君は知らないと思うが、私たちの関係はその後必ずしも良好だった訳ではない。でも昨日は嬉しかったし、話も弾んだ。とても良い再会だった」と語る八九歳のジョーンズ氏はまさに「時の流れ」を生きていた。

それからほぼ三ヶ月後の二〇一八年二月二八日、ハーヴィー・シュミット氏が故郷のテキサス州トムボールで長年患っていた心臓疾患のために亡くなった。知らせを受けたとき、僕は『I DO! I DO!』改訂版の稽古に入るための準備をしている最中だった。すでに覚悟していた事態とは言え、あの受賞式での「バイバイ」は本当に皆に、そして人生に別れを告げていたのだなと改めて思い、月並みな表現だが、一つの時代が終わって行くのを感じないではいられなかった。ロジャーズ&ハマースタインの様式の強烈な影響の下に、しかし、実験精神でそれをさらに改革発展させようとした二〇世紀後半のミュージカルの時代の後奏が今静かに消え入りつつある。

雑誌アメリカン・シアターの二〇一八年五月／六月号に掲載されたジョーンズ氏による追悼文の終わりの部分を引用する。「大学で上演したミュージカルの後で私たちが感じたあのこと、何か特別なものを私たちは与えねばならないというあの感覚――懸命に努力すれば、そして神の恩寵があれば、私たちには出来る――それを育み、充実させて実現出来るというあの感覚。ハーヴィーの人生は充実していた。そして、彼のお陰で、私の人生もまた充実していたことを私は感謝する。私はあまり信心深い方ではない。天国についても良くは知らない。けれど、そこには音楽があふれていると聞く、もしそうなら、ハーヴィーは我が家にいるのだ。」

人は死んでも作品は残る。旧版のあとがきに引用したデニー・マーティン・フリンの言葉の通り、ジョーンズ&シュミットの歌は、いやミュージカルは「いつまでも生き続け、そして劇場の歌を愛する観客をいつまでも魅了するだろう。」『I DO! I DO!』の稽古を通して、そして公演への観客の反応を通して、僕はそれを確信した。僕は演出家であって、勿論ジョーンズ&シュミットの作品ばかりを手掛けている訳ではない。けれど、この先も彼らのミュージカルがこの日本でさらに上演され、その魅力を、面白さをより多くの人たちに分かってもらえるように努力して行くつもりだ。

『ボーンルーム~骨格標本室~』の拙訳は演劇雑誌テアトロ(カモミール社刊)の二〇一三年一月号に、『I DO! I DO!』の二〇一七年改訂版の拙訳は同誌の二〇一八年九月号に夫々掲載されている。この二作は、いつか機会があれば『日陰でも一一〇度』の拙訳とともに『ジョーンズ&シュミット ミュージカル戯曲集』の第三巻にまとめたいと思っている。

なお、『ボーンルーム』の件りでもふれたが、時期的には第五章の『ファンタスティックス』再演とオスカー・ハマースタイン賞受賞式の間の二〇一二年の三月から五月にかけて、ヨーク・シアター・カンパニーがトム・ジョーンズ氏の作品を五作連続上演して回顧するシリーズを催した。この公演について、僕は二篇の戯文を草している。拙著『幕の開く前に―僕の演劇雑記帳―』(二〇一四、カモミール社)に収録してあるので、興味のある方はお読み頂ければ幸いである。

初版ではCDやビデオ等に関しては資料紹介をしていなかったが、ミュージカルというジャンルの性質を考慮すれば、やはり紹介の労を惜しむべきではないと思い直した。

先ずＣＤ——
THE FANTASTICKS：A DECCA BROADWAY ORIGINAL CAST ALBUM. Decca Broadway
THE FANTASTICKS：THE JAPAN TOUR CAST RECORDING. DRG Records
THE FANTASTICKS：THE NEW OFF BROADWAY RECORDING. Ghostlight Records
110 IN THE SHADE：THE ORIGINAL BROADWAY CAST RECORDING. BMG Music
110 IN THE SHADE：FIRST COMPLETE RECORDING. Jay Productions Ltd
110 IN THE SHADE：THE 2007 BROADWAY REVIVAL. ps classics
I DO! I DO!：THE ORIGINAL BROADWAY CAST RECORDING. BMG Music
I DO! I DO!：THE NEW 1996 CAST RECORDING. Varese Sarabande
CELEBRATION：ORIGINAL BROADWAY CAST. Harbinger Records
PHILEMON：ORIGINAL CAST RECORDING. Harbinger Records
COLETTE COLLAGE：TWO MUSICALS ABOUT COLETTE. Varese Sarabande
THE SHOW GOES ON：A PORTFOLIO OF THEATER SONGS BY TOM JONES &HARVEY SCHMIDT／ORIGINAL CAST RECORDING. DRG Records
ROADSIDE：THE YORK THETARE PRODUCTION. Jay Productions Ltd
JONES & SCHMIDT：HIDDEN TREASURES, 1951-2001. Harbinger Records
HARVEY SCHMIDT PLAYS JONES & SCHMIDT. Kritzerland
EARTHLY PARADISE：SUSAN WATSON SINGS JONES & SCHMIDT. Nassau Records
RITA GARDNER：TRY TO REMEMBER／A LOOK AT OFF-BROADWAY. Harbinger Records

ファンタスティックス（オリジナル東京キャスト盤）. HMI Records
結婚物語（オリジナル東京キャスト盤）. HMI Records

ビデオは——

THE LEGACY PROJECT Volume II：TOM JONES & HARVEY SCHMIDT. Filmakers Library (DVD)
TRY TO REMEMBER THE FANTASTICKS：A FILM BY ELI KABILLIO. Zeitgeist Video (DVD)
THE FANTASTICKS：A MICHAEL RITCHIE FILM. Twilight Time（Blue-ray）
I DO! I DO!. RKO Home Video（VHS）
THE RAINMAKER. Paramount Pictures（DVD）
IL GRANDE TEATRO DI GIORGIO STREHLER Volume 1, Volume 2. RaiEri（DVD）
ロベレ将軍（ロベルト・ロッセリーニ監督）マーメイドフィルム／紀伊国屋書店（Blue-ray）
第七の封印（イングマール・ベルイマン監督）シネマクガフィン／キングレコード（Blue-ray）
二重生活（ジョージ・キューカー監督）ブロードウェイ（DVD）
ハロルドとモード、少年は虹を渡る（ハル・アシュビー監督）パラマウントジャパン（Blue-ray）

ストレーレル演出のミラノ・ピッコロ・テアトロの舞台映像を収めたＤＶＤは第一集に『ラ・テンペスタ』が、第二集に『二人の主人を一度に持つと』が収録されている。

音源なら『ミレット』や『恋のたわむれ（ゲーム・オブ・ラヴ）』『ハロルド&モード』等のデモCD、映像なら『ファンタスティックス』のテレビ版等々、参照したものは他にも多々あるが、市販されているもののみ記した。

くどいようだが本書はジョーンズ&シュミットのミュージカルに惚れ込んだ演出家が、演出するために、そして演出しながら、或いは演出した後に記した演出ノートのようなものだ。ジョーンズ&シュミット作品へのラヴレターである。けれど、書き終えた原稿に目を通しているうちに、彼らの作品を通して、少なくとも一九四〇年代以降の、つまりロジャーズ&ハマースタイン以降のアメリカのミュージカルの変遷を概観することが出来るのではないか、ミュージカルの歴史と特色をジョーンズ&シュミットの作品の変遷を辿ることで明らかにすることが出来るのではないかとも思い始めた。本書にもその萌芽のようなものはすでに認められるかも知れない。こんなことを考えるのは、過去数年に渡って、大阪芸術大学の舞台芸術学科で実技の他に、「ミュージカル論」を講義する立場に置かれているせいだろう。が、一介の演出家には荷の重過ぎる主題である。本書を踏み台に、どなたか取り組んでくれたら面白いと思う。

デイヴィッド・ジェネスとドン・ヴェルシーはその共著『アメリカの古典的ポピュラー・ソング～世紀後半、一九五〇－二〇〇〇～』のジョーンズ&シュミットの項を次のように結んでいる。「シュミットとジョーンズは先ずミュージカルの劇作家であって、その次に歌の創り手である。しかし、彼らの歌のいくつかは時代の最高のものの中に数えられる。」ジョーンズ&シュミットの仕事を表現するのに、これ以上の賛辞があるだろうか。

二〇一九年一二月一日記す

改訂増補版あとがきのための付記——本書は当初は昨年の春には出版の予定だった。そこに起きたのが世界中を巻き込んだ新型コロナ・ウイルスのパンデミックである。その影響を受け、本書の出版も延期を余儀なくされた。本文中にも記した通り、二〇二〇年は『ファンタスティックス』の六〇周年の年であり、記念の行事や公演が期待されていた。しかし現実は、世界中のどこかで上演されていない日はないと言われた『ファンタスティックス』が、恐らく世界中のどこでも上演されていない年になってしまった。

けれど二月に九三歳になったジョーンズ氏はあくまでも前に進んでいる。コロナ禍の中でコネティカットの山荘にこもったジョーンズ氏は、友人知己の助けを借りて、シュミット氏が残した膨大な資料を核にしたジョーンズ&シュミットのウェブサイトの開設の準備に勤しむ傍ら、『I DO! I DO!』をはじめとする旧作の改訂に余念がない。その改訂作業の中には、ミシガン州フリントの劇場からの依頼に応えて作られた『ファンタスティックス』の新ヴァージョンがあり、マットとルイーサをマットとルーイスに変更して書き直している。つまり少年と少女のラヴ・ストーリーが少年と少年のラヴ・ストーリーに転換されたのだ。依頼された当初は気乗りがしなかったものの、考えているうちにどんどん面白くなって行き、結局熱中して改訂にあたったと述べている。今後はオプションとしてこの同性ヴァージョンの上演もありということだ。なお、父親二人も母親二人に、ミュートも男装の女性に変わっている。二〇二一年は、少なくとも世界中のどこかでは『ファンタスティックス』が上演された年になりそうだ。

シュミット氏が毎年自らデザインして友人に送っていたクリスマス・カードのことはすでに書いたが、シュミット氏は自分の好きな映画や舞台のミュージカルのナンバーをピアノ演奏したLPを作り、それをクリスマス・プレゼントに贈ることもあった。その中の一枚、『メリー・クリスマス　1975』が二〇二〇年にCDとして一般向けに発売された。ジェローム・カーンやガーシュウィンやロジャーズやバートン・レインや往年のミュージカル作曲家の佳品の数々が演奏されているが、どれを聴いてもまるでハーヴィー・シュミット作曲のように聞こえる。まさしくシュミット・タッチなのだ。改めてシュミット氏の唯一無二の才能を思わないではいられない。

この一年の間に、俳優の瑳川哲朗さんも鬼籍に入られた。まえがきに記したように、一九八八年にジョーンズ&シュミットが初来日した折、お二人を紹介してくれたのは瑳川さんだった。『フィレモン』再演の司令官、そして『コレット・コラージュ』初演、再演のウィリーを演じ、再演ではプロデューサーまで買って出て下さった。本書を瑳川さんの思い出に捧げたい。コレットの台詞ではないが、「名簿は年ごとに厚くなる」。この付記を書きながら、僕はまた『グローヴァーズ・コーナーズ』のテープを聴いている。「時は過ぎて行く。滑るように過ぎて行く。そして夏の空も次第に消えて行く。あなたと私も、あの夏の空のように、日々、流れて行く。」本書もぐるりとひと巡りしたようだ。そろそろ筆を擱くべきときだろう。

と書いて、何だか湿っぽい締めくくりになってしまったなと思っていたのだが、このコロナ禍の状況下で、先日幸いにも『I DO! I DO!』二〇一七年版を東京は池袋の小劇場で再演することが出来た。例によって公演回数わずか六回、客席数も一〇四席、しかも感染予防のための人数制限によって五二席に減らされての公演であり、これまた例によって最初で最後のゲネプロ（舞台上で本番の公演と同じように行う舞台稽古。英語ではドレス・リハーサル）の後は、毎回あちこち大小の手直しをしながら公演を重ね、やっとこれで何とかと思えた時には千秋楽、と呼ぶのもおこがましいような短い公演である。演出家にしてみれば、言わばプレヴューを続けているうちに最後の舞台になってしまうささやかな公演である。しかし、この状況下で公演が打てたことは多とすべきだし、世界中を見回しても、少なくともプロの公演としては今年最初のジョーンズ&シュミット作品の上演だったのではないかと思う。その公演の中日に俳優の宝田明さんが観にいらして下さった。まえがきで最初にふれた渋谷ジャン・ジャンでの『ファンタスティックス』は宝田さんの演出であり、生涯の当たり役と言っても過言ではないエル・ガヨを演じていたのも勿論宝田さんだった。休憩時間に劇場のロビーで宝田さんと立ち話をしながら、これで本当にぐるりとひと巡りしたのだと思わずにはいられなかった。願わくは、この本の出版が新たな旅の始まりとならんことを。

勝田安彦

二〇二一年五月二五日記す

左からトム・ジョーンズ、著者、ハーヴィー・シュミット。
1997年12月、ニューヨークの路上にて。

著者演出によるジョーンズ&シュミット作品上演記録

『ファンタスティックス』

一九九九年五月八日〜三〇日／翻訳・訳詞　山内あゆ子、音楽監督　呉富美、振付　ジム・クラーク、美術　大田創、照明　佐藤壽晃、音響　市来邦比古、衣裳　早川泰子、舞台監督　古賀祐治、演出助手　高野玲、プロデューサー　小森美巳、制作　泉澤麗子、渡辺海、他、製作　パグポイント／出演　立川三貴（エル・ガヨ）、山崎直子（ルイーサ）、中山昇（マット）、旗照夫（ベロミー）、山内賢（ハックルビー）、西本裕行（ヘンリー）、平光琢也（モーティマー）、岩淵憲昭（ミュート）／演奏　松井朋子、種村久美子（ピアノ）、勝間田恵美（ハープ）／於　シアタートラム

『日陰でも一一〇度』

二〇〇八年七月二三日、二四日、八月三日／翻訳・訳詞　勝田安彦、歌唱指導　真鍋みよ子、島田歌穂、村井幹子、西島美子、冨岡順一郎、振付　龍悦代、堀内充、小西達子、美術指導　大田創、堀田充規、衣裳指導　倉岡智一　音響効果指導　清原嘉一、照明指導　新田三郎、制作　山口竹彦、舞台芸術学科合同研究室、芸術監督　浜畑賢吉／出演　大阪芸術大学舞台芸術学科三回生／演奏　山本義則、小西優子／大阪芸術大学舞台芸術学科第15回定期公演／於　シアター・ドラマシティ、東京芸術劇場中ホール

二〇一二年七月二一日、二二日／歌唱指導・音楽監督　村井幹子、振付　堀内充、高津将弘、美術指

導　大田創、堀田充規、衣裳指導　倉岡智一、音響効果指導　実吉英一、照明指導　新田三郎、制作　堀田充規、舞台芸術学科合同研究室、芸術監督　浜畑賢吉／出演　大阪芸術い大学舞台芸術学科三回生／演奏　小西優子、中嶋倫子／大阪芸術大学舞台芸術学科第19回定期公演／於　シアターBRAVA!

二〇一四年一〇月二二日〜二六日／音楽監督・歌唱指導・演奏　呉富美、振付（色気たっぷり、小さな赤い帽子）ジム・クラーク、美術　大沢佐智子、照明　佐藤壽晃、音響　実吉英一、衣裳　白井光子、舞台監督　藤本典江、演出助手　倉橋健、制作　上川花菜江、製作　タチ・ワールド／出演　宮内理恵（リジー・カリー）、柳瀬大輔（スターバック）、宮内良（ファイル）、村國守平（H・C・カリー）、岡田基哉（ノア・カリー）、竹内大樹（ジム・カリー）、田中里佳（スヌーキー・アップデグラフ）、福沢良一、荒木里佳、加藤巧巳、白鳥光夏、長尾愛、難波真里、沼館美央、藤井凛太郎、本田崇、村岸優希（以上アンサンブル）／於　萬劇場

『I DO! I DO!』

一九九六年一月六日、七日／翻訳・訳詞　勝田安彦、音楽監督　安藤由布樹、振付　榎戸喜章（現榎戸章能）、美術　大田創、照明　佐藤壽晃、音響　大坪正仁、衣裳　宇野善子、ヘアメイク　森川智未、プロダクションステージマネージャー　やまだてるお、演出助手　高野玲、プロデューサー　橋爪貴志子、企画・制作（株）三生社／出演　夏夕介（マイケル）、春風ひとみ（アグネス）／於　シアター・アプル（その他に地方公演あり。）

二〇一八年四月二六日～三〇日／音楽監督・ピアノ演奏　安藤由布樹、振付　ジム・クラーク（僕は妻を愛してる、去年の雪今いずこ?、数千本の花の各ダンス部分、周知の事実、炎のアグネス）、美術　大沢佐智子、照明　飯田文、衣裳　鷺典子、音響　実吉英一、ヘアメイク　森川智未、舞台監督　後藤恭徳、演出部　高梨智恵美、演出助手　佐藤ゆみ、制作　上川花菜江、製作　タチ・ワールド／出演　宮内良（マイケル）、宮内理恵（アグネス）／於　ウッディシアター中目黒

二〇一九年三月二〇日、二三日（コンサート形式）／主催　ヤマハミュージックエンタテインメントホールディングス、企画　株式会社オーケストラプレゼンター／出演　村井國男（マイケル）、春風ひとみ（アグネス）、エレクトーン演奏　清水のりこ／於　ヤマハホール

二〇二一年五月一九日～二三日／以下を除いて18年公演と同じ。音楽監督・ピアノ演奏　呉富美、衣装　倉岡智一、演出助手　稲熊美緒／於　シアターグリーンＢＯＸ in ＢＯＸ

『セレブレーション』

二〇一〇年七月二八日、二九日、九月一五日／翻訳・訳詞　勝田安彦、音楽監督　村井幹子、歌唱指導　島田歌穂、冨岡順一郎、西島美子、振付　小西達子、井上仁司、美術　指導　大田創、堀田充規、衣裳指導　倉岡智一、音響効果指導　清原嘉一、照明指導　新田三郎、演出補　山本健翔、制作　山口竹彦、舞台芸術学科合同研究室、芸術監督　浜畑賢吉／出演　大阪芸術大学舞台芸術学科三回生／演奏　小西優子、中嶋倫子／大阪芸術大学舞台芸術学科第17回定期公演／於　シアター・ドラマシ

ティ、東京国際フォーラム（ホールC）
二〇一三年二月一八日、一九日／音楽監督・歌唱指導　呉富美、振付　渡辺美津子、美術　大沢佐智子、衣裳　樋口藍、照明　森脇清治、音響　実吉英一、舞台監督　大刀佑介、制作　安延洋美／出演　桐朋学園芸術短期大学芸術科演劇専攻二年生／桐朋学園芸術短期大学芸術科演劇専攻卒業公演／於　俳優座劇場

『フィレモン』
一九八五年六月一三日〜二三日／翻訳　勝田安彦、訳詞　勝田安彦、山内あゆ子、音楽監督　千葉一樹、振付　神雄二、美術　大田創、照明　佐藤壽晃、衣裳　森本由美子、舞台監督　烏城きよし、仮面製作　石井亨、プロデュース　平井道夫、三崎仁、柴原美紀子、企画制作　平井事務所、提携　文芸坐ル・ピリエ／出演　藤田修平（コキアン）、池田鴻（マーカス）、後藤加代（女）、湖東美歌、田中雅子（マーシアス　Wキャスト）、阿知波悟美、萩原かおり（キキ、Wキャスト）、本間仁（アンドス）、逢坂秀美（サーヴィラス）／演奏　加納美和（ピアノ）、鈴木真樹（パーカッション、リコーダー）／於　文芸坐ル・ピリエ
一九八七年五月二七日〜六月一〇日／スタッフは以下を除いて85年公演と同じ。ジャグラー指導　島崎清、演出助手　高田久美子、衣装制作　成田みな子、制作　むうぶ・おん（江川理沙、田中真知子、樋口京子、石渡紫晶）／出演　大島宇三郎（コキアン）、瑳川哲朗（マーカス）、大方斐紗子

(女)、田中雅子(マーシアス)、松本真季(キキ)、渡辺茂樹(アンドス)、二瓶鮫一(サーヴィラス)／演奏　小池節子(ピアノ)、鈴木真樹(パーカッション)、小川正毅(ホルン、リコーダー)／於文芸坐ル・ピリエ

二〇〇三年一一月二八日、二九日、一二月六日、七日／音楽監督　呉富美、美術　池田ともゆき、照明　寺坂俊顕、音響　中村一雄、衣裳　上橋恵美子、舞台監督　倉片公、演出助手　桑原和彦、企画監修　喜志哲雄、主催・制作（財）兵庫県芸術文化協会（芸術文化センター推進室、ピッコロシアター）／出演　立川三貴(コキアン)、川口竜也(マーカス)、土佐倫代(女)、平井久美子(マーシアス)、千田訓子(キキ)、吉村祐樹(アンドス)、瀬口昌生(サーヴィラス)／演奏　中尾唱、丸山真理／於　ピッコロシアター、新神戸オリエンタル劇場

二〇〇九年一月二二日〜二八日／音楽監督　呉富美、美術　大田創、照明　佐藤壽晃、衣裳　樋口藍、音響　実吉英一、舞台監督　渡辺重明、演出助手　なめきひとみ、主催　(中)日本芸能マネージメント事業者協会、主催　(財)としま未来文化財団／出演　立川三貴(コキアン)、寺泉憲(マーカス)、ささいけい子(女)、田口愛(マーシアス)、杉村理加(キキ)、梶野稔(アンドス)、星野貴紀(サーヴィラス)／演奏　伊藤弘一(ピアノ)、中尾唱(ピアノ、シンセサイザー)、佐藤滋(パーカッション)／於　あうるすぽっと（豊島区立舞台芸術交流センター）

『ボーンルーム〜骨格標本室〜』

二〇一二年一二月一九日〜二三日／翻訳・訳詞　勝田安彦。音楽監督　呉富美、振付　ジム・クラーク（コーヒー・ブレイク、三人で）、美術　大沢佐智子、照明　佐藤壽晃、衣裳　鷺典子、舞台監督　藤本典江、演出助手　瀬田俊介、製作協力　上川花菜江、企画製作　勝田演劇事務所／出演　宮内良（マックス）、福沢良一（男性講師）、宮内理恵（女性講師）／演奏　斉藤慶子（ピアノ）、佐藤滋（パーカッション）、佐藤千明（ホルン、リコーダー）／於　ザムザ阿佐谷

『コレット・コラージュ』

一九九二年九月一一日〜二〇日／翻訳・訳詞　勝田安彦、音楽監督　千葉一樹、振付　榎戸喜章、美術　大田創、照明　佐藤壽晃、衣裳　出川淳子、舞台監督　古賀祐治、ボイストレーナー　仁田千嵯、演出助手　市瀬玉子、企画製作　勝田演劇事務所／出演　旺なつき（コレット）、瑳川哲朗（ウィリー）、宮内良（モーリス）、大方斐紗子（シド）、二瓶鮫一（ジャック）、村國守平（コレット大尉他）、松田辰彦（ゴーストライター他）、駒田はじめ（シェリ他）、早野ゆかり（ミッシー他）、田中雅子（ポレール他）、堂ノ脇恭子（コレット・ド・ジュブネル他）／演奏　安藤由布樹（ピアノ1）、神山雅子（ピアノ2）／於　シアターVアカサカ

一九九三年一〇月二〇日〜一一月七日／以下を除いて92年公演と同じ。製作　シアターVアカサカ

一九九四年四月二五日〜二七日／スタッフは以下を除いて93年公演と同じ。舞台監督　小林潤史／出

演は以下を除いて93年公演と同じ。岩淵憲昭（シェリ他）／於　シアター・ドラマシティ

二〇一一年九月八日〜一四日／音楽監督　呉富美、振付　ジム・クラーク、美術　大田創、照明　佐藤壽晃、音響　実吉英一、衣裳　樋口藍、ヘアー・メイク　鎌田直樹、舞台監督　渡辺重明、演出助手　目黒多恵子、企画制作　堀野三郎、製作　株式会社シルバーライニング／出演　旺なつき（コレット）、立川三貴（ウィリー）、高山光乗（モーリス）、諏訪マリー（シド）、石鍋多加史（ジャック）、香取新一（コレット大尉他）、田中裕悟（アンリ・ド・ジュブネル他）、本田崇（シェリ他）、杉村理加（ミッシー他）、宮内理恵（ポレール他）、三井奈々（コレット・ド・ジュブネル他）／演奏　呉富美（ピアノ1）、伊藤弘一（ピアノ2）／於　あうるすぽっと（豊島区立舞台芸術交流センター）

『ミレット』

二〇〇一年八月四日〜七日／翻訳・訳詞　勝田安彦、音楽監督　呉富美、振付　榎戸喜章、美術　石井みつる、照明　森脇清治、衣裳　八重田喜美子、音響　実吉英一、舞台監督　向井一裕、演出助手　高野玲、プロダクション・アドヴァイザー　土井美和子、製作　木山潔（木山事務所）／出演　三倉茉奈、三倉佳奈（ミレット、Wキャスト）、福井貴一（ベリーニ）、旺なつき（ガトー夫人）、堀内美希（ルースペンスカヤ夫人）、福沢良一（マックス）、村國守平（カマンベール）、宮内理恵（ギャビー）、福島桂子（クレール）、森田裕之（クルーク）、笠之坊晃（タバク）／演奏　呉富美（ピアノ1）、伊藤弘一（ピアノ2）／於　東京グローブ座（その他に地方公演あり。）

『ミレット』は一九九九年八月二〇日に、装置、照明、衣裳等のない通し稽古をバッカーズ・オーディション方式の試演会として世田谷パブリック・シアターに於いて二回だけ公開した。上記の公演との出演者の異同は以下の通り。榛名由梨（ルースペンスカヤ夫人）、シルビア・グラブ（ギャビー）、佐山陽規（マックス）、岩淵憲昭（クルーク）。

著者演出によるトム・ジョーンズ作品上演記録

『ゲーム・オブ・ラヴ～恋のたわむれ～』

一九九〇年二月二三日～三月五日／翻訳・訳詞　勝田安彦、音楽監督　千葉一樹、振付　川原あけ未、美術　孫副剛久、照明　佐藤壽晃、音響　高橋巖、衣裳　出川淳子、舞台監督　原勲夫、演出助手　市瀬玉子、製作　西万紀、企画制作　勝田演劇事務所／出演　村國守平（アナトール）、徳川龍峰（マックス）、花山佳子（コーラ）、宮内理恵（アニー）、早野ゆかり（ガブリエル）、古坂るみ子（イローナ）、堂ノ脇恭子（アネット）、二瓶鮫一（ディエベル男爵他）、渋谷智也（フリッツ他）、久我しげき（フランツ他）、蒲地克彦（フリーダー他）／演奏　安藤由布樹（ピアノ）、林知之（ヴァイオリン）、長南牧人（チェロ）／於　シアターVアカサカ

一九九二年五月六日～一七日／スタッフは以下を除いて90年公演と同じ。制作　木山潔、プロデュース　木山事務所／出演　村國守平（アナトール）、山内賢（マックス）、雑賀みか（ビアンカ）、田中雅子（アニー）、春風ひとみ（ガブリエル）、旺なつき（イローナ）、堂ノ脇恭子（アネット）、はせさ

ん治（ディエベル男爵他）、宮内良（フリッツ他）、川井康弘（フランツ他）、鹿志村篤臣（フリーダー他）／演奏は90年公演と同じ。／於　スペース・ゼロ（全労済ホール）

二〇〇九年五月二一日～二四日／音楽監督　呉富美、振付　橘恵美、美術　大沢佐智子、照明　雑賀博文、音響　実吉英一、舞台監督　上田光成、演出助手　伴・眞理子、ヘアメイク　森川智未、プロデューサー　赤坂雅之、辻田恵美子、上川花菜江、制作　タチ・ワールド、ニテンイチ、製作　キョードーファクトリー、タチ・ワールド／出演　岡幸二郎（アナトール）、今井清隆（マックス）、小笠原一葉（ビアンカ）、紫城るい（アニー）、彩輝なお（ガブリエル）、寿ひずる（イローナ）、菊地美香（アネット）、治田敦（ディエベル男爵他）、鎌田誠樹（フリッツ他）、日比野啓一（フランツ他）、楢原潤也（フリーダー他）／演奏　呉富美（ピアノ）、福井啓太（ヴァイオリン）、野津真亮（チェロ）／於　シアター1010（その他に地方公演あり。）

『ハロルド&モード』

二〇〇七年九月二〇日～三〇日／翻訳・訳詞　勝田安彦、音楽監督　呉富美、振付　ジム・クラーク、美術　大田創、照明　佐藤壽晃、音響　実吉英一、衣裳　鷺典子、舞台監督　古賀祐治、演出助手　平野智子、制作　藤野和美、プロデューサー　崎山敦彦、企画制作　あうるすぽっと、公演主催　豊島区、（財）としま未来文化財団／出演　大方斐紗子（モード）、三浦涼介（ハロルド）、旺なつき（チェイスン夫人）、立川三貴（ヴィクター叔父さん他）、杉村理加（サンシャイン他）、浦川奈津子、元吉庸泰、細入裕子（現舞山裕子）、寺井清隆（以上ムーヴァーズ）／演奏　呉富美（ピアノ）、上地康夫（ドラム）、渋江裕一郎（キーボード）、広瀬修（キーボード）、塊太朗（リード）、清野佳子（チェロ）／於 あうるすぽっと（豊島区立舞台芸術交流センター）

『ラ・テンペスタ』

二〇一九年一一月二〇日～二四日／翻訳・訳詞 勝田安彦、音楽監督 呉富美、振付 神在ひろみ、美術 大田創、照明 飯田文、衣裳 倉岡智一、音響 実吉英一、ヘアメイク 森川智未、舞台監督 大友仁義、演出助手 矢野渡来偉、制作 上川花菜江、製作 タチ・ワールド／出演 福井貴一（プロスペロー）、石坂光（ミランダ）、村國守平（アントーニオ）、越智則英（アロンゾー）、大田翔（ファーディナンド）、福沢良一（セバスチャン）、石鍋多加史（ゴンザーロー）、宮内理恵（エアリエル）、柳瀬大輔（キャリバン）、今井敦（トリンキュロー）、鹿志村篤臣（ステファーノ）／演奏 呉富美（ピアノ）、高良久美子（パーカッション）、小藤田康弘（リード）、佐竹千絵（シンセサイザー）／於 萬劇場

勝田安彦（かつた　やすひこ）

演出家。1958年、神奈川県小田原市生まれ。明治大学文学部演劇学専攻中退。

主な演出作品はジョーンズ&シュミットの一連のミュージカルの他に『ジェニーの肖像』『血とバラ』『ラヴ』『リトル・ショップ・オブ・ホラーズ』『口笛は誰でも吹ける』『グロリアス・ワンズ』『殺しの接吻〜レディを扱うやり方じゃない〜』『フル・サークル〜ベルリン1945〜』『メフィスト』『三人姉妹』『我らが祖国のために』『ハリウッド物語』『白い悪魔』『バッファローの月』他。翻訳や訳詞のみ担当した作品に『キャバレー』『ウェスト・サイド・ストーリー』『ロッキー・ホラー・ショー』『ロマンス、ロマンス』『暗くなるまで待って』『プラザ・スイート』他。

『コレット・コラージュ』の演出により第48回芸術祭賞を、『フル・サークル』『I DO! I DO!』他の翻訳により第4回湯浅芳子賞を受賞。現在、大阪芸術大学舞台芸術学科教授。

生と死と再生の舞台
―ジョーンズ&シュミットの祝祭ミュージカル―
《増補改訂版》

二〇二一年九月二八日　第一刷発行

著　者＝勝田安彦
発行者＝中川美登利Ⓒ
発行所＝株式会社カモミール社
郵便番号101-0051
東京都千代田区神田神保町一ノ四二ノ一二
電話番号（〇三）三二九四―七七九一
振替〇〇一六〇-九-一三七五六〇
印刷所＝日本ハイコム㈱
製本所＝誠製本㈱
●定価は表紙カバーにあります。